Die SS und „das Recht“

Rechtshistorische Reihe

Band 322

Peter Lang
Frankfurt am Main · Berlin · Bern · Bruxelles · New York · Oxford · Wien

Christina Schneider

Die SS und „das Recht“

Eine Untersuchung
anhand ausgewählter Beispiele

Peter Lang
Europäischer Verlag der Wissenschaften

Bibliografische Information Der Deutschen Bibliothek
Die Deutsche Bibliothek verzeichnet diese Publikation in der Deutschen Nationalbibliografie; detaillierte bibliografische Daten sind im Internet über <http://dnb.ddb.de> abrufbar.

Zugl.: Kiel, Univ., Diss., 2005

Die vorliegende Arbeit wurde von
Prof. Dr. Jörn Eckert
zur Aufnahme in die Reihe empfohlen.

D 8
ISSN 0344-290X
ISBN 3-631-54349-2

www.peterlang.de

Meinen Eltern

Vorwort

Die vorliegende Arbeit wurde von der Rechtswissenschaftlichen Fakultät der Christian-Albrechts-Universität zu Kiel im Sommersemester 2005 als Dissertation angenommen.

Zunächst bin ich meinem Doktorvater Prof. Dr. Jörn Eckert zu großem Dank verpflichtet. Er förderte mein Interesse für die NS- Rechtsgeschichte schon während des Studiums und gab auch die Anregung zu diesem Thema. Darüberhinaus ermöglichte er mir durch die Beschäftigung an seinem Lehrstuhl stets hervorragende Arbeitsbedingungen und insbesondere die finanziellen Voraussetzungen, diese Arbeit überhaupt zu realisieren.

Ich danke auch meinem Zweitkorrektor Prof. Dr. Hans Hattenhauer für die schnelle Anfertigung des Zweitgutachtens.

Ferner sei den Mitarbeitern des Bundesarchivs und des Geheimen Staatsarchivs Preußischer Kulturbesitz in Berlin sowie des Instituts für Zeitgeschichte in München und des Schleswig- Holsteinischen Landesarchivs in Schleswig für ihre Bemühungen bei der Aktensichtung gedankt.

Meine Verwandten Heidi und Klaus Schönfeld nahmen mich während der Archivarbeiten in Berlin überaus großzügig auf. Julia Valentin ertrug die Mühen des Korrekturlesens und Edith Schupp leistete in den schwierigen Phasen der Arbeit wertvolle Motivationshilfe. Auch sie alle trugen zum Gelingen dieser Arbeit bei.

Der größte Dank aber gebührt meinen Eltern, Margit und Peter Schneider. Sie unterstützten mich stets auf jede nur erdenkliche Weise und ermöglichten mir, diesen Weg zu gehen, der nie selbstverständlich war.

Ihnen ist die Arbeit daher gewidmet.

Inhaltsverzeichnis

1. Teil: Einleitung

*"The Party formations, including the Leadership Corps of the Party, the SD, the SS, the SA and the infamous Secret State Police, or Gestapo-
all these stand accused before you as criminal organisations; organisations which, as we will prove from their own documents, were recruited only from recklessly devoted Nazis, ready in conviction and temperament to do the most violent of deeds to advance the common programme."*[1]

Justice Robert H. Jackson, Chief Prosecutor for the United States of America, 21.11.1945.

Mit diesen Worten verlas der Chefankläger der USA Justice Robert H. Jackson vor dem Alliierten Militärtribunal in Nürnberg am 21.11.1945 die Anklage u.a. gegen die SS und den SD, die als „verbrecherische Organisationen“ für die von ihnen begangenen Kriegsverbrechen zur Verantwortung gezogen werden sollten.[2] Die Anklageschrift umfaßte Tatbestände wie Verschwörung und Verbrechen gegen den Frieden sowie Kriegsverbrechen und Verbrechen gegen die Menschlichkeit.[3] Nicht nur aufgrund der Kriegsverbrecherprozesse in Nürnberg werden im Zusammenhang mit der SS besonders die Greueltaten in den Ostgebieten sowie die Beteiligung an der Deportation und der Durchführung der Verbrechen in den Konzentrationslagern assoziiert. Dies würde die Rolle der SS im nationalsozialistischen System jedoch nur unzureichend und äußerst oberflächlich beschreiben. Wie andere NS-Organisationen auch, beeinflußte die SS nahezu alle Bereiche des gesellschaftlichen und politischen Lebens. Davon waren sowohl die Justiz und die Rechtswissenschaft als auch der Berufsstand der Juristen insgesamt nicht ausgenommen. Nicht vergessen werden darf schließlich, daß Juristen in führender Position innerhalb der SS tätig waren und so die durch die SS begangenen Verbrechen mitzuverantworten hatten.[4]

Weniger bekannt, obwohl organisatorisch gesehen eigentlich ein Teil der SS, war der Sicherheitsdienst (SD), der als Nachrichtendienst für die SS gegründet

---

1 Opening Speech of the Chief Prosecutor for the USA *Robert H. Jackson*, The Trial of German Major War Criminals by The International Military Tribunal sitting at Nuremberg, Germany, p. 11.

2 *Taylor*, Die Nürnberger Prozesse, S. 28 ff.

3 *Jackson*, The Trial of German Major Criminals by The International Military Tribunal, p. 38.

4 Durch die thematische Ausrichtung der Arbeit läßt es sich nicht vermeiden, im Zusammenhang mit der NS- Zeit Begriffe wie „Recht“ oder andere spezielle NS-Terminologie, beispielsweise bezogen auf die „Rassenideologie“ der Nationalsozialisten, zu verwenden. Dies geschieht jedoch nur aus Gründen der inhaltlichen Darstellung bzw. der wissenschaftlichen Aufarbeitung und stellt in keiner Weise die Meinung oder Überzeugung der Autorin dar.

worden war, sich aber mit der Zeit zu einem ausgedehnten und lückenlosen Überwachungsinstrument des gesamten NS-Staates entwickelte.

Diese Arbeit sollte ursprünglich den Einfluß des SD auf die Rechtswissenschaft untersuchen. In den 90er Jahren waren im Bereich der historischen Wissenschaft und der Germanistik einige Arbeiten erschienen, die sich den wechselseitigen Beziehungen zwischen dem SD und der jeweiligen Fachwissenschaft widmeten.[5] Dabei wurde deutlich, inwieweit die unterschiedlichen Wissenschaften systematisch von den entsprechenden Stellen im Reichssicherheitshauptamt, dessen Teil der SD war, unterwandert und beeinflußt wurden.

Diese Thematik auch für den Bereich der Rechtswissenschaft zu untersuchen, war deshalb in besonderem Maße interessant, weil die Auswirkungen auf die rechtswissenschaftliche Forschung und Lehre Hinweise darauf geben könnten, inwieweit gezielt Veränderungen des geltenden Rechts im nationalsozialistischen Sinne beeinflußt werden konnten. Nach eingehendem Studium der zur Verfügung stehenden Aktenbestände im Bundesarchiv Berlin mußte jedoch von der in Aussicht genommenen Thematik Abstand genommen werden. Falls derartig relevante Aktenbestände jemals bestanden haben sollten, waren sie nicht mehr aufzufinden. Anzunehmen ist, daß eine Vernichtung entweder durch kriegsbedingte Einflüsse erfolgte oder auch eine angeordnete „Säuberungsaktion“ noch während des Dritten Reiches zu dem Verlust führte. Trotz der zunächst eingetretenen Ernüchterung stellte sich die Frage, ob und gegebenfalls wie die SS versucht hatte, Einfluß auf das Rechtssystem und die Rechtswissenschaft zu nehmen.

Zur Justiz und der Rolle der Rechtswissenschaften sind bereits einige grundlegende Arbeiten erschienen. Dabei wurden jedenfalls im Ansatz auch die wechselseitigen Beziehungen zur SS bzw. zum SD thematisiert.[6] Allerdings fehlte eine Arbeit, die spezifisch den Einfluß der SS auf das „Recht“ untersuchte und dabei die noch zur Verfügung stehenden Materialien auswertete.

Bereits beim flüchtigen Durchblättern der SS- Zeitschrift „Das Schwarze Korps“ wurde deutlich, daß sich eine Vielzahl von Artikeln und Berichten mit rechtli-

---

5 Vgl. nur *Joachim Lerchenmueller*, Die Geschichtswissenschaft in den Planungen des Sicherheitsdienstes der SS, Der Historiker Hermann Löffler und seine Denkschrift „Entwicklung und Aufgaben der Geschichtswissenschaft in Deutschland“, Bonn 2001; *Gerd Simon*, Germanistik in den Planspielen des Sicherheitsdienstes der SS, Ein Dokument aus der Frühgeschichte der SD- Forschung, Tübingen 1998; *Lerchenmüller/ Simon*, Im Vorfeld des Massenmords, Germanistik und Nachbarfächer im 2. Weltkrieg, Tübingen 1997; *Leaman/ Simon*, Deutsche Philosophen aus der Sicht des Sicherheitsdienstes des Reichsführers SS, Jahrbuch für Sozialgeschichte 1992, S. 261- 292.

6 So stellvertretend *Gruchmann*, Justiz im Dritten Reich, München 2001; *Heiber*, Universitäten unterm Hakenkreuz, München 1991, 1992, 1994; *Wildt*, Nachrichtendienst, politische Elite, Mordeinheit, Der Sicherheitsdienst des Reichsführers SS, Hamburg 2003 usw.

chen Problemen und Themen beschäftigten. Die Untersuchung dieser Artikel einer von der SS publizierten und durch die SS kontrollierten Zeitschrift konnte Aufschluß darüber bringen, mit welchen rechtlichen Bereichen sich die SS beschäftigte und inwieweit dadurch eine öffentliche Reaktion erfolgte, die auch die weitere Gestaltung der Gesetzeslage beeinflußte.

Eine weitere zur Verfügung stehende vollständige Sammlung waren die „Meldungen aus dem Reich" des SD. Darin wurden die nachrichtendienstlichen Ergebnisse, die aus allen Teilen des Reiches im Reichssicherheitshauptamt eintrafen, nach Themengebieten zusammengefaßt und so aufbereitet, daß die zuständigen Stellen über die Stimmung in der Bevölkerung informiert waren. Ein Teil dieser Meldungen beschäftigte sich mit „Verwaltung und Recht", so daß auch hier eine spezifisch juristische Rubrik zur Verfügung stand. Durch diese Meldungen leistete die SS letztlich einen Beitrag zur Aufdeckung von juristischen Problemen, die sowohl in der Bevölkerung selbst als auch in Justizkreisen auftraten. Dadurch ergab sich auch für diesen Bereich die Berechtigung einer genaueren Untersuchung.

Für die Rechtswissenschaft selbst fiel im Zusammenhang mit den wechselseitigen Beziehungen zwischen SS und Reichswissenschaftsministerium immer wieder der Name Karl August Eckhardt. Eckhardts Rolle ist zwar bereits in Nachrufen, Aufsätzen und Monographien mehrfach beschrieben worden.[7] Allerdings fehlte bis jetzt eine vollständige Darstellung der bekannten Fakten zum Wirken und der Einflußnahme Eckhardts im Reichswissenschaftsministerium. Beschäftigt man sich mit dem Rechtssystem einer Zeit, so darf eine Bezugnahme zur Justiz nicht fehlen. Aufbauend auf die bereits geleisteten Untersuchungen von Lothar Gruchmann, soll eine Ergänzung der Ergebnisse hinsichtlich der Beeinflussung der Justiz durch die SS vorgenommen werden.

Letztlich können aufgrund der Weite des Themas und der Aufgabe einer Doktorarbeit nur einzelne Bereiche der Beziehung zwischen der SS und dem Rechtssystem bzw. der Rechtswissenschaft untersucht werden. Ein Anspruch auf Vollständigkeit kann nicht gestellt werden.

Die Aufgabe dieser Arbeit besteht somit darin, mit den erhaltenen Aktenbeständen anhand von ausgewählten Beispielen die SS und ihre Beziehungen zum „Recht" im weitesten Sinne zu untersuchen, um so einen weiteren Beitrag zur Aufarbeitung von „Recht" und Justiz im Dritten Reich zu leisten.

---

[7] *Nehlsen*, Nachruf auf Karl August Eckhardt, Frankfurt am Main 1996; *Hattenhauer*, Rechtswissenschaft im NS- Staat, Der Fall Eugen Wohlhaupter, Heidelberg 1987; *Eckert*, Was war die Kieler Schule?, Recht und Rechtslehre im Nationalsozialismus, S. 37- 70, Kiel 1992; *Heiber*, Walter Frank und sein Reichsinstitut für die Geschichte des neuen Deutschlands, Stuttgart 1966.

2. Teil: Geschichte und Entwicklung der SS

A. Die SS

Die Geschichte der Schutzstaffel (SS) sowie deren Struktur und Rolle im Dritten Reich ist seit vielen Jahren Gegenstand der Forschung.[8] Insbesondere im Bereich der historischen Wissenschaft ist eine Reihe von größeren Monographien, Sammelwerken und Dissertationen erschienen, die diese Thematik in umfassender Weise behandeln.[9] Die Auswertung der gesamten Literatur zur SS würde den Rahmen dieser Arbeit sprengen und ist darüberhinaus nicht das Ziel. Für einen Überblick über Entwicklung, Struktur und Rolle der SS im Dritten Reich soll daher ein Bezug zu einigen wenigen grundlegenden Arbeiten ausreichen.

I. Die Entstehungsgeschichte von SA und NSDAP

Die Entwicklung der SS zu einer der brutalsten und meist gefürchtesten Organisationen des Dritten Reiches ist nur im Zusammenhang mit der Entwicklung der NSDAP und der Rolle Hitlers selbst zu sehen.

Die Anfangsjahre der Weimarer Republik waren geprägt durch ein hohes Maß an politischer Instabilität.[10] Dies hing nicht nur mit der seit der Revolution von 1918/1919 veränderten Staatsform und den Bedingungen des Versailler Friedensvertrages zusammen, vielmehr wurde das politische Leben zunehmend von harten Auseinandersetzungen der jeweils extremen Flügel rechter und linker politischer Gruppierungen und Parteien bestimmt.[11]

---

[8] Der Begriff Schutzstaffel sowie die Abkürzung SS wird grundsätzlich im Singular verwendet. Einige Autoren sprechen unter Bezugnahme auf die ursprünglich bestehenden unterschiedlichen Einheiten auch von Schutzstaffeln.

[9] Nur beispielhaft aus den Anfängen der NS- Forschung *Buchheim*, Anatomie des SS-Staates, 1965; *Höhne*, Der Orden unter dem Totenkopf, 1967; *Kater*, Das „Ahnenerbe“, 1966; *Koehl*, The Black Corps, the structure and power struggle of the Nazi SS, 1983; sowie aus neuerer Zeit *Browder*, Hitler's enforcers, the Gestapo and the SS Security Service in the Nazi revolution, 1996; *Dierker*, Himmlers Glaubenskrieger, Der Sicherheitsdienst der SS und seine Religionspolitik 1933-1941, 2002; *Wildt*, Generation des Unbedingten, Das Führungskorps des Reichssicherheitshauptamtes, 2002.

[10] Vgl. zum Ende des Ersten Weltkrieges und zur Weimarer Reichsverfassung, *Ebel*, Rechtsgeschichte, S. 383 ff.

[11] *Eisenhardt*, Deutsche Rechtsgeschichte, S. 396; *Willoweit*, Verfassungsgeschichte, S. 299 ff.

1. Die NSDAP

a) Der Beginn

Die NSDAP entwickelte sich aus der Deutschen Arbeiterpartei (DAP) heraus. Die DAP war bereits am 5.1.1919 in einem kleinen Münchener Gasthaus gegründet worden.[12] Ihr erster Vorsitzender wurde Anton Drexler.[13] So unbedeutend und gering die Rolle der DAP zunächst schien, markierte sie doch den Anfang der Strukturierung und Organisation einer politischen Bewegung, die später allgemein als Nationalsozialismus bezeichnet wurde. Kennzeichnend für diese politische Strömung waren ein ausgeprägter Militarismus, eine auch Gewalt nicht ausschließende extreme Ablehnung politisch Andersdenkender wie Linke, Demokraten und sonstige Vertreter einer liberalen und toleranten Weltanschauung sowie eine völkisch- rassistische Grundeinstellung, die sich besonders durch eine Unterstützung sozialdarwinistischer, rassebiologischer und antisemitischer Theorien auszeichnete.[14] Über das bayerische Reichswehrgruppenkommando bekam schließlich auch Adolf Hitler Kontakt zur DAP.[15] Nach der gewalttätigen Niederschlagung der Münchener Räterepublik im Sommer 1919 wandte sich das bayerische Reichswehrgruppenkommando zunehmend von militärischen Aufgaben hin zu einer Beobachtung der vermeintlichen politischen Gegner und Unterstützung der „Gegenwirkung der bürgerlichen Parteien".[16] Hitler war als Teilnehmer des Ersten Weltkrieges verwundet und erst im November 1918 aus dem Lazarett entlassen worden.[17] Über Stationen bei der 7. Ersatzkompanie und der 2. Demobilmachungs- Kompanie des 2. bayerischen Infanterie- Regiments, wobei er während letzterer Wachdienst im Gefangenenlager leistete, wurde er nach der Niederschlagung der bayerischen Räterepublik „zur Untersuchungskommission über die Revolutionsvorgänge beim 2. Infanterieregiment" abkommandiert.[18] Nach der zur Zufriedenheit seiner Vorgesetzten abgeleisteten Arbeit wurde Hitler im Juni 1919 zu einem Aufklärungskurs befohlen, der die aus Kriegsgefangenschaft zurückgekehrten Soldaten weltanschaulich und staatsbürgerlich auf die veränderten Verhältnisse einstellen sollte.[19] Nach diesem Kurs, bei dem Hitler die verantwortlichen Offiziere offenbar von seinen Fähigkeiten überzeugt hatte, wurde er als Vertrauensmann der Abteilung I b/P des Bayerischen Reichswehrgruppenkommandos 4, die mit Propaganda- und Aufklärungs-

---

12 *Pätzold/Weißbecker*, Geschichte der NSDAP, S. 11.

13 *Dies.*, S. 12; *Richardi*, Hitler und seine Hintermänner, S. 97 ff.

14 *Maser*, Zwischen Kaiserreich und NS- Regime, S. 86 f.

15 Zum Leben Hitlers sei beispielhaft auf die Biographie von *David Irving*, Führer und Reichskanzler, Adolf Hitler 1933- 1945, München 1989, verwiesen.

16 *Pätzold/ Weißbecker*, Geschichte der NSDAP, S. 23 f.

17 *Hitler*, Mein Kampf, S. 226; *Maser*, Frühgeschichte der NSDAP, S. 129.

18 *Maser*, Frühgeschichte der NSDAP, S. 132.

19 *Hitler*, Mein Kampf, S. 227; *Maser*, Frühgeschichte der NSDAP, S. 133.

arbeit betraut war, unter Leitung des Hauptmanns Karl Mayr eingesetzt.[20] Mayr schickte Hitler zusammen mit drei anderen Vertrauensleuten im September 1919 in eine Münchener Gaststätte, die Treffpunkt für eine Versammlung der DAP war.[21] Auch hier konnte er offensichtlich in der politischen Diskussion überzeugen. Wenig später wurde Hitler auf Drängen Drexlers Mitglied der DAP.[22] Hitler war das 55. Parteimitglied und das siebente Mitglied im Arbeitsausschuss der Partei.[23] Die DAP war zunächst der Öffentlichkeit weitgehend unbekannt und verfügte auch intern nicht über die notwendige Organisation und Mittel, um dies zu ändern. Innerhalb der Partei entstand bald ein Streit über die Struktur und die Durchführung politischer Aktionen. Ein Flügel wurde von der einflußreichen, aber weitgehend im verborgenen wirkenden Thule- Gesellschaft um Karl Harrer und später auch Anton Drexler dominiert.[24] Die Thule-Gesellschaft in Bayern hatte ungefähr 1500 Mitglieder und war die Tarnorganisation des 1912 gegründeten Germanenordens. Sie versuchte zwar, politischen Einfluß zu nehmen, allerdings war die Identität der einflußreichen Hintermänner nur einem kleinen Kreis der Parteimitglieder bekannt.[25] Demgegenüber stand der ehrgeizige Jungpolitiker Hitler, der die Partei und die politischen Ideen um jeden Preis einer breiten Öffentlichkeit zugänglich machen wollte. Die geheimbündisch und logenartig organisierte Thule-Gesellschaft wollte dies verhindern. Hitler gelang es jedoch, im Januar 1920 Karl Harrer dazu zu bewegen, aus der DAP auszuscheiden.[26] Im Übrigen versuchte er durch eine professionellere Gestaltung der Parteiorganisation, unter anderem durch das Drucken von Einladungen zu Veranstaltungen, und später auch durch das Eintreiben von Parteispenden und Eintrittsgeld, die politischen Möglichkeiten der Partei zu erweitern. Sein Einfluß in der Partei wuchs.[27] Am 20.2.1920 wurde die Deutsche Arbeiterpartei in „Nationalsozialistische Deutsche Arbeiterpartei" umbenannt.[28] Wenig später, am 24.2.1920, verkündete Adolf Hitler das 25 Punkte umfassende Programm der Partei, das wesentliche politische Ziele und Grundsätze festlegte.[29] Damit hatte

---

[20] *Maser*, Frühgeschichte der NSDAP, S. 137; Hitler selbst sprach allerdings von einer Tätigkeit als „sogenannter Bildungsoffizier", Mein Kampf, S. 235.

[21] *Pätzold/ Weißbecker*, Geschichte der NSDAP, S. 26.

[22] *Richardi*, Hitler und seine Hintermänner, S. 78.

[23] Hitlers offizielle Mitgliedsnummer war 555, die Zählung fing jedoch erst bei 500 an; *Maser*, Frühgeschichte der NSDAP, S. 166.

[24] *Pätzold/ Weißbecker*, Geschichte der NSDAP, S. 168.

[25] *Ders.*, S. 148, 169.

[26] *Richardi*, Hitler und seine Hintermänner, S. 90 f.

[27] *Pätzold/ Weißbecker*, S. 170 f.

[28] *Maser*, Frühgeschichte der NSDAP, S. 211.

[29] Das gesamte Programm wurde als § 2 der Satzung der NSDAP für unabänderlich erklärt. Gleiches erfolgte ein weiteres Mal im Mai 1926 durch die Generalmitgliedsversammlung der NSDAP. Abgedruckt bei *Maser*, Frühgeschichte der NSDAP, S. 468-472.

er schon 1920 eine exponierte Position in der Partei inne, die er in den folgenden Jahren weiter ausbauen konnte.

b) Der Putschversuch 1923 und die Folgen

aa) Der Putschversuch

In den folgenden Jahren nahm die Unterstützung für die NSDAP deutlich zu. Die Anzahl der Mitglieder verdreifachte sich zwischen 1920 und 1921 von 675 auf ca. 2500 und stieg bis 1923 auf ungefähr 6000 Mitglieder.[30] Mit der zunehmenden Mitgliederzahl erhöhte sich nicht nur der politische Einfluß. Durch die steigenden Mitgliedsbeiträge entspannte sich darüberhinaus die finanzielle Situation der Partei zusehends. Auch die politischen Aktivitäten beschränkten sich nicht mehr nur auf Bayern. Allerdings entstand über die Frage des Zusammenschlusses mehrerer national und rechtsgerichteter Bewegungen, wie der völkischen Deutschsozialistischen Partei (DSP) von Alfred Brunner mit der NSDAP, heftiger Streit innerhalb der Partei.[31] Hitler fürchtete um den Einflußverlust der NSDAP, während Drexler sich für einen Zusammenschluß aussprach. Nachdem Hitler mit Parteiaustritt gedroht hatte, konnte er sich schließlich innerparteilich gegen Drexler durchsetzen. Am 29.7.1921 wurde er zum Vorsitzenden der NSDAP gewählt. Damit hatte er nicht nur die Führung der Partei inne, vielmehr stimmte die Partei so auch einer streng hierarchisch, autoritätshörigen Parteistruktur zu, die Hitler zum „Führer" der NSDAP machte.[32]

In den beiden folgenden Jahren bis zum Putschversuch im November 1923 erhöhte die NSDAP ihre Aktivitäten. Insbesondere das Abhalten von großen Massenveranstaltungen und Aufmärschen bei denen ein inszenierter Auftritt Hitlers zum obligatorischen Programm gehörte, führte dazu, daß der Einfluß der NSDAP weiter zunahm. 1923 traten der NSDAP 35000 neue Mitglieder bei.[33] Unterdessen profitierte die Partei weiterhin von den angespannten innenpolitischen Verhältnissen. Die Reichsregierung hatte Mühe, die Stabilität im Reich aufrechtzuerhalten. Die bayerische Regierung widersetzte sich einer Forderung der Reichsregierung, den „Völkischen Beobachter" zu verbieten und versuchte sogar, Truppen der Reichswehr auf die bayerische Landesregierung zu vereidigen.[34] Somit wurde die offene Ablehnung des demokratisch-parlamentarischen Systems von Weimar, und damit verbunden der Wunsch nach einem Wechsel der politischen Verhältnisse in Berlin, immer deutlicher. Diese Entwicklung

---

30 *Pätzold/ Weißbecker*, Geschichte der NSDAP, S. 54.

31 *Horn*, Der Marsch zur Machtergreifung, S. 83 f.

32 *Pätzold/ Weißbecker*, Geschichte der NSDAP S. 61; *Richardi*, Hitler und seine Hintermänner, S. 290.

33 *Pätzold/ Weißbecker*, Geschichte der NSDAP, S. 72.

34 *Richardi*, Hitler und seine Hintermänner, S. 324.

kam den Nationalsozialisten sehr gelegen. Auch sie wollten eine Veränderung der Verhältnisse durch einen Putsch erreichen, um so eine Führungsrolle im neuen System beanspruchen zu können. Nachdem jedoch die bayerische Regierung verdeutlicht hatte, daß sie allein die neuen Machtpositionen für sich beanspruchen würde, ergriff die NSDAP die Initiative.[35]

Hitler versuchte am 8.11.1923 samt Kampfgenossen in den Bürgerbräukeller in München einzudringen, in dem Gustav von Kahr als Leiter der bayerischen Landesregierung eine Rede hielt, und kündigte den Beginn einer „Nationalen Revolution“ und die Bildung einer neuen Reichsregierung an.[36] Von Kahr distanzierte sich hiervon jedoch wenig später und stellte sich gegen den Putschversuch. Trotz einiger gewalttätiger Aktionen, so unter anderem der Verwüstung des Verlagsgebäudes des sozialdemokratischen Blattes „Münchener Post“, wurde der Aufstand nur einen Tag später, am 9.11.1923, in der Nähe der Feldherrnhalle durch Einheiten der Landespolizei gewaltsam beendet.[37] Hitler versuchte zu fliehen, wurde aber zwei Tage später verhaftet.

bb) Die Folgen

Die Folgen des gescheiterten Putschversuches betrafen zunächst die Partei selbst. Am 9.11.1923 wurde die NSDAP in Bayern, später im gesamten Reich verboten.[38] Damit versuchte die Reichsregierung, die völkisch-nationalistischen Kreise zu schwächen.

Wenig später, vom 26.2.-27.3.1924, fand der Prozess gegen die Anführer des Putschversuches vor dem Volksgericht für den Landgerichtsbezirk München I statt. Hitler wurde zu fünf Jahren Festungshaft mit der Einschränkung verurteilt, daß nach einem halben Jahr eine Aussetzung der Reststrafe zur Bewährung erfolgen könne.[39] Diese recht milde Strafe verdeutlichte die Haltung des Gerichts und stand stellvertretend für die politische Stimmung der Zeit, daß zwar die Tat aufgrund der Funktionsfähigkeit des Staates bestraft werden müsse, daß den Tätern samt ihrer Gesinnung jedoch grundsätzlich zuzustimmen und daher eine niedrige Strafe gerechtfertigt sei.

So wurde Hitler bereits am 20.12.1924 aus dem Gefängnis entlassen. Er nahm Kontakt zum neuen bayerischen Ministerpräsidenten Heinrich Held auf und bedauerte den Putsch. Kurz darauf wurde im Februar 1925 das Verbot der NSDAP

---

[35] *Pätzold/ Weißbecker*, Geschichte der NSDAP, S. 74; *Höhne*, Orden unter dem Totenkopf, S. 24.

[36] *Horn*, Der Marsch zur Machtergreifung, S. 132.

[37] *Horn*, Der Marsch zur Machtergreifung, S. 133; *Höhne*, Orden unter dem Totenkopf, S. 25.

[38] *Pätzold/ Weißbecker*, Geschichte der NSDAP, S. 76.

[39] *Jablonsky*, The Nazi party in dissolution, p. 71 ff.

aufgehoben.[40] Die NSDAP konnte sich unter der Führung Hitlers neu organisieren. Am 30.1.1933 wurde Adolf Hitler zum Reichskanzler gewählt. Die Machtübernahme in Berlin hatte sich um zehn Jahre verzögert.

2. Die SA

Bedingt durch den zunehmenden Einfluß der Partei und die Größe der Veranstaltungen stellte sich die Frage der Sicherheit für die Parteimitglieder. Zunächst bezahlte die Partei eine Art Schutztruppe, die sich aus ehemaligen Mitgliedern des Freikorps Oberland zusammensetzte.[41] Dies konnte jedoch nur eine vorübergehende Lösung sein. Am 3.8.1921 wurde die Sport- und Turnabteilung gegründet, die seit dem 4.11.1921 als Sturm-Abteilung (SA) bezeichnet wurde. Die SA sollte die jungen Parteimitglieder vereinen, jedoch in erster Linie die Verantwortung für den Saalschutz bei Veranstaltungen der NSDAP übernehmen.[42] Tatsächlich aber entwickelte sich die SA schnell zu einer Art paramilitärischer Verband, der mit äußerster Brutalität vorging. Bereits 1923 bestand sie aus unterschiedlichen Kompanien, Staffeln und Abteilungen. Für den geplanten Putsch im November 1923 konnte sich die SA auf 15000 Mitglieder stützen. Damit war sie zu einem wichtigen Instrument der NSDAP geworden, um politische Gegner mit Gewalt einzuschüchtern und die Interessen der Partei um jeden Preis durchzusetzen.

II. Die Entwicklung der SS

Die Gründung und Entwicklung der SS bis zur ihrer endgültigen Aufgabe im nationalsozialistischen Staat ist äußerst komplex und kann an dieser Stelle ebenfalls nicht in allen Einzelheiten dargestellt werden.

1. Die Ursprünge

Zu Beginn des Jahres 1923 hatte Hitler eine Leibwache bestehend aus 12 Personen aufgebaut, die allgemein als „Stabswache“ bezeichnet wurde. Diese Leibwache war für den persönlichen Schutz Hitlers verantwortlich und bestand aus alten, ihm ergebenen Kameraden, denen er vertrauen konnte.[43] Bis zum Mai 1923 hatte sich aus der Stabswache ein aus ca. 100 Männern bestehender Stoßtrupp entwickelt, dessen Hauptaufgabe neben dem Schutz Hitlers besonders in der Begleitung von Propagandamärschen bestand. Viele Mitglieder waren aus dem 3. Münchener SA-Bataillon rekrutiert worden.[44] Obwohl dieser relativ klei-

---

[40] *Ders.*, The Nazi party in dissolution, p. 158.
[41] *Werner*, SA und NSDAP, S. 20 f, 36 f.
[42] *Werner*, SA und NSDAP, S. 40 f.; *Maser*, Frühgeschichte der NSDAP, S. 309.
[43] *Buchheim*, Anatomie des SS- Staates, S. 31; *Koehl*, The Black Corps, p. 11; *Browder*, Hitler's Enforcers, p. 105; *Höhne*, Der Orden unter dem Totenkopf, S. 23.
[44] *Koehl*, The Black Corps, p. 12.

ne Verband noch nahezu keine Ähnlichkeiten mit der später als SS bezeichneten Organisation hat, wird er von Historikern als der Vorläufer der SS bezeichnet.[45] Bedingt durch den mißlungenen Putschversuch Hitlers und der NSDAP im November 1923 wurde jede weitere Entwicklung zunächst gestoppt.

2. Der erneute Aufbau eines persönlichen Sicherheitssystems für Hitler

a) Die Gründe

Erst nachdem Hitler 1924 aus dem Gefängnis entlassen worden war und sich nach der Aufhebung des Verbotes die NSDAP politisch zu reorganisieren begann, wurde auch seine eigene Sicherheitslage wieder relevant.

Hitler hatte Ernst Röhm mit dem Wiederaufbau der SA beauftragt. Beide gerieten jedoch in Streit darüber, in welcher Beziehung die SA zur NSDAP stehen sollte. Während Hitler uneingeschränkt die SA für parteipolitische Zwecke nutzen wollte und deshalb auch eine entsprechende Befehlsgewalt und Abhängigkeit forderte, trat Röhm für die Unabhängigkeit der SA von der Partei ein. Seiner Ansicht nach sollte die SA nur bei Bedarf der Partei diese mit ihren Kräften unterstützen.[46] Die kritische Haltung Röhms veranlaßte Hitler, erneut eine Stabswache zu seiner eigenen Sicherheit aufzubauen. Diese bestand überwiegend aus ehemaligen Mitgliedern seiner ersten Leibwache. Die Stabswache hatte ihren ersten öffentlichen Auftritt bei der Beerdigung des ehemaligen Müncher Polizeipräsidenten Ernst Pöhner.[47] Äußerlich war das Auftreten der neuen Stabswache durch das einheitliche Tragen einer schwarzen Mütze mit Totenkopf und einer schwarzumrandeten Armbinde mit dem Hakenkreuz gekennzeichnet.[48] Nachdem Ernst Röhm am 1.5.1925 die SA verlassen hatte, begann Hitler, in München und anderen Ortsgruppen aus treuen Parteianhängern weitere Truppen zu bilden. Diese wurden wenig später erstmals als Schutzstaffeln (SS) bezeichnet.[49]

b) Erweiterte Aufgaben und das Verhältnis zur SA

Diese Schutzstaffeln waren in erster Linie für den persönlichen Schutz Hitlers und anderer wichtiger Parteigrößen, für den Schutz von Versammlungen und Parteiveranstaltungen sowie für die präventive Abwehr von Angriffen gegen die Partei oder deren Führer verantwortlich. Darüberhinaus übernahm die SS aber auch politische Aufgaben, wie das Anwerben von Mitgliedern oder von Abonnenten und Anzeigenkunden des „Völkischen Beobachters".[50]

---

[45] *Ders.*, The Black Corps, p. 12.
[46] *Buchheim*, Anatomie des SS- Staates, S. 31.
[47] *Ders.*, Anatomie des SS- Staates, S. 31.
[48] *Ders.*, Anatomie des SS- Staates, S. 32.
[49] *Koehl*, The Black Corps, p. 21 ff.
[50] *Buchheim*, Anatomie des SS- Staates, S. 32.

Somit unterschied sich die SS schon strukturell von der SA. Die SA hatte sich aus einem Wehrverband heraus entwickelt und war weitgehend unabhängig von der Partei. Kennzeichnend dafür war, daß SA-Mitglieder nicht gleichzeitig auch Mitglieder der NSDAP sein mußten. Weiterhin strebte die SA eine große Anzahl von Mitgliedern an. Die SS hingegen legte besonderen Wert auf eine strenge Auswahl. Um Mitglied zu werden, mußten bestimmte Kriterien erfüllt sein. So wurden nur die treuesten Mitglieder der jeweiligen Ortsgruppen der Partei berücksichtigt. Zukünftige Bewerber benötigten eine Empfehlung von zwei Parteimitgliedern, wobei eines der Mitglieder eine gewisse Stellung innerhalb der Partei inne haben mußte. Weiterhin mußten die Anwärter zwischen 23 und 35 Jahre alt sein und eine gute körperliche Verfassung haben.[51] Die SS gehörte zwar zur politischen Struktur der NSDAP, sie wurde jedoch zentral von der „Oberleitung der Schutzstaffeln der NSDAP" in München gesteuert. Der Oberleitung oblag die Koordination der „Zehnerstaffeln", die jeweils von einem eigenen „Zehnerführer" kommandiert wurden.[52] Am 1.11.1926 entschloß sich Hitler mit Hauptmann von Pfeffer, eine „Oberste SA- Führung" einzusetzen, um so auch die SA zentral organisieren zu können. Die Schutzstaffeln wurden der SA unterstellt und verloren so zeitweise an Bedeutung.[53] Die Mitgliederzahlen verringerten sich von 1000 auf 280. Zwischen 1927 und 1929 gab es ungefähr 75 aktive Schutzstaffeln im gesamten Reichsgebiet.[54]

c) Die Ernennung Himmlers zum Reichsführer SS

Die sinkenden Mitgliedszahlen und der Verlust an Einfluß zwischen 1927 und 1929 blieben nicht unbemerkt. Am 20.1.1929 wurde Heinrich Himmler rückwirkend zum 6.1.1929 von Hitler zum „Reichsführer SS" ernannt. Himmler erhielt den konkreten Auftrag, die SS nicht nur zahlenmäßig auszubauen, sondern sich im besonderen um die innere Sicherheit der Partei und die Beobachtung politischer Gegner zu kümmern.[55]

Zunehmend wurde der elitäre Charakter der SS herausgestellt und durch Himmler und Hitler symbolisch propagiert. Hitler hatte der SS bereits im Juli 1926 auf dem Reichsparteitag der NSDAP die sogenannte „Blutfahne" übergeben. Die „Blutfahne" war der Überrest einer Fahne, die den Putschversuch Hitlers 1923

---

[51] *Koehl*, The Black Corps, p. 22.

[52] *Buchheim*, Anatomie des SS- Staates, S. 32.

[53] *Ders.*, S. 33.

[54] *Koehl*, The Black Corps, p. 30.

[55] *Ders.*, The Black Corps, p. 32; *Buchheim*, Anatomie des SS- Staates, S. 33; *D'Alquen*, Die SS, S. 7.

in München einigermaßen unbeschadet überstanden hatte und so zu einer Art heiligem Symbol der ganzen nationalsozialistischen Bewegung geworden war.[56]

Im April 1931 honorierte Hitler die SS erneut für ihre Verdienste um die erfolgreiche Bekämpfung des „Stennesputsches" mit der Ausgabe der Losung „SS-Mann, Deine Ehre heißt Treue".[57] Auch Himmler entwickelte im Verlauf des Jahres 1931 Konzepte, die die zukünftige Rolle der SS definierten. In einer Rede vor SS-Führern in Berlin sprach Himmler im Juli 1931 von „einer Garde der nordischen Rasse, die ein Herrenvolk von zweihundert Millionen Deutschen zum Kampf gegen den Bolschewismus auf der ganzen Erde zu führen hätte".[58] Weiterhin erließ Himmler am 31.12.1931 einen SS-Befehl, der auch als sogenannter „Heiratsbefehl" bezeichnet wurde.[59] Darin verlangte er nicht nur, daß unverheiratete SS-Angehörige eine Heiratsgenehmigung einzuholen hätten, sondern bestimmte, daß die Auswahl von SS-Mitgliedern nach strikten „rassischen und erbgesundheitlichen" Maßstäben zu erfolgen hätte.[60] Damit war der Rassegedanke Teil der SS-Doktrin geworden. Die SS sollte eine Elite innerhalb der nationalsozialistischen Bewegung darstellen, die alle ihre „Ideale" verkörperte.

B. Der Sicherheitsdienst des Reichsführers SS

Zu Beginn der 30er Jahre begann sich die nationalsozialistische Bewegung in Deutschland straffer zu organisieren und gewann nicht nur zahlenmäßig, sondern auch politisch an Einfluß. In diesem Zusammenhang tauchte die Frage auf, inwieweit die politische Tätigkeit der „Bewegung" Unterstützung durch die Arbeit von Nachrichtendiensten benötigte. Schließlich bildeten sich in der NSDAP, der SA und der SS eigene nachrichtendienstliche Abteilungen heraus.[61]

---

[56] *Ziegler*, Nazi Germany's New Aristocracy, p. 38; *D'Alquen*, Die SS, S. 7; *Koehl*, The Black Corps, p. 26.

[57] Der Gruppenführer Ost der SA Stennes hatte sich geweigert, in den Stab der SA unter Ernst Röhm zu wechseln. Röhm war aus Bolivien zurückgekehrt und im Januar 1931 von Hitler, dem „Obersten SA-Führer", zum Chef des Stabes der SA ernannt worden. Daraufhin versuchten Berliner SA-Einheiten die NSDAP-Zentrale in Berlin zu übernehmen, wurden aber von SS-Gruppen daran gehindert. Siehe zum Stennes- Putsch *Aronson*, Reinhard Heydrich, S. 50 f.; *Koehl*, The Black Corps, p. 45 ff.

[58] *Aronson*, Reinhard Heydrich, S. 53.

[59] *D'Alquen*, Die SS, S. 9.

[60] *Ders.*, Die SS, S. 9; *Aronson*, Reinhard Heydrich, S. 55.

[61] *Wildt*, Sicherheitsdienst des Reichsführers SS, S. 8.

I. Die Nachrichtendienste von NSDAP und SA

1. Der Nachrichtendienst der NSDAP

Die NSDAP begann im Sommer 1931 mit dem Aufbau einer eigenen nachrichtendienstlichen Abteilung.[62] Der Grund dafür lag in der unruhigen Situation der Partei zu Beginn der 30er Jahre. Die NSDAP strebte die „Machtübernahme“ an. Dafür wurden große Propagandaaktionen vorbereitet, die mit den herkömmlichen politischen Mitteln nicht mehr zu bewältigen waren. Weiterhin hatte der niedergeschlagene „Stennes-Putsch“ gezeigt, daß es nicht nur die politischen Gegner waren, die der Partei Schaden zufügen konnten, sondern daß es auch innerhalb der nationalsozialistischen Bewegung selbst zu Machtkämpfen kommen konnte.[63]

Ziel des Nachrichtendienstes der NSDAP war es in erster Linie, die politischen Gegner möglichst lückenlos zu überwachen. Dazu sollte ein dichtes Netz an Mitarbeitern des Dienstes aufgebaut werden, die nicht nur engen Kontakt zu politischen Einrichtungen der Gegner, sondern auch Kontakt zu eigenen Parteimitgliedern halten sollten.[64] Der Nachrichtendienst der Partei konnte im folgenden Jahr zwar weiter wachsen, allerdings ist über dessen Tätigkeit so gut wie nichts bekannt. Schließlich mußte er sich der Übermacht des Sicherheitsdienstes der SS unterordnen und verlor vollkommen an Bedeutung.[65]

2. Der Nachrichtendienst der SA

Die SA begann sich bereits 1930 mit der Einrichtung eines eigenen Nachrichtendienstes zu befassen. Es existierte eine Empfehlung eines SA-Führers, wonach in jeder SA-Einheit ein „SA-Beobachter“ bestimmt werden sollte.[66] Chef des Nachrichtendienstes wurde zunächst Karl Leon Du Moulin Eckart auf Bertoldsheim. Dieser versuchte das Beobachternetz weiter auszubauen, wobei sich die nachrichtendienstlichen Aktivitäten überwiegend auf die Reichswehr und auf paramilitärische Organisationen, die in direkter Konkurrenz zur SA standen, konzentrierten.[67]

Du Moulin schien mit seiner Arbeit zunächst Erfolg zu haben. So wurden bei Hausdurchsuchungen der preußischen Polizei in Geschäftsstellen und Gauleitungen der Partei detaillierte Aufzeichnungen über die Polizei selbst, die KPD oder den Roten Frontkämpferbund gefunden.[68] Die Arbeit des Nachrichtendiens-

---

[62] *Deschner*, Reinhard Heydrich, S. 53.
[63] *Aronson*, Reinhard Heydrich, S. 40; *Werner*, SA und NSDAP, S. 475 f.
[64] *Deschner*, Reinhard Heydrich, S. 53.
[65] *Aronson*, Reinhard Heydrich, S. 42.
[66] *Werner*, SA und NSDAP, S. 564 f.
[67] *Aronson*, Reinhard Heydrich, S. 43.
[68] *Ders.*, S. 46 f.

tes und auch der SA selbst wurden jedoch abrupt unterbrochen, als der Reichspräsident am 13.4.1932 ein Verbot der SA, SS und anderer paramilitärischer Einheiten der NSDAP aussprach. Zunächst wurde versucht, die Arbeit inoffiziell weiter zu führen. Obwohl das Verbot der SA bereits am 16.6.1932 wieder aufgehoben wurde, konnte sich der Nachrichtendienst nicht mehr etablieren. Der Nachrichtendienst der SS war auch hier überlegen, so daß sich der Nachrichtendienst der SA schließlich selbst auflöste.[69]

II. Der Sicherheitsdienst der SS

Ebenso wie für die NSDAP und die SA wurde auch für die SS die Frage der Einrichtung einer nachrichtendienstlichen Abteilung zu Beginn der 30er Jahre relevant.

1. Die Ic-Abteilung in München

1931 wurde im SS-Oberstab in München die neue Abteilung Ic gegründet.[70] Die Grundidee der Organisationsform entstammte militärischen Vorbildern. So gab es in militärischen Generalstäben besonders qualifizierte Offiziere, die sich mit der Feindaufklärung befaßten.[71] Dementsprechend sollte in den jeweiligen SS-Einheiten ein Mitarbeiter damit beginnen, gezielt Informationen über die politischen Gegner zu sammeln.[72]

Ein geheimer SS-Befehl vom 4.9.1931 verdeutlichte die Ambitionen des Reichsführers SS.[73] Danach sollte ein eigenständiger Nachrichtendienst nicht in Betracht kommen. Vielmehr sollten die einzelnen SS-Abschnitte Ic-Referate einrichten, durch die ein „Spitzel- und Abwehrdienst" gewährleistet werden könne. Die Tätigkeit des Nachrichtendienstes solle legal sein und sich nur auf nichtstaatliche Organisationen beziehen.[74] Jedenfalls die letzte Vorgabe muß nach Einschätzung von Shlomo Aronson stark angezweifelt werden. Dies würde insbesondere bezogen auf die Polizei gelten. Laut Aussage von Aronson war die Polizeidirektion in München über die Vorgänge innerhalb der Partei informiert. Es müsse also eine Reihe von Spitzeln der Polizei gegeben haben, die mit großer Wahrscheinlichkeit auch den erwähnten SS-Befehl gekannt haben. Danach habe die Überführung der Polizeispitzel gerade eine der Hauptaufgaben der Ic-Abteilung sein müssen. Der SS-Befehl könne insofern nur als Tarnung verstanden werden.[75]

---

[69] *Ders.*, S. 47.

[70] Ic steht für "Intelligence", siehe auch *Browder*, Hitler's Enforcers, p. 105; *Deschner*, Reinhard Heydrich, S. 51.

[71] *Wildt*, Sicherheitsdienst des Reichsführers SS, S. 9.

[72] *Höhne*, Der Orden unter dem Totenkopf, S. 68.

[73] Befehl abgedruckt im Anhang als Dokument Nr. 8 bei *Aronson*, Reinhard Heydrich, S. 318.

[74] *Ders.*, S. 318.

[75] Siehe zum ganzen *Aronson*, Reinhard Heydrich, S. 55 f.

Zuständig für den Aufbau der Ic-Abteilung war zunächst Reinhard Heydrich, der von Himmler persönlich eingesetzt worden war.[76] Der Aufbau eines Nachrichtendienstes der SS gestaltete sich zunächst schwierig. Die erwähnte Ic-Abteilung bestand nur aus einem Mitarbeiter, nämlich Heydrich selbst, und fand in einem halben Zimmer ohne Schreibmaschine Platz.[77] Heydrichs Aufgabe bestand darin, die gesammelten Informationen zu ordnen und zusammen mit ebenfalls gesammelten Pressemitteilungen auszuwerten.[78] Die Ic-Abteilung und damit die nachrichtendienstliche Arbeit der SS war also zunächst klein und im Verhältnis zum Nachrichtendienst der SA eher unbedeutend. Es gestaltete sich schwierig, überhaupt regelmäßig zuverlässige Mitteilungen von den Informanten zu erhalten.[79]

2. Der PI-Dienst

Zwischen April und Juni 1932 waren die SA, SS und damit verbunden auch die Nachrichtendienste verboten. Die Ic-Abteilung im SS-Oberstab in München hieß jetzt offiziell Presse-Informationsdienst (PID).[80] Inoffiziell begann jedoch eine entscheidende Phase im Aufbau eines nachrichtendienstlichen Systems der SS. Seit April 1932 versuchte Reinhard Heydrich, durch starken persönlichen Einsatz und unzählige Reisen im ganzen Reich den Mitarbeiterstab des PID zu erweitern. Anfangs hielt Heydrich sich dabei an allgemeine SS-Grundsätze hinsichtlich Organisation und Auswahl. Er legte jedoch in hohem Maße Wert darauf, sich die endgültige Entscheidung persönlich vorzubehalten.[81] Die zufälligen Beobachtungen und Mitteilungen einzelner SS-Mitglieder reichten nicht länger aus. Vielmehr sollten sich jetzt feste, spezialisierte Mitarbeiter um die anliegenden Aufgaben kümmern. Zusammengeführt werden sollten die Ergebnisse der einzelnen Mitarbeiter unter einer zentralen und starken Führung, die persönlich die einzelnen Fortschritte überwachen sollte. Damit hatte Heydrich eine einschneidende Veränderung im Grundkonzept des Nachrichtendienstes vorgenommen. Obwohl die nachrichtendienstliche Abteilung formal ein Teil der SS blieb, wurde sie strukturell und personell unabhängig. Jetzt war es auch möglich, nicht nur den politischen Gegner nachrichtendienstlich zu beobachten, sondern auch die eigenen Partei- und Gesinnungsgenossen zu überwachen.[82]

---

[76] *Höhne*, Der Orden unter dem Totenkopf, S. 69.

[77] *Aronson*, Reinhard Heydrich, S. 55 f.

[78] *Wildt*, Sicherheitsdienst des Reichsführers SS, S. 9 f.; *Aronson*, Reinhard Heydrich, S. 56; *Browder*, Hitler's Enforcers, p. 107.

[79] *Wildt*, Sicherheitsdienst des Reichsführers SS, S. 9 f.

[80] *Aronson*, Reinhard Heydrich, S. 58; *Deschner*, Reinhard Heydrich, S. 57.

[81] *Wildt*, Sicherheitsdienst des Reichsführers SS, S. 10; *Aronson*, Reinhard Heydrich, S. 58.

[82] *Wildt*, Sicherheitsdienst des Reichsführers SS, S. 10; *Aronson*, Reinhard Heydrich, S. 58.

3. Der Sicherheitsdienst (SD)

a) Die Anfänge

In Anerkennung der strukturellen Veränderungen wurde die Ic-Abteilung bzw. der PID im Juli 1932 offiziell in Sicherheitsdienst des Reichsführers SS (SD) umbenannt.[83] Am 19. Juli wurde Reinhard Heydrich zum Leiter des Sicherheitsdienstes ernannt und wenig später zum SS-Standartenführer befördert.[84] Trotz dieser organisatorischen Veränderungen zeigte sich gegen Ende des Jahres 1932, daß sich der SD in großen Schwierigkeiten befand. Die Zahl der offiziellen Mitarbeiter lag immer noch nur bei ungefähr 40 und nur einige wenige wurden überhaupt für ihre Tätigkeit bezahlt. Ohne jede wirtschaftliche Grundlage konnte der Sicherheitsdienst nicht erfolgreich arbeiten.[85] Die Zukunft des SD schien Ende 1932 ungewiss.

b) Machtergreifung 1933

Im Januar 1933 konzentrierten sich alle Anstrengungen der Nationalsozialisten auf die Wahl Hitlers zum Reichskanzler. Reinhard Heydrich wurde von Himmler als Führer z.b.V. des Stabes der SS nach Berlin befohlen. Mit Heydrichs Ortswechsel wurde auch die Zentrale des SD nach Berlin verlegt.[86]

Nach der Ernennung Hitlers zum Reichskanzler und der „Machtübernahme“ der Nationalsozialisten standen dem SD genügend finanzielle Mittel zur Verfügung, um den Mitarbeitern Gehälter zahlen zu können. Weiterhin konnte ein eigener Mitarbeiterstab für die Verwaltungsangelegenheiten eingerichtet werden. Stabsleiter wurde zunächst Paul Leffler.[87] Am 1.4.1933 wurde Heinrich Himmler zunächst zum Chef der Bayerischen Politischen Polizei (BPP), später auch in anderen Reichsteilen zum Chef der jeweiligen Polizeieinheiten ernannt. Wichtigstes Ziel war zunächst, die Zusammenarbeit der einzelnen polizeilichen Einheiten zu koordinieren und eine entsprechende Kontrolle zu erreichen. In diesem Zusammenhang konnte der SD Himmler nützlich sein.

Im November 1933 wurde der SD Teil des durch Himmler neu gegründeten Sicherheitsamtes (SHA). Damit erhielt der SD den Status eines unabhängigen SS-Amtes.[88] Reinhard Heydrich wurde Chef des neuen Sicherheitsamtes. Es bestand

---

[83] *Höhne*, Der Orden unter dem Totenkopf, S. 151.
[84] *Aronson*, Reinhard Heydrich, S. 60; *Browder*, Hitler's Enforcers, p. 109.
[85] *Browder*, Hitler's Enforcers, p. 112.
[86] *Ders.*, p. 114.
[87] *Ders.*, p. 114.
[88] *Browder*, Hitler's Enforcers, p. 118.

aus fünf Abteilungen und zwei unabhängigen Referenten.[89] Besonders die Abteilungen III und IV sollten die nachrichtendienstlichen Aktivitäten innerhalb und außerhalb des Reiches abdecken.[90]

III. Das Sicherheitshauptamt Januar 1935

In den folgenden Jahren begann sich im Rahmen der zunehmenden Verzahnungen zwischen staatlichen Stellen, wie zum Beispiel der Polizei und NS-Einrichtungen, die Bedeutung des Sicherheitsdienstes weiter zu vergrößern.

Am 9.6.1934 verfügte Heinrich Himmler, daß der SD der alleinige Nachrichtendienst der Partei werde. Der bis dahin noch bestehende Nachrichtendienst, der „Inlandsnachrichtenapparat des Außenpolitischen Amtes", wurde Teil des SD.[91] Wenig später, im Juli 1934, erkannte auch die Gestapo an, daß der SD der „einzige politische und Abwehr-Nachrichtendienst sei und die polizeiliche Unterbindung nachrichtendienstlicher Tätigkeit anderer Stellen angeordnet werde."[92] Auch die SS war in den Jahren seit der „Machtergreifung" stark angewachsen. Im Januar 1935 nahm Himmler verschiedene Maßnahmen zur effektiveren Organisation der SS vor. Die SS-Ämter wurden zu SS-Hauptämtern. So entstand neben dem SS-Hauptamt und dem Rasse- und Siedlungshauptamt als Nachfolger des Sicherheitsamtes das Sicherheitshauptamt.[93]

Das Sicherheitshauptamt bestand im Wesentlichen aus drei Ämtern. Amt I war zuständig für die allgemeine Verwaltung und Organisation des SD und wurde zunächst von Dr. Werner Best und später von Wilhelm Albert betreut.[94] Zum Amt I gehörte auch die „Informationsabteilung I", welche die Lageberichte des Sicherheitsdienstes herausgab. Das Amt II war der wichtigste Teil des SD und wurde im allgemeinen als „SD-Inland" bezeichnet. Leiter des SD-Inland war zunächst Hermann Behrends, der dann von Otto Ohlendorf abgelöst wurde.[95]

IV. Das Reichssicherheitshauptamt (RSHA)

Mit Erlaß des Reichsführers SS vom 27.9.1939 wurden mit Wirkung vom 1.10.1939 organisatorisch die Gestapo, die Kriminalpolizei und der SD im Reichssicherheitshauptamt zusammengefaßt.[96] Die bereits beschriebene Entwicklung der Verzahnung von staatlichen Organen und NS-Einrichtungen wurde

---

89 Übersicht über die Struktur des Sicherheitsamtes abgedruckt bei *Browder*, Hitler's Enforcers, p. 252 f.

90 *Ders.*, p. 118.

91 *Aronson*, Reinhard Heydrich, S. 195 f.

92 *Ders.*, S. 196.

93 *Browder*, Hitler's Enforcers, p. 175; *Aronson*, Reinhard Heydrich, S. 197.

94 Siehe zum Aufbau des Sicherheitshauptamtes *Browder*, Hitler's Enforcers, p. 254 f.

95 *Aronson*, Reinhard Heydrich, S. 202.

96 *Buchheim*, Anatomie des SS- Staates I, S. 76.

somit im Bereich der polizeilichen und nachrichtendienstlichen Aufgaben zu einem Abschluß gebracht. Das RSHA stand zunächst bis 1942 unter der Leitung von Reinhard Heydrich. Ihm folgte bis 1945 Ernst Kaltenbrunner.[97]

1. Aufbau des RSHA

Das RSHA bestand aus sechs, später sieben Ämtern, in deren Verantwortung jeweils die Bearbeitung eines Aufgabengebietes lag.[98]

a) Amt I

Das Amt I des RSHA war für Personalangelegenheiten zuständig und teilte sich in vier Abteilungen (Personal, Ausbildung und Erziehung, Leibesübungen und Strafsachen). Amtschef wurde im Frühjahr 1940 SS-Brigadeführer Bruno Streckenbach.[99] Er hatte nach der Teilung des ursprünglichen Amtes I in zwei Ämter den ersten Leiter des Amtes I Dr. Werner Best abgelöst.[100]

b) Amt II

Das Amt II umfaßte die Sachbereiche Organisation, Verwaltung und Recht. Amt II entwickelte sich ebenfalls aus der Aufteilung des ursprünglichen Amtes I. SS-Standartenführer Dr. Hans Nockemann wurde Chef des neu gegründeten Amtes.[101] Das Amt II befaßte sich hauptsächlich mit allgemein-organisatorischen und rechtlichen Problemen, haushaltsrechtlichen Fragen, dem Paßwesen sowie technischen Angelegenheiten.

c) Amt III

Das Amt III des RSHA wurde aus der Abteilung II/ 2 (Deutsche Lebensgebiete) des SD- Hauptamtes gebildet. Dem Amt III oblag die Meinungsforschung im gesamten Reich. Dazu war es in vier Dezernate gegliedert.[102] Alter und neuer Amtschef des Bereiches „Deutsche Lebensgebiete" war Otto Ohlendorf. Sein Amt gab die mehrmals wöchentlich erscheinenden „Meldungen aus dem Reich" heraus, die einen Überblick über die Stimmung der Bevölkerung und einzelner

---

[97] *Lozowick*, Hitlers Bürokraten, S. 66; *Smelser/ Syring*, Die SS, S. 207, 212, 289.

[98] Die Darstellung des RSHA hinsichtlich Personal und Organisation erfolgt nach der Gliederung vom Stand März 1941. Eine vollständige Darstellung aller personellen und organisatorischen Änderungen kann im Rahmen dieser Arbeit nicht geleistet werden und würde für eine überblickartige Darstellung zu einer Verkomplizierung der ohnehin schon wenig übersichtlichen Struktur des RSHA führen; vgl. zur Gründung des RSHA und zum Aufbau den Befehl Himmlers, abgedruckt bei *Wildt*, Generation des Unbedingten, S. 279.

[99] *Buchheim*, Anatomie des SS- Staates I, S. 76.

[100] *Ders.*, S. 77; *Smelser/ Syring*, Die SS, S. 65.

[101] *Buchheim*, Anatomie des SS- Staates I, S. 77.

[102] III A Rechtsordnung und Reichsaufbau, III B Volkstum, III C Kultur, III D Wissenschaft.

ausgewählter Gruppen über bestimmte Themen geben sollten.[103] Das Amt III leistete somit klassische nachrichtendienstliche Arbeit und nahm aufgrund der großen Einflußmöglichkeiten innerhalb des RSHA eine gewichtige Position ein.

d) Amt IV

Das Amt IV war zuständig für die Gegnerforschung und -bekämpfung. Es bestand aus fünf Dezernaten und war aus dem Amt Politische Polizei der Sicherheitspolizei sowie den Abteilungen II und III des Gestapa gebildet worden.[104] Chef des Amtes IV war SS-Brigadeführer Heinrich Müller. Die Überwachung und Bekämpfung der Gegner nationalsozialistischer Weltanschauung gehörte ebenfalls zu den wichtigeren Aufgaben im Überwachungssystem des NS-Staates. Insofern kam auch der Arbeit des Amtes IV eine zentrale Bedeutung zu.

e) Amt V

Dem Amt V oblag die Verbrechensbekämpfung. Dort waren das Amt Kriminalpolizei des Hauptamtes Sicherheitspolizei und das Reichskriminalpolizeiamt zusammengefaßt. Das Amt V war somit für die Erledigung klassischer Polizeiaufgaben zuständig. Amtschef war SS-Brigadeführer Reichskriminaldirektor Arthur Nebe.[105]

f) Amt VI

In Amt VI war der Auslandnachrichtendienst des SD-Hauptamtes zusammengefaßt. Sämtliche nachrichtendienstliche Arbeit, die nichtdeutsche Gebiete betraf, fiel in den Verantwortungsbereich des Amtes VI. Amtschef war SS-Brigadeführer Heinz Jost.

g) Amt VII

Das Amt VII des RSHA war schließlich für die weltanschauliche Forschung und Auswertung zuständig. Es war aus den Abteilungen II/1 und I/3 des SD-Hauptamtes zunächst zum Amt II des RSHA geworden, später dann aber als selbständiges Amt VII organisiert worden. Amtschef war SS-Standartenführer Prof. Dr. Franz Six. Das Amt VII übernahm mit der weltanschaulichen Forschung und Auswertung ebenfalls klassische nachrichtendienstliche Aufgaben.

---

103 *Smelsen/ Syring*, Die SS, S. 384.

104 Die Abteilungen des Amtes IV: IV A Kommunismus, Marxismus; IV B Politische Kirchen, Juden; IV C Schutzhaft; IV D Großdeutsche Einflußgebiete; IV E Abwehr; *Buchheim*, Anatomie des SS-Staates I, S. 77 f.

105 Die Abteilungen des Amtes V: VA Kriminalpolitische Vorbeugung; V B Einsatz; V C Erkennungsdienst; V D Kriminaltechnisches Institut; *Buchheim*, Anatomie des SS-Staates I, S. 77.

2. Aufgabe

Die Gründung des RSHA wirkte sich trotz der konkreten organisatorischen Veränderungen inhaltlich kaum auf die tägliche Arbeit aus. Die Zusammenlegung von Gestapo und SD sollte zunächst verhindern, daß sich die Aufgabenbereiche beider Einrichtungen überschnitten und es so zu einem ständigen Machtkampf über die Kompetenzen kam, der die eigentliche polizeiliche und nachrichtendienstliche Arbeit behinderte.[106] Der polizeiliche Teil des RSHA sollte sich dabei konkret mit individuellen Fällen befassen. So war es Aufgabe der Kriminalpolizei, einzelne Täter aufzuspüren und ihrer Strafe zuzuführen, während die politische Polizei sich dem „rassisch-weltanschaulichen" Kampf gegen die Gegner der „Volksgemeinschaft" widmen sollte.[107] Der SD hingegen, also der nachrichtendienstliche Teil des RSHA, sollte sich auf Anweisung von Himmler nicht mit Einzelfällen und Verwaltungsaufgaben abgeben. Hier sollte der Schwerpunkt der Tätigkeit auf der Untersuchung der „weltanschaulichen Gegner" und ihrer Theorien liegen. Besonders das wissenschaftliche Befassen mit „dem Einfluß des Judentums und den strategischen Linien der Kommunistischen Internationalen" sei von Interesse.[108] Allerdings war eine reine Trennung der Aufgaben von Polizei und SD praktisch wohl nicht umsetzbar. Die Verbindung von staatlichen Stellen und Parteieinrichtungen führte immer wieder zu Kompetenzschwierigkeiten und Machtgerangel.[109]

Die Arbeit des RSHA, wie auch schon der Einrichtungen davor, sorgte für die totale Überwachung des gesamten Lebens im NS- Staat. Mit Fortschreiten des Krieges wurde das RSHA die organisatorische Basis, von der aus in Einsatzgruppen und Sonderkommandos die grausamen und unmenschlichen theoretischen Vorstellungen der nationalsozialistischen Ideologie in die Realität umgesetzt wurden.

V. Die Juristen in der SS

1. Allgemein

Die Rolle der Juristen in der SS und speziell im SD kann anhand bereits vorhandener statistischer Untersuchungen nur ganz allgemein dargestellt werden.

a) Untersuchung von Gunnar Boehnert[110]

Gunnar Boehnert geht in seiner Untersuchung von insgesamt 5250 Personen im SS-Führerkorps aus.[111] Danach stammten 7.4 % aus der Arbeiterschicht, 52.6 %

---

106 *Höhne*, Der Orden unter dem Totenkopf, S. 210.
107 *Wildt*, Generation des Unbedingten, S. 254.
108 *Ders.*, S. 254.
109 *Höhne*, Der Orden unter dem Totenkopf, S. 237 f.
110 *Boehnert*, The Jurists in the SS-Führerkorps, 1925-1939, S. 361- 374.
111 *Ders.*, S. 361.

aus der unteren Mittelschicht und ca. 40 % aus der oberen Mittelschicht. 30.1 % der untersuchten Personen besaßen eine akademische Ausbildung mit einem Universitätsabschluß. Von diesen Akademikern waren 33% Juristen. Die Juristen stellten damit die größte Berufsgruppe innerhalb der Akademiker im SS-Führerkorps.[112]

Weiterhin untersuchte Boehnert den Zeitraum, in dem die Juristen und andere akademische Berufsgruppen Mitglied der SS wurden. Zwischen 1925 und der Machtergreifung 1933 wurden 40.5 % der untersuchten Personen Mitglied der SS, davon waren aber nur 13.2 % Juristen. Diese Zahlen verschoben sich in den Jahren nach 1933. Zwischen Februar 1933 und Juni 1934 traten 29.5 % der untersuchten Personen in die SS ein. 42.6 % davon hatten eine juristische Ausbildung. Dieser Trend setzte sich fort. Während in den Jahren bis September 1939 30 % der ausgewählten Gruppe Mitglieder der SS wurden, waren 44.3 %, also fast die Hälfte davon, Juristen.[113] Damit zeigt sich, daß insbesondere in den Jahren nach der Machtergreifung 1933 die akademische Berufsgruppe der Juristen im Verhältnis zu den übrigen Akademikern überdurchschnittlich stark repräsentiert war.

b) Untersuchung von Michael Wildt[114]

Michael Wildt untersuchte eine Gruppe von 221 Personen, die als Führungsmitglieder dem RSHA entweder insgesamt über 18 Monate oder in der Zeit von 1939 bis 1941 angehört haben.[115]

Von den 221 untersuchten Personen hatten 90 ein abgeschlossenes rechtswissenschaftliches Studium vorzuweisen, 35 von ihnen waren auch promoviert. Damit stellten die Juristen bezogen auf die im RSHA vertretenen Berufe auch dort die größte Gruppe.[116] Wildt erklärt die starke Vertretung der Juristen im RSHA mit der angespannten Arbeitsmarktsituation für Akademiker zu Beginn der 30er Jahre. Bis Ende der 20er Jahre kam es zu einem starken Anstieg der Studentenzahlen für das rechtswissenschaftliche Studium. 1932 gab es 9300 Referendare und 3500 Assessoren, die alle Berufsanfänger waren. 1931 hatten jedoch nur 980 Berufsneulinge in der Justiz, als Anwalt oder in anderen Bereichen eine Stelle entsprechend ihrer Ausbildung gefunden.[117] Im Ergebnis vermutet Wildt daher auch, daß die schlechten Berufsaussichten gerade für Juristen ein wesentlicher Grund gewesen seien, eine Karriere in der elitebewußten SS anzu-

---

112 *Ders.*, S. 362.
113 *Ders.*, S. 363.
114 *Wildt*, Generation des Unbedingten, 2002.
115 *Ders.*, S. 23 f.
116 *Wildt*, Generation des Unbedingten, S. 75.
117 *Ders.*, S. 80.

streben, die ihnen zudem politisch gestalterische Möglichkeiten eröffnete, die es so in einer „zivilen“ beruflichen Laufbahn nicht gegeben hätte.

c) Untersuchung von Jens Banach[118]

Jens Banach untersuchte die Führungskräfte in der Sicherheitspolizei und im SD zwischen 1934 und 1945. Dabei wurde zwar keine spezielle Berücksichtigung des juristischen Berufsstandes vorgenommen, allerdings bestätigte auch Banach den erhöhten Anteil an Juristen bzw. Studierenden der Rechtswissenschaft in der Gestapo, dem SD und der Kripo.[119]

Danach wurden von 982 untersuchten Studenten 453 Mitglieder der Gestapo, 311 gingen zum SD und 218 zur Kripo. Innerhalb der jeweiligen Gruppen hatten 333 (72 % von 453) Personen, die zur Gestapo gingen, eine juristische Ausbildung, 134 (43 % von 311) Juristen traten dem SD bei und 145 (67 % von 218) gingen zur Kripo.[120] Damit zeigte sich, daß die Absolventen juristischer Studiengänge in den genannten Bereichen überdurchschnittlich stark vertreten waren. Ähnliches galt auch für das Verhältnis mittlerer und gehobener Führungspositionen, die im SD von Juristen besetzt waren. Von 293 Personen im SD, die studiert hatten, waren 87 Juristen, wobei 55 die gehobene Führerlaufbahn eingeschlagen hatten und nur 32 die mittlere.[121] Damit waren 63 % der Juristen als gehobene SS-Führer tätig, während 37 % in der mittleren Führerlaufbahn vertreten waren.

Insgesamt zeigt sich somit auch nach den statistischen Untersuchungen von Jens Banach, daß Juristen erstens im Verhältnis zu anderen Universitätsabsolventen überdurchschnittlich stark vertreten waren und zweitens innerhalb des gleichen Studienganges im Verhältnis zu anderen Fächern deutlich zahlreicher die gehobene Führerlaufbahn eingeschlagen hatten.

Banach sah die Gründe für diese Zahlen einerseits in dem Studiengang Rechtswissenschaft selbst, der eine gute Möglichkeit sozialen Aufstiegs darstellte und darum von „Angestellten und mittleren Beamtenkindern“ zunehmend gewählt wurde, so daß grundsätzlich eine hohe Zahl von Absolventen auf den Arbeitsmarkt drängte. Andererseits stellten sich die beruflichen Aussichten für Juristen insbesondere im nichtstaatlichen Bereich aufgrund der allgemeinen wirtschaftlichen Situation eher als schlecht dar, so daß eine Tätigkeit in Gestapo, SD oder bei der Kripo eine Alternative darstellte, beruflich Fuß zu fassen.

---

118 *Banach*, Heydrichs Elite, 1998.
119 *Ders.*, S. 77 ff.
120 *Ders.*, S. 79.
121 *Ders.*, S. 81.

d) Zusammenfassung

Die drei dargestellten Untersuchungen kommen trotz unterschiedlicher zugrundegelegter Zahlen und unterschiedlicher Untersuchungsgruppen zu denselben Ergebnissen. Insgesamt waren danach Juristen in höheren Positionen im Verhältnis zu Absolventen anderer Studiengänge im Bereich des SD und des Reichssicherheitshauptamtes, zu dem der SD formell gehörte, überdurchschnittlich stark vertreten. Im wesentlichen wurde dieses Ergebnis auf die schlechte wirtschaftliche Situation in den Jahren zwischen dem Ende der Weimarer Republik und der Anfangszeit der nationalsozialistischen Regierung zurückgeführt, von der auch der Juristenstand nicht ausgenommen war. Schließlich kann dieser wirtschaftliche Aspekt aber nur ein Teil des Versuchs einer Erklärung sein, warum ausgerechnet in hohem Maße Juristen führende Stellen im SD bzw. der SS bekleideten und damit das Handeln des SD bzw. der SS auch mitzuverantworten hatten. Ob Juristen aufgrund ihrer Ausbildung oder einer bestimmten Veranlagung, die sie zu dieser Berufswahl bewegte, gegenüber der Ideologie des Nationalsozialismus besonders empfänglich waren, bewegt sich im Rahmen der psychologischen und soziologischen Wissenschaft und soll im Rahmen dieser Arbeit nicht beantwortet werden.

2. Ausgewählte Beispiele

Die wissenschaftliche Auseinandersetzung mit den Biographien der Verantwortlichen in der SS und auch im SD ist weitgehend abgeschlossen. Die Biographien sind bekannt und auch veröffentlicht.[122]

Angesichts der thematischen Ausrichtung der Arbeit soll jedoch auf einige jener Führungspersönlichkeiten im SD bzw. im RSHA, die eine juristische Ausbildung absolviert hatten, kurz eingegangen werden.

a) Ernst Kaltenbrunner (1903-1946)

Nach dem Tod Reinhard Heydrichs am 4.6.1942 infolge eines Attentats tschechischer Widerstandskämpfer war die Spitze des Reichssicherheitshauptamtes im Mai 1942 unbesetzt. Heydrich hatte nicht nur den SD organisatorisch und personell maßgeblich mit aufgebaut, er hatte auch die Zusammenführung von SD und Sicherheitspolizei im RSHA organisiert und es zu einer einflußreichen Einrichtung innerhalb des NS-Staates gemacht.[123] Himmler entschied sich, die

---

[122] Vgl. dazu beispielhaft *Ronald Smelser (Hrsg.)*, Die SS, Elite unter dem Totenkopf, Paderborn 2000; *Shlomo Aronson*, Reinhard Heydrich und die Frühgeschichte von Gestapo und SD, Stuttgart 1971; *Günther Deschner*, Reinhard Heydrich, Statthalter der totalen Macht, Frankfurt am Main 1987; *Ulrich Herbert*, Best: Biographische Studien über Radikalismus, Weltanschauung und Vernunft, Bonn 1996; *Peter Black*, Ernst Kaltenbrunner, Vasall Himmlers, eine SS- Karriere, Paderborn 1991.

[123] *Wildt*, Generation des Unbedingten, S. 680; *Black*, Ernst Kaltenbrunner, S. 143.

Leitung des Reichssicherheitshauptamtes zunächst selbst zu übernehmen. Aufgrund seiner starken Arbeitsbelastung konnte dies jedoch nur eine Übergangslösung sein. Am 30.1.1943 ernannte Himmler Ernst Kaltenbrunner schließlich zum neuen Leiter des Reichssicherheitshauptamtes.[124]

Kaltenbrunner wurde am 4.10.1903 in Ried (Oberösterreich) geboren. Er studierte von 1921 bis 1926 Jura an der Universität in Graz, promovierte und war als Mitglied der Burschenschaft „Arminia" an Aktionen gegen jüdische Kommilitonen und Professoren sowie gegen ausländische Studierende beteiligt.[125] Kaltenbrunner wurde 1930 Mitglied der österreichischen NSDAP und trat 1931 auch der SS bei. Nach dem „Anschluß" Österreichs an das Deutsche Reich wurde er im Herbst 1938 von Himmler zum Staatssekretär für die öffentliche Sicherheit in den österreichischen Gebieten des Deutschen Reiches und zum Höheren Polizei- und SS-Führer im Wehrkreis XVII (Wien) ernannt.[126] Kaltenbrunner sollte insbesondere dafür sorgen, daß SS und Polizei sich zu einer Einheit verbanden, deren gemeinsames Ziel der Kampf gegen die „politischen und rassischen Feinde" des Reiches war.[127] Als Kaltenbrunner Leiter des RSHA wurde, hatte die systematische Vernichtung der europäischen Juden bereits begonnen. Kaltenbrunner war nicht nur für den reibungslosen Ablauf der Deportationen zuständig, er hatte auch über die Inhaftierung und das weitere Schicksal von KZ-Häftlingen zu entscheiden.[128] Insgesamt war er in den Jahren 1943-1945 einer der einflußreichsten Führer des Dritten Reiches.[129] Noch während des Nürnberger Kriegsverbrecherprozesses im Oktober 1946 gab sich Kaltenbrunner als von der NS-Weltanschauung überzeugt.[130] Er wurde nach seiner Verurteilung zum Tode am 16.10.1946 hingerichtet.[131]

b) Werner Best (1903-1989)

Karl Rudolf Werner Best wurde am 10.7.1903 als Sohn eines höheren Postbeamten in Darmstadt geboren. Sein Vater starb bereits 1914 als Kompanieführer an der Westfront im Ersten Weltkrieg.[132] Nach einem rechtswissenschaftlichen Studium an den Universitäten Frankfurt am Main, Freiburg im Breisgau und Gießen bestand Best 1925 das Referendar-, 1928 auch das Assessorexamen.[133]

---

[124] *Wildt*, Generation des Unbedingten, S. 683; *Smelser/ Syring*, Die SS, S. 289.
[125] *Smelser/ Syring*, Die SS, S. 292.
[126] *Black*, Ernst Kaltenbrunner, S. 119.
[127] *Smelser/ Syring*, Die SS, S. 295.
[128] *Black*, Ernst Kaltenbrunner, S. 160.
[129] *Smelser/ Syring*, Die SS, 301; *Lozowick*, Hitlers Bürokraten, S. 76.
[130] *Black*, Ernst Kaltenbrunner, S. 297.
[131] *Ders.*, S. 299, 302.
[132] *Petrick*, Werner Best, S. 60; *Herbert*, Best, S. 42; *Wistrich*, Wer war wer im Dritten Reich, S. 21.
[133] SSO-Akte Dr. Werner Best, BA; *Petrick*, Werner Best, S. 61.

Zwischen Erstem und Zweitem Staatsexamen schrieb er an einer arbeitsrechtlichen Doktorarbeit und wurde in Heidelberg promoviert.[134] Schon während des Studiums hatte Best sich in der Jugendorganisation der DNVP und im Deutschen Hochschulring engagiert. Als Leiter des Rheinlandsamtes des völkisch und antisemitisch ausgerichteten Hochschulrings in Berlin war er selbst aktiv im Kampf gegen die französische Besatzungsmacht und deutsche Separatisten beteiligt.[135] Seinen politischen Überzeugungen folgend trat Best am 1.11.1930 in die NSDAP und mit Wirkung zum 13.11.1931 in die SS ein.[136]

Innerhalb der NSDAP war Best zunächst als Rechtsberater tätig, weiterhin sollte er für die NSDAP als Kandidat für die Wahlen zum hessischen Landtag im November 1931 aufgestellt werden. Zu einer parlamentarischen Karriere sollte es jedoch nicht kommen. Nachdem Best für den Fall der Machtübernahme der NSDAP in Hessen Verordnungen zur Neuregelung des Staatswesens entworfen hatte, wurde er als Beamter beurlaubt.[137] Mit der Machtübernahme der NSDAP im März 1933 stieg Best zum Chef der Polizei in Hessen auf. In einer seiner ersten Amtshandlungen ließ er die Errichtung eines Konzentrationslagers für politische Gefangene anordnen. Im September 1933 wurde eine Leiche gefunden, die seinerzeit in den Skandal um die Boxheimer Dokumente verwickelt gewesen war und Best schwer belastet hatte.[138] Best konnte sich nicht eindeutig von diesem Mord distanzieren und war in seiner Position als Polizeichef nicht mehr zu halten. Er wurde schließlich am 9.9.1933 aus dem Amt des hessischen Polizeichefs entlassen.[139] Seine Karriere schien beendet. Inzwischen war jedoch Heinrich Himmler auf ihn aufmerksam geworden. Er bestellte Best nach München und unterstellte ihn dem Chef des SD Reinhard Heydrich.

Heydrich beauftragte Best zunächst mit der Leitung und dem Aufbau des SD in Süddeutschland, später im März 1934 mit der Neuorganisation des SD im

---

134 Vgl. dazu *Best*, Zur Frage der „Gewollten Tarifunfähigkeit“, Heidelberg 1929.

135 *Petrick*, Werner Best, S. 61, BA; *Wistrich*, Wer war wer im Dritten Reich, S. 21.

136 NSDAP-Mitgliedsnummer: 341.338; SS-Mitgliedsnummer: 23.377; vgl. dazu SSO-Akte Dr. Werner Best, BA; *Petrick*, Werner Best, S. 62 f.

137 Vgl. zum sog. „Boxheim- Skandal“ *Petrick*, Werner Best, S. 63; *Herbert*, Best, S. 112 ff.

138 Die Boxheimer Dokumente bestanden aus Notverordnungen und Vorschriften, die für den Fall der „Machtübernahme“ durch die Nationalsozialisten erlassen werden sollten. Nachdem die NSDAP gemeinsam mit dem Zentrum über die Bildung einer Koalitionsregierung in Hessen verhandelt hatte, gelangten die Boxheimer Dokumente durch die beabsichtigte Indiskretion eines NSDAP-Abgeordneten an die Öffentlichkeit. Dieser Abgeordnete hatte über seine Karriere die Unwahrheit gesagt und zudem bestehende Vorstrafen nicht benannt. Best ließ deshalb die Wohnung des Abgeordneten mit Hilfe von SA-Truppen durchsuchen. Wohl aus Ärger über diese Maßnahme übergab der Abgeordnete die Boxheimer Dokumente der Polizei. Später wurde die Leiche dieses Abgeordenten gefunden.

139 *Petrick*, Werner Best, S. 64; *Herbert*, Best, S. 129 f.

Hauptamt in München.[140] Die schnelle Folge der Beförderungen dieser Jahre beweist den starken Einfluß Bests auf Himmler und Heydrich.[141] Best wurden auch weiterhin vertrauensvolle Aufgaben übertragen. So wurde er 1935 Heydrichs Stellvertreter als Leiter der Geheimen Staatspolizei, 1936 stellvertretender Chef der Sicherheitspolizei und 1939 auch Stellvertreter des Chefs des RSHA.[142] Im Rahmen seiner Arbeit für die Geheime Staatspolizei war Best an der Deportation von Juden beteiligt und organisierte Einsätze von speziellen Gruppen der Sicherheitspolizei und des SD, die im Herbst 1939 zum Tode von ca. 40.000 Menschen führten. Weiterhin war Best an der Organisation der Polizei und der Entwicklung eines „nationalsozialistischen" Polizeirechts beteiligt.[143]

Angesichts der Veränderungen in Österreich und der Tschechoslowakei 1938 konnte Reinhard Heydrich häufig nicht persönlich in Berlin sein. Bests Position im Geheimen Staatspolizeiamt wurde dadurch immer einflußreicher. Eine der nötigen personellen Änderungen im Gestapa und im SD sollte nach Ansicht Bests in der juristischen Qualifikation der Mitarbeiter liegen. Im März 1939 entwarf Best dazu einen Entwurf für zukünftige Laufbahnrichtlinien. Danach waren zwei juristische Examina die Grundvoraussetzung für einen leitenden Beamten im Gestapa bzw. im SD. Ergänzt werden sollte die juristische Vorbildung durch einen längeren kriminalpolizeilichen Schulungskurs und die weltanschauliche Ausbildung im Sinne der SS möglichst schon vom Abitur an.[144]

Heydrich, der selbst keine juristische Ausbildung hatte und als Offizier in der Reichsmarine auch kein abgeschlossenes Hochschulstudium vorweisen konnte, fürchtete um seinen Einfluß. Letztlich mußte er davon ausgehen, daß Best sich nicht nur berufen fühlte, sondern auch dazu bereit war, Heydrichs Position einzunehmen.[145]

Mit Gründung des RSHA wurde Best im September 1939 Leiter des Amtes I. Die Kompetenzschwierigkeiten mit Heydrich ließen sich jedoch nicht mehr beilegen. Im Juni 1940 verließ Best das RSHA und meldete sich freiwillig zum Kriegseinsatz. Er unterzog sich zunächst zwei Monate einer militärischen Grundausbildung beim Ersatzbataillon 15 in Friedberg/Hessen.[146] Die soldatische

---

140 *Petrick*, Werner Best, S. 64; *Herbert*, Best, S. 141.

141 22.6.33 Untersturmführer, 9.11.33 Obersturmführer, 5.12.33 Hauptsturmführer, 15.6.34 Sturmbannführer, 4.7.34 Obersturmbannführer; vgl. dazu SSO-Akte Dr. Werner Best, BA.

142 SSO-Akte Dr. Werner Best, BA; *Petrick*, Werner Best, S. 64.

143 Best war maßgeblich am Gesetz über die Geheime Staatspolizei vom 10.2.1936 beteiligt und verfaßte 1940 ein Lehrbuch zum Polizeirecht „Die Deutsche Polizei", *Best*, Die Deutsche Polizei, Darmstadt 1940; vgl. dazu auch *Petrick*, Werner Best, S. 65; *Herbert*, Best, S. 242.

144 *Herbert*, Best, S. 230 f.

145 *Petrick*, Werner Best, S. 65; *Herbert*, Best, S. 228 ff.

146 *Herbert*, Best, S. 248 f.

Laufbahn blieb jedoch eine symbolische Übergangsstation in Bests Karriere. In Paris sollte als Beauftragter der Sicherheitspolizei und des SD ein Vertreter Heydrichs eingesetzt werden. Während in Polen Einsatzgruppen verwendet wurden, wurde in Frankreich darauf verzichtet. Auch lag die Exekutivbefugnis bei der Wehrmachtsführung, so daß sicherheitspolizeiliche oder sicherheitsdienstliche Aktionen mit den Militärbefehlshabern abgesprochen werden mußten. Die Pariser Außendienststelle war also bezogen auf die politischen Einflußmöglichkeiten eher unbedeutend. Für diese Aufgabe war im August 1940 Werner Best vorgesehen.[147]

Trotz des offensichtlichen Karriererückschritts versuchte Best, die Neuorganisation der französischen Justiz und Polizei mit aller Macht durchzusetzen und insbesondere die Inhaftierung und spätere Deportation der jüdischen Bevölkerung vorzubereiten. Daneben befaßte sich Best juristisch mit der Rechtfertigung und Organisation der deutschen Besatzungsherrschaft. Vom OKW wurde er mit der Untersuchung der Effektivität der Besatzungsherrschaft in weiteren Ländern beauftragt, so daß Best Erfahrungen im Bereich der deutschen Besatzungen in ganz Europa sammelte.[148] Dies führte dazu, daß Best, allerdings erst nach dem Tod von Heydrich, ins Auswärtige Amt wechselte, wo er am 5.11.1942 zum Reichsbevollmächtigten für Dänemark bestimmt wurde.[149] Seit der Besetzung des neutralen Dänemarks im April 1940 bestand zwischen dem Gesandten des Deutschen Reiches und der dänischen Regierung eine Art Bündnis, in dem allerdings die Dänen die Leitung der Verwaltung und aller weiterer öffentlichen Einrichtungen behielten. Diese erzwungene Zusammenarbeit mit der dänischen Regierung wurde zunächst auch unter Best beibehalten. Im Verlauf des Jahres 1943 wurden die Widerstandsbewegungen in Dänemark gegen die deutsche Besetzung immer stärker. Das Führerhauptquartier veranlaßte Best, der dänischen Regierung ein Ultimatum anzudrohen, in dem die Verhängung des Ausnahmezustandes und die Einführung der Todesstrafe gegen Widerstandskämpfer verlangt wurde. Die dänische Regierung ging auf dieses Ultimatum nicht ein, so daß die deutschen Militärbefehlshaber die Kontrolle übernahmen.[150] Neben Best, dessen Position jetzt überflüssig war, wurde im Oktober 1943 SS-Gruppenführer Pancke dem Reichsbevollmächtigten als höherer SS- und Polizeiführer beigeordnet. Damit war Best erneut ausmanövriert worden.

---

147 *Petrick*, Werner Best, S. 66; *Herbert*, Best, S. 253.

148 *Petrick*, Werner Best, S. 67; *Herbert*, Best, S. 290 ff.

149 Vgl. dazu Bests eigene Aufzeichnungen über diese Zeit *Best*, Dänemark in Hitlers Hand, Husum 1988; sowie *Bjørn Rosegren*, Dr. Werner Best og tysk besættelsespolitik i Danmark 1943-1945, Odense 1982 und *Peter Frederiksen*, Danmark besat og befriet, Gylling 2000.

150 *Petrick*, Werner Best, S. 69 ff.

Nach dem Krieg wurde Best zunächst unter Bewachung gestellt und am 21.5.1945 verhaftet. Er wurde 1948 von einem dänischen Gericht zum Tode verurteilt. In den Jahren 1949 und 1950 wurde die Todesstrafe in immer geringere Gefängnisstrafen umgewandelt, bis Best 1951 begnadigt wurde und in die Bundesrepublik zurückkehren konnte.[151] Nach Jahren der beruflichen Tätigkeit als Anwalt, Rechtsberater der FDP in Nordrhein-Westfalen und Justitiar beim Stinnes-Konzern wurde am 10.2.1972 durch die Staatsanwaltschaft beim Kammergericht Berlin Anklage gegen Best wegen gemeinschaftlichen Mordes zusammen mit Göring, Himmler, Heydrich und Müller an mindestens 8723 Menschen in Polen während des Herbstes 1939 erhoben. Aufgrund des schlechten Gesundheitszustands von Best wurde das Verfahren vorläufig eingestellt. 1979 wurde das Verfahren dem Landgericht Duisburg übertragen. Im April 1982 wurde die dauernde Verhandlungsunfähigkeit Bests festgestellt, der schon seit 1974 wieder auf freiem Fuß war. 1989 wurde ein letzter Versuch der Staatsanwaltschaft Düsseldorf unternommen, Best für seine Taten zur Verantwortung zu ziehen. Bevor es jedoch zur Eröffnung des Hauptverfahrens kommen konnte, starb Best am 23.6.1989 im hohen Alter von 84 Jahren.[152]

c) Otto Ohlendorf (1907-1951)

Otto Ohlendorf wurde 1907 als Sohn eines wohlhabenden Bauern in der Nähe von Hildesheim geboren. Er wurde 1925, noch während seiner Schulzeit, sowohl Mitglied der NSDAP als auch der SA und mit 19 Jahren bereits Mitglied der SS.[153] Ohlendorf studierte Jura und Volkswirtschaft in Leipzig und Göttingen, wo er 1931 das Erste Staatsexamen ablegte. Auf Vorschlag des Kieler Wirtschaftswissenschaftlers Jens Jessen konnte er für ein Jahr an die italienische Universität nach Pavia gehen. 1933 wurde Ohlendorf erneut durch die Hilfe von Jens Jessen dessen wissenschaftlicher Assistent am Kieler Institut für Weltwirtschaft. Nach einer Tätigkeit als Abteilungsleiter am Institut für angewandte Wirtschaftswissenschaften in Berlin wechselte Ohlendorf als Leiter der Abteilung Wirtschaft (II/ 23) in den SD, wo er 1936 zum Stabsführer des SD-Inland aufstieg.[154] Nach einigen Meinungsverschiedenheiten über die wirtschaftliche Situation des Mittelstandes, die Ohlendorf durch den NS-Vierjahresplan und den Reichsnährstand in Gefahr sah, wurde er 1938 Geschäftsführer in der „Reichsgruppe Handel“ und 1939 Hauptgeschäftsführer. Die Arbeit im SD setzte er als „ehrenamtliche“ Tätigkeit neben seiner neuen Aufgabe fort.[155] Kurz vor Beginn

---

[151] *Ders.*, S. 72 ff; *Wistrich*, Wer war wer im Dritten Reich, S. 22.
[152] *Herbert*, Best, S. 515 ff.
[153] SSO-Akte Otto Ohlendorf, BA; *Smelser/ Syring*, Die SS, S. 379.
[154] Vgl. den Lebenslauf in Ohlendorfs SSO-Akte, BA; *Smelser/ Syring*, Die SS, S. 382; *Höhne*, Der Orden unter dem Totenkopf, S. 198.
[155] *Smelser/ Syring*, Die SS, S. 384.

des Krieges bat Heydrich Ohlendorf, hauptberuflich in den SD zurückzukehren und übertrug im die Leitung des Amtes III des SD-Inland im RSHA. Damit war Ohlendorf für die gesamte Meinungsforschung im Reich zuständig. Es fiel in seinen Verantwortungsbereich, durch ein dichtes Netz von Beobachtern die Stimmungen und Meinungen der Bevölkerung oder einiger ausgewählter Gruppen zu bestimmten Themen oder Maßnahmen der Regierung zuerst zu erfassen und dann auszuwerten. Diese Ergebnisse wurden dann, aufbereitet in den „Meldungen aus dem Reich“, mehrmals wöchentlich herausgegeben.[156] Da es häufig zu negativen Reaktion seitens der Bevölkerung auf Maßnahmen des NS-Staates kam und Ohlendorf selbst Möglichkeiten der Einflußnahme auf die Darstellung hatte, fielen die „Meldungen“ nicht immer entsprechend den Wünschen von Himmlers oder anderer Führer des NS-Staates aus, so daß Kritik an der Arbeit, aber auch an der Person Ohlendorfs nicht ausblieb.[157]

Obwohl Ohlendorf also durchaus Kritik gegenüber dem NS-System äußerte oder aber diese als Teil seines Verantwortungsbereiches äußern mußte, folgte er den Befehlen seiner Vorgesetzten und führte sie auch mit letzter Konsequenz aus. Von Juni 1941 bis Juni 1942 war Ohlendorf Leiter der Einsatzgruppe D, die während des Rußlandfeldzuges in der Ukraine und auf der Krim innerhalb eines Jahres 90000 Menschen, überwiegend Juden und Zigeuner, umbrachte.[158] Nach seiner Rückkehr aus Rußland wurde er von Himmler zum SS-Brigadeführer und Generalmajor der Polizei befördert.[159] Ohlendorf übernahm wieder die Leitung des SD- Inland, war aber gleichzeitig Ministerialdirektor im Reichswirtschaftsministerium, wo er sich um die Reorganisation des Ministeriums und die Versorgung der Zivilbevölkerung kümmerte. Nach dem Zusammenbruch des SD im April 1945 zog er sich nach Schleswig-Holstein zurück, wo er trotz der Umstände weiter versuchte, nachrichtendienstliche Arbeit zu leisten.[160] Ein Fluchtversuch zusammen mit Himmler, Brandt und anderen nach dem Ende der Kampfhandlungen mißglückte jedoch, und so wurde die ganze Gruppe am 23.5.1945 von britischen Militärpolizisten verhaftet. Im Fall neun der sogenannten Einsatzgruppenprozesse, die in der amerikanischen Besatzungszone stattfanden, zeigte sich Ohlendorf weiterhin von der Überlegenheit der NS-Weltanschauung und der Rechtfertigung seines Handelns überzeugt.[161] Am 10.4.1948 wurde Oh-

---

156 Vgl. zu den Meldungen aus dem Reich die von *Boberach* herausgegebene Quellenedition Meldungen aus dem Reich, Die geheimen Lageberichte des Sicherheitsdienstes der SS 1938- 1945 sowie insbesondere die folgende Analyse der Meldungen mit juristischem Schwerpunkt, dazu Teil 6 dieser Arbeit.

157 *Smelser/ Syring*, Die SS, S. 384; *Höhne*, Der Orden unter dem Totenkopf, S. 393.

158 *Smelser/ Syring*, Die SS, S. 385; *Höhne*, Der Orden unter dem Totenkopf, S. 476.

159 SSO-Akte Otto Ohlendorf, BA.

160 *Smelser/ Syring*, Die SS, S. 388.

161 *Höhne*, Orden unter dem Totenkopf, S. 476, 535.

lendorf vom Militärgerichtshof II der Vereinigten Staaten zum Tode verurteilt und im Juni 1951 hingerichtet.[162]

d) Reinhard Höhn (1904-2000)

Reinhard Höhn wurde am 29.7.1904 als Sohn eines Amtsanwalts bzw. später Amtsgerichtsrates in Thüringen geboren. Er studierte Jura und Nationalökonomie in Kiel, München und Jena, wo er das Referendar- und Doktorexamen ablegte.[163] Während der Verbotszeit der NSDAP trat Höhn dem Jungdeutschen Orden von Arthur Mahraun bei. Dieser propagierte die Ideen eines „bürgerlichen Rechtsstaates" und eines „Staates der Volksgemeinschaft". Bis 1932 hatte Höhn die Arbeit des Jungdeutschen Ordens aktiv unterstützt. Erst als es zu unüberbrückbaren Differenzen mit Mahraun gekommen war, verließ Höhn den Orden.[164] Mit Wirkung zum 1.7.1933 trat er in die NSDAP, zum 15.9.1933 in die SS bzw. auf Veranlassung von SS- Standartenführer Kobelinski, den Höhn noch aus seiner Studentenzeit in Kiel kannte, auch in den SD ein.[165] Parallel zu dieser politischen Tätigkeit schlug Reinhard Höhn eine wissenschaftliche Laufbahn ein. Er wurde Assistent von F.W. Jerusalem in Jena. Nach einem mißlungenen Habilitationsversuch dort wurde Höhn schließlich 1934 in Heidelberg von Walter Jellinek für Staats- und Verwaltungsrecht habilitiert.[166]

1935 erhielt er einen Ruf auf eine außerordentliche Professur an die Juristische Fakultät der Friedrich-Wilhelm-Universität in Berlin, wo er die Leitung des „Instituts für Staatsforschung" übernahm.[167] Höhn war ab diesem Zeitpunkt zwar nur noch „ehrenamtlich" im SD tätig, allerdings stellte sich das von ihm geleitete Institut für Staatsforschung nur nach außen als Teil der Berliner Universität dar.[168] Ähnlich wie das später von Karl August Eckhardt geleitete „Deutschrechtliche Institut" an der Universität Bonn wurden diese Einrichtungen maßgeblich von der SS finanziert und kontrolliert.[169]

Höhns Aufstieg in der SS vollzog sich schnell. Die Gruppe um Reinhard Heydrich, Werner Best, Otto Ohlendorf und Walter Schellenberg war nicht nur die erste Verbindung zum SD und erleichterte den Einstieg Höhns. Vielmehr entwi-

---

162 *Smelser/ Syring*, Die SS, S. 389, Fn. 17.

163 SSO-Akte Höhn, BA; *Aronson*, Reinhard Heydrich, S. 212; *Rüthers*, NJW 2000, S. 2866.

164 *Aronson*, Reinhard Heydrich, S. 212; *Rüthers*, NJW 2000, S. 2867.

165 Mitgliedsnummer NSDAP: 2175900; Mitgliedsnummer SS: 36229; vgl. dazu die eigenen Angaben Höhns in SSO-Akte Höhn, BA.

166 *Stolleis*, Geschichte des öffentlichen Rechts, S. 257, Anm. 65; *Rüthers*, NJW 2000, S. 2866.

167 Zu den Veröffentlichungen Höhns siehe auch *Stolleis*, Geschichte des öffentlichen Rechts III, S. 258, Anm. 65.

168 SSO-Akte Reinhard Höhn, BA.

169 *Kater*, Das Ahnenerbe der SS, S. 132; vgl. dazu auch die Ausführungen zu K.A. Eckhardt unten Teil 7 der Arbeit.

ckelte sie schnell ähnliche Vorstellungen hinsichtlich des Aufbaus und der Aufgabe des SD.[170] Dieser sollte jede politische und gesellschaftliche Entwicklung in Deutschland erfassen und unliebsame Gegner beseitigen. Dabei wurden skrupellos und angesichts des akademischen Hintergrundes vielleicht überraschend selbst die schlimmsten Vernichtungspläne juristisch akribisch gerechtfertigt.[171] Höhn wurde von Heydrich 1935 zum Leiter der Zentralabteilung II/2 im SD-Hauptamt ernannt. Besonders in diesen Anfangsjahren war er am Aufbau des SD beteiligt. Insbesondere sorgte er dafür, daß die Gegnerbeobachtung um die sogenannte „Lebensgebietsarbeit", bei der ganze Bereiche des öffentlichen Lebens nachrichtendienstlich überwacht werden sollten, ergänzt wurde. Da Höhn als Professor für Staats- und Verwaltungswissenschaften direkt von der Universität in die Arbeit des SD eingetreten war, wurde mit der „Lebensgebietsarbeit" an den Universitäten und dort insbesondere im Bereich der Staatswissenschaften begonnen.[172] Damit wurde die rein nachrichtendienstliche Arbeit des SD arbeitstechnisch auf eine wissenschaftliche Grundlage gestellt. Die Erfassung und Beobachtung der Gegner erfolgte systematisch und daher effektiver.[173]

1939 wurde Reinhard Höhn zum ordentlichen Professor an der Berliner Friedrich-Wilhelm-Universität ernannt, gleichzeitig schied er aus offiziellen Funktionen im inzwischen gegründeten RSHA aus, stand jedoch weiterhin besonders ideologisch als Berater zur Verfügung.[174] Diese inoffizielle Tätigkeit wurde 1939 mit der Beförderung zum SS-Standartenführer und 1944 zum SS-Oberführer durch Himmler gewürdigt.[175]

Entgegen den Lebensläufen vieler seiner früheren Kollegen gelang es Reinhard Höhn, nach dem Krieg unbehelligt unterzutauchen.[176] Höhn entging somit jeglichen rechtlichen Konsequenzen für sein Handeln zwischen 1933 und 1945. Er hatte allerdings keine Chance mehr, auf einen Lehrstuhl berufen zu werden. Seine wissenschaftliche Karriere war beendet. Reinhard Höhn begann jedoch abseits juristischer Wege eine zweite Karriere. 1956 gründete er die „Harzburger Akademie für Führungskräfte", die bald zu einer der größten europäischen Management-Schulen wurde und in der nicht nur Nachwuchskräfte von Unternehmen, sondern zunehmend auch junge Führungspersönlichkeiten aus Parteien, Gewerkschaften und der Bundeswehr ausgebildet wurden. Der Erfolg des von Höhn konzipierten „Harzburger Modells" gründete sich auch auf die Unterstützung alter SS-Kameraden, die jetzt als Führungskräfte in Unternehmen ihren

---

170 *Höhne*, Orden unter dem Totenkopf, S. 198.

171 *Rüthers*, NJW 2000, S. 2867.

172 *Aronson*, Reinhard Heydrich, S. 213; *Schanetzky*, Unternehmer, S. 115.

173 *Höhne*, Orden unter dem Totenkopf, S. 218 f.

174 *Aronson*, Reinhard Heydrich, S. 212; *Wildt*, Generation des Unbedingten, S. 161, Anm. 51.

175 *Aronson*, Reinhard Heydrich, S. 212; *Rüthers*, NJW 2000, S. 2867.

176 *Wistrich*, Wer war wer im Dritten Reich, S. 140; *Rüthers*, NJW 2000, S. 2869.

Nachwuchs bei Höhn ausbilden ließen. Weiterhin waren ehemalige SS-Führer wie Franz Six als Dozenten an der Akademie tätig.[177] Die nationalsozialistische Vergangenheit war offenbar kein Hinderungsgrund, um in der „Gesellschaft" der Bundesrepublik akzeptiert zu werden. Reinhard Höhn starb schließlich als letztes hochrangiges SD-Mitglied am 14.5.2000 im Alter von 95 Jahren.[178]

C. Zusammenfassung

Da die Quellenlage, inbesondere bezogen auf Aktenbestände aus der Arbeit des SD bzw. des Reichssicherheitshauptamtes, als sehr lückenhaft bezeichnet werden muß, dürfte es unmöglich sein, einen vollständigen Eindruck vom Wirken der Juristen innerhalb dieser Institutionen zu bekommen. Weiterhin macht es die Verzahnung von staatlichen und politischen Einrichtungen, besonders im nachrichtendienstlichen und polizeilichen Bereich, ungleich schwerer, den Einfluß der Juristen zu bewerten.

Fest steht jedoch, daß es einen prozentual überdurchschnittlich hohen Anteil an Personen mit juristischer Ausbildung im Dienst der SS und des SD gegeben hat. Wie die dargestellten, ausgewählten Beispiele zeigen, gehörten einige dieser Juristen zum Führungsstab der SS und des SD. Auffällig sind die Gemeinsamkeiten, die sich in den Lebensläufen dieser Personen finden lassen. Die Mehrheit dieser Juristen wurde zu Beginn des 20. Jahrhunderts geboren und erlebte den Ersten Weltkrieg als Kinder oder junge Erwachsene. Nicht selten dienten ihre Väter als Soldaten und wurden verwundet oder sogar getötet. Diese Familien stammten häufig aus der Mittelschicht, wobei die Väter selten eine akademische Ausbildung vorweisen konnten. Die Söhne studierten in den Jahren der Weimarer Republik und erlebten die Probleme der jungen Demokratie sehr bewußt mit. Sie schlossen ihre juristische Ausbildung gegen Ende der 20er Jahre oder zu Beginn der 30er Jahre oft mit hervoragenden Noten ab. Viele von ihnen konnten eine Promotion oder sogar eine abgeschlossene Habilitation vorweisen. Diese jungen Juristen waren intelligent, politisch engagiert und wollten beruflich Karriere machen. Es wäre zu einfach zu behaupten, daß ausschließlich die schlechte wirtschaftliche Situation diese Menschen zu einem frühen Eintritt in die NSDAP und die SS getrieben hätte. Ohne eine gewisse Übereinstimmung in den grundlegenden völkischen und elitären Grundsätzen der NS-Bewegung wäre dies wohl ein zu großer Kompromiß gewesen. Somit war die angespannte wirtschaftliche Situation, die häufig ein Eintreten in den Staatsdienst oder eine Laufbahn an der Universität verhinderte, nicht der einzige Grund für eine nationalsozialistische Karriere. Die wirtschaftlichen Umstände werden diese Tendenz jedoch verstärkt haben.

---

[177] *Wistrich*, Wer war wer im Dritten Reich, S. 140; Rüthers, NJW 2000, S. 2869; *Schanetzky*, Unternehmer, S. 116.

[178] *Rüthers*, NJW 2000, S. 2866.

Trotz der häufig dokumentierten Ablehnung des juristischen Berufsstandes durch Hitler und andere Führer des NS-Staates brachten die Juristen die dringend benötigten administrativen Fähigkeiten mit, um die ungeordneten Strukturen der Anfangsjahre im Sinne der nationalsozialistischen Ideologie für ihre Zwecke effektiv umzugestalten. So gelangten sie häufig an einflußreiche Positionen in Partei und SS bzw. SD. Von dort aus rechtfertigten und vollstreckten diese jungen Juristen die Ziele und Befehle des nationalsozialistischen Systems oft genug bedingungslos, auch im Bewußtsein, im Rahmen der Rasse- und Bevölkerungspolitik bzw. der klaren Freund-/Feindunterteilung des SD, den Tod von tausenden Menschen zu verursachen und damit auch zu verantworten. Obwohl einige dieser Juristen in den Kriegsverbrecherprozessen zur Verantwortung gezogen und für ihre Taten bestraft wurden, waren die anhaltenden Rechtfertigungsversuche dieser Zeit beachtlich und anscheinend auch effektiv. Anhand der dargestellten Beispiele läßt sich weiterhin erkennen, daß viele dieser SS- Juristen nach einiger Zeit der beruflichen Ruhephase, in der Bundesrepublik wieder Fuß fassten und sich erneut etablieren konnten. Mithin bleibt festzuhalten, daß die Juristen als Berufsgruppe in den Diensten der SS und des SD maßgeblich gewirkt und die Entwicklung mitgestaltet haben.

3. Teil: Grundsätze des „Rechtssystems" im NS-Staat

Eine rechtshistorische Untersuchung über das Verhältnis von SS und „Recht" kann nicht ohne eine überblickartige Darstellung der Grundsätze des NS-Rechtssystems erfolgen. Die Entwicklung nationalsozialistischer Rechtsgrundsätze und die Indoktrinierung bestehenden Rechts durch die NS-Ideologie war notwendig, um einerseits den erstrebten und dann durchgeführten Systemwechsel zu rechtfertigen und andererseits, um das „Recht" als Machtinstrument in einem diktatorischen Staat gezielt zur Durchsetzung politischer Ziele einzusetzen. Parallel zur Reorganisation des Staates im nationalsozialistischen Sinne erfolgten daher auch entsprechende Veränderungen des Rechtsystems.

A. Das Führerprinzip

Das Führerprinzip wurde zu einem der wesentlichen Grundsätze des nationalsozialistischen Staats- und Rechtssystems.

I. Das Führerprinzip im ursprünglichen Sinne

Das Führerprinzip im ursprünglichen Sinne war keine besondere Erfindung der Nationalsozialisten. Als Führerprinzip im ursprünglichen Sinne wurde die verbindliche Entscheidung einer Instanz verstanden.[179] In jeder hierarchisch gegliederten Organisation wurde damit eine Art Führerprinzip angewendet. Dies galt im privaten Bereich für die Familie und im öffentlichen Bereich für das Staatswesen, die Wirtschaft oder das Militär. Die Entscheidungsbefugnis des Einzelnen wurde jedoch im Idealfall durch bestimmte Regulierungsmechanismen begrenzt. In demokratisch geprägten Staatssystemen mußte die Entscheidungsinstanz durch freie Wahlen legitimiert werden. Auch in der Wirtschaft und im Militär wurden die Machtbefugnisse des Einzelnen durch Verträge, Eide und sonstige Fürsorge- und Schutzpflichten eingeschränkt. Selbst wenn die endgültige Entscheidung von einer einzelnen Person getroffen wurde, war vorgesehen, daß der Entscheidungsträger sich vorher durch besondere Experten beraten ließ oder sich mit Hilfe eines Kollegiums auf die Entscheidung vorbereitete.[180]

Damit war das Führerprinzip bzw. die endgültige Entscheidung des Verantwortlichen durch rechtliche und sittliche Kriterien begrenzt. Um die Funktionsfähigkeit von bestimmten Instanzen zu gewährleisten, gilt das traditionelle Führerprinzip aus einer praktischen Notwendigkeit heraus in vielen Bereichen auch heute.

---

[179] *Majer*, Grundlagen des NS- Rechtssystems, S. 81; *dies.*, Nationalsozialismus im Lichte der Juristischen Zeitgeschichte, S. 36.

[180] *Majer*, Grundlagen des NS- Rechtssystems, S. 82.

II. Das Führerprinzip im nationalsozialistischen Sinne

1. Begrifflichkeit

Das Führerprinzip im nationalsozialistischen Sinne hingegen war absolut. Der „Führer“ hatte die absolute Gewalt in tatsächlicher und rechtlicher Hinsicht über das gesamte Volk.[181]

Hitler selbst sprach etwas verschleiert nicht von „Führerprinzip“, sondern von „Persönlichkeitsprinzip“.[182] „Der Staat muß in seiner Organisation, bei der kleinsten Zelle der Gemeinde angefangen bis zur obersten Leitung des gesamten Reiches, das Persönlichkeitsprinzip verankert haben. Es gibt keine Majoritätsentscheidungen, sondern nur verantwortliche Personen und das Wort „Rat“ wird wieder zurückgeführt auf seine ursprüngliche Bedeutung. Jedem Manne stehen wohl Berater zur Seite, allein die Entscheidung trifft ein Mann.“[183] Das Führerprinzip im nationalsozialistischen Sinne ähnelte damit weitgehend dem „italienischen Modell“, dem insoweit eine Vorbildfunktion zukam.[184] Auch Mussolini, der darauf bestand, als „Il Duce“, „der Führer“, bezeichnet zu werden, hatte sich in den Jahren 1925 und 1926 weitgehende Machtbefugnisse gesichert, die ihn zunehmend unabhängig von jeglichen Kontrollinstanzen machten.[185] Sowohl das italienische System Mussolinis als auch das Führerprinzip im nationalsozialistischen Sinne unterschieden sich damit hinsichtlich der unbedingten Durchsetzung des Führerwillens von dem ursprünglichen Führerprinzip.

2. Der „Führerwille“ als Gesetz

Das nationalsozialistische Führerprinzip erhob den Willen des „Führers“ zum obersten Gesetz. Danach war der „Führerwille“ gleichzusetzen mit dem „Recht“.[186] Diese Gleichsetzung von Führerwille und „Recht“ führte faktisch zur Aufhebung der Gewaltenteilung. Nunmehr vereinigte sich in der Person des „Führers“ das oberste Exekutivorgan, der oberste Gesetzgeber und der oberste Gerichtsherr. Entscheidungen der einzelnen Gewalten konnten jederzeit durch den Willen des Führers abgeändert oder gegenstandslos gemacht werden.[187]

---

181 *Majer*, Grundlagen des NS- Rechtssystems, S. 77.

182 *Hitler*, Mein Kampf, S. 501.

183 *Hitler*, Mein Kampf, S. 501.

184 *Todd*, The European Dictatorships, p. 116.

185 Ähnlich wie später bei Hitler mußten auch die italienischen Faschisten einen Eid auf Mussolini schwören: „Ich schwöre ohne Diskussion den Befehlen des Duce Folge zu leisten und mit allen meinen Kräften, falls notwendig mit meinem Blut, der Sache der faschistischen Revolution zu dienen“; vgl. dazu die Ausführungen bei *Nolte*, Der Faschismus in seiner Epoche, S. 331ff.

186 *Lange*, Vom Gesetzesstaat zum Rechtsstaat, S. 37.

187 *Müller-Dietz*, Recht und Nationalsozialismus, S. 9.

Sämtliche übergesetzliche Grundsätze wie Gerechtigkeit, Freiheit und Gleichheit, die vorher außerhalb der geschriebenen Gesetze naturrechtlich Geltung beansprucht hatten, wurden außer Kraft gesetzt oder verloren jede Bedeutung. Der Wille des „Führers" stand über der Staatsordnung und damit auch über dem „Recht".[188]

3. Die Legitimation durch die Volksgemeinschaft

Die Rechtfertigung des Führerprinzips bereitete den Nationalsozialisten innerhalb ihrer eigenen Ideologie keine Schwierigkeiten. Da das Führerprinzip sowohl in den Parteiprogrammen der NSDAP als auch in amtlichen Veröffentlichungen zwar benannt, aber nicht definiert wurde, galten keine Einschränkungen oder Begrenzungen. Das Führerprinzip war insofern keine juristische Definition, sondern blieb im Sinne eines unbestimmten Rechtsbegriffs eine Worthülse, die der Ausfüllung bedurfte und daher für jede Art der Rechtfertigung benutzt werden konnte.[189]

Danach liege der entscheidende Unterschied zwischen einem Diktator und dem „Führer" darin, daß der Diktator entgegen den Interessen seines Volkes handele, während der „Führer" nur die Interessen seines Volkes in seiner Person vereinige und entsprechend entscheide.[190] Die Volksgemeinschaft schenke dem „Führer" uneingeschränktes Vertrauen. Im Unterschied zur Zeit des Liberalismus sei der „Führer" in seinen Entscheidungen jetzt nicht mehr durch den Widerstand Einzelner behindert, vielmehr habe er den uneingeschränkten Auftrag, dem Geiste des Volkes entsprechend zu handeln.[191] Der Präsident der Akademie für Deutsches Recht Hans Frank brachte dies im folgenden Grundsatz zum Ausdruck: „Alles was dem Volke nützt, ist Recht, alles was ihm schadet, ist Unrecht."[192] Der „Führer" handelte also danach, was nach seiner Auffassung im Interesse des Volkes war. Seine Legitimation fand insoweit eine Grundlage in der völkischen Ausrichtung des Staates. Da er jedoch selbst entscheiden konnte, was im Sinne des Volksgeistes war, gelangte die Argumentation in einen logischen Widerspruch. Der Führer war danach legitimiert, weil er selbst die Macht hatte.

---

[188] *Majer*, Grundlagen des NS- Rechtssystems, S. 94.

[189] *Majer*, Nationalsozialismus im Lichte der juristischen Zeitgeschichte, S. 37; *Müller-Dietz*, Recht und Nationalsozialismus, S. 36.

[190] *Lange*, Vom Gesetzesstaat zum Rechtsstaat, S. 38; *Majer*, Grundlagen des NS- Rechtssystems, S. 94.

[191] *Lange*, Vom Gesetzesstaat zum Rechtsstaat, S. 39; *Frank*, NS- Handbuch für Recht und Gesetzgebung, S. XVI; *Majer*, Nationalsozialismus im Lichte der juristischen Zeitgeschichte, S. 37.

[192] *Frank*, NS- Handbuch für Recht und Gesetzgebung, S. XIV.

III. Das nationalsozialistische Führerprinzip im Staats- und Rechtssystem

Obwohl das nationalsozialistische Führerprinzip inhaltlich nicht genau definiert war, mußte es vom Grundsatz her in den Gesetzesvorhaben der Nationalsozialisten Berücksichtigung finden, um den Umbau des Staats- und Verfassungssystems im nationalsozialistischen Sinne zu ermöglichen. Fraglich ist daher, wie schnell und mit welcher Deutlichkeit es in den Gesetzen seit der Ernennung Hitlers zum Reichskanzler am 30.1.1933 umgesetzt wurde.

1. Das „Ermächtigungsgesetz" vom 24.3.1933

Das Ermächtigungsgesetz vom 24.3.1933 hob die Gewaltenteilung zwischen Exekutive und Legislative weitgehend auf.[193] Nach Art. 1 des Gesetzes konnten Reichsgesetze jetzt auch durch die Reichsregierung selbst beschlossen werden. Damit wurde die Legislativgewalt der Reichsregierung als einem Kollektivorgan und nicht einer einzelnen Person im Sinne des Führerprinzips übertragen. In den ersten Monaten als Reichskanzler stand Hitler einem Kabinett vor, daß auch aus Mitgliedern der DNVP bestand. Frühe Gesetzesvorhaben, die das Führerprinzip ausdrücklich festgeschrieben hätten, wären wahrscheinlich von diesen DNVP-Mitgliedern abgelehnt worden und hätten die ganze Koalition gefährdet.[194] Ähnliches galt auch für das Gesetz über den Neuaufbau des Reiches vom 30.1.1934.[195] Nach Art. 2 Abs. 2 unterstanden die Länder der Reichsregierung und nach Art. 4 konnte nur die Reichsregierung neues Verfassungsrecht setzen. Diese als „Gleichschaltung der Länder" bezeichnete Maßnahme führte insbesondere dazu, daß die Länderverwaltungen ihre Eigenständigkeit verloren und zu Reichsbehörden wurden.[196]

In den ersten grundlegenden Gesetzesvorhaben unter Hitler als Reichskanzler, die das Staats- und Verfassungssystem des Reiches grundlegend veränderten, war aus dem Gesetzeswortlaut das Führerprinzip jedoch noch nicht zu erkennen.

2. „Gesetz über das Staatsoberhaupt des Deutschen Reiches" vom 1.8.1934

Nach dem Tode des bis dahin amtierenden Reichspräsidenten Paul von Hindenburg trat am 1.8.1934 das „Gesetz über das Staatsoberhaupt des Deutschen Rei-

---

193 Das sog. „Ermächtigungsgesetz" war eigentlich das „Gesetz zur Behebung der Not von Volk und Reich", vgl. RGBl. 1933 I, S. 141.

194 *Hirsch/ Majer/ Meinck*, Recht, Verwaltung und Justiz im Nationalsozialismus, S. 141; *Willoweit*, Deutsche Verfassungsgeschichte, S. 312.

195 „Gesetz über den Neuaufbau des Reiches" vom 30.1.1934, RGBl. 1934 I, S. 75; vgl. im übrigen auch die Vorgänger des Gesetzes über den Neuaufbau des Reiches „Vorläufiges Gesetz zur Gleichschaltung der Länder mit dem Reich" vom 31.3.1933, RGBl. 1933 I, S. 153; „Gesetz zur Gleichschaltung der Länder mit dem Reich" vom 7.4.1933, RGBl. 1933 I, S. 173.

196 *Majer*, Grundlagen des nationalsozialistischen Rechtssystems, S. 96.

ches" in Kraft.[197] Nach § 1 des Gesetzes wurden die Ämter des Reichspräsidenten und des Reichskanzlers in der Person des „Führers und Reichskanzlers" Adolf Hitler vereinigt. Somit konzentrierten sich nicht nur die Machtbefugnisse des Reichspräsidenten und Reichskanzlers in einer Person, vielmehr wurde auch der Begriff „Führer" in den Wortlaut des Gesetzes aufgenommen.[198] Nach § 3 des Gesetz über die Vereidigung der Beamten und Soldaten der Wehrmacht vom 20.8.1934 mußte der Diensteid der Beamten und Soldaten der Wehrmacht nicht mehr auf die Verfassung abgelegt werden, sondern dieser wurde durch den sogenannten Treueeid auf den „Führer" ersetzt.[199]

Mithin wurde das nationalsozialistische Führerprinzip im Verlauf des Jahres 1934 Teil des Staatsverständnisses des NS-Staates. Die gesamten Machtbefugisse, die früher auf die drei Gewalten verteilt waren, konzentrierten sich jetzt in der Person des „Führers" Adolf Hitler.

B. Die Aufhebung der Rechtsgleichheit

Ein weiterer wesentlicher Grundsatz des nationalsozialistischen Rechtssystems war die Aufhebung der Rechtsgleichheit, auch bezeichnet als „das Prinzip der völkischen Gleichheit bzw. Ungleichheit".[200]

I. Die nationalsozialistische „Volksgemeinschaft"

Das Prinzip der völkischen Gleichheit bzw. Ungleichheit wurde zunächst durch den Begriff der Volksgemeinschaft definiert. Die Volksgemeinschaft im nationalsozialistischen Sinne bildete die Grundlage und die Rechtfertigung für die Aufhebung der Rechtsgleichheit.[201] „Der Nationalsozialismus erblicke in der Sorge um die Erhaltung des Lebensquells der Nation, also der Förderung und Sicherstellung der Rasse als Substanzwert des Volkes, die Hauptaufgabe des Staates."[202] Weiterhin sei „für den Aufbau der Gemeinschaft im nationalsozialistischen Staat der Rassegedanke, die Einsicht in die blutsmäßige Bedingtheit des Volkstums bestimmend."[203]

---

[197] „Gesetz über das Staatsoberhaupt des Deutschen Reiches" vom 1.8.1934, RGBl. 1934 I, S. 747.

[198] Vgl. dazu *Hirsch/ Majer/ Meinck*, Recht, Verwaltung und Justiz im Nationalsozialismus, S. 142; *Willoweit*, Deutsche Verfassungsgeschichte, S. 316.

[199] *Hirsch/ Majer/ Meinck*, Recht, Verwaltung und Justiz im Nationalsozialismus, S. 143, „Gesetz über die Vereidigung der Beamten und Soldaten der Wehrmacht" vom 20.8.1934, RGBl. 1934 I, S. 785.

[200] *Majer*, Nationalsozialismus im Lichte der Juristischen Zeitgeschichte, S. 4 f; *Müller-Dietz*, Recht und Nationalsozialismus, S. 17.

[201] *Majer*, Nationalsozialismus im Lichte der Juristischen Zeitgeschichte, S. 5.

[202] *Frank*, NS- Handbuch für Recht und Gesetzgebung, S. XVIII.

[203] *Larenz*, Deutsche Rechtserneuerung und Rechtsphilosophie, S. 39, vgl. auch *Rethmeier*, „Nürnberger Rassegesetze" und Entrechtung der Juden im Zivilrecht, S. 32.

Der Begriff der Volksgemeinschaft entstammte ursprünglich nicht der Terminologie der Nationalsozialisten. Als Ausdruck der Soziologie wurde die Volksgemeinschaft als Gesamtheit des sozialen Lebens, das außerhalb oder neben der staatlichen Sphäre stattfindet, definiert. Die Nationalsozialisten erweiterten diesen ursprünglichen Begriff der Volksgemeinschaft um den Rassegedanken. Bereits im Parteiprogramm der NSDAP vom 24.2.1920 wurde der Rassegedanke verwendet, um die Ausgrenzung bestimmter Gruppen aus der Volksgemeinschaft zu verdeutlichen. Danach hieß es: „...4. Staatsbürger kann nur sein, wer Volksgenosse ist. Volksgenosse kann nur sein, wer deutschen Blutes ist, ohne Rücksichtnahme auf Konfession. Kein Jude kann daher Volksgenosse sein. 5. Wer nicht Staatsbürger ist, soll nur als Gast in Deutschland leben können und muß unter Fremdengesetzgebung stehen....“[204] Damit wurden an die Zugehörigkeit als „Volksgenosse“ zur „Volksgemeinschaft“ bestimmte Voraussetzungen gestellt. Die Volksgemeinschaft bestand nicht mehr nur nach der soziologischen Definition aufgrund der tatsächlichen Gegebenheiten. Vielmehr wurde die Zugehörigkeit von außen durch die Führung des Staates bestimmt.

1. Der Begriff des „Volksgenossen“

Der Begriff des „Volksgenossen“ nach der nationalsozialistischen Auffassung wurde durch zwei Kriterien definiert. Zunächst mußte der Volksgenosse „deutschen oder artverwandten Blutes“ sein.[205] Nach dem Parteiprogramm der NSDAP aus dem Jahr 1920 konnte ein Jude niemals „Volksgenosse“ sein. Folglich war nach der Auffassung der Nationalsozialisten „jüdisches Blut“ nicht „deutsch“ und auch nicht „artverwandt“.[206] Die Trennung der Bevölkerung in „Artgleiche“ und „Artfremde“ oder „Arier“ und „Nicht-Arier“ diente nach der nationalsozialistischen Auffassung zur „Reinhaltung des deutschen Blutes“, die notwendig war, um die Volksgemeinschaft in ihrem Bestand zu schützen.[207]

---

[204] Aus dem Programm der NSDAP vom 24.2.1920, zit. nach *Hirsch/ Majer/ Meinck*, Recht, Verwaltung und Justiz im Nationalsozialismus, S. 240.

[205] *Hirsch/ Majer/ Meinck*, Recht, Verwaltung und Justiz im Nationalsozialismus, S. 242.

[206] Die Nationalsozialisten gingen stets von der Existenz einer „jüdischen Rasse“ aus. Die Zugehörigkeit zur jüdischen Religionsgemeinschaft würde stets auch die Zugehörigkeit zur „jüdischen Rasse“ bedeuten. Wenn hier im zeitgenössischen Kontext Quellen herangezogen werden, läßt sich die Bezeichnung „Jude“ oder „die Juden“ auch im Zusammenhang mit der nationalsozialistischen Auffassung nicht vermeiden. Dies spiegelt jedoch in keiner Weise die persönliche Auffassung der Autorin wieder, vgl. zur NS- Rassenideologie auch *Majer*, „Fremdvölkische“ im Dritten Reich, S. 118 ff; *Breitling*, Die nationalsozialistische Rassenlehre, S. 59 und auch *Hitler* selbst, Mein Kampf, S. 165, 253, 334.

[207] *Frank*, Handbuch für Recht und Gesetzgebung, S. XVIII; *Breitling*, Die nationalsozialistische Rassenlehre, S. 56.

Weiterhin wurde der „Volksgenosse" definiert durch seine innere Haltung und Gesinnung gegenüber der deutschen Volksgemeinschaft.[208] „Der Volksgenosse" gehöre nur dann zur Volksgemeinschaft und genieße auch nur dann die Rechte eines „Volksgenossen", wenn er uneingeschränkt zu seiner Treue dem deutschen Reich und Volk gegenüber stehe und dies durch die Erfüllung seiner Pflichten als „Volksgenosse" beweise.[209] Somit konnten nach beliebiger Definition Personen durch die Nationalsozialisten als „staats- oder volksfeindlich" erklärt werden und ihren Status als gleichberechtigte „Volksgenossen" verlieren.[210]

Der Begriff des Volksgenossen im nationalsozialistischen Sinn setzte sich somit aus zwei unterschiedlichen Voraussetzungen zusammen. Die „Ariereigenschaft", also die Voraussetzung „deutschen Blutes" zu sein, verhinderte von Anfang an, daß bestimmte Teile oder Gruppen der Bevölkerung den Status eines „Volksgenossen" jemals erreichen konnten. Darin spiegelte sich die rassische Ausrichtung der gesamten NS- Ideologie wider. Die „Treue gegenüber der deutschen Volksgemeinschaft" und die „Pflichterfüllung gegenüber Volk und Reich" hingegen waren auslegungsbedürftige Begriffe, deren Definition nahezu unbegrenzt erweitert oder eingeschränkt werden konnte. Auf diese Weise konnte mißliebigen Personen oder Personengruppen der Status eines „Volksgenossen" beliebig aberkannt werden.

2. Vom „Volksgenossen" zum Reichsbürger

a) Hitlers Vorschlag für ein Staatsangehörigkeitsrecht in „Mein Kampf"

Die im Parteiprogramm der NSDAP von 1920 eingeführte Bezeichnung des „Volksgenossen" mußte auf das Staatsangehörigkeitsrecht übertragen werden, sofern sie Teil des „neuen" nationalsozialistischen Staates werden sollte. Hitler selbst hatte in „Mein Kampf" die Weiterentwicklung dieser Idee betrieben.[211] Danach würde der völkische Staat seine Bewohner in drei unterschiedliche Gruppen, Staatsbürger, Staatsangehörige und Ausländer, mit jeweils unterschiedlichen Rechten einteilen. Dabei hätten Staatsangehörige und Ausländer die gleichen Rechte. Mit der Geburt würde zunächst grundsätzlich die deutsche Staatsangehörigkeit erworben. Ausländer wären im Vergleich dazu Angehörige eines anderen Staates.[212] Der Status als Staatsangehöriger berechtige aber nicht automatisch auch zum Status eines Staatsbürgers. Als Staatsangehöriger habe

---

[208] *Scheuner*, Gleichheitsgedanke in der völkischen Verfassungsordnung, S. 276; *Majer*, „Fremdvölkische im Dritten Reich", S. 98.

[209] *Scheuner*, Gleichheitsgedanke in der völkischen Verfassungsordnung, S. 276; *Majer*, „Fremdvölkische im Dritten Reich", S. 97 f.

[210] *Hirsch/ Majer/ Meinck*, Recht, Verwaltung und Justiz im Nationalsozialismus, S. 237.

[211] *Hitler*, Mein Kampf, S. 488 ff.

[212] *Ders.*, S. 490; vgl. dazu auch *Rethmeier*, „Nürnberger Rassegesetze" und die Entrechtung der Juden im Zivilrecht, S. 82 ff.

man weder das aktive oder passive Wahlrecht, noch die Erlaubnis, öffentliche Ämter zu bekleiden.[213] Allen männlichen deutschen Staatsangehörigen werde nach Abschluß ihrer Schulausbildung und ihrer Heerespflicht dann der Status eines Staatsbürgers verliehen, für Frauen gelte dasselbe mit der Heirat oder in besonderen Ausnahmefällen auch früher, wenn sie selbst im Erwerbsleben stünden.[214] Der Staatsbürger war gegenüber dem Staatsangehörigen und dem Ausländer rechtlich eindeutig bevorteilt, er sei „der Herr des Reiches".[215] Damit war im Prinzip der „Volksgenosse" mit dem „Staatsbürger" gleichzusetzen. Die antisemitische Ausrichtung der gesamten NS-Ideologie führte mithin dazu, daß Juden weder Volksgenossen noch Staatsbürger sein konnten, sondern als Staatsangehörige und damit „Bürger zweiter Klasse" einen weit niedrigeren Rechtsstatus einnehmen sollten.

b) Die Umsetzung in den Nürnberger Gesetzen 1935

Die Umsetzung dieser nationalsozialistischen Ideologie und damit die Neugestaltung des Staatsangehörigkeitsrechts erfolgte im Rahmen der Nürnberger Gesetze.[216]

Am 10.9.1935 begann in Nürnberg der 7. Reichsparteitag der NSDAP. Wie auch schon an den Parteitagen davor sollte die „Einheit der Bewegung" unter der Führung Hitlers demonstriert werden.[217] Geplant war auch die Verabschiedung des sogenannten „Reichsflaggengesetzes", das die Hakenkreuzflagge offiziell zur Staatsflagge des Deutschen Reiches erklären sollte. Offenbar erst während des Parteitages in Nürnberg selbst gab Hitler die Anweisung, Vorschläge für ein Gesetz zu erarbeiten, das „zum Schutze des deutschen Blutes" dienen sollte.[218] Zusammen mit dem Reichsflaggengesetz wurden am 15.9.1935 vom ausnahmsweise nach Nürnberg einberufenen Reichstag das „Reichsbürgergesetz" und das „Gesetz zum Schutze des deutschen Blutes und der deutschen Ehre" verabschiedet. Diese drei Gesetze werden deshalb zusammenfassend als die „Nürnberger Gesetze" bezeichnet.[219]

Das Reichsbürgergesetz bestand aus drei Paragraphen.[220] Nach § 1 des Gesetzes war Staatsangehöriger, wer dem Schutzverband des Deutschen Reiches angehörte und ihm dafür besonders verpflichtet war. Nach § 1 Absatz 2 richtete sich die

---

213 *Rethmeier*, „Nürnberger Rassegesetze" und die Entrechtung der Juden im Zivilrecht, S. 83.

214 *Hitler*, Mein Kampf, S. 491.

215 *Ders*, S. 491; *Rethmeier*, „Nürnberger Rassegesetze" und die Entrechtung der Juden im Zivilrecht, S. 83.

216 *Rethmeier*, „Nürnberger Rassegesetze" und Entrechtung der Juden im Zivilrecht, S. 32.

217 *Ders.*, S. 91.

218 *Ders.*, S. 92 f.

219 *Ders.*, S. 101 ff.

220 RGBl. 1935 I, S. 1146.

Staatsangehörigkeit nach dem Reichs- und Staatsangehörigkeitsgesetz. Damit war neutral der Status der Staatsangehörigkeit festgelegt. Wichtiger war § 2 des Reichsbürgergesetzes. Danach war Reichsbürger nur derjenige Staatsangehörige, der „deutschen oder artverwandten" Blutes war und der durch sein Verhalten bewies, daß er gewillt und geeignet war, „in Treue dem Deutschen Volk und Reich" zu dienen. Gemäß § 2 Absatz 2 erlangte man den Status eines Reichsbürgers durch die Verleihung des Reichsbürgerbriefes. Nur der Reichsbürger selbst war Träger der „vollen politischen Rechte nach Maßgabe der Gesetze". Damit war im wesentlichen schon die von Hitler vorgenommene Unterscheidung in Staatsangehörige und Staatsbürger übernommen worden. Juden konnten danach nicht den Status eines Reichsbürgers erhalten. Sie blieben allerdings deutsche Staatsangehörige und wurden nicht wie Ausländer behandelt. Das Reichsbürgergesetz war mithin eines der „entscheidenden und grundlegenden Gesetze" für die Aufhebung der Rechtsgleichheit im NS-Staat.

II. Die Ungleichbehandlung der „Nichtarier"

Die Unterscheidung der Bürger in Staatsangehörige und Reichsbürger war nur der erste Schritt für die Begründung der Ungleichbehandlung von „Ariern" und „Nichtariern" im Dritten Reich.

1. „Gesetz zum Schutz des deutschen Blutes und der deutschen Ehre"

Das „Gesetz zum Schutz des deutschen Blutes und der deutschen Ehre" wurde ebenfalls als Teil der Nürnberger Gesetze am 15.9.1935 auf dem Nürnberger Reichsparteitag der NSDAP verabschiedet.[221] Obwohl schon das Reichsbürgergesetz eine Terminologie wie „deutsches oder artverwandtes Blut" benutzte, konkretisierte das „Blutschutzgesetz" dies dahingehend, daß es sich schon vom Wortlaut her eindeutig auf „Juden" bezog. Nach § 1 des Gesetzes waren Eheschließungen zwischen Deutschen und Juden verboten, trotzdem geschlossene Ehen wurden für nichtig erklärt. Lagen die Voraussetzungen von § 1 des Gesetzes vor und bestand gleichzeitig eine weitere Ehe, konnte mithin nicht der Tatbestand von § 171 StGB a.F. erfüllt sein. § 171 StGB a.F. stellte die Eingehung einer Doppelehe unter Strafe. Für die Erfüllung des Tatbestandes wurde allerdings die Wirksamkeit der eingegangenen Ehen vorausgesetzt.[222] § 1 des Gesetzes führte jedoch dazu, daß Ehen zwischen Deutschen und Juden zivilrechtlich für nichtig erklärt wurden. Strafrechtlich konnte also dann, wenn neben einer wirksamen Ehe noch eine Ehe zwischen Deutschen und Juden bestand, der Tatbestand des „§ 171 StGB a.F. mangels Vorliegens der Voraussetzungen nicht erfüllt sein.

---

[221] RGBl. 1935 I, S. 1147.

[222] Vgl. dazu *von Olshausen*, Kommentar zum Strafgesetzbuch, § 171, Anm. 3a.

Das Gesetz zum Schutze des deutschen Blutes und der deutschen Ehre war damit neben dem Reichsbürgergesetz eines der ersten und grundlegendsten Gesetze, die den Rechtsstatus von „Nichtariern" im Verhältnis zu „Ariern" völlig neu definierten und damit zu einem „Zweiklassenrecht" abhängig von der „Blutszugehörigkeit" im Sinne der nationalsozialistischen Definition führten.

2. Die weitere Entwicklung

Mit den Nürnberger Gesetzen war die Grundlage für die rechtliche Ungleichbehandlung von „Ariern" und „Nichtariern" geschaffen. Die rechtliche Behandlung einer rechtsfähigen Person hing jetzt von der völkischen Zuordnung nach der nationalsozialistischen Definition ab. Dieser Grundsatz nationalsozialistischer Rechtsauffassung wurde in den folgenden Jahren nicht nur durch neue, entsprechend ausgestaltete Gesetze umgesetzt, sondern auch durch die veränderte Auslegung schon bestehender Gesetze und Verordnungen gefestigt.

Die Aufhebung der Rechtsgleichheit im nationalsozialistischen Staat war nur ein erster Schritt zur Durchsetzung der NS-Ideologie, die schließlich unter dem Deckmantel vermeintlicher „Rechtsstaatlichkeit" auch zur Rechtfertigung des millionenfachen Mordes u.a. in den Konzentrationslagern führte.

C. Zusammenfassung

Anhand der Entwicklung im NS-Staat läßt sich einerseits die Instrumentalisierung des Rechts zur Durchsetzung einer zutiefst undemokratischen und menschenverachtenden Weltanschauung erkennen, andererseits offenbart sich der Charakter des Rechts als grundsätzlich so dehnbar und auslegungsfähig, daß selbst schlimmste Verbrechen im Namen scheinbarer Rechtsstaatlichkeit gerechtfertigt werden konnten.

Der Mißbrauch des Rechts durch die Nationalsozialisten vollzog sich dabei auf zwei zwar miteinander verbundenen, jedoch unterschiedlichen Ebenen. Zunächst erfolgte der staatsrechtliche Umbau. Durch das Ermächtigungsgesetz und die unmittelbaren Folgegesetze wurde die Gewaltenteilung aufgehoben, die „Gleichschaltung der Länder" vollzogen und das „Führerprinzip" im Sinne der nationalsozialistischen Ideologie festgeschrieben. Damit waren zunächst die grundlegenden Voraussetzungen für die weitere Umgestaltung des Staatssystems geschaffen.

In einem weiteren Schritt konnten dann die Grundsätze der NS-Ideologie in einfachen Gesetzen umgesetzt und verankert werden. Dies führte zu der dargestellten rechtlichen Ungleichbehandlung von „Ariern" und „Nichtariern". Letztlich war damit bereits eine Grenze überschritten, die es möglich machte, nahezu alle Maßnahmen des NS-Staates zu rechtfertigen.

Aus der Sicht eines demokratischen Rechtsstaates stellt sich der NS-Staat mithin als ein von Willkür geprägter „Unrechtsstaat“ dar. Gleichzeitig offenbarte sich damit auch die Benutzung des Rechts für die Zwecke des „Unrechts“. Den Juristen als Gestaltern und Anwendern des Rechts war es gelungen, aus dem Selbstverständnis des Nationalsozialismus heraus, das bestehende Rechtssystem mit einer völlig anderen Zielsetzung umzugestalten und für die Zwecke des Nationalsozialismus zu instrumentalisieren. Darin manifestierten sich nicht nur die Grenzen des Rechts selbst, sondern es offenbarte sich auch die Niederlage, die der Berufsstand der Juristen als Rechtsetzende und Rechtsanwender erlitten hatte.

4. Teil: Die SS-Zeitung „Das Schwarze Korps"

A. Gründung und Aufgabe

„Das Schwarze Korps" war die offizielle Zeitung der Schutzstaffeln der NSDAP und ein Organ der Reichsführung SS.[223] Sie erschien von März 1935 bis März 1945 über einen Zeitraum von zehn Jahren.[224]

I. Die Anfänge

Über die Entstehung des „Schwarzen Korps" gibt es nur wenige schriftliche Unterlagen. Im Wesentlichen stützen sich die Informationen auf ein Interview mit dem Hauptschriftleiter Gunter d'Alquen aus dem Jahr 1968.[225]

Danach scheint die Entwicklung einer eigenen Zeitschrift für die SS eng mit der Person Gunter d'Alquens verbunden gewesen zu sein. D'Alquen hatte zunächst versucht, sich bei verschiedenen Zeitungen journalistisch zu betätigen. Nach einem frühzeitig abgebrochenen Studium wurde d'Alquen 1931 Mitarbeiter der Bremer Nationalsozialistischen Zeitung, wechselte aber schon im Februar 1932 als Chef der Abteilung Innenpolitik zum Völkischen Beobachter.[226] 1934 bekam er ein Angebot des Parteiverlegers Max Amman, Chefredakteur der Berliner Zeitung „Der Angriff" zu werden. Allerdings hatte d'Alquen von der Gestaltung des Blattes Vorstellungen, die den Verantwortlichen nicht opportun erschienen. So wollte er die Zeitung inhaltlich unabhängiger und auf Konfrontationskurs zur Ausrichtung der nationalsozialistischen Ideologie gestalten, damit „der Staat nicht an einer Arterienverkalkung zugrunde gehe."[227] D'Alquen hatte sich damit selbst für den Posten des Chefredakteurs des Angriffs disqualifiziert. Wenig später führte d'Alquen ein Gespräch mit dem Chef des SS-Hauptamtes Curt Wittje. Wittje machte nicht nur den Vorschlag einer eigenen Zeitung der SS, ähnlich der Zeitung der SA, „SA-Mann", er versprach auch, sich bei Heinrich Himmler persönlich für d'Alquen einzusetzen.[228] Die Unterstützung Wittjes hatte Erfolg und d'Alquen wurde von Himmler persönlich gebeten, die Hauptschriftleitung der neuen Zeitschrift zu übernehmen. Allerdings nicht ohne ihn darauf hinzuweisen,

---

223 Siehe dazu die Titelseite der jeweiligen Ausgaben; herangezogen wurden für die Jahrgänge 1935, 1939- 1945 Mikrofilme des Bundesarchivs ZF- 7383, für die Jahrgänge 1936-1938 gebundene Ausgaben Signatur NSD 41/ 137.

224 Combs, Voice of the SS, pp. 21, 163.

225 Vgl. dazu das Protokoll des Interviewers IfZ, ZS 2, Bd. 2; und die Analysen in *Höhne*, Der Orden unter dem Totenkopf, 1967; *Combs*, Voice of the SS, S. 24 f. und *Zeck*, Das Schwarze Korps, S. 89 ff.

226 IfZ, ZS 2, Bd. II, Bl. 29; *Combs*, Voice of the SS, S. 23 f.

227 IfZ, ZS 2, Bd. II, Bl. 32; *Combs*, Voice of the SS, S. 24; *Zeck*, Das Schwarze Korps, S. 89.

228 IfZ, ZS 2, Bd. II, Bl. 33; *Zeck*, Das Schwarze Korps, S. 90.

daß er bei inhaltlichen Schwierigkeiten keinerlei Unterstützung erwarten dürfe.[229] Trotz einiger Bedenken und nach wie vor bestehender Meinungsverschiedenheiten stimmte d'Alquen der Übernahme der Hauptschriftleitung zu. Obwohl er anfangs gehofft hatte, mit der neuen Zeitung einen großen Leserkreis zu erreichen, machte Himmler deutlich, daß er eine Zeitung ausschließlich für Mitglieder der SS wünsche. Dieser Wunsch spiegelte sich dann auch im Titel „Das Schwarze Korps“ wider, der in Anlehnung an die schwarzen Uniformen der SS gewählt war.[230] D'Alquen fügte sich diesen Vorgaben schließlich, um überhaupt die eigentliche journalistische Arbeit an der Zeitung beginnen zu können.[231]

Das Schwarze Korps erschien in der Berliner Zweigstelle des Franz-Eher-Verlages, der der NSDAP selbst gehörte. Für den Verlag war in erster Linie die finanzielle Rentabilität und weniger der publizierte Inhalt des Blattes entscheidend. So war in dem mit der Reichsführung SS geschlossenen Vertrag eine Mindestauflage von 40.000 Exemplaren festgeschrieben, die bei Nichterreichen zu einer Entschädigungszahlung der SS an den Verlag führen würde. Betriebswirtschaftlich waren der Franz-Eher-Verlag und die SS strikt voneinander getrennt. Auch inhaltlich mischte sich der Verlag nicht in die redaktionellen Angelegenheiten des Schwarzen Korps ein.[232] Nach Überwindung einiger organisatorischer Schwierigkeiten konnte am 6.3.1935 die erste Ausgabe des Schwarzen Korps erscheinen. Sie kostete 0.15 RM.[233]

II. Zielsetzung und inhaltliche Ausrichtung

Die Zielsetzung und inhaltliche Ausrichtung des Schwarzen Korps wurde bereits im Vorwort zur ersten Ausgabe vom 6.3.1935 deutlich. Dieses Vorwort richtete sich „an die Kameraden der SS“. Das Schwarze Korps stelle „eine reichhaltige stark bebilderte Wochenzeitung, die aus dem Geist der Schutzstaffel für die Schutzstaffel geschaffen wurde“, dar.[234] „Sie soll die Verbindung noch enger gestalten zwischen den Männern, die tagein, tagaus als unbekannte Soldaten Adolf Hitlers ihre Pflicht tun und jenen, die berufen sind zu führen.“[235] „Nur aus der Wirklichkeit, aus der kameradschaftlichen Verbindung zu unseren Einheiten, können wir die Zeitung so gestalten, daß sie die große Aufgabe erfüllt, die wir ihr gestellt haben: Richtungsmann und Kamerad zugleich zu sein, echtes Spiegelbild unserer kämpfenden Gemeinschaft.“[236]

---

229 IfZ, ZS 2, Bd. II, Bl. 33.
230 *Combs*, Voice of the SS, S. 2, *Zeck*, Das Schwarze Korps, S. 91.
231 IfZ, ZS 2, Bd. 2, Bl. 33; *ders.*, S. 91
232 IfZ, ZS 2, Bd. 2, Bl. 34; *ders.*, S. 92 f.
233 IfZ, ZS 2, Bd. 2, Bl. 35; *ders.*, S. 93.
234 SK 1935, Folge 1, S. 1.
235 SK 1935, Folge 1, S. 1.
236 SK 1935, Folge 1, S. 1.

Wie schon erwähnt, sollte sich Das Schwarze Korps ausschließlich auf die Mitglieder der SS beschränken, übernahm also die Aufgabe einer Art Vereinszeitung. Als „Spiegelbild der kämpfenden Gemeinschaft" sollte sie zunächst wöchentlich über Ereignisse und Themen berichten, die die SS-Mitglieder direkt betrafen, die sie selbst erlebten oder die für sie von besonderer Bedeutung waren. Als Organ der Reichsführung SS falle dem Schwarzen Korps die Verantwortung zu, „den Glauben an den Nationalsozialismus als die Weltanschauung des deutschen Blutes zu beweisen."[237] Das Schwarze Korps sollte also neben einer reinen Informationstätigkeit den Zusammenhalt der SS-Mitglieder untereinander und besonders das Zusammengehörigkeitsgefühl selbst unterstützen, was in erster Linie durch eine starke politische Ausrichtung der einzelnen Beiträge geschehen sollte. Somit stellte Das Schwarze Korps einen Weg dar, propagandistisch und ideologisch auf die Mitglieder der SS einzuwirken und ihnen immer wieder die Grundsätze der Bewegung und der SS zu verdeutlichen.[238] Damit wurde deutlich, daß dem Schwarzen Korps nicht nur eine reine Informationsfunktion zukam, sondern das es auch eine wichtige politische Aufgabe erfüllen sollte.

III. Die Verantwortlichen

Für die inhaltliche Gestaltung des mehrmals wöchentlich erscheinenden Schwarzen Korps waren neben dem Hauptschriftleiter Gunter d'Alquen zwei weitere Personen maßgeblich verantwortlich, die hier näher dargestellt werden sollen.

1. Gunter d'Alquen

Hauptschriftleiter des Schwarzen Korps wurde Gunter d'Alquen. D'Alquen wurde 1910 geboren.[239] Bereits mit 17 Jahren trat er 1927 in die NSDAP ein. Von 1927 bis 1931 war d'Alquen auch Mitglied der SA sowie als Jugendführer, Funktionär des NS-Studentenbundes und Kreispressewart tätig.[240] 1933 wechselte er zur SS, wo er im September auch in den SD eintrat.[241] Nach einem abgebrochenen Philologie-Studium begann er in unterschiedlichen Positionen bei verschiedenen Zeitungen zu arbeiten, bevor ihm die Hauptschriftleitung des Schwarzen Korps angetragen wurde.

Mit dieser Aufgabe begnügte sich Gunter d'Alquen jedoch nicht. Als 1942 der Posten des Leiters des Amtes Presse im Persönlichen Stab des Reichsführers SS

---

237 *Zeck*, Das Schwarze Korps, S. 103.

238 *Ders.*, S. 104.

239 Vgl. zum Leben d'Alquens in seiner SSO-Akte, SSO-Akte Gunter d'Alquen, BA.

240 SSO-Akte, Gunter d'Alquen, BA.

241 Zum beruflichen Werdegangs Gunter d'Alquens vgl. bereits die Ausführungen oben S. 65 f.

frei wurde, bewarb sich d'Alquen.[242] Das Presseamt bestand aus zwei Hauptabteilungen, der Abteilung „Wortpresse" und der Abteilung „Bildpresse".[243] Zu den Aufgaben des Leiters des Presseamtes gehörte es, Informationen der Sicherheitspolizei und des SD hinsichtlich militärischer, politischer und diplomatischer Vorgänge entgegenzunehmen und dann an Himmler weiterzuleiten. Über die Informationen der Sicherheitspolizei und des SD, die sich vorwiegend mit inländischen Themen beschäftigten, hinaus, wurde eine Auswahl der wichtigsten Berichte ausländischer Presseorgane erstellt.[244] Gunter d'Alquen kam damit eine durchaus verantwortungsvolle Aufgabe im Stab des Reichsführers SS zu. Neben der Tätigkeit als Hauptschriftleiter des „Schwarzen Korps" blieb d'Alquen weiterhin auch für den Völkischen Beobachter tätig.[245] Darüberhinaus wurde er selbst publizistisch tätig. So veröffentlichte er 1939 eine selbstverfaßte Chronik der SS und war Herausgeber von „Auf Hieb und Stich" (1937), „Das ist der Sieg" (1940) und „Waffen-SS im Westen".[246]

Gunter d'Alquen war somit eine durchaus einflußreiche Person im Pressewesen des Dritten Reiches. Einerseits konnte er als Hauptschriftleiter des „Schwarzen Korps" selbst journalistisch tätig werden, andererseits bekleidete er als Leiter des Presseamtes im Stab des Reichsführers SS seit 1942 auch eine politische Funktion innerhalb der Hierarchie der SS. Diese Position war zwar vielseitig, gleichzeitig barg sie aber auch die Gefahr politischer Auseinandersetzung, wenn man die Verzahnung des politischen Systems mit der staatlichen Ordnung im Dritten Reich in Betracht zieht.[247]

2. Seine Mitarbeiter

a) Rudolf aus den Ruthen

Rudolf aus den Ruthen galt als d'Alquens wichtigster Mitarbeiter in der Redaktion des Schwarzen Korps.[248] Aus den Ruthen wurde 1913 in Bremen geboren und beendete dort 1930 erfolgreich die Handelsschule. Im folgenden Jahr wurde er Volontär bei der Bremer Nationalsozialistischen Zeitung. Dort lernte er auch Gunter d'Alquen kennen. Dieser erinnerte sich bei der Zusammensetzung der Redaktion des Schwarzen Korps 1935 an seinen alten Kollegen und machte ihn zum stellvertretenden Hauptschriftleiter des Schwarzen Korps.[249] Aus den Ru-

---

242 SS-Stammrolle, SSO-Akte Gunter d'Alquen, BA.

243 *Zeck*, Das Schwarze Korps, S. 24 f.

244 *Ders.*, S. 25 f.

245 *Ders.*, S. 21.

246 *Ders.*, S. 23; *Stockhorst*, 5000 Köpfe, S. 31 f.

247 Vgl. dazu die Ausführungen oben S. 45 ff.

248 *Combs*, The Voice of the SS, S. 27; *Zeck*, Das Schwarze Korps, S. 68.

249 IfZ, ZS 2, Bd. 2, Bl. 34; *Combs*, The Voice of the SS, S. 27; Zeck, Das Schwarze Korps, S. 69.

then wurde 1931 Mitglied der NSDAP und 1934 auch SS-Mitglied, wo er im SS-Hauptamt den Rang eines Untersturmführers bekleidete.[250] Nach dem Wechsel d'Alquens zum Stab des Reichsführers SS übernahm aus den Ruthen die Hauptlast der anfallenden Arbeiten in der Hauptschriftleitung.[251]

b) Rolf d'Alquen

Rolf d'Alquen war Gunter d'Alquens jüngerer Bruder und arbeitete ebenfalls als Schriftleiter für das Schwarze Korps.[252] Er wurde 1912 in Essen geboren und arbeitete nach seinem Abschluß auf der Höheren Handelsschule in Essen im Unternehmen seines Vaters und in einer Bremer Speditionsfirma. Allerdings verließ auch Rolf d'Alquen bald die kaufmännische Laufbahn zu Gunsten des Journalismus. 1933 wurde er stellvertretender Pressereferent der Landesleitung der Nationalsozialistischen Volkswohlfahrt (NSV) und des Winterhilfswerks (WHW) in Bayern, im darauffolgenden Jahr selbständiger Leiter der Presse- und Propagandaabteilung in der NSV/Gauamtsleitung München Oberbayern.[253] Rolf d'Alquen war außerdem seit 1935 Mitarbeiter des SD in München und wurde wenig später zum SD-Hauptamt der Reichsführung SS abkommandiert.[254] Im gleichen Jahr begann er mit 23 Jahren, und was die Herausgabe einer Zeitung betraf journalistisch fast völlig unerfahren, für Das Schwarze Korps zu arbeiten.[255]

c) Herkunft der Mitarbeiter

Die meisten Berichte für Das Schwarze Korps wurden von Gunter d'Alquen und Rudolf aus den Ruthen selbst verfaßt. Allerdings gab es eine Reihe von Mitarbeitern, die d'Alquen aufgrund seiner alten Beziehungen zum Völkischen Beobachter für das Schwarze Korps gewinnen konnte.[256]

Auffallend ist, daß die Mitarbeiter, insbesondere auf der Redaktionsebene, ähnliche Lebensläufe und Hintergründe hatten. Combs und Zeck erwähnen beide diese Übereinstimmungen.[257]

Die Verantwortlichen des Schwarzen Korps waren alle mit Anfang bis Mitte 20 außergewöhnlich jung. Alle kamen aus bürgerlichen Verhältnissen und beende-

---

250 Schreiben des Chef- Adjudanten des RFSS Wolff an das SS- Hauptamt vom 25.10.1935, R 58/7345, BA.

251 *Combs*, The Voice of the SS, S. 27; *Zeck*, Das Schwarze Korps, S. 69.

252 *Combs*, The Voice of the SS, S. 28; *Zeck*, Das Schwarze Korps, S. 71.

253 *Combs*, The Voice of the SS, S. 28; *Zeck*, Das Schwarze Korps, S. 71.

254 Seit 1942 war Rolf d'Alquen auch in der SS- Kriegsberichterstatter- Abteilung tätig; Stammrolle Rolf d'Alquen, SSO-Akte Rolf d'Alquen, BA.

255 *Combs*, The Voice of the SS, S. 28; *Zeck*, Das Schwarze Korps, S. 71.

256 *Zeck*, Das Schwarze Korps, S. 74.

257 *Combs*, The Voice of the SS, S. 28 f; *Zeck*, Das Schwarze Korps, S. 73.

ten die Schule mit dem Realschul- oder Volksschulabschluß. Somit schlugen sie keine akademischen Berufswege ein, sondern versuchten sich zunächst in kaufmännischen Berufen, bevor sie sich dem Journalismus zuwandten. Besonders hervorzuheben dürfte ihre frühe Unterstützung des Nationalsozialismus sein. Sie waren häufig zunächst SA-Mitglieder, vor 1933 in die NSDAP eingetreten und freiwillig Mitglied der SS geworden. In diesem Zusammenhang waren sie für den SD tätig oder arbeiteten direkt im Stab der Reichsführung SS mit.[258] Somit war eine konsequente Unterstützung des nationalsozialistischen Staates und insbesondere der besonderen kameradschaftlichen elitären Ideologie der SS nicht zu leugnen.

3. Die Kontrolle des Schwarzen Korps

Die Herausgabe einer Zeitung im nationalsozialistischen Staat, insbesondere die Herausgabe einer SS-Zeitung, konnte nicht nach journalistischen Grundsätzen, wie sie heute angewandt werden, erfolgen. Mit dem Reichskulturkammergesetz vom 22.9.1933 und dem Schriftleitergesetz vom 4.10.1933 waren eine Reihe von Kontrollmechanismen eingeführt worden, die die Pressefreiheit durch die massive Einflußnahme politischer und staatlicher Stellen erheblich einschränkten bzw. ganz aufhoben.[259]

Aufgrund der häufig undurchsichtigen Verbindungen einzelner staatlicher Stellen mit Parteiorganen im nationalsozialistischen Staat würde eine genaue Darstellung des Verhältnisses von Schwarzem Korps und sämtlichen Pressekontrollorganen den Rahmen der Arbeit sprengen.[260] Da die wechselseitige Beziehung von SS und „Recht“ thematisiert werden soll, erfolgt darum die Beschränkung auf einen Teilaspekt dieses komplexen Bereiches.

a) „Das Schwarze Korps“ und die Reichsführung SS

Als Organ der Reichsführung SS unterlag Das Schwarze Korps den Kontrollmechanismen der Reichsführung SS selbst. Für Presseangelegenheiten war in der Reichsführung SS ein eigenes Amt Presse eingerichtet. Chef des Amtes war zunächst Gerhard Radke.[261] Im Oktober 1941 wurde das Amt Presse der Reichs-

---

[258] Dies führte dazu, daß die Mitarbeiter Überprüfungen durch den SD unterzogen wurden und in Einzelfällen von Seiten des SD die Entfernung einzelner Mitarbeiter verlangt wurde. Vgl. dazu den Fall von Heinar Schilling, Stellungsnahme zum Brief von Gunter d'Alquen an Ohlendorf vom 25.9.1942, SSO-Akte Gunter d'Alquen, BA.

[259] *Zeck*, Das Schwarze Korps, S. 121.

[260] Als wesentliche Kontrollinstanzen im Pressewesen galten Josef Goebbels als Reichsminister für Propaganda und Volksaufklärung und Präsident der Reichskulturkammer, Max Amann, Präsident der Reichspressekammer und Reichsleiter für die Presse sowie sein Stellvertreter Otto Dietrich,vgl. dazu die ausführliche Darstellung bei *Zeck*, Das Schwarze Korps, S. 119 ff.

[261] *Ders.*, S. 123.

führung SS aufgrund der guten Zusammenarbeit mit dem Reichspressechef zur Einrichtung einer eigenen Zensurabteilung ermächtigt. Letztlich blieben aber die Einrichtungen der Reichsführung SS abhängig von der Gunst des Reichsführers SS selbst, Heinrich Himmler. Himmler und d'Alquen hatten ein enges und meistens gutes Verhältnis zueinander, so daß weitgehende Zensurmaßnahmen seitens des Amtes Presse der Reichsführung SS oder seitens des Reichsführers SS selbst nicht zu befürchten waren.[262] D'Alquen kannte die Grenzen seiner jounalistischen Freiheit zu genau.[263] Mit der Übernahme des Amtes Presse des Reichsführers SS durch d'Alquen selbst erlangte er weitgehend die Kontrolle über die Art der Zensurtätigkeit. Durch d'Alquens Verantwortlichkeit für die Herausgabe des Schwarzen Korps und die Zensur des Amtes Presse im Stab des Reichsführers SS blieben große inhaltliche Konflikte aus.[264] Solange d'Alquen sich persönlich mit Himmler gut verstand und Das Schwarze Korps inhaltlich SS-Grundsätzen weitgehend treu blieb, konnte die Zeitung ohne Korrekturmaßnahmen von Himmler herausgegeben werden.

b) Das Schwarze Korps und der SD

War die Beziehung des Schwarzen Korps zur Reichsführung SS und zu Himmler selbst weitestgehend entspannt, gab es innerhalb der SS durchaus deutliche Kritik und Versuche der inhaltlichen Einflußnahme. Das galt besonders für den SD.[265]

aa) Reinhard Heydrich

Reinhard Heydrich war als Chef des Sicherheitsdienstes am Schwarzen Korps zunächst völlig unbeteiligt. Mit Aufnahme der Publikationstätigkeit der SS-Zeitung begann er sich jedoch zunehmend in die redaktionellen Angelegenheiten einzumischen. 1936 wurde eine Reihe von Artikeln zum Thema „Angriff auf die nationalsozialistische Weltanschauung" unter dem Namen Dieter Schwarz veröffentlicht. Diese Artikelserie wurde zu Beginn des Jahres 1936 von Franz Alfred Six und seinen Mitarbeitern aus dem Amt I 3 „Presse und Museum" des Sicherheitsdienstes ausgearbeitet.[266] Der Name Dieter Schwarz war ein Pseudonym, das auch in den folgenden Jahren von Six' Abteilung für unterschiedliche Veröffentlichungen genutzt wurde.[267] Für Reinhard Heydrich wurden die möglichen Vorteile aus einer engen Zusammenarbeit mit dem Schwarzen Korps immer deutlicher. Das Schwarze Korps erhielt unzählige Leserbriefe, die sich nicht

---

[262] Vgl. dazu beispielsweise den Schriftwechsel zwischen Himmler und d'Alquen in Gunter d'Alquens SSO- Akte, BA.

[263] *Zeck*, Das Schwarze Korps, S. 124.

[264] *Ders.*, S. 124.

[265] *Zeck*, Das Schwarze Korps, S. 140.

[266] *Hachmeister*, Gegnerforscher, S. 164.

[267] IfZ, ZS 2, Bd. 2, Bl. 40; *Hachmeister*, Gegnerforscher, S. 170; *Zeck*, Das Schwarze Korps, S. 141.

nur kritisch mit dem Inhalt bereits veröffentlichter Artikel auseinandersetzten, sondern die anknüpfend an die denunzierende Wirkung bestimmter Artikel selbst weitere Personen nannten, die in irgendeiner Weise nicht der nationalsozialistischen Weltanschauung entsprachen oder sich sonst verdächtig verhielten. Diese Briefe in größerer Anzahl informierten die Adressaten über aufgetretene Mißstände und gaben einen Überlick über die Stimmung in der Bevölkerung. Diese Arbeit versuchte auch der SD zu leisten, indem er im ganzen Reich ein möglichst dichtes Netz von Informanten aufbaute, das über bestimmte Vorgänge in ihrem jeweiligen Bereich berichten sollte.[268] Die Arbeitsweise des Schwarzen Korps, denunzierende Berichte über namentlich erwähnte Personen zu veröffentlichen, kam der des SD also durchaus sehr entgegen. Heydrich und d'Alquen erkannten beide die sich ergebenen gegenseitigen Vorteile aus einer Zusammenarbeit. Folglich sollte das SD-Hauptamt für die Arbeit des SD relevante Leserbriefe des Schwarzen Korps erhalten und im Gegenzug wurde die Redaktion gezielt mit Erkenntnissen oder Berichten der nachrichtendienstlichen Arbeit versorgt.[269]

Trotz der offensichtlichen gemeinsamen Interessen verlief die Zusammenarbeit von Schwarzem Korps und SD nicht ohne Zwischenfälle. D'Alquen vermutete, daß Heydrich die Lieferung von Informationen des SD gezielt betreibe, um so Einfluß auf die inhaltliche Ausrichtung des Schwarzen Korps zu gewinnen und die Zeitung für seine eigenen Interessen zu nutzen.[270] Auf der anderen Seite war die Kritik des Schwarzen Korps in den veröffentlichten Artikeln häufig sehr hart und wenig differenziert. Dieses Vorgehen provozierte ein Reihe von falschen Meldungen, die politisch unkontrollierbare Schäden anrichten konnten. Dies lief den Interessen des SD zuwider, der durch seine nachrichtendienstliche Arbeit solche Fehler gerade vermeiden sollte.[271] Weiterhin erhob der SD Vorwürfe, das Schwarze Korps würde zu wenig auf die vom SD gelieferten Informationen zurückgreifen und so das stillschweigende Abkommen zwischen Reinhard Heydrich und Gunter d'Alquen aufkündigen.[272]

Seit Beginn des Krieges hatten sich die Auseinandersetzungen zwischen SD und Schwarzem Korps noch verstärkt. Heydrich informierte schließlich 1941 Himmler selbst von den andauernden Auseinandersetzungen. Himmler versicherte

---

268 *Hachmeister*, Gegnerforscher, S. 171; *Zeck*, Das Schwarze Korps, S. 141.

269 *Zeck*, Das Schwarze Korps, S 141, siehe dort auch die Beispiele für die Zusammenarbeit zwischen SD und „Schwarzem Korps"; *Deschner*, Reinhard Heydrich, S. 161.

270 *Zeck*, Das Schwarze Korps, S. 146, zu den Beispielen sei auch hier wieder auf die ausführlichen Ausführungen verwiesen.

271 Allerdings kam es durchaus vor, daß das Schwarze Korps nachrichtendienstliches Material des SD benutzte, welches sich später als fehlerhaft oder nicht zutreffend herausstellte; vgl. dazu die Fälle Sekuritat und Nödlinger Bewegung, Stellungnahme zum Brief von Gunter d'Alquen an Ohlendorf vom 25.9.1942, SSO-Akte Gunter d' Alquen, BA.

272 *Zeck*, Das Schwarze Korps, S. 148.

Heydrich, er habe d'Alquen und seinen Stellvertreter aus den Ruthen angewiesen, alles zu tun, um eine enge und gewinnbringende Zusammenarbeit zwischen SD bzw. Reichssicherheitshauptamt und dem Schwarzen Korps zu ermöglichen.[273]

Selbst Himmlers Intervention führte nicht zu einer Verbesserung der Zusammenarbeit. Der SD versuchte seit Oktober 1941, durch die Lieferung der „Meldungen aus dem Reich" an die Hauptschriftleitung wieder verstärkt Einfluß auf den Inhalt des Schwarzen Korps zu nehmen. Heydrich setzte schließlich SS-Obersturmführer Walter von Kielpinski als Vermittler ein, um die verfahrene Situation zu entspannen.[274] Allerdings blieb auch diese Maßnahme ohne großen Erfolg. Nicht nur die persönliche Beziehung zwischen Gunter d'Alquen und Reinhard Heydrich war wechselhaft, auch das Verhältnis von SD und „Schwarzen Korps" war anfällig für Verstimmungen und gegenseitige Schuldzuweisungen.[275]

bb) Otto Ohlendorf

Die Schwierigkeiten in der Zusammenarbeit von SD und Schwarzem Korps setzten sich fort. Das Schwarze Korps veröffentlichte Berichte über Kolonialwarenläden, in denen diese beschuldigt wurden, den Schwarzhandel mit rationierten Lebensmitteln zu fördern und wegen der dadurch bedingten fehlenden Unterstützung der Volksernährung überflüssig zu sein.[276] SS-Brigadeführer Otto Ohlendorf war seit 1939 Chef des SD-Inland und gleichzeitig Vizepräsident des Einzelhandelsverbandes. Er verurteilte die Artikel des Schwarzen Korps zu dieser Thematik, was zu heftigen grundsätzlichen Meinungsverschiedenheiten mit d'Alquen führte.[277]

Ohlendorf verlangte von d'Alquen, daß Das Schwarze Korps in Zukunft keine unsauber recherchierten Artikel mehr veröffentlichte, in denen insbesondere einzelne Personen oder Personengruppen nicht nur namentlich erwähnt, sondern auch entsprechend verunglimpft würden. Die Informationen solcher zweifelhaften Beiträge sollten zunächst vom SD nachrichtendienstlich auf ihre Richtigkeit überprüft werden.[278] D'Alquen wies diese Vorwürfe zurück. Er berichtete von der guten Zusammenarbeit mit SS-Obersturmbannführer Dr. Gengenbach, der Ohlendorf während dessen Abwesenheit vertreten hatte. Ohlendorf selbst habe nach seiner Rückkehr mit deutlicher Kritik an juristischen Veröffentlichungen des Schwarzen Korps die Zusammenarbeit erschwert. Die erwähnten juristischen Beiträge seien mit Sturmbannführer Dr. Malz als zuständigem Abteilungs-

---

273 *Ders.*, S. 149.

274 Vgl. dazu eine nicht namentlich gekennzeichnete Stellungnahme zu einem Brief von Gunter d'Alquen an Ohlendorf vom 25.9.1942, SSO-Akte Gunter d'Alquen, BA.

275 *Zeck*, Das Schwarze Korps, S. 149.

276 *Heiber/ v. Kotze*, Facsimile Querschnitt, S. 17; *Zeck*, Das Schwarze Korps, S. 150.

277 Vgl. dazu *Zeck*, Das Schwarze Korps, S. 150 ff.

278 *Zeck*, Das Schwarze Korps, S. 154.

leiter im SD abgestimmt gewesen.[279] Nach weiterem Schriftverkehr kam Ohlendorf zu dem Schluß, daß eine Annäherung in der angesprochenen Problematik unmöglich geworden sei. Er bestätigte, daß die juristischen Beiträge im Schwarzen Korps hinsichtlich Inhalt und politischer Aussage mit dem SD vorher abgesprochen worden waren. Die aus der Sicht des SD problematischen Beiträge, in denen unkontrolliert die Berufsstände der Anwälte und Richter in diffamierender Weise angegriffen worden seien, seien hingegen vom zuständigen Referat im Reichssicherheitshauptamt nicht genehmigt worden. Der schon erwähnte Dr. Malz soll nach Aussage von Ohlendorf wiederholt auf diese Umstände aufmerksam gemacht haben.[280]

Ohlendorf bat schließlich den Stab des Reichsführers SS um Vermittlung. SS-Obergruppenführer Wolff wurde als Chef des Persönlichen Stabes des Reichsführers SS die Angelegenheit vorgelegt. Sein Stellvertreter Dr. Rudolf Brandt übernahm wegen einer Erkrankung Wolffs die Klärung der Angelegenheit.[281] Er wies schließlich d'Alquen und Ohlendorf an, die Angelegenheit im Interesse einer effektiven Zusammenarbeit von „Schwarzem Korps“ und SD nicht mehr zu thematisieren.[282]

B. Bewertung

„Das Schwarze Korps“ ausschließlich als Vereins- oder Mitgliedszeitung der SS zu bezeichnen wäre ebenso verfehlt, wie von einer journalistisch anspruchsvollen Zeitung zu sprechen. Zunächst ausgerichtet als Informationsblatt für die Mitglieder der SS, zeigte sich schnell, nicht nur durch die populistische Art der Darstellung, sondern insbesondere durch die Konflikte der Redaktion mit dem SD und die Verbindungen zur Reichsführung SS, die politische Bedeutung der Veröffentlichungen im „Schwarzen Korps“. Während die gewählte Präsentationsform des Schwarzen Korps hinsichtlich der Glaubwürdigkeit des Inhalts Anlaß zur Vorsicht geben muß, rechtfertigt die Ausrichtung des „Schwarzen Korps“ als „Sprachrohr der SS“ eine genauere Untersuchung der juristisch relevanten Beiträge.

---

279 Stellungnahme zum Brief von d'Alquen an Ohlendorf vom 25.9.1942, SSO-Akte d'Alquen, BA; auch *Zeck*, Das Schwarze Korps, S. 156.

280 Unabhängig von der Zustimmung des SD zu ausgewählten Beiträgen des Schwarzen Korps mußte sich Gunter d'Alquen und seine engsten Mitarbeiter auch immer wieder strafrechtlich, z.B. wegen Beleidigung, für ihre Publikationstätigkeit verantworten. Da die führenden SK-Redakteure jedoch auch Mitglieder der SS waren, ergab sich insoweit die Zuständigkeit der SS-Gerichtsbarkeit, so daß sich in der Regel eine Verurteilung im disziplinarrechtlichen Rahmen bewegte; vgl. dazu die Vorgänge über den Pfarrer Notwang, der Opfer einer Diffamierungskampagne des SK geworden war und gegen die beweisbar falschen Anschuldigungen vorgehen wollte, SSO-Akte Gunter d'Alquen, BA.

281 *Zeck*, Das Schwarze Korps, S. 161.

282 *Ders.*, S. 162.

5. Teil: Die Beiträge im „Schwarzen Korps“

Die Analyse einzelner juristischer Beiträge im Schwarzen Korps ist ein Schwerpunkt dieser Arbeit. Die Untersuchung der einzelnen relevanten Beiträge erfolgt nicht chronologisch, sondern nach Rechtsgebieten unterteilt. Dabei wird die übliche Unterscheidung in Zivilrecht, Strafrecht und Öffentliches Recht vorgenommen. Innerhalb der einzelnen Kategorien erfolgt eine Unterteilung in allgemeinen und besonderen Teil, wobei jeweils nur die Rechtsbereiche dargestellt werden, die auch tatsächlich in den ausgewählten Beiträgen aus dem Schwarzen Korps behandelt wurden.

A. Zivilrecht

I. Einleitung

Die juristischen Beiträge im Schwarzen Korps erfaßten jeweils nur rechtliche Teilaspekte des Zivilrechts. Grundsätzlich erfolgt eine Untersuchung der Beiträge nach der im Bürgerlichen Gesetzbuch (BGB) vorgegebenen Einteilung in fünf Bücher.[283] Das Familienrecht, eigentlich im vierten Buch des BGB geregelt, soll davon ausgenommen sein. Aufgrund der Fülle familienrechtlicher Beiträge im Schwarzen Korps erfolgt eine eigene Untersuchung dieser Artikel. Zivilrechtliche Nebengesetze werden, soweit die in Frage stehende Thematik nicht im BGB selbst geregelt ist, als Teil des Zivilrechts behandelt und am Ende dieses Abschnittes dargestellt.

II. Der Allgemeine Teil des BGB

Der allgemeine Teil des BGB umfaßte entsprechend der Systematik des Gesetzes die „vor die Klammer gezogenen“ allgemeinen Regeln, die auf sämtliche Bücher des BGB angewendet werden können.[284] Die Vorschriften des Allgemeinen Teils des BGB blieben auch während der nationalsozialistischen Zeit unverändert in Kraft. Allerdings wurde häufig eine andere Auslegung im Sinne

---

[283] Das Bürgerliche Gesetzbuch ist am 1.1.1900 in Kraft getreten und gilt abgesehen von verschiedenen Änderungen bis heute. Um eine Vermischung des BGB in der heute geltenden Fassung mit dem BGB in der Fassung der 30er Jahre zu vermeiden und um aus der hier relevanten Zeit zwischen 1933 und 1945 heraus argumentieren zu können, wird eine Fassung des BGB von 1930 benutzt. Bezüglich der für diese Arbeit relevanten Änderungen des BGB zwischen 1933 und 1945 sei auf die verwendeten Auflagen der Kommentare in den Fußnoten verwiesen. Die benutzten Kommentare enthielten jeweils die geänderten Paragraphen in ihrer damals aktuellen Fassung. Sämtliche verwendeten Paragraphenbezeichnungen und Wortlaute der einzelnen Paragraphen beziehen sich also auf die alte Fassung des BGB.

[284] *Brox*, Allgemeiner Teil des BGB, Rdnr. 37.

der nationalsozialistischen Ideologie vorgenommen. Das galt insbesondere für die Generalklauseln der §§ 138, 157, 242 BGB, die auf die guten Sitten und Treu und Glauben abstellten.[285]

1. Die Generalklauseln

Die Generalklauseln und ihre Funktion im Zivilrecht des Nationalsozialismus sind bereits Gegenstand zahlreicher rechtswissenschaftlicher Untersuchungen gewesen.[286]

Unbestritten ist, daß es seit der Machtergreifung ein erklärtes Ziel der Nationalsozialisten war, ihre Ideologie möglichst schnell in das Rechtssystem einfließen zu lassen, um so einen ihrer Ansicht nach „neuen" Staat zu schaffen. Da die Gestaltung vollkommen neuer Gesetze in sehr kurzer Zeit praktisch nicht möglich war, sollte dies im Zivilrecht bis zum Inkrafttreten eines „Volksgesetzbuches" durch die Generalklauseln und unbestimmte Rechtsbegriffe erfolgen.[287]

a) Definition

Der Begriff „Generalklausel" ist gerade im Zusammenhang mit dem nationalsozialistischen „Recht" ein viel verwendetes Schlagwort. Die Generalklausel stellt einen normativen, also wertungsausfüllenden, Rechtsbegriff dar. Sie wird vom Gesetzgeber häufig verwendet, um durch eine allgemein gehaltene Formulierung möglichst viele Tatbestände zu erfassen. Dadurch soll der Gesetzeswortlaut von der Belastung mit detaillierten Merkmalen freigehalten, zugleich aber die Gefahr ungewollter Einengung des Anwendungsbereiches vermieden werden.[288] Ausgehend von der Definition des Begriffs „Generalklausel" läßt sich also zunächst festhalten, daß der Sinn der Generalklausel in erster Linie darin besteht, durch eine einzige Norm eine Vielzahl von Tatbeständen zu erfassen und gleichzeitig inhaltlich die Einbringung von Wertungen in das Gesetz zu ermöglichen. Die wichtigsten Generalklauseln im BGB finden sich bezüglich des Verstoßes gegen die guten Sitten in § 138 BGB und bezüglich Treu und Glauben in § 242 BGB.

---

[285] § 242 BGB gehörte formell nicht zum Allgemeinen Teil des BGB, sondern zum Recht der Schuldverhältnisse. Als Generalklausel war § 242 BGB im NS-Recht jedoch von ähnlich großer Bedeutung wie § 138 BGB und wird deshalb aus systematischen Gründen im selben Abschnitt behandelt.

[286] So beispielhaft *Wanner*, Die Sittenwidrigkeit der Rechtsgechäfte im totalitären Staat, Ebelsbach 1996; *Rüthers*, Entartetes Recht, Rechtslehren und Kronjuristen im Dritten Reich, München 1988; *Rüthers*, Die unbegrenzte Auslegung, Heidelberg 1997; *Stolleis*, Gemeinwohlformeln im nationalsozialistischen Recht, Berlin 1974 usw.

[287] *Wanner*, Die Sittenwidrigkeit der Rechtsgeschäfte im totalitären Staate, S. 88.

[288] *Creifelds*, Rechtswörterbuch, Stichwort Generalklausel.

b) Die Behandlung der Generalklauseln

Während über die Notwendigkeit der Reform der Rechtsordnung weitgehend Einigkeit bestand, stellte sich die Frage, wie diese Reformen durchgesetzt werden sollten. Dabei wurde darüber debatiert, ob dies bezüglich der Generalklauseln nur über eine Änderung des Wortlautes der jeweiligen Norm erfolgen könne.[289]

Bezüglich § 138 BGB erfolgten noch im Verlauf des Jahres 1933 erste Vorschläge zu einer Änderung des Wortlautes. Diesen Vorschlägen war gemeinsam, daß sie dann ein Rechtsgeschäft als grundsätzlich nichtig ansahen, wenn es „das Interesse des Volksganzen schädigte" oder das „Gemeinwohl bzw. das deutsche Ehr- und Treugefühl" verletzte.[290] Letztlich wurden diese Reformvorschläge aber nicht umgesetzt.

c) Die Entwicklung im nationalsozialistischen Sinne

Die Ausbildung des Begriffs der „guten Sitten" im nationalsozialistischen Sinne erfolgte deshalb in erster Linie durch die Rechtsprechung.

Das Reichsgericht hatte gegen Ende der Weimarer Republik den Begriff der „guten Sitten" bereits durch eine umfangreiche Rechtsprechung ausgefüllt.[291] Dabei verstand das Reichsgericht unter den „guten Sitten" grundsätzlich „das Anstandsgefühl aller billig und gerecht Denkenden". Ähnlich verwendete Formeln sprachen vereinzelt von „dem Anstandsgefühl aller Volksgenossen", „dem gesunden Rechtsempfinden" oder „dem sittlichen Volksbewußtsein".[292] Auffällig ist, daß diese Definitionen der nationalsozialistischen Umschreibung vom „gesunden Volksempfinden" überaus ähnlich erscheinen. Während diese Definitionen des Reichsgerichts vom heutigen Standpunkt schon ideologisch stark eingefärbt erscheinen, so gehörten sie offenbar zum allgemeinen juristischen Sprachgebrauch.[293] Eine Gleichsetzung mit den Grundsätzen der NS-Juristen verbietet sich schon wegen des zeitlichen Moments. Die erwähnten Urteile des Reichsgerichtes ergingen alle vor 1933.

---

289 § 138 BGB: „Ein Rechtsgeschäft, das gegen die guten Sitten verstößt, ist nichtig. Nichtig ist insbesondere ein Rechtsgeschäft, durch das jemand unter Ausbeutung der Notlage, des Leichtsinns oder der Unerfahrenheit eines anderen sich oder einem Dritten für eine Leistung Vermögensvorteile versprechen oder gewähren läßt, welche den Wert der Leistung dergestalt übersteigen, daß den Umständen nach die Vermögensvorteile in auffälligem Mißverhältnisse zu der Leistung stehen."; § 242 BGB: „Der Schuldner ist verpflichtet, die Leistung so zu bewirken, wie Treu und Glauben mit Rücksicht auf die Verkehrssitte es erfordern."

290 Vgl. zu den unterschiedlichen Reformvorschlägen, *Wanner*, Die Sittenwidrigkeit der Rechtsgeschäfte im totalitären Staat, S. 90 f.

291 Zu den zahlreichen ergangenen Entscheidungen *ders.*, S. 137 ff.

292 Vgl. dazu RGZ 128, 92, 96; RGZ 63, 390, 392; RGZ 55, 367, 373.

293 *Wanner*, Die Sittenwidrigkeit der Rechtsgeschäfte im totalitären Staat, S. 138.

Seit der Machtübernahme 1933 entfernte sich auch das Reichsgericht von der Formel vom „Anstandsgefühl aller billig und gerecht Denkenden". Vermehrt wurden jetzt völkische und nationalistische Definitionen verwendet. Weiterhin machte selbst das Reichsgericht im Wortlaut der Urteile deutlich, daß durch die Machtübernahme der Nationalsozialisten ein neues Rechtsverständnis gelte. So sprachen die Senate von „dem durch die nationalsozialistische Weltanschauung geläuterten Volksempfinden", von „dem heutigen Rechts- und Sittlichkeitsbewußtsein des Volkes" und von der „Geltung der neuen Rechtsanschauung".[294] Damit erfolgte ein fließender Übergang von der Rechtsauffassung des Reichsgerichts in der Weimarer Republik zur Definition der „guten Sitten" im Nationalsozialismus. Weiterhin schreckte das Reichsgericht nicht davor zurück, offenkundig die Ideologie des Nationalsozialismus mit dem Begriff der Sitte gleichzusetzen. Dies ging soweit, daß das Reichsgericht bei der Auslegung des § 138 BGB das Parteiprogramm der NSDAP zu Rate zog.[295] Die nationalsozialistische Ideologie wurde also zunehmend auch für die Rechtsfindung instrumentalisiert. Gerade die Generalklauseln boten der Rechtsprechung wegen ihrer Auslegungsbedürftigkeit die Gelegenheit, inhaltlich für eine zunehmende Einflußnahme nationalsozialistischer Grundsätze zu sorgen.

d) Die Beiträge im Schwarzen Korps[296]

Im Schwarzen Korps findet sich eine ganze Reihe von Beiträgen, die Formeln wie Sittlichkeit, Sittenwidrigkeit und Treu und Glauben enthielten. Da das Schwarze Korps als SS-Zeitschrift nicht speziell für Juristen konzipiert wurde, wurden in vielen Beiträgen diese Begriffe im untechnischen Sinne, d.h. im Rahmen des allgemeinen Sprachgebrauchs benutzt. Weiterhin wurden häufig Urteile von Gerichten kommentiert, die sich mit Generalklauseln und deren Auslegung befassten.

aa) Sittenwidrigkeit

(1) „Bedenkliche Selbsthilfe"[297]

(a) Inhalt

Dem Beitrag „Bedenkliche Selbsthilfe" lag im Wesentlichen die Besprechung eines Urteils des Oberlandesgerichts Dresden zugrunde, das in der Juristischen Wochenschrift veröffentlicht worden war.[298]

---

294 Vgl. dazu DJ 1937, S. 513; RGZ 153, 294, 303; RGZ 161, 153, 157.

295 Siehe dazu RGZ 150, 1,6 und *Wanner*, Die Sittenwidrigkeit der Rechtsgeschäfte im totalitären Staat, S. 142.

296 Die Beiträge im Schwarzen Korps werden wie folgt zitiert: SK, Jahrgang, Folge, Seite

297 SK 1937, Folge 29, S. 7.

298 JW 1937 I, S. 709 ff.

Das Gericht hatte sich mit der Frage zu befassen, ob sich die Übertragung des Gewerbebetriebes eines überschuldeten Schuldners auf dessen Ehefrau als sittenwidrig darstellte, wenn mit der Übertragung die Absicht verfolgt wurde, den zu einer bescheidenen Lebensführung notwendigen Unterhalt für den Schuldner und seine Familie zu gewährleisten. Der 14. Zivilsenat des OLG Dresden stellte fest, daß nach der ständigen Rechtsprechung des Reichsgerichts kein Verstoß gegen die guten Sitten vorliege. Obwohl die für den infragestehenden Fall relevante Übertragung des Gewerbebetriebs vor der Machtübernahme durch die Nationalsozialisten stattgefunden habe, sei trotzdem das durch die nationalsozialistische Weltanschauung geläuterte Volksempfinden maßgeblich. Weiterhin zog das OLG die Grundsatzentscheidung des Reichsgerichts zur Sittenwidrigkeit im Sinne der §§ 138, 826 BGB heran.[299] Danach sei ein Tun sittenwidrig, wenn es nach seiner Gesamtgestaltung dem gesunden Volksempfinden und den Belangen der Volksgemeinschaft widerspreche, wobei alle Umstände, die dem Tun seine Färbung gäben, insbesondere auch die Sinnesart, die Beweggründe und die Ziele der Beteiligten in Betracht zu ziehen seien. Der Senat kam unter Berücksichtigung der dargestellten Grundsätze zu dem Ergebnis, daß die Übertragung des Gewerbebetriebes des Schuldners an seine Ehefrau nicht sittenwidrig sei.

Das „Schwarze Korps“ begrüßte zwar im Ergebnis den Schutz des Schuldners vor einem existenziell bedrohlichen Zugriff durch den Gläubiger, jedoch wurde ausdrücklich davor gewarnt, ein zu umfangreiches Recht zur „Selbsthilfe“ für den Schuldner zu schaffen. Reichten die bestehenden Schuldnerschutzvorschriften nicht aus, so müßten diese geändert werden. Jedoch widerspreche es der nationalsozialistischen Rechtsauffassung, ein Recht auf „Selbstschutz durch Schiebung“ anzuerkennen. Dies gelte insbesondere für die Fälle, in denen der Zugriff den „deutschen“ Gläubigern verwehrt werde, weil „jüdische“ Kaufleute ihre Betriebe auf ihre Ehefrauen übertrügen.

(b) Rechtliche Bewertung

Das juristische Problem des dargestellten Beitrages reduzierte sich auf die Frage der Wirksamkeit von Rechtsgeschäften unter Ehegatten, wenn diese in der Absicht geschlossen wurden, den Zugriff der Gläubiger auf den Gegenstand des Rechtsgeschäftes zu verhindern. Dabei war problematisch, ob dies eine Sittenwidrigkeit im Sinne des § 138 BGB begründen und damit zur Nichtigkeit des Rechtsgeschäftes führen konnte.[300]

---

299 Vgl. zu diesem Urteil RGZ 150, 1 ff.

300 *Staudinger*, 10. Auflage § 138, S. 712 ff.; *Fürsich*, Gläubigerschutz bei Vermögensverschiebungen unter Ehegatten, S. 4 ff.

(aa) Nichtige Rechtsgeschäfte bei „arischen“ Vertragspartnern

Sogenannte „fraudulöse“ Rechtsgeschäfte, also Rechtsgeschäfte in betrügerischer Absicht, mit dem Ziel, den Zugriff der Gläubiger auf bestimmte Vermögensgegenstände zu verhindern, waren nach Ansicht des Reichsgerichts jedenfalls dann nicht sittenwidrig, wenn nicht das gesamte Vermögen dem Zugriff des Gläubigers entzogen werden sollte.[301] Die Ablehnung der Sittenwidrigkeit in den Fällen der Gläubigerbenachteiligung gründete sich nicht, wie vielleicht zunächst zu vermuten, auf das Fehlen von die Sittenwidrigkeit begründenden Tatbestandsvoraussetzungen, sondern auf das Verhältnis des § 138 BGB zu anderen Gläubigerschutzvorschriften.[302] Danach sei § 138 unabhängig vom Vorliegens seiner Voraussetzungen gar nicht anwendbar, weil speziellere Gläubigerschutzvorschriften dem BGB vorgingen.[303]

Sowohl das Gesetz betreffend die Anfechtung von Rechtshandlungen eines Schuldners außerhalb des Konkursverfahrens als auch die Reichskonkursordnung waren ursprünglich zusammen mit dem BGB in Kraft getreten. Die h.M. zog daraus den Schluß, daß die genannten Gesetze nicht nur gleichberechtigt neben den Vorschriften des BGB stünden, sondern auch dort, wo sie abweichende Vorschriften enthielten, dem BGB als Sondervorschriften vorgingen.[304] § 31 Nr. 1 der Konkursordnung und § 3 Nr. 1 des Anfechtungsgesetzes sahen mit geringem Unterschied jeweils die Möglichkeit vor, die in Frage stehenden Rechtshandlungen, welche zur Benachteiligung des Gläubigers führten, anzufechten. Wären die dargestellten „fraudulösen“ Rechtsgeschäfte bereits nach § 138 BGB sittenwidrig, so wären die einschlägigen Vorschriften des Anfechtungsgesetzes bzw. der Reichskonkursordnung überflüssig.[305] Mithin seien nach den §§ 31 Nr. 1 der Konkursordnung und 3 Nr. 1 des Anfechtungsgesetzes Rechtshandlungen in der betrügerischen Absicht der Gläubigerbenachteiligung nicht wegen Sittenwidrigkeit nichtig, sondern nur anfechtbar.[306]

Das in dem Beitrag des Schwarzen Korps zitierte Urteil des Oberlandesgerichts Dresden ignorierte das Verhältnis der Vorschriften des BGB zu den besonderen Gläubigerschutzvorschriften außerhalb des BGB und stellte ausschließlich auf die Sittenwidrigkeit ab.

---

301 Für die Ablehnung der Sittenwidrigkeit RGZ 69, 143 ff.; bei Übertragung des gesamten oder fast des gesamten Vermögens dagegen RGZ 130, 1 ff.

302 *Staudinger*, 10. Aufl., § 138, S. 712.

303 *Fürsich*, Gläubigerschutz bei Vermögensverschiebungen unter Ehegatten, S. 26.

304 *Warneyer*, Kommentar zum Anfechtungsgesetz, S. 67.

305 *Staudinger*, 10. Aufl., § 138, S. 712 ff.; *Warneyer*, Kommentar zum Anfechtungsgesetz, S. 67.

306 *Staudinger*, 10. Aufl., § 138, S. 712 ff.; *Warneyer*, Kommentar zum Anfechtungsgesetz, S. 67..

Nach den dargestellten Ausführungen trat die Vorschrift des § 138 BGB hinter die Spezialregelungen im Anfechtungsgesetz und in der Konkursordnung zurück. Damit hätten sich die zuständigen Richter des OLG Dresden nicht die Mühe der Rechtfertigung der Anwendbarkeit der „nationalsozialistischen" Definition der guten Sitten machen müssen, weil nach überwiegender Ansicht die Sittenwidrigkeit im Sinne des § 138 BGB hinter spezielleren Regelungen zurücktrat. Die Übertragung von Vermögenswerten unter Ehepartnern zur Verhinderung des Gläubigerzugriffs war mithin nicht sittenwidrig, sondern nach den Vorschriften des Anfechtungsgesetzes bzw. der Konkursordnung nur anfechtbar.

(bb) Vermögensverschiebungen bei „jüdischen" Ehegatten

Der Beitrag des Schwarzen Korps billigte zwar grundsätzlich die Gültigkeit der Vermögensverschiebung unter Ehepartnern, kritisierte aber eine zu große Ausweitung dieser Praxis, nicht nur, aber insbesondere in Bezug auf jüdische Ehegatten. Tatsächlich könnte fraglich sein, ob unter Bezugnahme auf die Grundsätze des NS-Staates derartige Verfahrensweisen erwünscht waren. Ein wichtiger wirtschaftspolitischer Grundsatz der NS-Ideologie, der das NS-System nach eigenem Bekunden von der „liberalistischen Haltung des laissez-faire in der Weimarer Republik" unterschied, war die These, daß die Freiheit des Einzelnen dort ende, wo Belange der Gemeinschaft betroffen, seien.[307] Auch Stimmen in der Literatur sahen in diesem Zusammenhang den Gläubigerschutz durchaus zu Gunsten von Individualinteressen bedroht.[308] Es sei in Bezug auf das „gesunde Volksempfinden" unverständlich, warum die Interessen der beteiligten Gläubiger hinter den offenbar selbstsüchtigen Motiven der Schuldner zurückzustehen hätten. Mithin stimmte das Schwarze Korps in seiner vorsichtigen Kritik an der dargestellten Praxis durchaus mit Stimmen in der juristischen Literatur überein.

Zwar hatten die Gläubiger die Möglichkeit der Anfechtung, jedoch war dies weniger wirksam als eine von Anfang an bestehende Nichtigkeit des Rechtsgeschäftes wegen Sittenwidrigkeit.

Auch der Hinweis auf eine mögliche Ausnutzung dieser Rechtspraxis durch „jüdische" Ehegatten spiegelte die mit den Grundsätzen des NS-Staates übereinstimmende Haltung des Schwarzen Korps wider.[309]

---

[307] Vgl. Nr. 14 des NSDAP-Parteiprogramms „Gemeinnutz vor Eigennutz", so ausführend auch *Frank*, NS- Handbuch für Recht und Gesetzgebung, S. 573.

[308] *Fürsich*, Gläubigerschutz bei Vermögensverschiebungen unter Ehegatten, S. 41.

[309] Vgl. dazu nur zwei Urteile zur Sittenwidrigkeit, die unabhängig von dem oben dargestellten Anwendungsproblem die vorliegende „Nichtariereigenschaft" der Vertragsparteien als Grund für die Sittenwidrigkeit gemäß § 138 BGB und damit die Nichtigkeit der Rechtsgeschäfte ansahen, JW 1937, 3306; DJ 1938, S. 309 f.

(2) Weitere Beispiele

(a) „Abzahlungsschwindel gerichtlich geduldet“[310]

Die erste Folge des Jahrgangs 1938 im Schwarzen Korps beschäftigte sich in einem Beitrag mit wucherischen Rechtsgeschäften beim Abzahlungskauf. In § 138 II BGB hat der Tatbestand des Wuchers eine gesetzliche Regelung erfahren.[311] Im Verhältnis zu dem Grundsatz der Sittenwidrigkeit in § 138 I BGB stellt der Absatz II eine Spezialregelung dar.[312] In dem vom Schwarzen Korps beschriebenen Fall hatte die Fabrikarbeiterin Erna Witte beim Möbelhaus Willmanns in Hannover eine Schlafzimmereinrichtung für 760 Reichsmark gekauft. Die Bezahlung sollte in monatlichen Raten zu 20 Reichsmark über einen Zeitraum von 33 Monaten erfolgen, wobei zu Beginn der Ratenzahlungen eine einmalige Leistung von 100 Reichsmark zu bewirken war. Nachdem Erna Witte bereits 512 Reichsmark abbezahlt hatte, wurde sie Anfang 1932 arbeitslos. Trotz einer geringen Arbeitslosenunterstützung von 8.40 Reichsmark zahlte Erna Witte weiter monatliche Raten von 1.50 Reichsmark an das Möbelhaus Willmanns.[313] Am 17.5.1935 wurde mit der letzten Ratenzahlung die Tilgung des Kaufpreises von 760 Reichsmark erreicht. Nach 18 Monaten erhielt Erna Witte eine Zinsforderung des Möbelhauses in Höhe von 270 Reichsmark. Darin forderte die Firma Willmanns, die ihr laut Vertrag zustehenden „Verzugsschäden“. Als „Verzugsschäden“ wurden Zinsen in Höhe von 1.5 % ab Kaufvertragsschluß für die vereinbarte Ratenzahlung bezeichnet. Sollte eine Begleichung dieser Zinsforderung nicht erfolgen, drohte das Möbelhaus die Abholung der Schlafzimmereinrichtung an.

Es kam schließlich zur Gerichtsverhandlung vor dem Amtsgericht Hannover. Das Gericht entschied zu Gunsten des Möbelhauses. Danach war die Firma Willmanns berechtigt, Zug um Zug gegen Zahlung von 280 Reichsmark die Schlafzimmereinrichtung bei Erna Witte wieder abzuholen. Die vom Möbelhaus zu zahlende Summe verringerte sich um 168 Reichsmark, weil das Gericht der Firma Willmanns zusätzlich Zinsforderungen in dieser Höhe zusprach. Im Ergebnis konnte das Möbelhaus die Schlafzimmereinrichtung gegen Zahlung von 112 Reichsmark herausverlangen.[314]

---

310 SK 1938, Folge 1, S. 18.

311 Vgl. dazu oben S. 77.

312 *Staudinger*, 10. Auflage, § 138, S. 721.

313 Aus dem Beitrag des Schwarzen Korps ist nicht zu erkennen, ob Arbeitslosenunterstützung in Höhe von 8.40 RM im Monat oder in der Woche gezahlt wurde. In beiden Fällen hätte eine erhebliche Belastung durch die vom Möbelhaus angemahnten noch ausstehenden Ratenzahlungen bestanden.

314 In dem geschilderten Beitrag aus dem Schwarzen Korps, Folge 1, 1938, S. 18 wird ein zu zahlender Betrag von 111 Reichsmark genannt. Da aber der von dem Sachverständigen ermittelte tatsächliche Wert der Schlafzimmereinrichtung 280 Reichsmark betrug und die

Die Kritik des Schwarzen Korps richtete sich zunächst gegen den Richter, der ein solches Urteil basierend auf „ein paar jämmerlichen Paragraphen“ und völlig „volksfremd“ gefällt habe. Weiterhin wurde die Praxis der Abzahlungsgeschäfte überhaupt kritisiert. Die rechtliche Behandlung dieser Geschäfte stamme noch aus der Zeit des Liberalismus und zeichne sich insbesondere durch eine große Ungerechtigkeit gegenüber wirtschaftlich Schwächeren aus. Insbesondere die hohen Zinsen, die im Falle des Verzugs mit den Ratenzahlungen vertraglich vereinbart würden, seien wucherisch und in dieser Höhe nicht gerechtfertigt.

Schließlich gab der Autor dieses Beitrags eine Empfehlung an den Gesetzgeber zur Regelung bestimmter Preis- und Zinsgrenzen. Nach diesem Vorschlag dürfe bei Ratenzahlungsgeschäften mit beweglichen Gütern die Kreditsumme das Doppelte eines Monatseinkommens nicht übersteigen. Weiterhin müßten die Preise der Kaufgegenstände auch mit den tatsächlichen Barpreisen übereinstimmen. Die Zinslasten dürften die Zinsforderungen der öffentlichen Kreditinstitute nicht übereinsteigen, weil so der unhaltbare Zustand vermieden werden solle, daß der Verkäufer auch noch an den Zinsen verdiene. Schließlich müßte das Rückforderungsrecht des Verkäufers erlöschen, wenn der tatsächliche Wert der Ware, aber noch nicht der vollständige Kaufpreis vom Kunden bezahlt sei, der Verkäufer also keinen finanziellen Schaden mehr erleiden könne. Dem Verkäufer selbst dürfte von diesem Zeitpunkt an nur noch ein Vorpfandrecht zustehen. Ansonsten sei er auf den normalen Rechtsweg verwiesen.

(b) „Erpressungen sind keine Verträge“[315]

Die Sittenwidrigkeit von Rechtsgeschäften wurde weiterhin im Zusammenhang mit der Abwicklung von Versicherungsverträgen thematisiert. Die Schriftleitung des Schwarzen Korps hatte den Generaldirektor eines großen Versicherungskonzerns zum Gespräch gebeten. Dieser schilderte die übliche Verhaltensweise der Versicherungen bei der Abwicklung von Schadensfällen. Danach sei es weit verbreitet, daß sich Mitarbeiter der Versicherungen nach Eintritt des Schadens mit den Geschädigten in Verbindung setzten, um gegen sofortige Zahlung einer bestimmten Summe einen Ausschluß weiterer noch nicht entstandener Schadensersatzansprüche zu vereinbaren. Während sich die Schriftleitung des Schwarzen Korps mit „ihrem Laienverstand“ befremdet über diese Vergleiche äußerte, wandte der Generaldirektor der Versicherung ein, daß niemand gezwungen sei, diese Vergleiche zu schließen. Weiterhin betonte er, daß die Summe, die im Rahmen dieser Vergleiche gezahlt werde, der Summe der tatsächlichen entstandenen Schäden entspreche. Sollte der eingetretene Schaden in

---

Zinsforderungen der Firma Willmanns auf 168 Reichsmark festgesetzt wurden, beträgt die zu zahlende Differenz 112 Reichsmark. Es scheint sich hier also um einen Schreibfehler seitens der Schriftleitung des Schwarzen Korps gehandelt zu haben.

[315] SK 1938, Folge 29, S. 17.

Einzelfällen höher sein, so würde „jede anständige Versicherung“ aus Kulanzgründen die Differenz auch unabhängig von einer bereits gezahlten Abfindung begleichen.

Das Schwarze Korps bezweifelte jedoch die Gutmütigkeit der Versicherungen und führte dazu einen Fall als Beispiel für fragwürdiges Verhalten von Versicherungen an. In diesem war ein Baugerüst über einer Passantin eingestürzt und hatte ihr die Wirbelsäule gebrochen, so daß sie infolge dieser schweren Verletzung gelähmt blieb. Die Passantin war für solche Unfälle in Höhe von 6000 Reichsmark versichert. Die Versicherung weigerte sich jedoch zu zahlen und verwies darauf, daß bei derartigen Verletzungen eine Besserung auch erst nach einigen Jahren auftreten könne. Als sich nach zwei Jahren eine Besserung des Gesundheitszustandes der Frau abzuzeichnen begann, erschien ein Vertreter der Versicherung bei der Frau und bot ihr eine sofortige Zahlung von 1500 Reichsmark an, wenn sie im Gegenzug auf alle weitergehenden Ansprüche verzichte. Angesichts der schwierigen finanziellen Situation der Familie und der Besserung ihres Gesundheitszustandes stimmte die Versicherungsnehmerin zu und ein entsprechender Vertrag wurde geschlossen.

Wenig später verschlechterte sich der Gesundheitszustand der Versicherungsnehmerin jedoch rapide, so daß sie schließlich vollständig gelähmt ans Bett gefesselt war. Sie wandte sich deshalb erneut an die Versicherung und bat um Auszahlung der Versicherungssumme. Die Versicherung lehnte dies mit Verweis auf den Vergleich ab. Es kam zum Prozess. Sowohl das Landgericht als auch das Oberlandesgericht in Frankfurt am Main wiesen die Klage der Versicherungsnehmerin als unbegründet zurück. In der Begründung des Urteils wurde insbesondere der Wortlaut des geschlossenen Vergleichs herangezogen. Danach war die Zahlung der Abfindung abhängig von dem Grad der Invalidität der Versicherungsnehmerin. Diese ging aufgrund der kurzfristigen Besserung ihres Gesundheitszustandes von einer Teilinvalidität aus, für deren Kompensation die Summe von 1500 Reichsmark durch die Versicherung gezahlt wurde. Die Prognose bezüglich ihres Gesundheitszustandes erwies sich jedoch im Ergebnis als falsch. Dieser Irrtum sei aber der Versicherungsnehmerin und nicht der Versicherung zuzurechnen.

Das Schwarze Korps zweifelte die Begründung der beiden Urteile an und verwies insbesondere auf eine mögliche Sittenwidrigkeit des zwischen Versicherungsnehmerin und Versicherung geschlossenen Vergleichs.

Die Sittenwidrigkeit des Vergleichs beziehe sich auf den Ausschluß weitergehender Ansprüche für die Fälle, in denen Schäden erst später einträten, also wenn wie im vorliegenden Fall der Eintritt der Vollinvalidität aufgrund des Unfalls mehrere Jahre später erfolge. In einem ähnlich gelagerten Fall sei von einem anderen Gericht die Sittenwidrigkeit des Vergleichs festgestellt worden. Wegen der bestehenden Rechtsunsicherheit in derartigen Fällen sei aber eine

Klarstellung durch den Gesetzgeber geboten. Das Schwarze Korps sah also diese Vergleichsklauseln als sittenwidrig an, wenn durch sie uneingeschränkt alle Ansprüche für später eintretende Schäden ausgeschlossen würden.

(c) Rechtliche Bewertung

Die in den Beiträgen des Schwarzen Korps auftretende Kritik an Entscheidungen im Zusammenhang mit § 138 BGB spiegelte die grundsätzlichen Probleme der nationalsozialistischen Rechtsauffassung mit den Generalklauseln wider. Die bereits oben dargestellte Diskussion um eine Änderung des Wortlautes von § 138 BGB aus dem Jahr 1933 hatte zu keinem Ergebnis geführt. In der Folgezeit war es also zunächst den Richtern überlassen, den Begriff der „guten Sitten" im Sinne der nationalsozialistischen Ideologie auszufüllen.[316] Dies eröffnete einerseits die bereits erwähnte Möglichkeit, über die Generalklauseln die nationalsozialistischen Rechtsvorstellungen im Privatrecht zu etablieren, andererseits ließ die Auslegung des Begriffs der „guten Sitten" auch im Sinne der nationalsozialistischen Ideologie einen weiten Spielraum von Interpretationsmöglichkeiten und damit aufgrund der Abhängigkeit von der individuellen Entscheidung des Richters auch eine Vielzahl von unterschiedlichen Urteilen zu. Diese sich häufig im Ergebnis unterscheidenden Urteile spiegelten sich in der Kritik des Schwarzen Korps an den dargestellten Fällen wider. Die Entscheidungen der Richter waren für den einfachen Bürger nicht ohne weiteres nachzuvollziehen und führten in Einzelfällen zu in der Bevölkerung nicht akzeptierten Ergebnissen. Weiterhin wurde trotz der Möglichkeit der nationalsozialistischen Auslegung des Begriffs der „guten Sitten" die fehlende Berücksichtigung des Gemeinwohls kritisiert. Insoweit wurde § 138 BGB auch von Teilen der Literatur weiterhin als Ausdruck des „liberalistischen" Rechtssysems der Weimarer Republik empfunden.[317]

Im Rahmen der Schaffung eines Volksgesetzbuches, das ausschließlich nach nationalsozialistischen Grundsätzen zu gestalten war, sollte § 138 BGB hinsichtlich der Einbeziehung des Gemeinwohls geändert werden.[318] Aus einer ganzen Reihe von Gründen, die hier nicht näher erläutert werden sollen, scheiterten die Bemühungen um ein Volksgesetzbuch.[319]

---

316 Zu einer ausführlichen Darstellung einzelner Fallgruppen siehe *Wanner*, Sittenwidrigkeit der Rechtsgeschäfte im Nationalsozialismus, S. 187 ff.

317 *Stolleis*, Gemeinwohlformeln im nationalsozialistischen Recht, S. 100.

318 *Nipperdey*, Zur Erneuerung des bürgerlichen Rechts, S. 97; *Wanner*, Sittenwidrigkeit der Rechtsgeschäfte im totalitären Staat, S. 201; *Stolleis*, Gemeinwohlformeln im nationalsozialistischen Recht, S. 100.

319 Vgl. dazu *Schubert*, Akademie für Deutsches Recht, Band III 1, S. 1-33; *Hattenhauer*, Das NS-Volksgesetzbuch in: Festschrift für Rudolf Gmür, S. 278.

Die Debatte um § 138 BGB war symptomatisch für die Anforderungen, welche von unterschiedlichen Seiten an die Reform des Rechtssystems gestellt wurden. Einerseits sollte möglichst schnell mittels der eine weite Interpretation zulassenden Generalklauseln die nationalsozialistischen Weltanschauung in das Privatrecht hineingetragen werden. Dies unterstützte auch das Schwarze Korps. Andererseits waren Entscheidungen, die über die Ausfüllung des Begriffs der „guten Sitten" begründet wurden, selbst dann, wenn bereits eine umfangreiche Kasuistik vorlag, gefährdet, für Nichtjuristen wenig nachvollziehbar zu sein, weil keine genaue tatbestandliche Fixierung getroffen worden war. Diesem Widerspruch sah sich auch das Schwarze Korps ausgesetzt, das zwar ohne jeden Zweifel mit aller Deutlichkeit für die Umsetzung der nationalsozialistischen Ideologie im Recht eintrat, aber mit der Forderung nach spezifischen gesetzlichen Regelungen doch verdeutlichte, daß es in Einzelfällen zu Ergebnissen kam, die so nicht gewünscht waren.

bb) „Treu und Glauben"[320]

(1) Inhalt

Das Schwarze Korps beschäftige sich in einem Beitrag aus dem Jahr 1938 mit dem Begriff „Treu und Glauben". Darin wurde der Fall der Lehrerin Auguste Wiegand dargestellt, die ein Grundstück verkaufen wollte.[321] Schließlich fand sich ein Käufer. Der Kaufvertrag sollte erst endgültig geschlossen werden, wenn die Baubehörde eine Baugenehmigung für ein Bauvorhaben des Käufers auf dem Grundstück erteilt hätte. Diese Bestimmungen wurden in einem „Abkommen" zwischen den beiden Parteien vereinbart. Das Bauvorhaben des potentiellen Käufers war für das ursprüngliche Grundstück zu groß. Allerdings bestanden an der Erteilung der Baugenehmigung nach mündlichen Aussagen der Baubehörde keine ernsthaften Zweifel. Als sich die Parteien zum Kaufvertragsschluß einfanden, eröffnete die Verkäuferin, daß sie in der Zwischenzeit das Grundstück an einen Dritten verkauft hätte, der zudem einen höheren Preis gezahlt habe. Der Rechtsanwalt von Auguste Wiegand wies daraufhin, daß die Vereinbarung über die Einzelheiten des Verkaufs des Grundstücks mit dem ersten Käufer nichtig sei, weil sie nicht die erforderliche Form aufweise.

Das Schwarze Korps äußerte sich zu zwei Aspekten des beschriebenen Falls:

Zunächst wurde kritisiert, daß die Rechtsauffassung einiger Leute wenig verständlich sei. Sie würden sich „per Handschlag" zu etwas verpflichten, um es dann anschließend, wenn es nicht mehr in ihre Pläne passe, unter Berufung auf die Nichteinhaltung der schriftlichen Form wieder rückgängig zu machen. Nach

320 SK 1938, Folge 20, S. 3.

321 Es war durchaus nicht unüblich im Schwarzen Korps, Namen und Adresse der betroffenen Personen vollständig zu nennen, so daß jedes Recht auf Privatsphäre aufgehoben war.

Ansicht des „Schwarzen Korps“ seien keine Gesetze nötig, um anständig zu handeln und zu seinen Versprechen zu stehen.

Der zweite Ansatzpunkt des Schwarzen Korps beschäftigte sich mit der Person der Auguste Wiegand. Wäre Auguste Wiegand Jüdin, so wäre der erste Käufer des Grundstücks nicht zu bedauern, weil so ein unmoralisches Verhalten bei Juden zu erwarten sei. Von einer deutschen Lehrerin im „nationalsozialistischen Staate“ erwarte man jedoch, daß sie die grundlegenden Tugenden wie Treu und Glauben, Sitte und Moral kenne. Dem Grundsatz von Treu und Glauben müsse wieder mehr Bedeutung zugemessen werden. Danach müßten Verträge und Versprechen grundsätzlich befolgt werden, sofern sie nicht dem Rechtsgefühl des Volkes widersprächen oder etwas Unehrenhaftes bzw. Unsittliches beinhalteten. Das geschriebene Recht dürfe nicht dazu dienen, die Durchsetzung wesentlicher ungeschriebener moralischer und sittlicher Grundsätze zu verhindern. Vielmehr müsse es neben dem geschriebenen Recht ungeschriebene Rechtsgrundsätze geben, die Ausdruck der Anständigkeit des deutschen Volkes seien und Personen, wie der besagten Lehrerin, die Möglichkeit verwehrten, sich durch die Berufung auf geschriebenes Recht die eigenen Vorteile zum Nachteil potentieller Vertragspartner zu sichern.

(2) Rechtliche Bewertung

Der Beitrag des Schwarzen Korps über „Treu und Glauben“ kritisierte zwar das „geschriebene Recht“ als Begriff, unterließ jedoch jede Bezugnahme zu den einschlägigen Paragraphen.

Unter rechtlichen Aspekten wäre zunächst die Einordnung der in dem Beitrag als „Abkommen“ bezeichneten Vereinbarung zwischen dem potentiellen Käufer und Auguste Wiegand von Bedeutung. Bei dem Abkommen zwischen Käufer und Verkäufer könnte es sich um einen Kaufvertrag gemäß § 433 BGB gehandelt haben. Dieser Kaufvertrag könnte, da die Entscheidung der Baubehörde abgewartet werden sollte, unter einer aufschiebenden Bedingung nach § 158 I BGB geschlossen worden sein.[322] Eine aufschiebende Bedingung lag deshalb vor, weil die Rechtswirkungen des Kaufvertrages, also der Verkauf des Grundstücks, von der Erteilung der Baugenehmigung durch die Baubehörde abhängig gemacht werden sollten.[323] Mithin könnte die Schließung eines bedingten Kaufvertrages angenommen werden.[324] Problematisch war hingegen, ob dieser Kauf-

---

322 *Staudinger*, 10. Aufl., Vorbem, § 158, S. 802, S. 812.

323 Vgl. dazu *Staudinger*, 10. Aufl., Vorbem. zum vierten Titel, S. 802.

324 Selbst wenn an dieser Stelle nur die Schließung eines Vorvertrages vorgenommen wurde, macht dies hinsichtlich der Formbedürftigkeit des Vertrages keinen Unterschied. Die Notwendigkeit der notariellen Beurkundung eines Kaufvertrages über die Verschaffung von Eigentum an einem Grundstück war in das BGB aufgenommen worden, um den Vertragsparteien die Folgen ihres Handelns zu verdeutlichen und sie vor übereilten Entschei-

vertrag in Bezug auf die Formbedürftigkeit bei Grundstücksverkaufen wirksam war. Gemäß § 313 a.F. BGB bedurfte ein Vertrag, durch den das Eigentum an einem Grundstück übertragen werden sollte, der notariellen oder gerichtlichen Beurkundung.[325] Dies war in dem hier dargestellten Fall unterlassen worden. Da keine Auflassung und Eintragung ins Grundbuch erfolgte, war auch keine Heilung des Formmangels gemäß § 313 II a.F. BGB möglich.[326] Die Verkäuferin des Grundstücks Auguste Wienand berief sich folglich auf den Einwand der unzulässigen Rechtsausübung, also auf die Formnichtigkeit des Vertrages. Fraglich konnte zunächst sein, ob die Berufung auf einen Formmangel dem Grundsatz von Treu und Glauben gemäß § 242 widersprach. Grundsätzlich führte ein Formmangel nach § 125 BGB zur Nichtigkeit des Vertrages, so daß im Ergebnis und unter Berücksichtigung des dargestellten Schutzzweckes von § 313 BGB a.F. die Berufung auf einen Formmangel möglich war.[327] Dies stand jedenfalls in der Regel nicht im Widerspruch zu § 242 BGB.[328] In der Folge befaßte sich das Reichsgericht in einer ganzen Reihe von Entscheidungen mit der Frage, wann der Berufung auf einen Formmangel die Grundsätze von Treu und Glauben entgegenstehen würden.[329] Im Ergebnis konnte sich derjenige nicht auf die Formnichtigkeit des Vertrages berufen, der einen Irrtum bei der anderen Partei über die Notwendigkeit der Form erregt und so gegen die Grundsätze von Treu und Glauben im Sinne des § 242 BGB verstoßen hatte.[330] Dabei kam es nicht darauf an, ob der Irrtum arglistig, schuldhaft oder ohne Verschulden herbeigeführt wurde.[331] Danach hätte für den hier behandelten Fall jedenfalls ein Irrtum bei dem Käufer über die Formbedürftigkeit des Vertrages durch die Verkäuferin Auguste Wiegand erregt werden müssen. Davon war nichts bekannt, so daß eine Berufung auf die Formnichtigkeit des Vertrages gemäß §§ 313 a.F., 125 BGB möglich und der Vertrag damit nichtig war. Die Verkäuferin konnte also das

dungen zu schützen. In einem Vorvertrag wird jedenfalls bereits mittelbar die Verpflichtung zur Übertragung des Eigentums an einem Grundstück begründet, so daß in diesen Fällen von der gleichen Schutzbedürftigkeit der Parteien auszugehen ist. Der Vorvertrag begründet mithin ebenfalls die Notwendigkeit der notariellen Beurkundung im Sinne des § 313 BGB. Vgl. zum Ganzen *Staudinger*, 10. Aufl., § 313, S. 422.

325 *Ders.*, S. 422 ff.

326 *Ders.*, S. 439 ff.

327 *Staudinger*, 10. Aufl., § 242, S. 340; RGZ 70, 20; 82, 304; RAG JW 1938, 2426.

328 *Böse*, Aufrechterhaltung formnichtiger Verträge bei arglistigem Verhalten einer Partei, S. 6; so auch anfänglich das Reichsgericht, vgl. RGZ 52, 5.

329 Vgl. dazu die dargestellten und kommentierten Entscheidungen bei *Folschweiller*, Wann ist die Berufung auf den Formmangel eines Rechtsgeschäfts unmöglich, 1936 und *Leibecke*, Die arglistige Berufung auf Formmängel in der Entwicklung der Rechtsprechung des Reichsgerichts, 1938.

330 Vgl. dazu die grundlegende Entscheidung des Reichsgerichts RGZ 107, 354 ff.

331 *Staudinger*, 10. Aufl., § 242, S. 341.

Grundstück an einen Dritten veräußern. Dieses Ergebnis wurde durch den Beitrag des Schwarzen Korps kritisiert.

Beachtenswert war in diesem Zusammenhang ein Urteil des IV. Zivilsenates des Reichsgerichts vom 12.11.1936, das von der Rechtsprechung anderer Senate abwich.[332] Danach wurde die Anwendung der Einrede arglistigen Verhaltens entgegen der bisherigen Rechtsprechung des Reichsgerichts, nicht nur auf die Fälle beschränkt, in denen ein Irrtum der einen Partei herbeigeführt wurde. Vielmehr wurde der Tatbestand der Einrede auf die Fälle erweitert, in denen „der Beklagte, absichtlich oder unabsichtlich, eine Haltung einnimmt, die mit seinem vorherigen Verhalten nach dem allgemeinen Volksempfinden unvereinbar ist."[333] Damit wurde der Begriff von „Treu und Glauben" mit dem „gesunden Volksempfinden" gleichgesetzt. Setzte sich der Beklagte mit der Berufung auf die Formnichtigkeit in Widerspruch zu seinem früheren Verhalten bei Vertragsschluß, so lag ein Verstoß gegen das „gesunde Volksempfinden" vor, das gleichzusetzen war mit Treu und Glauben. Das „gesunde Volksempfinden" war wiederum definiert durch die „Weltanschauung des Nationalsozialismus.[334]

Das Urteil des IV. Senats entsprach weitestgehend den Forderungen des Schwarzen Korps. Danach setzte sich Auguste Wiegand durch die Berufung auf die Formnichtigkeit in Widerspruch zu ihrem früheren Verhalten im Rahmen des vereinbarten „Abkommens" mit dem Käufer. Mithin lag ein Verstoß gegen das „gesunde Volksempfinden" und damit auch gegen Treu und Glauben vor. Der Käufer konnte sich auf Treu und Glauben berufen und die Verkäuferin in diesem Fall die Formnichtigkeit des Vertrages nicht geltend machen.

Die Entscheidung des IV. Senates wich, im Gegensatz zu seiner bisherigen und auch zu den Auffassungen der anderen Senate des Reichsgerichts, von der Einhaltung und dem Schutz der gesetzlich verankerten Formvorschriften im Sinne des § 313 BGB a.F. zu Gunsten des „gesunden Volksempfindens" ab. Damit unterstützte dieses Urteil nicht nur die Rechtsauffassung des Nationalsozialismus, die für eine Entfernung vom „starren geschriebenen" Recht und eine Entwicklung zu einem durch ausgewählte weltanschauliche Grundsätze geprägten Rechtssystem eintrat, sondern deckte sich im wesentlichen auch mit den Forderungen, die das Schwarze Korps an die Rechtsprechung gestellt hatte.

2. Zusammenfassung

Die Beiträge des Schwarzen Korps über die Generalklauseln im Sinne der §§ 138, 242 BGB waren Ausdruck der Schwierigkeiten, die sich bei der Umstellung des

---

332 RGZ 153, 59 ff.

333 RGZ 153, 59, 61.

334 So bei der Besprechung des Urteils auch *Leibecke*, Die arglistige Berufung auf Formmängel in der Entwicklung der Rechtsprechung des Reichsgerichts, S. 62.

bestehenden Rechtssystems auf die ideologischen Grundsätze des Nationalsozialismus ergaben. Die Urteile sollten „dem gesunden Volksempfinden" entsprechen, also gleichzeitig volksnah, „gerecht" und leicht verständlich sein. Dabei mußte das geschriebene Recht durch die Richter nicht zwingend dem Wortlaut nach angewendet werden, aber es sollte auch nicht zu einer derartigen Aushöhlung der geschriebenen Normen kommen, so daß im Ergebnis doch wieder Urteile entstanden, die so nicht gewünscht waren. Diesen Anforderungen konnte weder die Richterschaft noch das Recht selbst in jedem Einzelfall genügen. Allerdings bewegte sich die Kritik des Schwarzen Korps in den hier dargestellten Beispielen in Übereinstimmung mit den nationalsozialistischen Reformbemühungen. Sowohl innerhalb des Reichsgerichts als auch im Rahmen der Schaffung eines Volksgesetzbuches der Akademie für Deutsches Recht war man bemüht, inhaltlich auch vom Schwarzen Korps thematisierte Problembereiche aufzugreifen und im nationalsozialistischen Sinne entsprechend zu reformieren.

III. Mietrecht

Das Mietrecht hatte bereits in der Weimarer Republik durch die Einführung des Mieterschutzgesetzes von 1923 grundlegende Änderungen zu Gunsten des Mieters erfahren.[335] Die Nationalsozialisten hielten das Mietrecht für einen der wichtigsten Bereiche des Zivilrechts überhaupt. Sie sahen insbesondere die Vorschriften über die Raummiete in einem größeren, für die Bevölkerungspolitik des Reiches wichtigen Zusammenhang.[336] Die Familie sei die „Keimzelle des Volkes". Es sei darum gesetzlich alles zu tun, um jeder Familie die Gelegenheit zu geben, sich ungehindert entfalten und vergrößern zu können. Dieser Prozess könne wesentlich unterstützt werden, wenn durch ein mieterfreundliches Mietrecht für die Familien die nötige friedliche häusliche Grundlage geschaffen werde.[337] Neben den Bemühungen, das Mietrecht in diesem Sinne mieterfreundlicher zu gestalten, blieb auch dieses Rechtsgebiet von den rassischen Grundsätzen der nationalsozialistischen Ideologie nicht ausgenommen. Sowohl die Rechtsprechung als auch der Gesetzgeber selbst sorgten in ihrem jeweiligen Bereich dafür, daß entsprechende Unterschiede in der Behandlung jüdischer und nichtjüdischer Mieter eingeführt wurden.[338]

1. Die Entwicklung des Mietrechts im Nationalsozialismus

Angesichts der dargestellten zentralen Bedeutung des Wohnraumes im Rahmen der nationalsozialistischen Familienpolitik gab es in der Zeit zwischen 1933 und

[335] *Weiß*, Die Entwicklung des Mieterschutzes, S. 44.
[336] *Frank*, Nationalsozialistisches Handbuch, S. 979.
[337] *Ders.*, S. 989.
[338] *Weiß*, Die Entwicklung des Mieterschutzes, S. 63.

1945 eine ganze Reihe von Änderungen im Mietrecht.[339] Wie in anderen Rechtsgebieten auch, müssen dabei Reformen zu Friedens- und Kriegszeiten differenziert beurteilt werden.

a) Wesentliche Änderungen vor 1939

aa) Das Außerkrafttreten des Wohnungsmangelgesetzes

Mit Wirkung vom 1.4.1933 trat das Wohnungsmangelgesetz außer Kraft.[340] Die Aufhebung der Wohnungszwangswirtschaft wurde zwar von den Nationalsozialisten schon länger gefordert, das Gesetz wurde aber erst durch eine Verordnung des Reichspräsidenten vom 8.12.1931 mit Wirkung zum 1.4.1933 aufgehoben.[341] Insofern kann nicht direkt von einem „nationalsozialistischen Gesetz" gesprochen werden. Die Nationalsozialisten sahen die Wohnungszwangswirtschaft als wenig effektiv zur Lösung des Wohnungsnotstandes an und forderten weitergehende Programme zur Förderung der Neubautätigkeit.[342]

Bedingt durch den Wegfall der Wohnungszwangswirtschaft und durch die Ausrichtung des Mietrechts auf die Wohnungsknappheit ergab sich zwangsläufig die Notwendigkeit, die verbliebenen Gesetze dem neuen Zustand anzupassen. In einer weitgehenden Bekanntmachung des Reichsjustiz- und des Reichsarbeitsministers wurde über die notwendigen Änderungen des Mieterschutzgesetzes informiert.[343]

bb) Der Einheitsmietvertrag

Der Einheitsmietvertrag wurde 1934 von Vertretern des „Zentralverbandes deutscher Haus- und Grundbesitzervereine" und dem „Bund deutscher Mietervereine" unter Führung des Reichsjustizministeriums entwickelt.[344] Er sollte als Muster für alle zukünftigen Mietverträge gelten, um so einen gewissen Ausgleich zwischen den Rechten und Interessen des Vermieters einerseits und des Mieters andererseits zu schaffen.[345] So wurde unter anderem das Recht des Vermieters zur außerordentlichen Kündigung bei nur geringen Vertragsverletzungen durch den Mieter durch ein mieterfreundliches detaillierteres Kündigungsrecht in § 6 des Deutschen Einheitsmietvertrages ersetzt.[346] Weiterhin wurde in § 3 des Einheitsmietvertrages in Anlehnung an die „Volksgemeinschaft" der Begriff der

---

[339] *Dies.*, S. 50.

[340] RGBl. 1931 I, S. 699, 708.

[341] *Brandis*, Mieterschutz im Dritten Reich, S. 13.

[342] *Brandis*, Mieterschutz im Dritten Reich, S. 13.

[343] RGBl. 1933 I, S. 235 ff.

[344] *Brandis*, Mieterschutz im neuen Reiche, S. 17; *Weiß*, Entwicklung des Mieterschutzes, S. 50.

[345] *Eyselein*, Deutscher Einheitsmietvertrag, S. 12 ff, dort ist auch ein Muster des deutschen Einheitsmietvertrages abgedruckt.

[346] *Weiß*, Entwicklung des Mieterschutzes, S. 50.

„vertrauensvollen Hausgemeinschaft" eingeführt, der später insbesondere bei dem zunehmenden Einfluß rassischer Gesichtspunkte auf das Mietrecht von Bedeutung sein sollte.[347]

Der Einheitsmietvertrag konnte keine unmittelbare Geltung im Sinne eines Gesetzes entfalten, er war also nicht verbindlich. Erst durch die Einigung der Mietparteien, den Einheitsmietvertrag zur Grundlage ihres Vertrages zu machen, sich also über seinen Inhalt zu einigen, konnte er seine Wirkung entfalten.[348]

Der Einheitsmietvertrag wurde in der Folgezeit Grundlage vieler Vertragsschlüsse. Dies lag im Interesses des Justizministeriums, das die Interessenverbände der Eigentümer und Mieter angewiesen hatte, ihren Mitgliedern die Anwendung des Mustervertrages zu empfehlen.[349] Allerdings wurden auch weiterhin vom deutschen Einheitsmietvertrag abweichende Formulare verwendet, die sogenannte „mißbilligte Klauseln" enthielten und in der Regel zu erheblichen Nachteilen für den Mieter führten.[350]

cc) Die Akademie für Deutsches Recht und der Vierjahresplan

Wie mit fast allen Rechtsgebieten beschäftigte sich auch die Akademie für Deutsches Recht mit dem Mietrecht. Zuständig für Beratungen über das Mietrecht war der Ausschuß für Personen-, Vereins- und Schuldrecht.[351] Ausschußvorsitzender war Justus Wilhelm Hedemann, der gleichzeitig dem Ausschuß für das Volksgesetzbuch vorstand.[352] Auch in der Akademie für Deutsches Recht bestand Einigkeit darüber, daß das Mietrecht insgesamt reformiert werden müsse.[353] Die Akademie wollte sich in den folgenden Jahren mit einer ganzen Reihe von mietrechtlichen Problemen auseinandersetzen. Im Mittelpunkt standen dabei unter anderem die Aufgabe des Mietrechts im System überhaupt, der Gemeinschaftsgedanke als oberste Richtlinie im Mietrecht, die Frage des Stockwerkeigentums sowie spezielle Fragen des Kündigungswesens und der Mietzinsbildung.[354] Der 1936 auf dem Reichsparteitag der NSDAP beschlossene Vierjahresplan sah ebenfalls eine Neugestaltung des Mietrechts vor.[355] Per Verordnung zur Durchführung des Vierjahresplans vom 18.10.1936 ermächtigte Hitler

347 *Dies.*, S. 50; *Eyselein*, Deutscher Einheitsmietvertrag.
348 *Gehrke*, Der Deutsche Einheitsmietvertrag, S. 12.
349 *Ders.*, S. 13.
350 *Weiß*, Entwicklung des Mieterschutzes, S. 51.
351 ADR, Protokolle der Ausschüsse, Bd. III, 3, S. 90.
352 Siehe zum Lebenslauf ADR, Protokolle der Ausschüsse, Bd. III, 3. S. 64 f.
353 Vgl. dazu Protokoll der Ausschußsitzung vom 3.- 5.10.1934, ADR, Protokoll der Ausschüsse, S. 90.
354 Vgl. dazu „Abschließende Denkschrift zur Neugestaltung des Mietrechts" von Hedemann, ADR, Protokoll der Ausschüsse, Bd. III, 3, S. 115.
355 *Weiß*, Entwicklung des Mieterschutzes, S. 52.

Hermann Göring mit der Umsetzung und gewährte ihm die Befugnis zum Erlaß von Rechts- und allgemeinen Verwaltungsvorschriften.[356]

dd) Die Änderung des Mieterschutzgesetzes 1936

1936 wurden per Gesetz vom 18.4.1936 weitgehende Änderungen des Mieterschutzgesetzes und des Reichsmietengesetzes beschlossen.[357] Die frühere Zuständigkeit von Landesbehörden wurde zugunsten des Reichsarbeitsministers und des Reichsjustizministers aufgegeben bzw. an die Zustimmung der jeweiligen Minister gekoppelt. Durch das Gesetz selbst wurde eine Reihe von Änderungen, Vereinfachungen und Klarstellungen im Mieterschutzgesetz vorgenommen, die hier aufgrund ihrer Fülle nicht dargestellt werden können.[358]

ee) Die Änderung des Kündigungsschutzes

Am 28.8.1937 wurde die Verordnung über Kündigungsschutz von Miet- und Pachträumen erlassen.[359] Darin wurden die Reichsminister der Justiz und der Arbeit ermächtigt, Bestimmungen über den Kündigungsschutz für Miet- und Pachträume und Änderungen des Mieterschutzgesetzes zu erlassen.[360] In einer ersten Verordnung zur Ausführung der Verordnung über Kündigungsschutz für Miet- und Pachträume wurde der Anwendungsbereich des Mieterschutzgesetzes auf alle Neubauten, die nach dem 1.7.1918 errichtet wurden, ausgedehnt.[361]

In der sogenannten Kündigungsschutzverordnung vom 19.4.1939, die vom Reichskommissar für Preisbildung erlassen worden war, wurde die Einführung eines Widerspruchs gegen Kündigungen beschlossen.[362] Danach mußte der Vermieter bei eingelegtem Widerspruch durch den Mieter die Entscheidung der Preisbehörde bezüglich des Widerspruchs abwarten.[363] Somit wurde der Mieterschutz auf alle Mietverhältnisse ausgedehnt, die kündbar waren. Das Kündigungsrecht des Vermieters wurde damit aufgrund der Einbeziehung der Preisbehörde erheblich eingeschränkt. In den folgenden Monaten ergingen weitere Ausführungsverordnungen zu der erwähnten Kündigungsschutzverordnung, die den Anwendungsbereich nach und nach auf alle Mietverhältnisse über Wohn- und Geschäftsräume ausdehnten.[364]

---

[356] RGBl. 1936 I, S. 887.

[357] RGBl. 1936 I , S. 371.

[358] Siehe zu den Veränderungen im Einzelnen, *Brandis*, Mieterschutz im neuen Reiche, S. 33 ff.

[359] RGBl. 1937 I, S. 917.

[360] *Weiß*, Entwicklung des Mieterschutzes, S. 53.

[361] RGBl. 1937 I, S. 1325.

[362] RGBl. 1939 I, S. 799.

[363] *Weiß*, Entwicklung des Mieterschutzes, S. 56.

[364] 3. AusführungsVO zur KündigungsVO vom 5.9.1939, RGBl. 1939 I, 1679; 5. AusführungsVO zur KündigungsVO vom 14.8.1940, RGBl. 1940 I, 1104.

b) Wesentliche Änderungen nach 1939

Mit Beginn des Krieges 1939 änderte sich auch die Situation auf dem Wohnungsmarkt erheblich, so daß eine Reihe von Änderungen im Mietrecht notwendig wurde.

aa) 6. AusfVO zur VO über Kündigungsschutz für Miet- und Pachträume

Eine der wesentlichsten Änderungen nach 1939 war die sechste Ausführungsverordnung zur Verordnung über Kündigungsschutz für Miet- und Pachträume vom 15.12.1942.[365] Sie faßte unter Beachtung der zuvor erlassenen Verordnungen das gesamte Mieterschutzgesetz neu, das dann im wesentlichen bis in die 50er Jahre in Kraft blieb.[366] Nachdem insgesamt sechs Ausführungsverordnungen zur Kündigungsschutzverordnung ergangen waren, mußte eine Neufassung des Mieterschutzgesetzes zur Klarstellung erfolgen.

bb) WohnraumlenkungsVO

Mit Fortschreiten des Krieges verschärfte sich die Wohnungssituation wieder. Bedingt durch die Zerstörung von Wohnungen einerseits und die fehlenden Kapazitäten zur Errichtung neuer Wohnungen andererseits mußte die Zuteilung des Wohnraums erneut Zwangsmaßnahmen unterworfen werden, um so eine optimale Ausnutzung zu erreichen.[367]

1942 wurde mit der Verordnung über das Verbot der Zweckentfremdung von Wohnungen und über die Vermietung freiwerdender Wohnungen weitgehende Maßnahmen erlassen, um der Wohnungsnot entgegenzuwirken.[368] Die Verordnung über die Vermietung freiwerdender Wohnungen sah eine Bevorzugung von kinderreichen Familien, Kriegsversehrten und Hinterbliebenen bei der Vergabe von frei werdendem Wohnraum vor. Mit der Verordnung über das Verbot der Zweckentfremdung von Wohnungen sollte verhindert werden, daß an sich frei stehender Wohnraum nicht zu anderen als zu reinen Wohnzwecken benutzt wurde.

Diese ersten kriegsbedingten Maßnahmen auf dem Gebiet der Wohnungszwangsverwaltung wurden 1943 durch die vom Reichswohnungskommissar Ley erlassene Wohnraumlenkungsverordnung abgelöst.[369] Gemäß § 1 der Verordnung wurden die Gauleiter als Gauwohnungskommissare ermächtigt, freien Wohnraum festzustellen, in vorhandenen Gebäuden Wohnraum durch Um- und Ausbauten verfügbar zu machen bzw. zweckentfremdeten Wohnraum seinem

[365] RGBl. 1942 I, S. 709.
[366] *Weiß*, Entwicklung des Mieterschutzes, S. 58 f.
[367] *Weiß*, Entwicklung des Mieterschutzes, S. 59.
[368] RGBl. 1942 I, S. 545, 573.
[369] RGBl. 1943 I, S. 127.

ursprünglichen Zweck zuzuführen und den erfaßten Wohnraum bestimmten Bevölkerungskreisen bevorzugt zuzuweisen. In weiteren Paragraphen wurde die Zielsetzung der Verordnung detailliert weiter ausgeführt. Die Wohnraumlenkungsverordung beinhaltete damit eine Zusammenfassung der kriegsbedingten Maßnahmen bezüglich der Wohnraumzwangswirtschaft.

Im November 1944 wurde noch eine weitere Verordnung über Änderungen des Mieterschutzrechts, ebenfalls kriegsbedingt, erlassen.[370] Danach wurde das Mieteinigungsamt ermächtigt, in bestimmten Fällen den Wohnungszwangstausch anzuordnen.[371] Gemäß Artikel II wurde in bestimmten kriegsbedingten Fällen eine Lockerung des Mieterschutzes erlassen. Somit bleibt festzuhalten, daß die Maßnahmen, die auf dem Gebiet des Mietrechts nach 1939 vorgenommen wurden, überwiegend eine Reaktion auf kriegsbedingte Veränderungen des Wohnungsmarktes waren.

2. Der antisemitische Gedanke im Mietrecht

Soweit sich die grundlegenden Änderungen im Mietrecht überwiegend an den durch die äußere Situation gegebenen Umständen orientierten, fand über die Frage der Behandlung jüdischer Mieter auch die antisemitische Grundhaltung der Nationalsozialisten Eingang in das Mietrecht.

a) „Juden" als Mitglieder der Hausgemeinschaft?

Gemäß § 7 des Einheitsmietvertrages von 1934 wurde der Begriff der „Hausgemeinschaft" in das Mietrecht eingeführt, dem jetzt die Bedeutung einer Generalklausel im Mietrecht zukam.[372]

Danach versprachen sich Vermieter und Mieter, sowohl gegenseitig als auch gegenüber den anderen Mietern, in einer vertrauensvollen Hausgemeinschaft zusammenzuleben und wechselseitig aufeinander Rücksicht zu nehmen. Der Wortlaut des Einheitsmietvertrages gab also zunächst keinen Aufschluß darüber, ob Juden als gleichberechtigte Mitglieder der Hausgemeinschaft behandelt wurden. Nach allgemeiner Ansicht und in konsequenter Anwendung des nationalsozialistischen Gedankens der Volksgemeinschaft konnte die Hausgemeinschaft jedoch nicht zwischen „arischen" und „jüdischen" Mietern bestehen.[373] Angesichts der Bedeutung des Begriffs der Hausgemeinschaft für das gesamte Mietrecht war damit eine deutliche Aussage für die Behandlung von „jüdischen" Mietern getroffen. Trotz der neutralen Formulierung im Einheitsmietvertrag sollte konse-

---

[370] RGBl. 1944 I, S. 319.

[371] Vgl. dazu Artikel I der VO.

[372] *Brandis*, Mieterschutz im neuen Reiche, S. 8 ff.

[373] *Pritz- Rexroth*, Mietrecht der Gegenwart, S. 91; *Adami*, JW 1938, S. 3217, 3218.

quent die „Vertreibung“ von „jüdischen“ Mietern aus Hausgemeinschaften mit „arischen“ Mietern durchgesetzt werden.[374]

b) Die Auslegung des Mieterschutzgesetzes

Das Mieterschutzgesetz sah ebenso wie der Einheitsmietvertrag vom Wortlaut her zunächst keine gesonderte Behandlung für Juden vor. Insofern stellte sich die Frage, ob das Mieterschutzgesetz auf Juden überhaupt anwendbar war.

Die Anwendbarkeit des Mieterschutzgesetzes auf jüdische Mieter wurde überwiegend bejaht. Allgemein wurde der Erlaß der Nürnberger Gesetze und die daraus resultierende Ungleichbehandlung von „Ariern“ und „Juden“ als nicht ausreichend für eine Ungleichbehandlung im Rahmen des Mieterschutzgesetzes angesehen.[375] Dies änderte sich seit 1938, als sich unter dem Eindruck der Ermordung des Gesandschaftsrates vom Rath am 7.11.1938 die politische Stimmung gegenüber den Juden deutlich verschärfte.[376] Insbesondere wurde das Ziel vorgegeben, möglichst den Auszug „jüdischer“ Mieter aus „deutschen“ Wohnstätten zu erreichen.[377]

Trotz der weiterhin nicht geklärten Anwendbarkeit des Mieterschutzgesetzes auf jüdische Mieter wurde durch die Auslegung des Gesetzes faktisch eine Abschaffung des Mieterschutzes für jüdische Mieter erreicht.[378]

3. Beiträge im Schwarzen Korps

a) „So fordert man die Entjudung“[379]

aa) Inhalt

Das Schwarze Korps befaßte sich 1938 mit der Frage, inwieweit „jüdische“ Mieter den Mietschutzvorschriften unterlagen. Die Berliner Gesellschaft zur Förderung des Einfamilienhauses war ein Unternehmen der Deutschen Arbeitsfront (DAF). In den Häusern der Berliner Gesellschaft wohnten auch jüdische Mieter, die ihre Mietverträge häufig abgeschlossen hatten, bevor die DAF Eigentümerin der Häuser wurde. Die DAF bzw. die Berliner Gesellschaft zur Förderung des Einfamilienhauses versuchte, durch Räumungsklagen, die jüdischen Mieter dazu zu bringen, diese Häuser zu verlassen. Das Schwarze Korps berich-

---

374 *Heining*, DR 1939, S. 144; *Pritsch- Rexroth*, Mietrecht der Gegenwart, S. 91; *Weiß*, Entwicklung des Mieterschutzes, S 68 f.

375 *Adami*, JW 1938, 3217, 3218; *Heining*, DR 1939, 144, 145.

376 *Weiß*, Entwicklung des Mieterschutzes, S. 70.

377 Vgl. dazu amtliche Begründung zum Gesetz über Mietverhältnisse mit Juden bei *Pritsch-Rexroth*, Mietrecht der Gegenwart, S. 91 ff.

378 *Weiß*, Entwicklung des Mieterschutzes, S. 70.

379 SK 1938, Folge 44, S. 11.

tete von den Entscheidungen der Gerichte. Das Amtsgericht Lichterfelde gab entsprechenden Klagen statt. Begründet wurde dies damit, daß die Beklagten Juden seien und diese Tatsache als Kündigungsgrund selbst dann ausreiche, wenn die Verträge vor 1933 abgeschlossen und somit rassische Gesichtspunkte nicht als Kündigungsgrund vereinbart worden seien.

Als zweite Instanz hebe das Landgericht Berlin diese Urteile jedoch regelmäßig auf. Die Klägerin hätte nach dem Erscheinen der Nürnberger Gesetze die Verträge unter Berufung auf die Rassezugehörigkeit innerhalb einer angemessenen Frist kündigen müssen. Auch der Landgerichtspräsident stimme diesen Urteilen zu.

Das Schwarze Korps kritisierte diese Argumentation und zweifelte den Bestand der Urteile an. Die Berliner Gesellschaft zur Förderung des Einfamilienhauses habe unmittelbar nach Inkrafttreten der Nürnberger Gesetze damit begonnen, entsprechende Mietverhältnisse mit Juden zu kündigen. Allein aus zeitlichen und finanziellen Gründen sei es nicht möglich gewesen, jedes der ungefähr 1000 Mietverhältnisse mit Juden sofort zu beenden. Weiterhin erinnerte das Schwarze Korps an das grundsätzliche politische Ziel, die „Entjudung" der Wohnungen zu erreichen.

Deshalb sei auch ein Urteil des Amtsgerichts Nürnberg vom 6.5.1938 unverständlich, welches das für die Kündigung des Mietverhältnisses notwendige Verschulden ablehnte, weil dies nicht damit begründet werden könne, daß der Mieter Jude sei. Öffentlich-rechtliche Bestimmungen politischer Art seien auf zivilrechtliche Mietverhältnisse nicht ohne weiteres anzuwenden. Nach Ansicht des Schwarzen Korps sei diese Urteilsbegründung eine „Verspottung der nationalsozialistischen Weltanschauung". Auch ein Urteil des Amtsgerichts Spandau vom 1.10.1938, das ein Verschulden unter Berufung auf den „Führer" und das Fehlen einer Verordnung, welche die Anwendung des Mieterschutzgesetzes auf Juden verbiete, ablehnte, wurde heftig kritisiert. Für das Schwarze Korps war unverständlich, wie die Richter „die weltanschaulich eindeutige Sachlage" unter Berufung auf die fehlende Rechtsgrundlage verkennen und im Sinne der jüdischen Mieter entscheiden konnten.

bb) Rechtliche Bewertung

Der vorgestellte Beitrag des Schwarzen Korps beschäftigte sich mit der Frage, inwieweit jüdischen Mietern nach § 2 MSchG fristlos gekündigt werden konnte. Gemäß § 2 I MSchG konnte der Vermieter auf Aufhebung des Mietverhältnisses klagen, wenn der Mieter oder eine zu seinem Hausstand oder Geschäftsbetrieb gehörende Person den Vermieter oder einen anderen Mieter im Sinne eines Verschuldens erheblich belästigte. Ob das Kündigungsrecht des Vermieter allein deswegen bestand, weil der Mieter Jude war, wurde jedoch nicht einheitlich gesehen.

(1) Kündigungsrecht nach § 2 MSchG

Nach einer Ansicht baute § 2 MSchG auf dem Grundgedanken der intakten Hausgemeinschaft auf, zu der jüdische Mieter nicht gehörten. Danach störte der „jüdische" Mieter bereits allein durch die Wahrnehmung seines Wohnrechts in einem auch von „deutschen Volksgenossen" bewohnten Haus die Hausgemeinschaft.[380] Das Verschulden des jüdischen Mieters wurde in seiner Weigerung, dem Räumungsverlangen des „deutschen" Vermieters nachzukommen, gesehen. Indem der deutsche Vermieter die weltanschaulich korrekte Trennung von „Ariern" und „Nichtariern" in seinem Haus forderte und sich der jüdische Mieter dagegen wehre, sei die Hausgemeinschaft erheblich gestört.[381] Mithin stand dem Vermieter nach dieser Ansicht ein Kündigungsrechts gemäß § 2 MSchG zu.

(2) Verfristung der Kündigung

Die andere Ansicht weigerte sich, das Kündigungsrecht des Vermieters allein damit zu begründen, daß der Mieter Jude sei. Wie die Beispiele des Schwarzen Korps in dem oben dargestellten Beitrag andeuteten, vertrat insbesondere die Rechtsprechung diese Ansicht.[382] Dabei wurde versucht, über die Verfristung der Geltendmachung der Kündigung den jüdischen Mietern den Kündigungsschutz zu erhalten.[383] Gemäß § 2 III MSchG mußte der Vermieter die Klage innerhalb von sechs Monaten ab Kenntnis vom Kündigungsgrund erheben. Dabei war die Erhebung der Klage allerdings ausgeschlossen, wenn seit dem Entstehen des Aufhebungsgrundes ein Jahr verstrichen war. Die Gerichte nutzten diese Formulierung des § 2 III S. 2 MSchG. Danach wurde der Kündigungsgrund in der Kategorisierung der Mieter als Juden gesehen.[384] Dieser Aufhebungsgrund war jedoch bereits mit der Geburt der jeweiligen Mieter entstanden, so daß nach dieser Argumentation in jedem Fall die Klage wegen Verfristung gemäß § 2 III S. 2 MSchG ausgeschlossen war.

(3) Stellungnahme

Die beiden vertretenen Ansichten spiegeln die unterschiedlichen politischen Standpunkte und zugleich den Versuch der Aufrechterhaltung jedenfalls gewisser juristischer Grundsätze wider. Die Ansicht, die das Kündigungsrecht für den Vermieter bejahte, versuchte, die antisemitischen Grundsätze des nationalsozialistischen Systems konsequent umzusetzen. Die andere Ansicht orientierte sich am Wortlaut des Gesetzes und sah keinen eindeutigen Grund für die Aufhebung

---

380 *Adami*, JW 1938, S. 3217, 3219.

381 *Adami*, JW 1938, S. 3217, 3219; *Weiß*, Entwicklung des Mieterschutzes, S. 71.

382 Vgl. dazu auch weitere Beispiele aus der Rechtsprechung bei *Adami*, JW 1938, S. 3217, 3219.

383 *Weiß*, Entwicklung des Mieterschutzes, S. 71 f.

384 *Adami*, JW 1938, S. 3217, 3219.

des Kündigungssschutzes für jüdische Mieter. Tatsächlich wurde bei der großen Änderung des Mieterschutzgesetzes 1936 keine gesonderte Behandlung von jüdischen Vermietern und Mietern festgelegt. Der Wortlaut des Gesetzes allein gab keine Anhaltspunkte für unterschiedliche Anwendungsbereiche. Dies dürfte angesichts der bereits ergangenen Nürnberger Gesetze, die ganz eindeutig eine unterschiedliche rechtliche Stellung der „Arier“ und „Nichtarier“ festlegten, überraschen. Das Mieterschutzgesetz war also vom Wortlaut her kein „nationalsozialistisches Gesetz“. Erst die Auslegung der unbestimmten Rechtsbegriffe im Sinne einer nationalsozialistischen Interpretation führte dann zu den politisch gewollten Ergebnissen. Soweit angesichts der äußeren Umstände überhaupt von Rechtssicherheit gesprochen werden kann, hielt die Rechtsprechung wegen der Formulierung des Gesetzes den Kündigungsschutz für jüdische Mieter aufrecht.

Diese Bemühungen wurden jedoch zunehmend durch politisch motivierte anderslautende Urteile im Sinne einer nationalsozialistischen Auslegung und seit 1939 auch gesetzlich gestoppt.[385] Mit dem „Gesetz über die Mietverhältnisse mit Juden“ vom 30.4.1939 wurde die Gleichheit im Kündigungsschutz aufgehoben.[386] Gemäß § 1 des Gesetzes konnte sich ein jüdischer Mieter nicht auf den Kündigungsschutz berufen, wenn der Vermieter durch eine Bescheinigung der Gemeindebehörde nachweisen konnte, daß nach Beendigung des Mietverhältnisses die anderweitige Unterbringung des Mieters sichergestellt war. § 2 sah das jederzeitige Kündigungsrecht des Vermieters innerhalb der gesetzlichen Frist auch dann vor, wenn der Vertrag auf unbestimmte Zeit geschlossen oder eine längere als die gesetzliche Kündigungsfrist vertraglich vereinbart war. Damit war der Kündigungsschutz für jüdische Mieter praktisch aufgehoben. Hervorzuheben ist die an das Kündigungsrecht gekoppelte Bescheinigung der Gemeindebehörde über eine neue Unterkunft der jüdischen Mieter. Trotz der eindeutigen Zielsetzung, „die Juden aus deutschem Wohnraum zu entfernen“, war auch den Nationalsozialisten bewußt, daß ein schrankenloses Kündigungsrecht angesichts der zu erwartenden Massenkündigungen von Mietverhältnissen mit jüdischen Mietern zu großen sozialen Schwierigkeiten geführt hätte.[387] Letztlich war das Gesetz jedoch ein weiterer Schritt zur Ghettoisierung und Entrechtung der Juden.

---

385 Vgl. dazu die vorgestellten Urteile und die dazu vertretende Ansicht in der Literatur.

386 RGBl. 1939 I, S. 864; in der amtlichen Begründung wurde ausdrücklich darauf hingewiesen, daß zur Unterbindung der bestehenden juristischen Schwierigkeiten hinsichtlich der Gleichbehandlung von Juden und Nichtjuden dieses Gesetz nötig geworden war; *Pritsch-Rexroth*, Mietrecht der Gegenwart, S. 91.

387 Vgl. dazu die amtliche Begründung des Gesetzes, *Pritsch- Rexroth*, Mietrecht der Gegenwart, S. 91.

Den Forderungen des Schwarzen Korps nach einer einheitlichen Rechtsprechung zugunsten des Kündgungsrechts der Vermieter war damit über die Klarstellung der gesetzlichen Lage nachgekommen worden.

b) „Nationalsozialistisches Wohnrecht“[388]

aa) Inhalt

Das Schwarze Korps beschäftigte sich im Sommer 1940 auffällig ausführlich mit dem „nationalsozialistischen Wohnrecht“.[389] Zunächst wurde festgestellt, daß die Wohnungsnot noch zu Friedenszeiten auf die Versäumnisse der Weimarer Republik zurückzuführen sei und der Nationalsozialismus zunächst dringendere Probleme habe lösen müssen. Durch den Kriegsausbruch sei nicht zu erwarten, daß sich die allgemeine Wohnungssituation von allein entspannen werde. Allerdings habe die nationalsozialistische Rechtsanschauung auch erst ansatzweise auf die bestehenden Vorschriften zum Mietrecht eingewirkt und so noch nicht das von der „liberalistischen Einstellung“ der Weimarer Republik geprägte Mietrecht im Sinne der „neuen Zeit“ verändern können. Die wichtigste Aufgabe sei zunächst, den ständig stark ansteigenden Wohnungsbedarf zu decken, um im Rahmen einer verantwortungsbewußten Bevölkerungspolitik insbesondere jungen Familien den Wohnraum zur Verfügung stellen zu können, den sie zur ihrer Entfaltung benötigten.

Auf der einen Seite stehe also die „my home is my castle- Mentalität“ der Weimarer Republik, die geprägt sei durch die Unantastbarkeit des Wohnungseigentums. Dem gegenüber stünden die „Lebensrechte der Volksgemeinschaft“ im nationalsozialistischen Sinne. Die „Zukunft des Volkes, der Erfolg bei der Gründung junger Familien und „die Zukunft des Nachwuchses“ seien erheblich abhängig von den dringend notwendigen Reformen im Bereich des Mietrechts.

Zur Verdeutlichung dieses Widerspruchs wurde ein Fallbeispiel angeführt. Darin hatte eine namentlich nicht näher gekennzeichnete Frau F eine Wohnung, bestehend aus Stube, Kammer, Vorsaal und Nebenräumen, in einem aus öffentlichen Mitteln der Stadt Leipzig errichteten Wohnblock gemietet. Diese Mieterin hielt sich überwiegend bei ihrer Mutter in einem thüringischen Ort auf. Deshalb forderte der Oberbürgermeister der Stadt Leipzig die Vermieterin auf, der Mieterin zu kündigen, um die Wohnung einer Familie mit Kindern zur Verfügung zu stellen. Es kam zum Prozess vor dem Amtsgericht. Das Amtsgericht gab der Klage des Oberbürgermeisters statt, indem es die Interessen der Volksgemeinschaft über die privaten Rechte der Mieterin stellte. Die Mieterin würde die

---

[388] SK 1940, Folge 25, S. 4.

[389] „Nationalsozialistisches Wohnrecht“ ist auch der Titel des dargestellten Beitrages aus SK 1940, Folge 27, S. 4.

Wohnung nur zum Unterstellen von Möbeln nutzen. Kinder seien jedoch wichtiger als Möbel.

In der nächsten Instanz hob das Oberlandesgericht Dresden diese Entscheidung auf. Danach bestehe keine Verpflichtung des Mieters, die gemieteten Wohnräume auch tatsächlich zu nutzen. In § 4 des MSchG werde zwar ein Interesse des Vermieters als Kündigungsgrund angeführt, jedoch sei damit kein öffentliches Interesse gemeint. Das Oberlandesgericht sah damit die Voraussetzungen des § 4 MSchG nicht als gegeben an.

Das Schwarze Korps gab in der Bewertung der Entscheidung des Oberlandesgerichts zu, daß dieses die einschlägigen Paragraphen heranziehe und rechtlich nicht zu beanstanden sei. Es gebe tatsächlich weder ein Gesetz noch eine einschlägige Vorschrift, die ein öffentliches Interesse als Kündigungsgrund für einen Mietvertrag vorsähe. Dabei wurde auf eine Vielzahl von Fällen verwiesen, in denen eine Kündigung auch gegenüber jüdischen Mietern nicht wirksam war.

Das Schwarze Korps kritisierte erneut sehr deutlich die aus der „liberalistischen Zeit“ herrührende Bedeutung des Privatrechts im Verhältnis zum Volksrecht. Ausgehend von der Formel „Recht ist, was dem deutschen Volke nützt; Unrecht ist, was ihm schadet“, forderte das Schwarze Korps in Zeiten des Wohnungsmangels bezogen auf die beschriebenen Fälle ein Vorgehen des Volksrechts, im Sinne eines öffentlichen Interesses, vor dem Privatrecht des Einzelnen. Insbesondere im Hinblick auf den in Zukunft stark anwachsenden Wohnungsbedarf sei es den zuständigen Stellen zu raten, rechtzeitig eine entsprechende Regelung zu schaffen.

bb) Rechtliche Bewertung

(1) Die Ausgangssituation

Die unterschiedlichen Entscheidungen des Amtsgerichts und des Oberlandesgerichts deuten bereits an, daß die Frage der Berücksichtigung öffentlicher Interessen bei der Aufhebungsklage des Vermieters gemäß § 4 MSchG umstritten war.[390] § 4 des MSchG sah die Möglichkeit des Vermieters vor, auf Aufhebung des Mietverhältnisses zu klagen, wenn er aus besonderen Gründen ein dringendes Interesse an der Erlangung des Mietraums geltend machen konnte. Gemäß § 4 I S. 3 MSchG hatte die Ermittlung dieser besonderen Gründe im Wege der Abwägung der beiderseitigen Interessen zu erfolgen. Zu Gunsten des Vermieters sollten dabei nach dem Wortlaut des Gesetzes die Zahl und das Lebensalter der zu seinem Hausstande gehörenden Abkömmlinge sowie der Umstand mitzuberücksichtigen sein, daß der Vermieter den Mietraum aus beruflichen Gründen dringend benötigte. Der Wortlaut erwähnte somit die Berücksichtigung öffentli-

[390] Vgl. dazu *Hans*, Mieterschutzgesetz mit Erläuterungen, S. 23.

cher Interessen nicht. Das öffentliche Interesse hatte jedoch seit dem Ende des Ersten Weltkrieges und der danach verstärkt auftretenden Wohnungsnot Eingang ins Mietrecht gefunden.

Aufgrund der Mieterschutzverordnungen vom 23.9.1918 und 22.6.1919 und des Gesetzes über Maßnahmen gegen den Wohnungsmangel vom 11.5.1920 konnten Mietverhältnisse rechtswirksam nur mit vorheriger Zustimmung des Mieteinigungsamtes gekündigt, ggf. die Räumungsklage erhoben werden.[391] Diese ersten Maßnahmen zur Wohnungszwangsbewirtschaftung führten dann zum Wohnungsmangelgesetz vom 26.7.1923 und zum Mieterschutzgesetz vom 1.6.1923.[392]

Nach dem Wohnungsmangelgesetz mußten Vermieter der durch die für das Wohnungswesen zuständigen Landesbehörde ermächtigten Gemeinde Mitteilung über ungenutzte Wohnungen und Räume machen. Weiterhin konnte die ermächtigte Gemeinde von den Verfügungsberechtigten verlangen, bezüglich ungenutzter Räume mit den von der Gemeinde genannten Personen Mietverträge zu schließen.

Die Vermieter waren also in ihren privaten Rechten dahingehend eingeschränkt, daß sie zu Gunsten des öffentlichen Interesses bezüglich der angemessenen Verteilung von Wohnraum, nicht frei Verträge schließen konnten. Das Wohnungsmangelgesetz wurde zwar mit Wirkung zum 1.4.1934 aufgehoben, das Mieterschutzgesetz blieb jedoch mit häufigen Änderungen in Kraft.[393] Folglich spielte das „öffentliche Interesse" seit der erstmals verstärkt auftretenden Wohnungsnot nach dem Ersten Weltkrieg verstärkt eine Rolle im Mietrecht.

(2) Das juristische Problem

Die juristische Frage, die sich seit dem zunehmenden Einfluß der Wohnungszwangswirtschaft auf das Mietrecht stellte, bezog sich auf die Intensität der Einschränkung der Rechte des Einzelnen zugunsten des öffentlichen Interesses oder öffentlicher Anliegen.

Fraglich war danach, ob das Gericht den Eigenbedarf des Vermieters nur in Abwägung der beiderseitigen Interessen beurteilen sollte oder auch das öffentliche Interesse an der Bekämpfung des Wohnungsmangels und somit die Grundsätze der Wohnungsbewirtschaftung zu berücksichtigen waren. Seit dem Beginn der Wohnungszwangswirtschaft in den 20er Jahren wurde dies nicht einheitlich diskutiert und entschieden.

---

391 RGZ 104, 244, 245.

392 RGBl. 1923 I, S. 751, 353.

393 *Hertel*, Änderungen des Reichsmietengesetzes, Mieterschutzgesetzes und des Wohnungsmangelgesetzes, S. 11.

(a) Keine Beachtung des öffentlichen Interesses

Eine Ansicht lehnte eine Heranziehung des öffentlichen Interesses im Rahmen der in § 4 MSchG erforderlichen Interessenabwägung ab.[394] Danach wurde streng nach dem Wortlaut der Vorschrift das dringende Interesse des Vermieters ermittelt und dies den Verhältnissen des Mieters gegenübergestellt. Ergaben sich für den Vermieter nicht besondere Gründe, die eine Mietaufhebungsklage rechtfertigten, so wurde zuungunsten des Vermieters entschieden. Dringender Eigenbedarf des Vermieters wurde beispielsweise dann angenommen, wenn der Vermieter die Räume zur Unterbringung seiner Familie nutzen wollte.[395] Allerdings sollte der Begriff des Eigenbedarfs aufgrund der allgemein schlechten Wohnungssituation sehr eng ausgelegt werden, so daß eine inflationäre Geltendmachung des Eigenbedarfs von vornherein ausgeschlossen wurde.[396] Folgt man dieser Ansicht, so wäre der im Beitrag des Schwarzen Korps geschilderte Fall im Sinne des Oberlandesgerichts zu lösen. Danach spielte die Tatsache, daß die von der Mieterin F gemietete Wohnung offensichtlich nicht genutzt wurde, für die Frage der Aufhebung des Mietvertrages gemäß § 4 MSchG keine Rolle. Die Abwägung zwischen den Interessen von Vermieter und Mieter durfte nicht auf öffentliche Interessen Bezug nehmen.

(b) Beachtung des öffentlichen Interesses

Eine andere Ansicht bezog in die Abwägung der Interessen von Vermieter und Mieter auch Gesichtspunkte des öffentlichen Wohnungsnotrechts ein.[397] Danach durfte nicht nur der private Interessenausgleich zwischen Vermieter und Mieter ausschlaggebend sein. Vielmehr mußte auf die Grundsätze des Wohnungsnotrechts zur Bekämpfung des Wohnungsmangels Rücksicht genommen werden. Die Öffentlichkeit habe ein Interesse an der vollen Ausnutzung des Wohnraumes. Würden beispielsweise von einer Dreizimmerwohnung nach dem Mietvertrag nur zwei Zimmer vermietet, so konnte der Mietvertrag gemäß § 4 MSchG aufgehoben werden.[398] Folgt man dieser Auffassung, so hätte die Entscheidung bezogen auf den Beitrag des Schwarzen Korps im Sinne des Amtsgerichts Leipzig ausfallen müssen.

---

394 *Hans*, MietSchG mit Erläuterungen, S. 23; *Stern*, Mieterschutz und Mieteinigungsämter, S. 161 ff; *Ebel*, MSchG mit Erläuterungen, S. 31 ff; so im übrigen auch das Urteil des OLG, auf das Das Schwarze Korps Bezug nimmt.

395 *Stern*, Mieterschutz und Mieteinigungsämter, S. 162.

396 *Hans*, MietSchG mit Erläuterungen, S. 24.

397 *Ruth*, JW 1924, S. 759, 761; *Staudinger*, 10. Aufl., Vorbem. zu §§ 535 ff, S. 471; *Seka*, MSchG mit Erläuterungen, S. 47 f.

398 *Staudinger*, 10. Aufl., Vorbem. zu §§ 535 ff, S. 471.

(c) Stellungnahme

Eine Stellungnahme erübrigt sich insoweit, als das Reichsgericht den andauernden unterschiedlichen Entscheidungen ein Ende setzte und den Fall ungenutzter Mietwohnungen höchstrichterlich entschied.[399] Der Fall, den das Reichsgericht zu entscheiden hatte, ähnelte sehr stark der Fallkonstellation, mit der sich auch das Schwarze Korps befaßt hatte.

Danach bewohnte die Klägerin zusammen mit ihrer Familie eine größere Wohnung in der Stadt M, ein im Eigentum der Klägerin stehendes kleineres Anwesen hatte sie an die Beklagten vermietet, die dieses hauptsächlich als Sommerwohnung nutzen wollten. Die Klägerin machte im Wege der Mietaufhebungsklage Eigenbedarf geltend. Ihren Eigenbedarf begründete sie damit, daß der Ort N näher am Einsatzort ihres Mannes liege, der inzwischen dienstverpflichtet war. Weiterhin sei es ihr unmöglich, aufgrund der angespannten Wohnungslage durch einen Tausch in S selbst eine Wohnung zu finden. Die Beklagte habe weiterhin das gemietete Anwesen nur sehr selten überhaupt genutzt. Die Klägerin sei außerdem bereit, ihre Wohnung in M. aufzugeben, um sie so bombengeschädigten Familien zur Verfügung zu stellen. Das Amtsgericht hatte die Klage zunächst abgewiesen und im Rahmen des § 4 MSchG nicht auf das öffentliche Interesse Bezug genommen. Der Oberreichsanwalt erreichte jedoch einen begründeten Wiederaufnahmeantrag, durch den sich das Reichsgericht mit dem Fall beschäftigen mußte.

Das Reichsgericht argumentierte, daß § 4 MSchG nur den Fall der „gemieteten, aber tatsächlich auch genutzten Wohnung“ umfasse. Es stellte dann die jeweiligen Positionen der Parteien gegenüber. Der letzte Satz des Beschlusses stellte knapp fest, daß „Allgemeinbelange selbstverständlich mitzubewerten seien.“ In diesem Sinne wurde der Mietaufhebungsklage stattgegeben. Die Entscheidung, obwohl in der entscheidenden Passage nur sehr kurz gefaßt, stellte Mitte des Jahres 1943 endgültig höchstrichterlich fest, daß im Rahmen des § 4 MSchG auch öffentliche Interessen im Rahmen der Interessenabwägung Beachtung finden mußten.

(3) Zusammenfassung

Der Beitrag des Schwarzen Korps und die Uneinheitlichkeit der Rechtsprechung in dem dargestellten Beispielsfall spiegelte also im Wesentlichen die juristische Problematik der Auslegung von § 4 MSchG bis zum höchstrichterlichen Urteil des Reichsgerichts wider.

Die Kritik des Schwarzen Korps an dem angeblichen „liberalistischen Wohnrecht“ der Weimarer Republik war insoweit nicht ganz berechtigt, weil die Beachtung des öffentlichen Interesses im Rahmen des § 4 MSchG seit der Inkraftsetzung des Mieterschutzgesetzes 1923 diskutiert und in der Rechtsprechung

---

[399] DR 1944, S. 72 f.

durchaus uneinheitlich behandelt worden war. Das Schwarze Korps griff mit diesem Problemfall ein Beispiel auf, das aufgrund der äußeren Umstände dringend gelöst werden mußte. Bedingt durch die Umstände des Krieges hatte sich die Wohnungssituation erneut dramatisch verschärft. Durch die Bombenangriffe auf die Städte wurde Wohnraum deutlich schneller zerstört, als er ersetzt werden konnte. Hinzu kamen unkontrollierbare Bevölkerungsbewegungen durch die Flüchtlinge. Jeder Quadratmeter Wohnraum wurde also gebraucht. Insofern konnte durch die Beachtung des öffentlichen Interesses im Rahmen des § 4 MSchG die Kündigung von Mietverträgen bzw. auch im umgekehrten Fall die Aufrechterhaltung von Mietverträgen je nach Bedarf leichter vollzogen werden. Die Entscheidung des Reichsgerichts kann also als eine Reaktion auf die Umstände des Krieges gewertet werden. Das Schwarze Korps hatte bereits drei Jahre zuvor auf diese rechtliche Problematik hingewiesen.

c) „Nationalsozialistisches Wohnrecht“[400]

aa) Inhalt

Zwei Ausgaben später erschien im Schwarzen Korps unter der selben Überschrift ein weiterer Beitrag zum „Nationalsozialistischen Wohnrecht“. Darin wurde ein Fall beschrieben, in dem ein Ferienhaus im Harz Gegenstand einer juristischen Auseinandersetzung wurde. Eine Familie aus Magdeburg besaß dort ein Ferienhaus und benutzte dieses nur in den Sommermonaten zu Ferienaufenthalten. Der Luftkurort Ilsenburg, in dem sich die Ferienvilla der Magdeburger Familie befand, hatte durch den Krieg vielfältige neue Aufgaben übernommen. So wurden in Hotels und Schulen Reservelazarette eingerichtet und vorübergehend evakuierte Personen aufgenommen und untergebracht. Schließlich war jedoch die Aufnahmekapazität des kleinen Ortes überschritten und der Bürgermeister beanspruchte aufgrund des Reichsleistungsgesetzes für die Rückwandererfamilie auch die Ferienvilla der Magdeburger Familie. Diese Familie sah sich jedoch in ihren Rechten verletzt und schaltete den Magdeburger Haus- und Grundbesitzerverein ein. Dieser bemühte sich gegen die Belegung der Ferienvilla juristisch vorzugehen. Ohne genauer auf die weitere rechtliche Entwicklung dieses Falles einzugehen, kritisierte das Schwarze Korps die Versuche der Magdeburger Familie, sich der Zwangsbelegung ihres Feriendomizils zu widersetzen. Es sei eine grundlegende weltanschauliche Frage, ob man die „liberalistische Position des Hauseigentümers“ unterstütze oder ob die Belegung der Villa nicht eine kommentarlos zu erfüllende Pflicht als Teil der Volksgemeinschaft für die Volksgemeinschaft sei.

In einem zweiten Fall ging es um eine unbenutzte Vier-Zimmer-Wohnung in Berlin-Wilmersdorf. Diese war offenbar von einer in dem Stockwerk unter der

---

[400] SK 1940, Folge 27, S. 4.

bezeichneten Wohnung lebenden älteren Dame gemietet worden, um zu verhindern, daß sie durch Lärmbelästigungen direkt über ihr gestört würde. Zum Schein habe angeblich „ihr Diener mit seiner Frau“ diese Wohnung bezogen. Im gleichen Haus wohnte allerdings auch eine Familie mit Kind „in einem einzigen möblierten Zimmer“, die sich für die unbenutzte Vier-Zimmer- Wohnung interessierte. Das Schwarze Korps wies empört auf die Diskrepanz zwischen dem tatsächlichen Zustand, nämlich der leerstehenden Wohnung, und dem rechtlichen Zustand, dem bestehenden Mietvertrag zwischen der älteren Dame und dem Eigentümer des Hauses hin. Nach Ansicht des Schwarzen Korps sei auch dieses Beispiel typisch für den „Interessenklüngel der Hausbesitzervereine, der auf den Müllhaufen des Liberalismus gehöre“ und „den Lebensinteressen des Volkes“, die erneut dahinter zurückstehen müßten. Dementsprechend wurde, wie auch schon im ersten Beitrag zu diesem Thema, die dringende Schaffung eines nationalsozialistischen Wohnrechts gefordert.

bb) Rechtliche Bewertung

(1) Die Inanspruchnahme der Ferienvilla

Nach Angaben des Schwarzen Korps erfolgte die Beanspruchung der Ferienvilla für die Rückwandererfamilie aufgrund des Reichsleistungsgesetzes.

(a) Das Reichsleistungsgesetz

Mit Wirkung vom 1.9.1939 wurde das Reichsleistungsgesetz oder auch „Gesetz über Sachleistungen für Reichsaufgaben“ in Kraft gesetzt.[401] Vorgänger des Reichsleistungsgesetzes war das Wehrleistungsgesetz bzw. Gesetz über Leistungen für Wehrzwecke, das seit dem 13.7.1938 galt.[402] Es war damit noch zu Friedenszeiten geschaffen worden. Die veränderte Situation im September 1939 und der inzwischen begonnene Krieg erforderten eine grundsätzliche Überarbeitung der entsprechenden Bestimmungen und führten so zu einer weitreichenden Verordnung zur Änderung des Wehrleistungsgesetzes, die dann die Verkündung des Reichsleistungsgesetzes nach sich zog.[403]

Sinn und Zweck des Gesetzes war die Duldung von Eingriffen staatlicher Stellen und insbesondere der Wehrmacht in die Rechtssphäre des Einzelnen, um so die Sicherstellung der Versorgung und Funktionsfähigkeit der öffentlichen Ordnung zu erreichen.[404] Das Reichsleistungsgesetz sah dazu detaillierte Bestimmungen über Leistungsverpflichtete, Leistungsberechtigte, den Inhalt der jeweiligen Leistungspflichten und mögliche Entschädigungen vor.

---

401 Siehe dazu die entsprechende VO vom 1.9.1939, RGBl. 1939 I, S. 1639.
402 RGBl. 1938 I, S. 887.
403 Vgl. dazu S. 2 der Einleitung, Reichsleistungsgesetz mit Erläuterungen.
404 Einleitung S. 8, Reichsleistungsgesetz mit Erläuterungen.

(aa) Leistungspflichtige

Gemäß § 1 I des Reichsleistungsgesetzes waren Leistungspflichtige alle Bewohner des Reichsgebietes sowie andere Personen, die im Reichsgebiet Vermögen hatten. Darüberhinaus konnten gemäß § 1 II des Gesetzes auch Gebietskörperschaften und alle innerhalb des Reichsgebiets bestehenden Körperschaften, Personenvereinigungen, Anstalten, Stiftungen und sonstige Einrichtungen Leistungspflichtige sein. Danach wurde zwischen deutschen Reichsangehörigen und Ausländern keine Differenzierung vorgenommen. Vielmehr konnten danach auch grundsätzlich Juden leistungspflichtig im Sinne dieses Gesetzes sein.[405]

(bb) Leistungsberechtigte

Zur Inanspruchnahme von Leistungen berechtigt waren gemäß § 2 des Gesetzes bestimmte Bedarfsstellen. Dazu gehörten Dienststellen der Wehrmacht und andere staatliche oder mit staatlichen Aufgaben betraute Stellen. Welche Dienststellen sowohl der Wehrmacht als auch anderer staatlicher Stellen im Einzelnen für bestimmte Bereiche zuständig waren, ergab sich aus besonderen Bekanntmachungen.[406]

(cc) Leistungspflicht

Im zweiten Abschnitt des Gesetzes waren Art und Umfang der Leistungspflichten geregelt. Gemäß § 3 I war der Leistungspflichtige für die vollständige und rechtzeitige Erfüllung der Leistung verantwortlich. In den §§ 4 ff. waren jeweils Bestimmungen für besondere Leistungen wie die Gewährung von Unterkunft (§ 5), die Verabreichung von Verpflegung (§ 6), die Benutzung von Wasserstellen (§ 7) und die weitere Inanspruchnahme privaten Eigentums geregelt. Zur Konkretisierung der einzelnen Bestimmungen waren häufig detallierte Ausführungsverordnungen erlassen worden. So gab es beispielsweise zu § 6, der die Verabreichung von Verpflegung normierte, eine vorläufige Durchführungsverordnung, die auf eine Ausführungsverordnung zu § 4 des Naturalleistungsgesetzes Bezug nahm.[407]

(dd) Durchsetzbarkeit der Inanspruchnahme von Leistungen

Die Durchsetzbarkeit der Inanspruchnahme von Leistungen war in den §§ 22 ff. geregelt. Gemäß § 22 I konnte die Bedarfsstelle die jeweiligen Leistungen mit Hilfe der zuständigen Verwaltungsbehörde oder unmittelbar vom Leistungspflichtigen anfordern. Insbesondere Leistungen gemäß der §§ 5, 6, 9, 11 und 14

---

[405] Reichsleistungsgesetz mit Erläuterungen, § 1.

[406] Für die Wehrmacht Bekanntmachung vom 15.7.1938 und 20.9.1939, abgedruckt in Reichsleistungsgesetz mit Erläuterungen, S. 121 ff.; für die anderen staatlichen Stellen außerhalb der Wehrmacht aus den Bekanntmachungen vom 30.8. und 13.10.1939, abgedruckt S. 121 ff.

[407] Abgedruckt in Reichsleistungsgesetz mit Erläuterungen, S. 45 f.

waren nach § 22 II Nr. 1 bei der zuständigen Verwaltungsbehörde anzufordern.[408] Die Anforderung der Leistung beim Leistungspflichtigen hatte gemäß § 23 I schriftlich zu erfolgen. In den §§ 24 ff. war die Erzwingbarkeit der Leistung geregelt. Danach konnte gemäß § 24 I mit Ausnahme der Gebietskörperschaften und der Deutschen Reichsbahn eine Leistung vom Leistungspflichtigen erzwungen werden. Zuständig für die Erzwingung von Leistungen waren gemäß § 24 II Nrn. 1- 3 in den Fällen der §§ 3 a, b und 19 oberste Reichsbehörden bzw. der Reichsverkehrsminister. Für alle anderen Fälle war nach § 24 II Nr. 3 der Bürgermeister zuständig, in dessen Gemeinde die Leistung zu erbringen war. Damit konnte die Leistung durch unmittelbaren Zwang im Verwaltungswege erwirkt werden. Obwohl die Zwangsmittel mit Ausnahme der Beschlagnahme in § 25 nicht ausdrücklich geregelt waren, konnte der Bürgermeister nach dem Preußischen Landesverwaltungsgesetz Geldstrafen bis 1000 RM oder Ersatzhaft bis zu sechs Wochen verhängen bzw. bei Nichtbefolgung unmittelbaren Zwang anwenden, also beispielsweise eine Beschlagnahme nach § 25 durchführen.[409]

(ee) Entschädigung

Wenn Leistungen nach dem Reichsleistungsgesetz in Anspruch genommen wurden, mußte der Leistungspflichtige gemäß der §§ 26 ff. für die erbrachten Aufwendungen entschädigt werden. Die Höhe der zu zahlenden Entschädigung bestimmte sich je nach Art der Leistung nach unterschiedlichen Gesetzen. So richtete sich die Vergütung für Quartierleistungen im Sinne des § 5 des Wehrleistungsgesetzes, der dem § 5 des Reichsleistungsgesetzes entsprach, nach einer besonderen Tariftabelle, die abhängig vom Dienstgrad der Einquartierten und von Sommer- oder Winterzeit unterschiedliche Tarife vorsah.[410] Ähnliche Tabellen gab es auch für andere nach dem Reichsleistungsgesetz zu erbringende Leistungen.

(b) Inanspruchnahme der Ferienvilla nach dem Reichsleistungsgesetz

Die Angaben, die das Schwarze Korps in Bezug auf die Inanspruchnahme der Ferienvilla nach dem Reichsleistungsgesetz machte, waren vollkommen lückenhaft. Insofern dürfte eine genaue Rekonstruktion des Falles nicht möglich sein.

Zunächst seien bedingt durch den Krieg im Luftkurort Ilsenburg Hotels und Schulen in Reservelazarette umgewandelt worden. Dies sollte laut eines Runderlasses des Reichs- und Preußischen Ministeriums des Innern aufgrund des Reichsleistungsgesetzes erfolgt sein.[411] Eine angemessene Entschädigung für die Inanspruchnahme der Gebäude soll gemäß § 26 gezahlt worden sein. Neben der

[408] Erläuterungen zu § 22, Reichsleistungsgesetz mit Erläuterungen, S. 64.

[409] Erläuterungen zu § 24, Reichsleistungsgesetz mit Erläuterungen, S. 66.

[410] Tariftabelle abgedruckt in, Reichsleistungsgesetz mit Erläuterungen, S. 69.

[411] Runderlass des Reichs- und Preußischen Minsterium des Innern vom 21.10.1939, RMBliV 1939, S. 2188; auch abgedruckt in Reichsleistungsgesetz mit Erläuterungen, S. 174.

Errichtung von Reservelazaretten habe der Bürgermeister der Gemeinde Ilsenburg 500 Rückwandererfamilien aus dem Saargebiet in der Gemeinde unterbringen müssen. Nachdem die öffentlichen Kapazitäten erschöpft gewesen sein sollen, ist davon auszugehen, daß aufgrund des Reichsleistungsgesetzes zur Aufnahme dieser Personen die Ferienvilla der Magdeburger Familie als Unterkunft im Sinne einer Leistung herangezogen worden ist.

Der Eigentümer des Hauses dürfte gemäß § 1, da er seinen Hauptwohnsitz anscheinend in Magdeburg hatte, als Bewohner des Reichsgebietes Leistungspflichtiger gewesen sein. Leistungsberechtigt müßte eine staatliche Bedarfsstelle gewesen sein. In diesem Fall handelte der Bürgermeister. Gemäß der „Bekanntmachung von Bedarfsstellen außerhalb der Wehrmacht, die zur Inanspruchnahme von Leistungen nach dem Wehrleistungsgesetz berechtigt sind“ vom 30.8.1939 waren für alle Leistungen im Rahmen von § 5 des Reichsleistungsgesetzes die unteren Verwaltungsbehörden zuständig.[412] Untere Verwaltungsbehörde im Sinne dieser Bekanntmachung war im übrigen der Landrat.[413] Der Bürgermeister wird bei der Inanspruchnahme des Hauses zunächst für den Landrat als untere Verwaltungsbehörde tätig geworden sein. Da sich jedoch der Eigentümer des Ferienhauses aus Magdeburg weigerte, die Villa für die Aufnahme der Flüchtlinge zur Verfügung zu stellen, mußte die Leistung gemäß § 24 des Reichsleistungsgesetzes erzwungen werden. Für Zwangsmaßnahmen mußte der Verwaltungsweg bemüht werden. Zuständig dafür war gemäß § 24 II Nr. 3 bei Leistungen außerhalb der §§ 3 a, b und 19 der Bürgermeister, in dessen Gemeinde die Leistung zu erbringen war. Insoweit wäre der Bürgermeister von Ilsenburg für die Erzwingung der Freigabe der Ferienvilla zuständig gewesen. Ob es wirklich dazu kam, kann aufgrund der lückenhaften Angaben des Schwarzen Korps nicht festgestellt werden. Der Magdeburger Haus- und Grundbesitzerverein schaltete sich in die Angelegenheit ein und versuchte, eine Freigabe des Hauses zu verhindern. Im Rahmen des Reichsleistungsgesetzes dürfte dies durch die Geltendmachung von Eigenbedarf gemäß § 5 erfolgt sein. Danach waren Räume und Plätze nur insoweit zur Verfügung zu stellen, als der Unterkunftgeber in der Benutzung der für seine Wohn-, Wirtschafts-, Berufs- und Gewerbebetriebszwecke unentbehrlichen Räume nicht gehindert wurde. Der Haus- und Grundbesitzerverein wird den Versuch unternommen haben, die Unentbehrlichkeit der Ferienvilla für die Bedürfnisse der Familie geltend zu machen.

Dafür spricht auch die Empörung des Schwarzen Korps gegenüber dem Hauseigentümer, der die Wohnung „nicht einmal gegen Bezahlung für höhere Zwecke zur Verfügung stellen wollte“. Dem Hauseigentümer hätte gemäß § 26 des Reichsleistungsgesetzes bei Überlassen des Hauses, abhängig von den räumli-

---

[412] Siehe dazu Reichsleistungsgesetz mit Erläuterungen, S. 124 f.

[413] Reichsleistungsgesetz mit Erläuterungen, S. 125.

chen Gegebenheiten, eine angemessene Entschädigung zugestanden. Da nichts über den Ausgang des Verfahrens berichtet wurde, kann insoweit auch keine Stellungnahme erfolgen. Allerdings gab es schon in Friedenszeiten die Möglichkeit, aufgrund bestimmter Voraussetzungen in die privaten Rechte eigentlich Verfügungsberechtigter einzugreifen.[414] Hätte der Hauseigentümer die Unentbehrlichkeit des Ferienhauses nicht begründen können, so wäre der Bürgermeister aufgrund der Bestimmungen des Reichsleistungsgesetzes berechtigt gewesen, im Verwaltungswege und notfalls auch durch die Anwendung von Zwangsmitteln die Freigabe des Hauses zur Einquartierung von Flüchtlingen durchzusetzen.

(2) Die vermietete Wohnung

Ähnlich wie im Fall der zur Einquartierung von Flüchtlingen herangezogenen Ferienvilla diente auch das Beispiel der leerstehenden Wohnung zur Demonstration des Mißverhältnisses zwischen privaten Rechten des Einzelnen und Gemeinrecht zugunsten der „Volksgemeinschaft". Zivilrechtlich betrachtet war die in diesem Beitrag genannte Dame aufgrund eines Mietvertrages berechtigt, die Wohnung im Rahmen dieses Vertrags gemäß § 535 BGB a.F. zu nutzen. In dem hier beschriebenen Fall hatte die Dame diese Wohnung offensichtlich an ihren Diener untervermietet, wobei aus dem Beitrag des Schwarzen Korps die genaueren Umstände nicht deutlich wurden. Gemäß § 549 BGB a.F. konnte der Mieter mit Erlaubnis des Vermieters die Mietsache an einen Dritten untervermieten. Die Zustimmung des Vermieters vorausgesetzt, wäre die ältere Dame als Mieterin also berechtigt gewesen, die Wohnung an ihren Diener weiterzuvermieten. Das Schwarze Korps gab zu, daß dies der rechtliche Zustand sei, es tatsächlich aber unmöglich wäre, eine so große Wohnung leerstehen zu lassen, wenn eine junge Familie dringend eine größere Wohnung suche, um die Geburt neuer Kinder zu beschleunigen.

Mithin zeigte sich auch in diesem Beitrag die Einstellung des Schwarzen Korps, das „Wohl der Volksgemeinschaft" über die Rechte des Einzelnen zu stellen und notfalls die Bedürfnisse der Volksgemeinschaft auch gegen geltendes, geschriebenes Recht durchzusetzen.

d) „Von Fall zu Fall"[415]

aa) Inhalt

In Berlin-Zehlendorf , Machnower Str., wohnte das Ehepaar B bei einer alleinstehenden Frau H. zur Untermiete. Der Ehemann B war Offizier und wurde im Herbst 1941 an der Ostfront getötet. Im Frühjahr des Jahres 1942 kündigte die Frau H das Untermietverhältnis mit der Begründung, ihren Neffen, einen „Halb-

---

[414] So u.a. aufgrund des Wohnungsmangelgesetzes vom 26.7.1923, RGBl. 1923 I, S. 754.
[415] SK 1942, Folge 23, S. 5.

juden“, in die Wohnung aufnehmen zu wollen. Die Witwe widersprach der Kündigung mit der Begründung, daß sie zum einen auch als Untermieterin Mieterschutz genieße und zum anderen sich der Eigentümer des Hauses weigere, in seinem Haus einen „Halbjuden“ als Untermieter aufzunehmen.

Das Amtgericht Berlin-Lichterfelde urteilte zugunsten der Mieterin H. Zur Begründung wurde im Urteil ausgeführt, daß auch der Untermieter Mieterschutz genieße, wenn er in den Mieträumen mit seiner Familie eine selbständige Wirtschaft oder Haushaltung führe. Im vorliegenden Fall sei diese Voraussetzung aber mit dem Tod des Ehemannes weggefallen. Die Beklagte führe also in den Mieträumen keine selbständige Haushaltung mit einem Familienmitglied. Das Schwarze Korps kritisierte die Behandlung der Soldatenwitwe B. Ihr Ehemann sei an der Ostfront den Heldentod gestorben. Nur dadurch seien die Voraussetzungen für die Anwendung mieterschutzrechtlicher Vorschriften auf das Untermietverhältnis weggefallen. Dies könne kein Grund sein, die Witwe wie eine Jungesellin zu behandeln und ihr jeden mietrechtlichen Schutz abzuerkennen. Jedenfalls könne dies nicht der Wille des Gesetzgebers sein.

In einem zweiten Fall, der mit der Unterüberschrift „Die Paragraphenmühle“ versehen wurde, kehrte ein Ehepaar mit vier Kindern 1938 nach Deutschland zurück, damit der Ehemann seiner Soldatenpflicht nachkommen konnte. 1940 kam der Ehemann im Rahmen des Westfeldzuges ums Leben. Die Witwe fand vorübergehend eine Notunterkunft in der Wohnung eines Juden in Homburg. Die Schwiegermutter der Witwe bewohnte allein mit einer Pflegerin und einer Bediensteten das aus fünf Zimmern bestehende Elternhaus des Gefallenen. Die Kinder der Witwe waren bereits als Erben bestimmt, die Schwiegermutter jedoch bis zu ihrem Tod als Vorerbin eingesetzt. Die Schwiegermutter weigerte sich aber aus zwischenmenschlichen Gründen, die Schwiegertochter und ihre vier Enkel in das Haus aufzunehmen. Sie erwirkte mit Hilfe eines Anwalts, eines ehemaligen Klassenkameraden des gefallenen Vaters, eine einstweilige Verfügung, die der Schwiegertochter das Betreten des Hauses verbot. Nach Ansicht des Schwarzen Korps seien sich alle beteiligten Stellen einig, daß die Schwiegermutter zwangsweise in ein Altersheim eingeliefert werden müsse, damit die vaterlose Familie in das Haus ziehen könne. Jedoch fehle auch für solche Fälle jegliche gesetzliche Handhabe.

Ein dritter Fall in diesem Beitrag stellte die Frage nach der Einführung der Zwangswirtschaft. Darin wohnte eine Soldatenfrau P. mit ihren beiden Kindern in einer gesundheitsschädlichen Notwohnung in Berlin-Köpenick. Sie bewarb sich um eine frei werdende 2 ½-Zimmer- Wohnung in der Mittelheide 31. Dazu schrieb sie an die gemeinnützige Wohnungsgesellschaft und legte sogar eine Bescheinigung des Jugendamtes vor, die ihre schwierige wohnliche Situation dokumentierte. Bei der Vergabe wurde Frau P. mit dem Verweis auf längere Wartezeiten in anderen Fällen als zukünftige Mieterin abgelehnt. Schließlich stellte sich jedoch heraus, daß in die Wohnung nicht eine kinderreiche Familie eingezog, sondern ein kinderloses älteres Ehepaar, das aus Platzgründen in eine größere Wohnung umgezogen war. In dem Haus, zu dem die Wohnung gehörte, wohnte bereits eine kinderreiche Familie, so daß der Eigentümer die Wohnung vermieten konnte, ohne auf bestimmte Belange, wie die Anzahl der Kinder, Rücksicht nehmen zu müssen.

Das Schwarze Korps kritisierte erneut die fehlenden reichseinheitlichen gesetzlichen Möglichkeiten, wies aber auch daraufhin, daß die gesetzliche Regelung der Zwangswirtschaft nicht in den geschilderten Einzelfällen Abhilfe schaffen würde. Vielmehr wurde gefordert, daß die zuständigen Regierungsstellen und Bürgermeister aufgrund ihrer wegen des Kriegsfalls erteilten besonderen Vollmachten korrigierend in solche Fälle eingreifen und somit das „gröbste Unrecht" verhindern sollten.

bb) Rechtliche Betrachtung

Die in diesem Beitrag dargestellten Beispiele dokumentieren deutlich die veränderten Verhältnisse durch den bis zu diesem Zeitpunkt schon fast drei Jahre andauernden Krieg.

(1) Das gekündigte Untermietverhältnis

Im ersten Fall kritisierte der Beitrag das Urteil des Amtsgerichts Berlin- Lichterfelde wegen der Kündigung des Untermietverhältnisses der Witwe eines gefallenen Offiziers. Das Gericht hatte im Sinne des Gesetzes entschieden. Gemäß § 24 des Mieterschutzgesetzes fanden die Vorschriften des ersten Abschnittes dieses Gesetzes auf Untermietverhältnisse keine Anwendung.[416] Damit konnte das Untermietverhältnis nach den Bestimmungen des Mietvertrages oder, wenn dort keine Regelung enthalten war, nach den Vorschriften des BGB gekündigt werden. Erfolgte die Mietzahlung monatlich, so konnte die Kündigung ohne besonderen Grund zum Ersten des nächsten Monats erfolgen.[417] Mithin unterlagen Untermietverhältnisse nicht den gleichen Mieterschutzvorschriften wie gewöhnliche Mietverhältnisse.

Bedingt durch den Ausbruch des Krieges wurde seit 1939 eine Reihe von Änderungen des Miet- und Pachtrechts erlassen. Der Reichsminister der Justiz Dr. Gürtner erließ am 5.9.1939 die dritte Verordnung zur Ausführung der Verordnung über Kündigungsschutz für Miet- und Pachträume.[418] Nach § 2 I dieser Verordnung blieben die §§ 24, 25 und 32 des Mieterschutzgesetzes in Kraft. Der

---

[416] Die Paragraphen des Mietschutzgesetzes sind solche in der Fassung vom 27.4.1933, RGBl. 1933 I, S. 235.
[417] Mieterschutzgesetz in der Fassung vom 27.4.1933 mit Erläuterungen, S. 72.
[418] RGBl. 1939 I, S. 1670.

1. Abschnitt des Mieterschutzgesetzes wurde gemäß § 2 II der Verordnung auf Untermietverhältnisse ausgedehnt, wenn der Untermieter oder der nach § 24 II MSchG Berechtigte die Räume ganz oder überwiegend mit Einrichtungsgegenständen ausgestattet hatte oder wenn er in den Mieträumen mit seiner Familie eine selbständige Wirtschaft oder Haushaltung führte. Diese Verordnung des Reichsjustizministeriums galt in Zusammenhang mit dem Mieterschutzgesetz bis zur Neufassung des Mieterschutzgesetzes 1943.

Das Amtsgericht Berlin-Lichterfelde, das zu Beginn des Jahres 1942 den Fall behandelte, prüfte also zunächst, ob der Untermieter in den Mieträumen mit seiner Familie eine selbständige Wirtschaft oder Haushaltung führte. Dabei wurden von dem Begriff „Familie" keine Einzelpersonen umfaßt.[419] Selbst wenn Einzelpersonen einen eigenen Haushalt in den Untermieträumen führten, wurden sie von den Vorschriften des Mieterschutzgesetzes ausgeschlossen.[420] Durch den Tod ihres Mannes war die Frau zwangsweise zur Witwe geworden, lebte also ab diesem Zeitpunkt als Einzelperson in den von ihr zur Untermiete gemieteten Räumen. Damit erfüllte sie nicht mehr den Familienbegriff des § 24 MSchG und kam folglich auch nicht mehr in den Schutz der Vorschriften des ersten Abschnitts des Mieterschutzgesetzes.

Nach dem Wortlaut des Gesetzes und der Kommentierung zu § 24 MSchG hatte das Amtsgericht Berlin-Lichterfelde die Witwe zu Recht zur Räumung der Wohnung aufgefordert. Die Kritik des Schwarzen Korps war jedenfalls vom rechtlichen Standpunkt aus unbegründet. Allerdings sollte der Forderung des Schwarzen Korps nach einem Schutz der hinterbliebenen Untermieter bald entsprochen werden.

Am 15.12.1942 wurde die sechste Verordnung zur Ausführung der Verordnung über Kündigungsschutz für Miet- und Pachträume vom Reichsjustizminister erlassen.[421] In § 4 dieser Verordnung wurde die Ausdehnung des Kündigungsschutzes bei Untermietverhältnissen geregelt. Danach war der Tod eines Familienangehörigen oder sein Ausscheiden aus der gemeinsamen Wohnung für die Fortdauer des Schutzes nach dem Mieterschutzgesetz ohne Einfluß. Das galt auch, wenn nur noch ein Familienmitglied in den Räumen lebte. Gleichzeitig trat jedes im Haushalt des Verstorbenen oder des Ausgeschiedenen verbliebene Familienmitglied anstelle des Weggefallenen in das Untermietverhältnis ein, sofern sich der Eintritt nicht schon aus anderen Vorschriften ergab.

---

[419] Das Mieterschutzgesetz vom 15.12.1942 mit Erläuterungen und Nebengesetzen, S. 69.

[420] Vgl. dazu HuW 1947, S. 123, in einer Urteilsanmerkung zu einem Urteil des AG- Charlottenburg stellte Dr. Eger klar, daß selbst das Zusammenleben eines unverheirateten Paares nicht den Begriff der Familie erfüllen würde.

[421] RGBl. 1942 I, S. 709 ff.

Diese Neuregelung trat zusammen mit der Neufassung des Mieterschutzgesetzes am 1.1.1943 in Kraft.[422] Damit wurde der Wortlaut in § 24 II des Mieterschutzgesetzes unmißverständlich dahingehend geändert, daß auch alleinstehende Personen in den Schutz der Vorschriften kamen und gegebenenfalls in das bestehende Untermietverhältnis eintreten konnten. Der Kritik des Schwarzen Korps war somit entsprochen worden. Durch den mit dem Krieg verbundenen Anstieg an Todesfällen in der Bevölkerung insgesamt ist davon auszugehen, daß dem beschriebenen Fall vergleichbare Situationen vermehrt auftraten und man es als Aufgabe des Staates betrachtete, die Hinterbliebenen jedenfalls in ihrer häuslichen Lage abzusichern.

(2) Die böse Schwiegermutter

Der zweite Fall beschäftigte sich grundsätzlich mit der gleichen Problematik. Nach dem Tod des Vaters an der Front stellte sich die Wohnungssituation der Witwe mit ihren vier Kindern als äußerst problematisch dar. Ohne auf Paragraphen Bezug zu nehmen, kritisierte das Schwarze Korps erneut das Fehlen jeglicher rechtlicher Möglichkeiten. Der verstorbene Vater des Gefallenen und Eigentümer des streitigen Hauses hatte seine Enkel gemäß §§ 2100 BGB als Nacherben eingesetzt.[423] Seine Ehefrau, die Schwiegermutter der Witwe, war als Vorerbin eingesetzt. Gemäß § 2106 BGB fiel damit mit dem Tod des Vorerben die Erbschaft für den Nacherben an. Die Enkelkinder erbten das Haus also erst mit dem Tod des Vorerben, ihrer Großmutter. Die Großmutter weigerte sich, ihre Schwiegertochter und ihre Enkelkinder in das Haus aufzunehmen. Dazu war sie als Vorerbin auch berechtigt. Gemäß § 2113 BGB unterlag sie zwar hinsichtlich des Hauses und des Grundstücks bestimmten Verfügungsbeschränkungen. Diese beschränkten sich aber darauf, die Rechte der Nacherben an dem Grundstück nicht zu vereiteln oder zu beeinträchtigen. Eine bloße Verweigerung des Zutritts zum Grundstück bzw. Haus reichte dafür nicht aus. Das Schwarze Korps stellte also zu recht fest, daß zivilrechtlich keine Möglichkeiten der Witwe bzw. ihrer als Nacherben eingesetzten Kinder bestanden, das Haus rechtmäßig schon vor dem Tod der Schwieger- bzw. Großmutter zu nutzen.

(3) Wohnungsbeschaffung für kinderreiche Familien

In dem dritten beschriebenen Fall nahm das Schwarze Korps erneut zu dem Problem der Wohnungsnot Stellung. Nachdem der Vermieter von mehreren Wohnungen in einem Haus eine dieser Wohnungen an eine kinderreiche Familie vermietet hatte, vermietete er eine zweite Wohnung in diesem Haus an ein älteres kinderloses Ehepaar, obwohl sich eine Soldatenfrau mit zwei kleinen Kin-

---

[422] RGBl. 1942 I, Anlage zu obiger VO, S. 712 ff.

[423] Vgl. zur Einsetzung eines Nacherben die Ausführungen bei *Soergel*, Kommentar zum BGB, III. Band, Vorbem. zum 3. Titel, S. 797 ff.

dern um diese Wohnung beworben hatte. Das Problem der Wohnungsnot hatte es bereits verstärkt seit dem Ersten Weltkrieg gegeben.[424] Die dagegen unternommenen Anstrengungen in der Weimarer Republik waren durch die schwierigen wirtschaftlichen Bedingungen nicht ausreichend gewesen. Durch den Beginn des Zweiten Weltkrieges hatte sich die ohnehin schon sehr angespannte Situation weiter zugespitzt.[425] Um jedenfalls kinderreichen Familien, auch im Sinne einer der herrschenden Ideologie entsprechenden Bevölkerungspolitik, angemessenen Wohnraum garantieren zu können, war mit Wirkung vom 20.4.1939 vom Reichskommissar für Preisbildung Wagner eine Verordnung erlassen worden, die Vermieter unter Androhung von Strafe dazu verpflichtete, eine angemessene Anzahl von Wohnungen an kinderreiche Familien zu vermieten.[426] Sollte diesen Vorgaben nicht entsprochen werden, war eine Geldstrafe zu zahlen, die gemäß § 3 der Verordnung zur Verbilligung von Neubauwohnungen für kinderreiche Familien verwendet werden sollte.

Was unter „einer angemessenen Anzahl von Familien" genau zu verstehen war, wurde in der Verordnung nicht näher erörtert. Folgt man den Angaben des Schwarzen Korps, so schien die Vermietung einer Wohnung an eine kinderreiche Familie auszureichen. Der Vermieter konnte die anderen Wohnungen danach also frei an beliebige Mieter vermieten. Dies sollte jedoch in Zukunft unterbunden werden.

Mit der Verordnung zur Ausführung der Verordnung über die Vermietung freiwerdender Wohnungen vom 9.10.1942 wurde die Vermietung von Wohnungen noch weiter beschränkt.[427] Danach sollte gemäß § 1 der Verordnung nicht nur die Beschaffung von Wohnungen für kinderreiche Familien, sondern auch für Familien von Kriegsversehrten und Kriegshinterbliebenen erleichtert werden. Die Gemeinden wurden angewiesen, die in der Anlage angeführten Ausführungen zu erlassen und durchzuführen. Nach § 1 I mußten freiwerdende Wohnungen oder bezugsfertige Wohnungen an kinderreiche Familien oder entsprechend an Familien von Kriegsversehrten und Kriegshinterbliebenen vermietet werden, sofern nicht bei „X" Häusern mit „X" Wohnungen nicht „X" Wohnungen an derartige Familien vermietet waren.[428] Da keine näheren Angaben zur Größe dieser Zahlen innerhalb dieser Verordnung gemacht wurden, ist davon auszugehen, daß die Anzahl der an kinderreiche Familien zu vermietenden Wohnungen

---

424 Einleitung zum Mieterschutzgesetz vom 15.12.1942, S. 7.

425 Einleitung zum Mieterschutzgesetz vom 15.12.1942, S. 7.

426 RGBl. 1939 I, S. 815.

427 RGB.l 1942 I, S. 586, bezugnehmend auf die Verordnung freiwerdender Wohnungen vom 5.10.1942, RGBl. 1942 I, S. 573.

428 Vgl. dazu RGBl. 1942 I, S. 586 ff; „X" wird in der Originalfassung nicht benutzt, sondern durch eine freie Stelle gekennzeichnet. Zur Verdeutlichung im Text wird der Buchstabe „X" als Variable für eine beliebige Anzahl von Wohnungen benutzt.

abhängig von der Wohnungssituation im Ermessen der jeweiligen Gemeinde lag. Gemäß § 3 der Verordnung wurde detailliert aufgelistet, welche Wohnungen von dieser Verordnung ausgenommen waren. Die Gemeinde hatte weiterhin gemäß § 5 der Verordnung weitgehende Befugnisse hinsichtlich der Durchsetzung gegenüber den Vermietern. So konnte die Gemeinde verlangen, daß der Vermieter mit einer von der Gemeinde bezeichneten Familie mit mindestens fünf Kindern innerhalb einer bestimmten Frist einen Mietvertrag abschloß. Weigerte sich der Vermieter, setzte die Gemeinde selbst einen Mietvertrag fest, der dann als zwischen der Familie und dem Vermieter geschlossen galt.

Mithin zeigte sich, daß es durch das Voranschreiten des Krieges zu einer deutlichen Verschärfung der Vorschriften zu ungunsten des Vermieters kam.

4. Zusammenfassung

Die Mehrzahl der dargestellten Beiträge des Schwarzen Korps zum Mietrecht beschäftigten sich mit der angespannten Wohnungsmarktsituation, die durch den Ausbruch des Krieges noch verstärkt worden war. Ähnlich wie auch schon die Beiträge zu den Generalklauseln waren sie nicht in juristischer Fachsprache verfaßt, sondern von nationalsozialistischer Ideologie und einem populistischen, wenig sachlichen, Stil geprägt. Trotz dieser sich besonders gegen die Justiz richtenden Anklagen waren die vom Schwarzen Korps beschriebenen Fälle offenbar von großer praktischer und aktueller Relevanz. Wenngleich auch das Schwarze Korps diese Fälle mit einer Art eigenem, oft laienhaften „Gerechtigkeitsempfinden" bewertete und wenig bis gar nicht auf die Gesetze abstellte, so scheint sich aus den dargestellten Beispielen doch zu ergeben, daß die Gesetze die Probleme der Wohnungsnot tatsächlich nicht immer angemessen lösen konnten, Reformen also notwendig waren.

Festzuhalten bleibt, daß die kritisierten Gesetze und Verordnungen in der Mehrheit der dargestellten Fälle im Sinne der Forderungen des Schwarzen Korps geändert wurden. Daraus ergibt sich zwar nicht die Schlußfolgerung, daß die Beiträge im Schwarzen Korps kausal für diese Änderungen waren, aber die dadurch erzeugte Öffentlichkeit kann dazu beigetragen haben, die politisch verantwortlichen Stellen auf diese juristischen Probleme aufmerksam gemacht und so mittelbar Einfluß auf die Gesetzes- und Verordnungsänderungen gehabt zu haben.

IV. Familienrecht

Die grundsätzlich große Bedeutung des Familienrechts für die Entwicklung einer Gesellschaft wurde bedingt durch die nationalsozialistische Ideologie noch verstärkt. Ehe und Familie waren „die Grundlagen völkischen Gemeinschaftslebens, von deren Kraft und Gesundheit Wert und Bestand der Volksgemeinschaft abhingen".[429] Mit der Einführung des BGB waren bestimmte Weichen hinsichtlich gesellschaftlicher Institutionen wie Ehe und Familie gestellt worden. Insbesondere waren beispielsweise durch die Einführung der Zivilehe christliche Vorstellungen zu Gunsten eines säkularisierteren Weltbildes zurückgedrängt worden. Die Ideologie des Nationalsozialismus sah, wie das obige Zitat andeutet, Ehe und Familie in einem völlig anderen thematischen Zusammenhang. Dies ließ die Reform des Familienrechts im nationalsozialistischen Sinne zu einem der dringendsten und umfangreichsten Gesetzesvorhaben werden.[430]

1. Eherecht im BGB

Mit dem Inkrafttreten des BGB am 1.1.1900 wurde auch das Familienrecht neu geregelt. Die Vorschriften über die „bürgerliche Ehe" waren im vierten Buch in den §§ 1297- 1588 geregelt. Der Ausdruck „bürgerliche Ehe" deutete nur ansatzweise die Kontroversen um die Gestaltung der Vorschriften über die Ehe an. Insbesondere im 19. Jahrhundert gab es heftige Auseinandersetzungen über die Frage, ob die obligatorische Zivilehe die vorher überwiegend kirchliche Eheschließung verdrängen sollte.[431] Durch den Begriff „Bürgerliche Ehe" sollte deutlich gemacht werden, daß daneben ergänzend die kirchliche Trauung existierte, um die eheliche Verbindung auch vor Gott zu schließen.[432]

Nach den Vorschriften des BGB war die Ehe damit das durch die Eheschließung gemäß § 1317 begründete Rechtsverhältnis zwischen zwei Personen verschiedenen Geschlechts.[433] Die Ehe konnte gemäß § 1564 aus in den §§ 1565-1569 bestimmten Gründen geschieden werden. Scheidungsgründe waren Ehebruch, das Trachten nach dem Leben, bösliche Verlassung des Ehepartners, eine verschuldete Zerrüttung des ehelichen Verhältnisses durch schuldhaftes Verhalten und Geisteskrankheit eines Ehepartners.[434] Die Scheidungsgründe teilten sich in absolute und relative. Die relativen Scheidungsgründe waren in § 1568 generalklauselartig zusammengefaßt.[435] Danach war der Anspruch auf Scheidung nur gegeben, wenn der Richter zur Überzeugung gekommen war, daß das schuldhafte Verhalten eines Ehegatten zur Zerrüttung der Ehe geführt hatte und eine wei-

---

[429] *Schubert*, Familien- und Erbrecht unter dem Nationalsozialismus, S. 154.

[430] *Ders.*, S. 154.

[431] Zu den Materialien vgl. *Jakobs/ Schubert*, Die Beratung des Bürgerlichen Gesetzbuches in systematischer Zusammenstellung der unveröffentlichten Quellen, Berlin 1978; zu den Auseinandersetzungen um das Eherecht im 19. Jahrhundert siehe *Fuhrmann*, Die Diskussion über die Einführung der fakultativen Zivilehe, Frankfurt/M. 1998.

[432] *Staudinger*, 9. Aufl., Vorbem. zum ersten Abschnitt, S. 5.

[433] *Ders.*, S. 5.

[434] Zur Ehescheidung im BGB ausführlich vgl. *Roland*, Die Wirkungen der Ehescheidung und der Aufhebung der ehelichen Gemeinschaft nach BGB, Heidelberg 1909.

[435] Zum Scheidungsgrund wegen Pflichtverletzung gem. § 1568 BGB vgl. *Frentzel*, Die Ehescheidung wegen Pflichtverletzung (§ 1568), Marburg 1927.

tere Aufrechterhaltung der Ehe dem anderen Ehegatten nicht mehr zuzumuten war.[436]

Das Ehescheidungsrecht im BGB beruhte damit ausschließlich auf dem Verschuldensprinzip. Einer der Ehegatten mußte die Ehe schuldhaft so beschädigt haben, daß eine Fortsetzung nicht zumutbar war.[437] Im Unterschied zum Zerrüttungsprinzip, das nach einer bestimmten Trennungszeit die Möglichkeit der Scheidung vorsah, auch wenn kein Verschulden festgestellt werden konnte, setzten die Vorschriften des BGB die schuldhafte Zerstörung der Ehe voraus.[438]

2. Grundlegende Entwicklungen im Nationalsozialismus

Seit 1933 gab es eine Reihe von Gesetzen, die entweder direkt oder indirekt das Familienrecht „reformierten". Hervorzuheben sind dabei das Gesetz zur Verhütung erbkranken Nachwuchses und das Gesetz zum Schutze der Erbgesundheit des deutschen Volkes, die sich auf die Eheschließung und die Nachkommenschaft bezogen sowie das „Gesetz zur Vereinheitlichung des Rechts der Eheschließung und der Ehescheidung im Lande Österreich und im übrigen Reichsgebiet", das eines der umfangreichsten und wichtigsten Gesetze der gesamten nationalsozialistischen Zeit wurde.

a) Das „Gesetz zur Verhütung erbkranken Nachwuchses" vom 14.7.1933[439]

Das „Gesetz zur Verhütung erbkranken Nachwuchses" war wenige Monate nach der Machtergreifung ein erstes Zeichen für veränderte Grundsätze und Prioritäten im Familienrecht. Es verfolgte primär den Zweck, sogenannte „erbkranke" Personen anhand eines festgelegten Kataloges zu erkennen und dann zu „sterilisieren", so daß keine weiteren Nachkommen gezeugt oder geboren werden konnten.[440] Mit der Einführung des Gesetzes versuchte man zu verhindern, daß bestimmte von den Nationalsozialisten abgelehnte Bevölkerungsgruppen überdurchschnittlich viele „minderwertige" Kinder bekamen und somit das „Volkserbgut" unwiederbringlich schädigten.[441] Die Einführung von rassehygienischen Merkmalen in die Familienpolitik und damit auch in das Familienrecht zeigte die praktische Umsetzung und Auswirkung der nationalsozialistischen Ideologie. Das Gesetz zur Verhütung erbkranken Nachwuchses war dazu allerdings nur der erste Schritt.

---

436 *Staudinger*, 9. Aufl., Vorbem. zum siebenten Titel, S. 704.
437 *Soergel*, Kommentar zum BGB, Band III, Vorbem. zum 7. Titel, S. 504.
438 *Volkmar/ Antoni/ Ficker/ Rexroth/ Anz*, Großdeutsches Eherecht, S. 162.
439 RGBl. 1933 I, S. 529.
440 *Kannappel*, Behandlung von Frauen im NS- Familienrecht, S. 31.
441 *Kannappel*, Behandlung von Frauen im NS- Familienrecht, S. 29.

b) Das Erbgesundheitsgesetz vom 18.10.1935[442]

Das „Gesetz zum Schutze der Erbgesundheit des deutschen Volkes" enthielt ergänzend zum „Gesetz zum Schutze des deutschen Blutes und der deutschen Ehre" weitere Eheverbote.[443] Neben Eheschließungen zwischen „Juden" und „deutschen Staatsangehörigen" wurden jetzt auch Ehen verboten, wenn einer der Verlobten erbkrank war, an einer ansteckenden Krankheit litt oder sonst psychisch ernsthaft erkrankt war. Die heiratswilligen Verlobten mußten gemäß § 2 des Gesetzes vor der Eheschließung ein Zeugnis des Gesundheitsamtes, das sogenannte „Ehetauglichkeitszeugnis", vorlegen. Das Gesetz zum Schutze der Erbgesundheit des deutschen Volkes hatte also die Voraussetzungen für die Eheschließung noch verschärft. Die Einführung des Gesetzes war nach Ansicht des Reichsjustizministeriums notwendig geworden, weil nach dem Bürgerlichen Gesetzbuch weiterhin auch jeder „Erbkranke", soweit er nicht geschäftsunfähig war, eine Ehe schließen konnte.[444] Angesichts der schon dargestellten Bedeutung der Ehe als „Keimzelle des Volkes" mußte nach Ansicht der Nationalsozialisten eine gesetzliche Grundlage geschaffen werden, um diese unerwünschten Ehen zu verhindern.

c) Das Ehegesetz vom 6.7.1938[445]

Nachdem das Recht der Eheschließung durch die erwähnten Gesetze aufgrund des starken Einflusses auf die Gestaltung der Ehe „als Kultur- und Lebensgrundlage des Volkes" zuerst reformiert worden war, mußte auch die Auflösung der Ehe der nationalsozialistischen Ideologie angepaßt werden.[446] Die Notwendigkeit einer Reform des Ehescheidungsrechts ließ sich spätestens seit dem Anschluß Österreichs am 13.3.1938 nicht mehr leugnen. Das österreichische Recht im ABGB kannte aufgrund der überwiegend katholischen Bevölkerung keine Scheidung, wie sie im BGB vorgesehen war.[447] Die katholische Kirche verbat die Ehescheidung, so daß es in Österreich bis 1938 jedenfalls für Katholiken nur die Möglichkeit der Ehetrennung als „Scheidung von Tisch und Bett" und nicht die Trennung der Ehe auch dem Bande nach gab.[448] Die Scheidung

---

442 RGBl. 1935 I, S. 1246.

443 Das Gesetz zum Schutze des deutschen Blutes und der deutschen Ehre vom 15.9.1935 ist bereits ausführlich erläutert worden, vgl. dazu RGBl. 1935 I, S. 1146.

444 *Schubert*, Familien- und Erbrecht unter dem Nationalsozialismus, S. 28.

445 „Gesetz zur Vereinheitlichung der Eheschließung und der Ehescheidung im Lande Österreich und im übrigen Reichsgebiet", RGBl. 1938 I, S. 807 ff; im Übrigen sei zur ausführlichen Entstehungsgeschichte des Gesetzes auf die Arbeit von *Kathrin Nahmmacher*, Die Rechtsprechung des Reichsgerichts und der Hamburger Gerichte zum Scheidungsgrund des § 55 EheG 1938 in den Jahren 1938 bis 1945 verwiesen.

446 *Freisler*, Vom alten zum neuen Ehescheidungsrecht, S. 6.

447 *Nahmmacher*, Rechtsprechung des Reichsgerichts zum Scheidungsgrund § 55 EheG, S. 29 f.

448 *Deixler- Hübner*, Scheidung, Ehe und Lebensgemeinschaft, S. 64.

von Tisch und Bett bedeutete rechtlich nur die Aufhebung der Lebensgemeinschaft, dh. die Verpflichtung zum Zusammenleben, und der Liebesgemeinschaft, also die Verpflichtung zum Vollzug der Ehe.[449] Somit wurde zwar die Lebensgemeinschaft aufgelöst, das rechtliche Band der Ehe blieb jedoch bestehen, so daß für Katholiken auch grundsätzlich keine Möglichkeit der Wiederverheiratung bestand. Das österreichische Eherecht war also maßgeblich durch den katholischen Glauben geprägt und insoweit eher konfessionellen als weltlichen Grundsätzen verhaftet. Erschien den Nationalsozialisten schon das geltende deutsche Eherecht des BGB zu wenig konsequent, so mußte das erst recht für die österreichischen Gesetze gelten. Mithin mußte nicht nur wegen der unterschiedlichen ideologischen Ausrichtung der Ehescheidung, sondern auch wegen der Uneinheitlichkeit der Bestimmungen im Reichsgebiet schnell ein neues Gesetz geschaffen werden.

Dazu wurden unterschiedliche Institutionen und Behörden wie das Reichsjustizministerium, die Akademie für Deutsches Recht und der Nationalsozialistische Rechtswahrerbund mit der Erarbeitung von Entwürfen für ein neues Eherecht beauftragt. Die Arbeiten zur Reform des Ehe- insbesondere des Ehescheidungsrechts fingen jedoch nicht am Anfang an. Vielmehr hatte es bereits in der Weimarer Republik Versuche gegeben, das Ehescheidungsrecht zu reformieren.[450] Neben Projekten zur Neugestaltung des Nichtehelichen- und Adoptionsrechts war auch eine Reform des Ehescheidungsrechts angestrebt worden. Obwohl keines dieser Vorhaben in der Weimarer Republik tatsächlich verwirklicht werden konnte, lagen jeweils Referentenentwürfe und andere Gesetzgebungsmaterialien vor.[451] Für das Ehescheidungsrecht konnte auf zwei Referentenentwürfe des Reichsjustizministeriums aus den Jahren 1922 und 1928 sowie auf einen Reformvorschlag aus Sachsen zurückgegriffen werden. Daneben lagen auch Protokolle über Sitzungen des Rechtspflegeausschusses des Reichstages sowie die Protokolle der Reichstagsdebatten zu diesem Thema vor.[452]

aa) Der Vorschlag des Reichsjustizministeriums

Das Reichsjustizministerium wartete zunächst die Bemühungen des Familienrechtsausschusses der Akademie für Deutsches Recht ab. Erst 1936, nachdem die Akademie für Deutsches Recht ihre Reformvorschläge in einer Denkschrift veröffentlicht hatte, hielt der Reichsjustizminister Dr. Gürtner den Zeitpunkt für

---

449 *Köstler*, Das österreichische Eherecht, S. 94; *Volkmar/ Antoni/ Ficker/ Rexroth/ Anz*, Großdeutsches Eherecht, S. 343.

450 *Nahmmacher*, Rechtsprechung des Reichsgerichts zum Scheidungsgrund § 55 EheG, S. 30.

451 Vgl. dazu *Schubert*, Die Projekte der Weimarer Republik zur Reform des Nichtehelichen-, des Adoptions- und des Ehescheidungsrechts, S. 455 ff.

452 *Ders.*, S. 82.

gekommen, sich mit der Reform auch auf Regierungsebene zu beschäftigen.[453] Nach umfangreichen Beratungen wurde im Januar 1937 ein erster Referentenentwurf zu einem Gesetz über die Ehescheidung vorgelegt. Gemäß § 1 des Entwurfes konnte die Ehe nur geschieden werden, „wenn die Grundlagen zerstört sind, auf denen eine Ehe aufgebaut sein muß, um für die Volksgemeinschaft von Wert zu sein". Der Entwurf sah Ehescheidungsgründe wegen Verschuldens wie beispielsweise Ehebruch, Lebensnachstellung und Verweigerung der Fortpflanzung sowie die „Scheidung aus anderen Gründen" vor. Als „anderer Grund" wurde gemäß § 14 Abs. 1 des Entwurfes auch ein zehnjähriges Getrenntleben der Ehegatten angesehen, soweit eine Wiederherstellung der ehelichen Gemeinschaft nicht zu erwarten war. Nach § 14 Abs. II galt dies einschränkend jedoch nicht, wenn einer der Eheleute die Trennung „vorwiegend selbst verschuldet" hat. Falls jedoch der Widerspruch des anderen Ehegatten sittlich nicht gerechtfertig sei, könne die Scheidung auch bei Verschulden des Ehegatten durch diesen verlangt werden. Aufgrund zahlreicher Änderungsvorschläge der beteiligten Personen wurden die ersten 14 Paragraphen überarbeitet und somit im Februar 1937 ein zweiter Entwurf formuliert.[454] Dabei wurde insbesondere der bereits erwähnte § 14 modifiziert. Die Scheidung sollte nach dem neuen Entwurf bereits nach fünfjähriger Trennung möglich sein. Auch der Absatz II erfuhr eine Klarstellung. Danach konnte ein Ehepartner dem Scheidungsbegehren des anderen widersprechen, wenn dieser das Getrenntleben allein oder überwiegend verschuldet hatte. Der Widerspruch würde dann nicht beachtet werden, wenn die Aufrechterhaltung der Ehe bei Würdigung des Verhaltens beider Ehegatten sittlich nicht gerechtfertigt sei.

bb) Der Vorschlag der Akademie für Deutsches Recht

Der Familienrechtsausschuß der Akademie für Deutsches Recht hatte sich schon seit 1934 mit der Neufassung des Ehescheidungsrechts befaßt. Er versuchte an die Vorarbeiten, die in der Weimarer Republik geleistet worden waren, anzuknüpfen.[455] Die Vorschläge des Familienrechtsausschusses wurden vom Vorsitzenden des Ausschusses, Dr. Ferdinand Mößmer, in der Schriftenreihe der Akademie für Deutsches Recht veröffentlicht.[456] Gemäß § 1 des Entwurfes sollte die Ehe „grundsätzlich unlösbar" sein.[457] Nur Ehen, denen die „sittliche Grundlage

---

453 Vgl. dazu ein Schreiben des Reichsjustizministers vom 19.6.1936, abgedruckt bei *Schubert*, Familien- und Erbrecht unter dem Nationalsozialismus, S. 169 f.

454 *Schubert*, Familien- und Erbrecht unter dem Nationalsozialismus, S. 203 ff.

455 *Nahmmacher*, Rechtsprechung des Reichsgerichts zum Scheidungsgrund des § 55 EheG, S. 30.

456 *Mößmer*, Neugestaltung des deutschen Ehescheidungsrechts, Berlin 1935.

457 Entwurf der ADR zum Ehescheidungsrecht ist abgedruckt bei *Mößmer*, Neugestaltung des deutschen Ehescheidungsrechts, S. 65 ff.

entzogen und deren Aufrechterhaltung vom Standpunkt des Gemeinwohls weder geboten noch erwünscht" war, konnten geschieden werden.

Es folgte eine Reihe von verschuldensabhängigen Scheidungsgründen in den §§ 2-5, die sich aber inhaltlich nicht von den Vorschlägen des Reichsjustizministeriums unterschieden.[458] Gemäß § 8 konnte eine Scheidung auch beantragt werden, wenn aus einem „sonstigen Grund das eheliche Verhältnis so tief zerrüttet" und eine Wiederherstellung der ehelichen Gemeinschaft nicht zu erwarten war. Als Einschränkung war auch im Entwurf der Akademie für Deutsches Recht die Möglichkeit des anderen Ehegatten vorgesehen, der Scheidung zu widersprechen. Diesem Einspruch sollte dann stattgegeben werden, wenn die Scheidung „eine grobe Unbilligkeit" gegenüber dem widersprechenden Ehegatten darstellte.[459]

Grundsätzlich unterschied sich der Entwurf des Familienrechtsausschusses der Akademie für Deutsches Recht also in den wesentlichen Punkten nicht vom Vorschlag des Reichsjustizministeriums. Lediglich in einigen Einzelheiten der Ausgestaltung gab es unterschiedliche Auffassungen.

cc) Der Vorschlag des Rechtswahrerbundes

Der Nationalsozialistische Rechtswahrerbund (NSRB) hatte durch eine speziell gebildete Arbeitsgemeinschaft ebenfalls einen Entwurf für ein neues Ehescheidungsrecht erarbeiten lassen.[460] Der NSRB war als Bund nationalsozialistischer deutscher Juristen noch während der Weimarer Republik gegründet und später in „Nationalsozialistischer Rechtswahrerbund" umbenannt worden.[461] Er war ein Zusammenschluß von Juristen aus allen rechtlichen Bereichen, die allgemein die Ziele der NSDAP fördern und im speziellen zu allen parteirelevanten Rechtsfragen Stellung nehmen sowie die Entwicklung des deutschen Rechtslebens im nationalsozialistischen Sinne begleiten und beeinflussen sollten.[462]

Gemäß § 1 des Entwurfes konnte die Ehe geschieden werden, wenn sie bereits so zerrüttet war, daß eine Wiederherstellung der ehelichen Gemeinschaft nicht zu erwarten war.[463] Nach § 1 Abs. II wurde dies dadurch eingeschränkt, daß der andere Ehegatte ein Widerspruchsrecht besaß und somit bei einem „ehrlosen oder unsittlichen Verhalten" des klagenden Ehepartners die Ehe nicht geschieden werden sollte. In § 2 wurden enumerativ Gründe für die Zerrüttung der Ehe

---

[458] Siehe bei *Mößmer*, Neugestaltung des Ehescheidungsrechts, S. 65 f.

[459] *Mößmer*, Neugestaltung des Ehescheidungsrechts, S. 66 f.

[460] *Nahmmacher*, Die Rechtsprechung des Reichsgerichts zum Scheidungsgrund des § 55 EheG, S. 35.

[461] Zum NS- Rechtswahrerbund sei auf die Arbeit von Michael Sunnus verwiesen, *Sunnus,* Der NS- Rechtswahrerbund (1928-1945), Frankfurt am Main 1990.

[462] *Sunnus*, Der NS- Rechtswahrerbund, S. 21.

[463] Der Entwurf des NSRB zum Ehescheidungsrecht ist abgedruckt in Deutsches Recht 1937, S. 251 ff.

aufgezählt, die aber grundsätzlich mit den Scheidungsgründen der bereits dargestellten Entwürfe übereinstimmten. Auffällig dabei ist jedoch, daß der Entwurf des NSRB die Scheidung nur aufgrund der Zerrüttung der Ehe zulassen wollte und insofern das Verschulden eines der Ehegatten jedenfalls nach dem Wortlaut nicht mehr nötig war.

dd) Die Auseinandersetzung um das Zerrüttungsprinzip

Die drei vorgestellten Entwürfe des Reichsjustizministeriums, der Akademie für Deutsches Recht und des NS-Rechtswahrerbundes deuteten die große Bedeutung des Zerrüttungsprinzips für die Reform der Ehescheidung bereits an. Tatsächlich war die Frage, ob und in wieweit das Zerrüttungsprinzip Teil des neuen Ehescheidungsrechts werden sollte, schon vor den Vorschlägen äußerst umstritten.

(1) Die Gegner

Wie oben bereits ausführlich dargestellt, galt vor der Reform des Ehescheidungsrechts im BGB das Verschuldensprinzip.[464] Eine Ehe konnte danach nur geschieden werden, wenn einer der Partner schuldhaft die Ehe brach. Die Gegner des Zerrüttungsprinzips traten für eine Beibehaltung des Schuldmomentes als Voraussetzung für die Scheidung der Ehe ein, sie wollten also den durch das BGB festgesetzten Rechtszustand einhalten.[465]

Dementsprechend wiesen die Gegner des Zerrüttungsprinzips auf die besondere sittliche Verpflichtung, die die Ehepartner mit der Eheschließung eingingen, hin. Diese Verpflichtung sei nicht auf einen bestimmten Zeitraum begrenzt, sondern sie verpflichte zu lebenslänglicher Treue. Der Bund der Ehe sei ein Bund für das Leben.[466] Die Möglichkeit der Scheidung wegen der Zerrüttung der Ehe stehe im Widerspruch zu dieser lebenslänglichen Verbindung. In den meisten Fällen einer Scheidung der Ehe wegen Zerrrüttung, empfinde nur einer der Ehepartner die Ehe als zerrüttet, um so die Ehe lösen zu können. Wenn der andere Ehegatte aber die Fortsetzung der Ehe wünsche, so erfolge eine einseitige gewollte Scheidung. Dies sei aber in Bezug zu dem gegebenen lebenslänglichen Eheversprechen „ein Akt der Treulosigkeit".[467] Das Eheversprechen sei weiterhin für „gute und schlechte Zeiten" gegeben worden. Lasse man die Lösung der Ehe wegen Zerrüttung zu, sei dieses Eheversprechen auf die guten Zeiten reduziert. In schlechten Zeiten könne man die Auflösung wegen Zerrüttung erreichen, eine sittliche Verpflichtung zur Aufrechterhaltung der Ehe sei nicht mehr gegeben. Weiterhin wurde von den Gegnern des Zerrüttungsprinzips der Vorwurf zurück-

---

464 Siehe dazu oben S. 109 f.

465 Stellvertretend für viele *Henle*, Objektive Zerrüttung als Scheidungsgrund?, 1931.

466 *Ders.*, S. 468.

467 *Ders.*, S. 469.

gewiesen, daß eine Ehe, die zwar zerrüttet sei, aber deswegen nicht geschieden werden dürfe, zu einer sinnlosen Hülle verkomme. Die Aufrechterhaltung der Ehe wäre mithin keine Lüge, sondern die Erfüllung einer Pflicht, die mit dem Eheversprechen eingegangen worden sei.[468] Die Gegner des Zerrüttungsprinzips befürchteten insbesondere einen massiven Anstieg an Scheidungsklagen. Viele Ehen würden unüberlegt oder aus einer emotional angespannten Situation heraus aufgelöst. In absehbarer Zeit verringere sich die Bedeutung der Ehe, was insgesamt zu großen, nicht wünschenswerten gesellschaftlichen Veränderungen führen werde.[469]

(2) Die Befürworter

Die Gruppe der Befürworter der Berücksichtigung des Zerrüttungsprinzips im neuen Ehescheidungsrecht war größer und einflußreicher als die seiner Gegner. In der Zeitschrift Deutsches Recht erschienen in den Jahren 1936/1937 einige Beiträge, die im Ergebnis die Scheidung wegen der Zerrüttung der Ehe forderten.[470]

Die Anhänger des Zerrüttungsprinzips hatten im Verhältnis zu den Befürwortern des Verschuldensgrundsatzes ein pragmatischeres Verhältnis zur Ehe. Diese Haltung wurde maßgeblich durch den Versuch der kompromißlosen Durchsetzung der nationalsozialistischen Ideologie beeinflußt. Die Ehe war nicht mehr nur auf das persönliche Glück der beiden Ehegatten beschränkt, sondern ihr wichtigster Zweck lag in der Erzeugung und Erziehung der Kinder, die den Bestand der Volksgemeinschaft sicherten.[471] Für den Bereich der Eheschließung waren durch das Namensehegesetz, das Blutschutzgesetz und das Ehegesundheitsgesetz bereits die Voraussetzungen geschaffen worden, die Schließung von unerwünschten Ehen von Anfang an zu verhindern. Genauso wie aus „rassepolitischen" und „erbgesundheitlichen" Gründen Ehen verhindert werden sollten, müßten nach Überzeugung der Anhänger des Zerrüttungsprinzips auch bestehende Ehen, die nicht mehr dem Wohle der Volksgemeinschaft dienten, unkompliziert aufgelöst werden.[472]

Den Argumenten der Gegner, die Einführung des Zerrüttungsprinzips führe zu einem Anstieg der Scheidungsraten, wurden die Scheidungszahlen seit Einführung des BGB entgegengesetzt. Danach habe die „Abschaffung des scheidungsfreundlichen ALR" und die Ersetzung durch die Vorschriften des BGB nicht zu einer Reduzierung der Scheidungen geführt.[473] Auch die mögliche Benachteili-

468 *Henle*, Objektive Zerrüttung als Scheidungsgrund?, S. 470.
469 *Ders.*, S. 472.
470 DR 1936, S. 268 ff.; 1937, S. 142 ff., 177 ff.
471 *Wieacker*, DR 1937, S. 178, 181.
472 *Larenz*, DR 1937, S. 184.
473 *Schneider*, DR 1937, S. 142, 144.

gung der Frauen wurde als Argument zurückgewiesen.[474] Zwar seien es häufig wirtschaftlich von ihren Männern abhängige Frauen, die eine Fortsetzung der Ehe auch bei innerer Entfremdung der Ehepartner anstrebten. Die wirtschaftliche Versorgung der geschiedenen Ehefrau könne aber durch die Verpflichtung des Mannes zu Unterhaltszahlungen gesichert werden. Schließlich entfielen durch die Einführung des Zerrüttungsprinzips die persönlich diffamierenden Angriffe der Ehegatten untereinander zum Beweis des Verschuldens. Persönlich und menschlich unerträgliche Scheidungsprozesse könnten in Zukunft in zivilisierteren und sachlicheren Bahnen verlaufen.[475]

(3) Der Standpunkt des Reichskirchenausschusses

Aufgrund der religiösen Bedeutung der Ehe im Christentum verfolgten auch die Kirchen die Reform des Eherechts mit besonderer Aufmerksamkeit. Aus der evangelischen Kirche gab es eine Stellungnahme des Reichskirchenausschusses speziell zum Entwurf der Akademie für Deutsches Recht, während sich der zuständige Minister des Reichsministeriums für kirchliche Angelegenheiten Hanns Kerrl ebenfalls zu den Gesetzentwürfen äußerte.[476]

Der Reichskirchenausschuß verhielt sich diplomatisch, um nicht von vornherein alle Möglichkeiten der Einflußnahme auf die Gesetzesvorhaben auszuschließen. Allerdings muß angesichts der grundsätzlich kirchenfeindlichen Haltung der Nationalsozialisten angezweifelt werden, ob die Kritik der Kirchen überhaupt Beachtung finden konnte.[477] Der Reichskirchenausschuß begrüßte zwar die Regelung der Ehevorschriften in einem eigenen Ehegesetz und die geplante Durchführung der Scheidungsprozesse vor besonderen Familiengerichten, kritisierte aber die zunehmende Bedeutung von „erbgesundheits- und rassepoliti-

---

474 *Ders.*, S. 142, 144.

475 *Larenz*, DR 1937, S. 184, 185.

476 Der Reichskirchenausschuß wurde 1935 von Reichskirchenminister Kerrl eingesetzt. Er sollte die anhaltenden ideologischen Auseinandersetzungen in der evangelischen Kirche beenden und zur Zusammenarbeit der unterschiedlichen Strömungen in der evangelischen Kirche beitragen. Die Mitglieder des Reichskirchenausschusses waren „integere Männer der gemäßigten Flügel der „Deutschen Christen“ und der „Bekennenden Kirche“. Die „Deutschen Christen“ hatten sich 1927 als Kirchenbewegung in Thüringen gegründet und sahen in Hitler „den Heiland in der Geschichte der Deutschen“. Demgegenüber schlossen sich verschiedene kirchliche Widerstandsbewegungen 1934 zur „Bekennenden Kirche“ zusammen, die die staatliche Kirchenführung nicht anerkannte und das nationalsozialistische System ablehnte, *Conway*, Die nationalsozialistische Kirchenpolitik, S. 154 f., 371; *Rehmann*, Die Kirchen im NS- Staat, S. 121 ff., 125 f.; zur Stellungnahme des Reichskirchenausschusses vgl. *Stolz*, Geschichte der Trennung von Ehegatten, S. 182, 206; die Stellungnahme ist abgedruckt bei *Schubert*, Familien- und Erbrecht unter dem NS, S. 180 ff.

477 Vgl. zum Verhältnis von Kirche und Nationalsozialismus insgesamt *Conway*, Die nationalsozialistische Kirchenpolitik, S. 116 ff., 160 ff.; *Zipfel*, Kirchenkampf in Deutschland 1933- 1945, S. 104 ff; *Bergen*, Twisted Cross, p. 44 ff.

schen" Grundsätzen.[478] Dies sei zwar im Sinne der nationalsozialistischen Ideologie, die Ehe sei darüber hinaus aber auch eine „enge menschliche Gemeinschaft".[479]

Die Einführung der Zerrüttung der Ehe als sonstigen Scheidungsgrund lehnte die evangelische Kirche entschieden ab. Das Zerrüttungsprinzip stelle eine Gefahr für die Ehe als Institution dar.[480] Nur in einem Scheidungsverfahren, in dem das Verschuldensprinzip gelte, sei der Richter verpflichtet, sich ausführlich mit der einzelnen Ehe auseinanderzusetzen und werde so unter Umständen in die Lage versetzt, eine Scheidung abwenden zu können. Eine Erleichterung der Ehescheidung könne nicht unterstützt werden, da das Eheversprechen sich nicht nur in guten, sondern auch in schlechten Zeiten bewähren müsse.[481]

Im Gegensatz zum Reichskirchenausschuß vertrat der Reichs- und Preußische Minister für die kirchlichen Angelegenheiten einen grundsätzlich anderen Standpunkt. Er stand bereits einer isolierten Reform des Ehescheidungsrechts unabhängig von den anderen Bereichen des Eherechts ablehnend gegenüber. Für ihn stellte sich das gesamte Eherecht als „organische Einheit" dar, das auch in einem großen gemeinsamen Gesetzgebungsverfahren reformiert werden solle.[482] Weiterhin war Kerrl ein entschiedener Gegner des Verschuldensprinzips. Abzustellen sei allein auf den Willen der beteiligten Ehegatten zur Scheidung. Insofern trat Kerrl, noch weitergehend als die erwähnten Vorschläge, sogar für die „subjektive Zerrüttung" ein.[483]

Mithin fielen die Stellungnahmen von Reichskirchenminister Kerrl und des von ihm eingesetzten Reichskirchenausschuß äußerst unterschiedlich aus. Während der Reichskirchenausschuß als eine Art „theologisches Sprachrohr" der unterschiedlichen Bewegungen innerhalb der evangelischen Kirche der Zerrüttung eher ablehnend gegenüberstand und damit an der großen christlichen Bedeutung der Ehe festhalten wollte, sah der zuständige Minister für die Kirchenangelegenheiten die Zerrüttung von einem politisch-ideologischen Standpunkt aus und trat dementsprechend für eine sehr weitgehende Änderung des geltenden Eherechts ein.

---

478 *Stolz*, Geschichte der Trennung von Ehegatten, S. 182.

479 *Ders.*, S. 184.

480 *Stolz*, Geschichte der Trennung von Ehegatten, S. 185.

481 *Ders.*, S. 185; allerdings gab es nach Einführung des Ehegesetzes 1938 ein Dankschreiben der Evangelischen Kirche, des Augsburger und des Helvetischen Bekenntnisses an Hitler, in dem die Reform des Ehegesetzes begeistert aufgenommen wurde, abgedruckt bei *Wolf*, FamRZ 1988, S. 1228.

482 *Nahmmacher*, Rechtsprechung des Reichsgerichts zum Scheidungsgrund des § 55 EheG, S. 37.

483 *Stolz*, Geschichte der Trennung von Ehegatten, S. 208; *Nahmmacher*, Rechtsprechung des Reichsgerichts zum Scheidungsgrund des § 55 EheG, S. 37.

ee) Die endgültige Fassung

Die endgültige Fassung des Gesetzes zur Vereinheitlichung des Rechts der Eheschließung und der Ehescheidung im Lande Österreich und im übrigen Reichsgebiet vom 6.7.1938 hatte weder das Verschuldensprinzip noch das Zerrüttungsprinzip eindeutig festgeschrieben. Vielmehr brachte sie eine Art Kompromiß zwischen beiden Grundsätzen.[484] Im zweiten Abschnitt des Gesetzes war das Recht der Ehescheidung geregelt. In den §§ 47 ff. war eine Reihe von Ehescheidungsgründen vorgesehen. Dabei konnte die Scheidung in den §§ 47-49 wegen Verschuldens aufgrund Ehebruchs, Verweigerung der Fortpflanzung oder andere Eheverfehlungen erfolgen. Der erste Teil der Ehescheidungsgründe verlangte also ein Verschulden. Insofern galt das Verschuldensprinzip ähnlich wie im alten Recht weiter.

In den §§ 50-55 war die „Scheidung aus anderen Gründen" festgeschrieben. Danach führten Gründe wie das „auf geistiger Störung beruhende Verhalten" (§ 50), Geisteskrankheit (§ 51), eine ansteckende oder ekelerregende Krankheit (§ 52), und Unfruchtbarkeit (§ 53) zur Scheidung der Ehe. § 54 enthielt eine sogenannte Härteklausel, die eine Scheidung der Ehe dann untersagte, wenn „das Scheidungsbegehren sittlich nicht gerechtfertigt" war.

§ 55 schließlich normierte die Auflösung der häuslichen Gemeinschaft. Danach konnte die Scheidung begehrt werden, wenn die häusliche Gemeinschaft der Ehegatten seit drei Jahren aufgehoben und das eheliche Verhältnis so zerrüttet war, daß eine Wiederherstellung der dem Wesen der Ehe entsprechenden Lebensgemeinschaft nicht zu erwarten war. In Absatz II war ein Widerspruchsrecht des anderen Ehegatten vorgesehen, welches dann geltend gemacht werden konnte, wenn der die Ehescheidung beanspruchende Ehegatte die Zerrüttung ganz oder überwiegend verschuldet hatte. Der Widerspruch fand dann keine Beachtung, wenn die Aufrechterhaltung der Ehe bei der Gesamtwürdigung aller Umstände sittlich nicht gerechtfertigt war. Mit § 55 EheG war also auch das Zerrüttungsprinzip, wie von den dargestellten Entwürfen gefordert, Teil des neuen Ehescheidungsrechts geworden. Damit blieb das Ehegesetz einerseits dem alten Ehescheidungsrecht treu, hatte andererseits aber auch die Forderungen der NS-Ideologen nach einer einfacheren Scheidungsmöglichkeit erfüllt.

ff) Die praktische Anwendung der §§ 50-53, 55 EheG

Obwohl die Einführung des Zerrüttungsprinzips im neuen Eherecht enthusiastisch als nationalsozialistische Errungenschaft gefeiert wurde, stellte sich die Frage, inwieweit sich insbesondere der neue § 55 EheG in der täglichen Praxis

---

[484] So auch *Nahmmacher*, Rechtsprechung des Reichsgerichts zum Scheidungsgrund des § 55 EheG, S. 45.

bewährte und ob es tatsächlich zu den von den Nationalsozialisten erstrebten Ergebnissen in den Scheidungsprozessen kam.

Angesichts der dargestellten äußerst kontroversen Debatte um die Einführung des Zerrüttungsprinzips war den Gesetzesreformern die offene Formulierung der Paragraphen bewußt.[485] Dies bot einerseits eine größere rechtsschöpferische Freiheit für die Richter, ließ aber andererseits auch unterschiedliche Auslegungsmöglichkeiten zu, die sich unter Umständen nicht immer mit der Intention des Gesetzgebers deckten.[486]

(1) Offizielle Empfehlungen

Um eine möglichst einheitliche Rechtsprechung durchzusetzen und den Richtern bestimmte Leitlinien für den praktischen Gebrauch des neuen Eherechts an die Hand zu geben, wurden von einzelnen Behörden und Institutionen besondere Leitlinien veröffentlicht.

Im Januar 1939 nahm Reichsjustizminister Gürtner neben den Präsidenten des Reichsgerichts, des Volksgerichtshofes, des Reichspatentamtes und aller Oberlandesgerichte an einer Tagung der Vorstandsbeamten der höheren Justizbeamten teil. Tagungsgegenstand war die Auslegung des § 55 EheG.[487] Die Zusammenkunft war nötig geworden, weil sich die Justiz durch uneinheitliche Scheidungsurteile immer größerem Druck durch die Öffentlichkeit, aber auch persönlichen Angriffen, insbesondere durch das Schwarze Korps, ausgesetzt sah.[488] Die auf der Konferenz geführte Diskussion zeigte, daß selbst bei einigen der höchsten Richter im Reich keine Einigkeit bestand.[489] Schließlich stellte Reichsjustizminister Gürtner gegen Ende der Konferenz bestimmte Richtlinien vor, die die einheitliche Behandlung des § 55 EheG gewährleisten sollten.[490] Die Richter wurden angewiesen, die Klage nicht nur deshalb abzuweisen, weil dem Mann allein die Zerrüttung der Ehe zur Last gelegt wurde. Weiterhin sollte gemäß § 55 II S. 2 EheG nach dem Wortlaut des Gesetzes das Verhalten beider Ehegatten, also auch das Verhalten der Ehefrau, berücksichtigt werden. Im übri-

---

[485] Vgl. ausführlich zur Rechtsprechung des Reichsgerichts und des Hamburger Gerichte zu § 55 EheG die Arbeit von *Kathrin Nahmmacher*, Frankfurt am Main 1999.

[486] *Nahmmacher*, Rechtsprechung des Reichsgerichts zum Scheidungsgrund des § 55 EheG, S. 47

[487] *Nahmmacher*, Rechtsprechung des Reichsgerichts zum Scheidungsgrund des § 55 EheG, S. 50.

[488] *Niksch*, Die sittliche Rechtfertigung des Widerspruchs gegen die Scheidung der zerütteten Ehe, S. 200.

[489] Protokoll der Tagung abgedruckt bei *Niksch*, Die sittliche Rechtfertigung des Widerspruchs gegen die Scheidung der zerrütteten Ehe, S. 201 ff.

[490] Diese Richtlinien sind abgedruckt bei *Nahmmacher*, Die Rechtsprechung des Reichsgerichts zum Scheidungsgrund des § 55 EheG, S. 52.

gen wurde die Existenzgefährdung der Frau als für die Beachtlichkeit des Widerspruchs relevant erachtet, während der Wille des Ehemannes eine neue Ehe einzugehen, die Aussicht auf Erfolg erwarten ließ, für die Scheidung der Ehe Bedeutung haben sollte. Mithin wurde durch diese Auslegungsrichtlinien und Wertungen seitens des Reichsjustizministeriums versucht, die mit der Gesetzesreform angestrebten Entscheidungen in Ehescheidungssachen möglichst einheitlich zu gestalten. Ähnliche Richtlinien wurden auch durch den NS-Rechtswahrerbund, Gau Berlin, unter Mitarbeit der Arbeitsgemeinschaft Richter und Rechtsanwälte zu § 55 II EheG herausgegeben.[491] Auch hier wollte man eine einheitliche Rechtsprechung im Sinne des Gesetzgebers bzw. der ideologischen Vorgaben erreichen.

(2) Stimmen in der Wissenschaft

Die Debatte um die Auslegung des § 55 EheG rief auch in der wissenschaftlichen Literatur starke Resonanz hervor.[492] Einigkeit bestand darüber, daß § 55 EheG im Sinne der nationalsozialistischen Ideologie auszulegen sei. Wie das jedoch im konkreten Fall anhand des Gesetzes erfolgen sollte, war streitig. Es bildeten sich zwei große Meinungen heraus. Eine Ansicht setzte sich für eine möglichst einfache Scheidungsmöglichkeit ein, legte also entsprechend das Widerrufsrecht in § 55 II EheG sehr restriktiv aus. Danach sollte also eine grundsätzlich zerrüttete Ehe geschieden und nur in Ausnahmefällen dem Widerspruchsrecht des anderen Teils stattgegeben werden.[493]

Die Gegenansicht sah die grundsätzliche Bedeutung des Zerrüttungsprinzips durch die Möglichkeit des Widerspruchs ohnehin stark eingeschränkt. Nach dieser Ansicht sollte die Ehe auf Antrag des schuldigen Ehegatten grundsätzlich nicht geschieden werden, nur in Ausnahmefällen sollte die Scheidung zulässig sein.[494] Der Streit um die Auslegung des § 55 EheG konnte also auch durch die Wissenschaft nicht befriedigend gelöst werden.

(3) Zusammenfassung

Die anhaltende Unsicherheit über die Behandlung des neuen Ehegesetzes führte schließlich im Ergebnis dazu, daß an der Formulierung des Gesetzes selbst heftige Kritik geübt wurde. Die Rechtsunsicherheit, die die offenen, ausfüllungsbedürftigen Begriffe mit sich brächten, sei angesichts der Bedeutung des Ehescheidungsrechts nicht hinzunehmen. Zwar sei eine Ausfüllung der unbestimmten Rechtsbegriffe in näherer Zukunft durch das Reichsgericht zu er-

---

491 Vgl. dazu *dies.*, S. 61 ff.

492 Vgl. zu einzelnen Nachweisen *Nahmmacher*, Die Rechtsprechung des Reichsgerichts zum Scheidungsgrund des § 55 EheG, S. 65.

493 *Dies.*, S. 65.

494 *Dies.*, S. 65.

warten, in der Zwischenzeit würden jedoch viele Urteile aufgrund einer unsicheren gesetzlichen Lage gefällt.[495] Trotz dieser offenkundigen Proteste wurde der § 55 EheG nicht geändert. Dies führte zu einer hohen Anzahl von Scheidungsprozessen insbesondere in den Jahren 1939 und 1940, die durch den vierten Zivilsenat des Reichsgerichts verhandelt werden mußten.[496]

3. Beiträge im Schwarzen Korps

a) Zur Reform des Ehe- und Ehescheidungsrechts

aa) „Ein Wort zur Ehescheidung"[497]

Wie aus der Überschrift zu erkennen, setzte sich das Schwarze Korps in diesem Beitrag grundsätzlich mit der Scheidung der Ehe auseinander. Danach verkannte auch das Schwarze Korps nicht, daß die Ehescheidung aufgrund der weltanschaulichen Ausrichtung schon immer einen Anlaß zu Auseinandersetzungen geboten hatte. Allerdings sei durch die jetzt herrschende nationalsozialistische Ideologie eine „klare Weltanschauung" vorgegeben.

Das Schwarze Korps äußerte sich zunächst zum Standpunkt der Katholischen Kirche und des Liberalismus, bevor ausführlich die nationalsozialistische Ansicht erörtert wurde. Danach beharre die Katholische Kirche auf der Unauflösbarkeit der Ehe mit der Begründung, daß eine von Gott geschlossene Verbindung nicht getrennt werden dürfe. Das Schwarze Korps vermied es, sich zu dieser religiösen Begründung zu äußern.

Der Liberalismus hingegen, wie anhand des Beispiels „Sowjetrußland" zu erkennen sei, behandele die Ehe wie einen privatrechtlichen Vertrag, der jederzeit von einem der beiden Ehepartner gekündigt werden könne.

Nach der nationalsozialistischen Weltanschauung sei die Familie jedoch die „Urzelle des Volkes". Ihr einziger Sinn und Zweck sei daher die „Vermehrung und Erhaltung der Art und Rasse". Dies habe bereits Adolf Hitler in „Mein Kampf" so festgelegt. Der Familienausschuß der Akademie für Deutsches Recht habe entsprechend eine Definition der Ehe entwickelt: „Ehe ist die von der Volksgemeinschaft anerkannte, auf gegenseitiger Treue, Liebe, und Achtung beruhende dauernde Lebensgemeinschaft zweier rassegleicher und erbgesunder Personen verschiedenen Geschlechts zum Zwecke der Wahrung und Förderung des Gemeinwohls durch einträchtige Zusammenarbeit und zum Zweck der Erzeugung rassegleicher, erbgesunder Kinder und ihre Erziehung zu tüchtigen Volksgenossen". Trotz der hohen Bedeutung, die der nationalsozialistische Staat

---

495 *Dies.*, S. 67.
496 *Dies.*, S. 102.
497 SK 1936, Folge 46, S. 6.

dem Institut der Ehe beimesse, sehe er aber auch die gesellschaftliche Realität, daß Ehen aufgrund der Natur des Menschen nicht immer auf Dauer Bestand haben könnten. Um Schäden für die ganze Volksgemeinschaft zu verhindern, wenn Ehen nicht mehr ihren bestimmungsgemäßen Zweck erfüllen würden, müsste die Möglichkeit der Scheidung in diesen Fällen unproblematisch gewährleistet werden. Die bestehenden Normen im Bürgerlichen Gesetzbuch seien aufgrund der nun herrschenden nationalsozialistischen Weltanschauung nicht ausreichend und müßten daher entsprechend geändert werden. Wie Statistiken aus dem Jahr 1933 zeigten, würden Ehen am häufigsten wegen des Scheidungsgrundes des Ehebruchs geschieden. Nach geltendem Recht müsse die Zerrüttung der Ehe schuldhaft, beispielsweise in Gestalt des Ehebruchs durch eine Partei, herbeigeführt worden sein, um eine Scheidung zu erreichen.

Das Schwarze Korps verwies weiterhin insbesondere auf die Bemühungen der Akademie für Deutsches Recht, die sich mit der Möglichkeit der einverständlichen Scheidung auseinandergesetzt habe. Das zu lösende Problem reduziere sich auf die Frage, ob man ohne Vorliegen eines äußeren Grundes für die Zerrüttung der Ehe, wie etwa des Ehebruchs, allein aufgrund innerlicher und seelischer Entfremdung der Eheparteien, die Ehe auflösen solle. Der Familienrechtsausschuß habe zwei wesentliche Gründe gegen diese Konstruktion angeführt. Zum einen sei die Gefahr der Auflösung einer Ehe aufgrund einer augenblicklichen Verstimmung gegeben, zum anderen werde sich die Achtung vor der Ehe als gesellschaftlicher Institution wegen der einfacheren Lösungsmöglichkeit verringern.

Das Schwarze Korps befragte zu diesen Gegenargumenten einen „bekannten Berliner Ehescheidungsrichter“, der allerdings nicht namentlich genannt wurde. Dieser setzte dem ersten von der Akademie angeführten Argument entgegen, daß sich auch bei der Einführung des Zerrüttungsprinzips die Rolle des Richters nicht auf eine bloße Entgegennahme der Anträge beider Ehepartner beschränke, sondern er vielmehr auch hier sorgfältig zu prüfen habe, ob eine Fortführung der Ehe aussichtslos sei.

Das zweite Gegenargument der Akademie entkräftete das Schwarze Korps mit der Mentalität der Deutschen. Unter der nationalsozialistischen Weltanschauung werde ein „deutscher“ Mann eine Ehe nicht deswegen leichtfertig eingehen, weil die Möglichkeit der Auflösung deutlich erleichtert sei.

Schließlich wies das Schwarze Korps darauf hin, daß es trotz der nationalsozialistischen Weltanschauung und der in diesem Sinne erfolgten „Volkserziehung“ immer wieder Ehen geben werde, die aufgrund innerer Entfremdung nicht funktionierten und in denen sich deshalb die Schuldfrage schon gar nicht stelle. Der nationalsozialistische Staat könne an der Erhaltung solcher, häufig auch kinderloser, Ehen kein Interesse haben, und müsse deshalb mit der Einführung des Zerrüttungsprinzips den gescheiterten Ehepartnern die Möglichkeit eröffnen, mit anderen Partnern eine glückliche und infolgedessen auch kinderreiche Verbindung einzugehen.

Das Schwarze Korps warf dem Familienrechtsausschuß vor, auf einem „äußerlichen, im materiellen Sinne erfaßbaren Grund“ für die Zerrüttung zu bestehen. Diese Voraussetzung werde aber wieder zu dem nicht gewünschten Zustand führen, daß die Ehepartner zwanghaft nach einem äußeren materiellen Grund suchen würden, um die Scheidung zu konstruieren. Das Schwarze Korps stellte klar, daß es nicht grundsätzlich für eine erleichterte Scheidung eintrete, daß es aber angesichts der dargelegten Gründe in Übereinstimmung mit der nationalsozialistischen Weltanschauung auch nicht unehrlich für eine von Anfang an kompromißbehaftete Lösung argumentieren werde.

bb) „Die Ehe - ein Geschäft“[498]

In diesem Beitrag nahm das Schwarze Korps kurz Bezug auf den bereits dargestellten Artikel zum Ehescheidungsrecht in der Folge 46 des gleichen Jahres. Es wurde erneut die besondere Bedeutung der Ehe in der nationalsozialistischen Weltanschauung betont und dann auf einen Artikel des Kammergerichtsrates Dr. Scholz „Zum Entwurf für ein neues Ehescheidungsrecht“ in der Zeitschrift „Die Frau“, Heft 1, Oktober 1936, verwiesen. Dieser hatte geschrieben, daß es schon immer Ehen gegeben habe, die nicht aufgrund gegenseitiger Zuneigung geschlossen worden seien, sondern in denen „die standesgemäße oder gute Versorgung“ der Hauptzweck gewesen sei. Dies sei an sich kein Zustand, um „groß daran Anstoß“ zu nehmen. Das Schwarze Korps wiederum nahm den „allergrößten Anstoß“ an dieser Ansicht und sah auch dies als erneutes Argument für die Einführung des Zerrüttungsprinzips. Es gebe Frauen, die eine Ehe nur eingehen würden, um von den Bezügen ihres Mannes zu profitieren und auch nach dessen Tod finanziell abgesichert zu sein. Diese Ehen seien von einem nationalsozialistischen Standpunkt aus nicht gewollt. Es müsse deshalb auch für den Mann Wege zur Trennung geben, um diesen „unsittlichen“ Zuständen ein Ende zu bereiten. Der Beitrag des Schwarzen Korps endete mit längeren Ausführungen über die Verbannung von Heiratsanzeigen, in denen gezielt nach wohlhabenden Ehepartnern zur Absicherung der eigenen finanziellen Situation gesucht wurde.

cc) „Zum neuen Ehescheidungsrecht“[499]

Ungefähr ein Jahr später setzte sich das Schwarze Korps erneut in einem großen Artikel mit dem Ehescheidungsrecht auseinander. Es zitierte dabei hauptsächlich aus einer Schrift des Staatssekretärs im Reichsjustizministerium Dr. Roland Freisler „Vom alten zum neuen Ehescheidungsrecht“.[500] Das Schwarze Korps

[498] SK 1936, Folge 50, S. 7.
[499] SK 1937, Folge 42, S. 6.
[500] Roland Freisler, Vom alten zum neuen Ehescheidungsrecht, Berlin 1937.

begrüßte die Einstellung Freislers, daß es nicht nur die Aufgabe des Scheidungsrechts sei, zerstörte Ehen aufzulösen, sondern auch „wankende Ehen zu stützen." Dabei sei insbesondere auch auf die Belange der Kinder Rücksicht zu nehmen. Für wichtige Regelungsbereiche hielt Freisler dabei, den „Aufbau eines Verfahrens, das die Klärung der Fragen einer kranken Ehe ermöglicht und ihre vernünftige Lösung sichert, die sofortige Schaffung eines anständigen Modus vivendi zwischen den Parteien während der Dauer des Verfahrens und eine offene und anständige Regelung der Ehescheidungsfolgen."

Das Schwarze Korps lobte die konstruktiven Vorschläge Freislers ausdrücklich und hob insbesondere die Idee der Schaffung eines eigenen Ehegerichtes hervor. Dieses Ehegericht sollte aus einem Richter, einem Arzt und einem Vormundschaftsrichter bestehen und nach einer eigenen Verfahrensordnung handeln. Unter Berücksichtigung der Bedeutung der Ehe als „Keimzelle des Volkes" sei dies durchaus angemessen und sinnvoll. Schließlich plädierte das Schwarze Korps für die Einsetzung eines „Eheschlichters". Diese Idee ginge auf die Anregung eines Rechtswahrers zurück, der vorschlug, im Rahmen der freiwilligen Gerichtsbarkeit „Sippen- oder Familienrichter" einzusetzen. Diesen Richtern würde die Aufgabe zukommen, auf Antrag oder bei Vorhandensein von Kindern auch von Amtswegen vor einem Scheidungsverfahren in zerrüttete Ehen einzugreifen und so möglicherweise noch eine Rettung der Ehe zu erreichen. Ein erfahrener Richter mit Autorität ausgestattet und auch sachlich über den Dingen stehend könne viel effektiver in diese zerütteten Verhältnisse eingreifen als Verwandte und Freunde, die beiden oder einem Ehepartner persönlich viel zu nahe stünden. Der Sippenrichter könne auch, sollte es dann doch zur Scheidung der Ehe kommen, dem für die Scheidung zuständigen Gericht wertvolle Fakten zur Wahrheitsfindung zur Verfügung stellen und sich außerdem in besonderer Weise um den seelischen Zustand der Kinder kümmern, die im Fall der Scheidung ihrer Eltern besonders zu leiden hätten.

Freisler hatte in seiner Stellungnahme zur Neugestaltung des Ehescheidungsrechts fünf Gruppen von Gründen, die zu einer Scheidung berechtigten, entwickelt. Neben der Zerrüttung der Ehe begrüßte das Schwarze Korps die Einstellung von Freisler, auch die Unfruchtbarkeit als Scheidungsgrund anzuerkennen. Danach sollte jede nicht nur vorübergehende Unfruchtbarkeit, soweit sie nicht auf einer während der Ehe ausgeübten Pflichterfüllung, wie zum Beispiel einer Kriegsverletzung des Mannes oder eines Verlustes der Empfängnisfähigkeit der Frau durch eine Geburt, beruhte, zur Lösung der Ehe berechtigen. Das Schwarze Korps ging sogar noch einen Schritt weiter und forderte, die länger bestehende Kinderlosigkeit als Scheidungsgrund anzuerkennen. Der wichtigste Sinn der Ehe sei die Geburt und Erziehung der Kinder und nicht wie von anderen vertreten, die „gegenseitige Treuepflicht". Nach Ansicht des Schwarzen Korps könne nicht beides nebeneinander stehen. Deshalb sei auch im Hinblick auf den wichtigsten

Zweck der Ehe der Scheidungsgrund der Kinderlosigkeit gerechtfertigt, weil die Ehe dann nicht ihre eigene Existenz rechtfertigen könne.

Weiterhin widersprach das Schwarze Korps der Definition des Ehebruchs, die Freisler aufgestellt hatte. Nach Ansicht Freislers wurde die Ehe gebrochen, wenn sich einer der Eheleute rein äußerlich unabhängig von „der seelischen Haltung“ mit einem Dritten vereinigte. Für Freisler machte es keinen Unterschied, durch welchen der beiden Ehepartner der Ehebruch begangen wurde. Diese Gleichstellung konnte das Schwarze Korps nicht teilen. Es wurden Ausführungen über die unterschiedliche natürliche Veranlagung von Mann und Frau bezüglich ihres Sexualtriebes angestellt. Danach sei es die natürliche Bestimmung des Mannes, „sich aktiv zu verbreiten“, während die Frau auf die passive Rolle der Erwartung der Empfängnis beschränkt sei. Mithin müsse der Ehebruch des Mannes aufgrund natürlicher Unterschiede auch rechtlich anders behandelt werden.

Schließlich dürfe bei der Neugestaltung des Ehescheidungsrechts nicht der eigentliche Sinn der Ehe vergessen werden. In Übereinstimmung mit der nationalsozialistischen Weltanschauung müsse die Erzeugung und Erziehung der Kinder oberste Priorität genießen. In aller Deutlichkeit sprach sich das Schwarze Korps erneut für eine deutliche Reform des Ehescheidungsrechts zugunsten einer „ehrlichen“ Zerrüttungslösung aus.

dd) „Eine Frau hat das Wort“[501]

In der folgenden Ausgabe des Schwarzen Korps wurde die Stellungnahme einer Leserin zum Beitrag „Zum neuen Ehescheidungsrecht“ veröffentlicht. Darin setzte sie sich hauptsächlich mit den in dem Artikel aufgestellten biologischen Behauptungen des Schwarzen Korps auseinander. Obwohl man der Argumentation des Schwarzen Korps folgend zu einer eindeutigen Ungleichbehandlung von Mann und Frau kommen müßte, sei dies nach Meinung der Leserin lediglich biologische Realität. Ehebruch begangen durch die Frau würde fast immer auch zu einer seelischen Entfremdung der Ehepartner führen, weil die Frau „ihrer Veranlagung gemäß der sichere, erhaltende Faktor einer Ehe sein soll“. Auch wenn der Mann an die Gebote der Ehre und Zucht gebunden sei, gebe es doch aufgrund seiner biologischen Veranlagung, Fälle in denen der Ehebruch des Mannes im Unterschied zum Ehebruch bei der Frau nicht immer auch zur einer Zerrüttung der Ehe führe.

Die Leserin des Schwarzen Korps unterstützte in ihrer Stellungnahme damit durchaus die Überlegungen, nach Geschlechtern getrennte Scheidungsgründe in ein entsprechendes Ehescheidungsgesetz aufzunehmen. Das Schwarze Korps selbst wies darauf hin, daß nicht moralische Aspekte die Diskussion um die Re-

---

[501] SK 1937, Folge 43, S. 6.

form der Ehescheidung dominieren müßten, sondern daß allein der Zweck der Ehe als „Keimzelle des Volkes“ zähle. Schließlich wurde klargestellt, daß man nicht grundsätzlich für eine unterschiedliche Bewertung des Ehebruchs von Mann und Frau eintrete, daß aber, wie in den Ausführungen deutlich gemacht Fälle, denkbar seien, in denen der Ehebruch des Mannes durchaus andere Auswirkungen habe als der einer Frau.

ee) „Neues Eherecht, völkische Notwendigkeit“[502]

Dieser Beitrag des Schwarzen Korps befaßte sich hauptsächlich mit den ungleichen Rechtsverhältnissen bezüglich des Ehescheidungsrechts in dem seit März 1938 angeschlossenen Österreich. Es folgte eine kurze Abhandlung über die rechtlichen Verhältnisse. Danach gebe es in dem katholisch geprägten Land grundsätzlich keine Zivilehe, d.h. die Eheschließung erfolge in der Kirche und nicht auf dem Standesamt. Die kirchlich geschlossene Ehe könne aber nach katholischer Überzeugung und damit auch nach österreichischem Recht nicht geschieden werden. Ausnahme davon sei die „Trennung von Tisch und Bett“, die in beiderseitigem Einvernehmen in Fällen von Ehebruch oder ähnlichem Verhalten vom Gericht ausgesprochen werden könne. Die „Trennung von Tisch und Bett“ führe zwar faktisch zu einer Auflösung der ehelichen Gemeinschaft, verbiete aber gleichzeitig die Möglichkeit, eine neue Ehe einzugehen. Um die durch dieses Verbot stark angestiegene Zahl von Konkubinaten zu reduzieren, habe es bis 1932 die sogenannte „Dispensehe“ gegeben. Diese erlaubte Menschen, die von Tisch und Bett getrennt lebten und damit eigentlich dem erneuten Heiratsverbot unterlagen, durch behördlich Genehmigung, beispielsweise des Bürgermeisters, wieder zu heiraten. Der einmal erteilte Dispens bedeutete jedoch keineswegs Rechtssicherheit für den Bestand der Ehe. In vielen Fällen würden Ehen, häufig auch erst nach der Geburt der Kinder, für ungültig erklärt. Das Schwarze Korps verurteilte diese Praxis und wies insbesondere auf die seelischen Qualen hin, welche die Beteiligten erlitten. Die willkürliche Entscheidung darüber, ob eine Ehe gültig sei, habe außerdem zu einem erheblichen Absinken der Geburtenrate in Österreich geführt. Deswegen trete das Schwarze Korps für eine klare und rechtlich eindeutige Regelung des Ehescheidungsrechts ein, dessen Geltungsbereich sich auch auf Österreich erstrecken müsse, um den unwürdigen Zuständen dort ein Ende zu bereiten.

ff) „Auf den Richter kommt es an“[503]

Wenige Tage vor dem Inkrafttreten des neuen Eherechts am 1.8.1938 informierte das Schwarze Korps seine Leser über den Inhalt der Reform. Wichtigste Neuerung bei der Ehescheidung sei die Einführung des Zerrüttungsprinzips, d.h. ei-

---

[502] SK 1938, Folge 26, S. 13.
[503] SK 1938, Folge 30, S. 1.

ne Ehe könne auch geschieden werden, wenn eine Schuld am Scheitern der Ehe durch einen der beiden Ehepartner nicht festzustellen sei. Weiterhin werde an bestimmten Scheidungsgründen festgehalten, die jedoch wenig bestimmt seien und erst durch Auslegung konkretisiert werden müßten. Bezüglich der Zahlung von Unterhalt seien sowohl der Mann als auch die Frau dazu verpflichtet, einer Erwerbstätigkeit nachzugehen, soweit dies im jeweiligen Einzelfall zumutbar sei. Auch hier sei es notwendig, die unbestimmten Rechtsbegriffe durch Auslegung zu ermitteln. Die Tendenz im neuen Eherecht, eher ausfüllungsbedürftige Begriffe zu benutzen, nahm das Schwarze Korps zum Anlaß, um allgemein auf die größeren Möglichkeiten, aber auch die größere Verantwortung der Richter aufmerksam zu machen, rechtsschöpferisch tätig zu werden. Danach würden „die guten Richter" aus den Vorgaben des neuen Eherechts auch ein gutes Gesetz machen, während „die schlechten Richter" auch mit dem neuen Gesetz nicht zu wünschenswerten Ergebnissen kämen.

Das Schwarze Korps begrüßte den Abschied von „den überalterten Paragraphen" und damit verbunden von der Bequemlichkeit der Richter, sich hinter diesen Paragraphen zu verstecken und nicht im Sinne des „gesunden Volksempfindens" zu entscheiden. Dies würde auch dazu führen, daß sich der Juristenstand selbst verändern werde. Früher sei das Jurastudium häufig aus Gründen betrieben worden, die nicht zwingend auch etwas mit der Neigung zur Materie selbst zu tun gehabt hätten. Mit der Reform des Rechtssystems seien Richter notwendig, die „das gesunde Volksemfinden", welches in diesen Gesetzen zum Ausdruck komme, auch praktisch in ihren Urteilen umsetzten. Dazu seien eine gewisse Befähigung und ein entsprechender Einsatz notwendig. Insofern sei neben den einzelnene Gesetzesreformen auf längere Sicht auch eine Gesundung des Juristen-, insbesondere des Richterstandes zu erwarten.

gg) Bewertung

Das Schwarze Korps begleitete die Reform des Eherechts durch eine Reihe von größeren Beiträgen sehr genau. Von Anfang an wurde dabei uneingeschränkt die Einführung des Zerrüttungsprinzips gefordert. Dies zeigte sich insbesondere an der deutlichen Kritik des Vorschlags der Akademie für Deutsches Recht und Forderungen nach der Einführung von sehr speziellen Scheidungsgründen wie der Kinderlosigkeit. Somit läßt sich festhalten, daß die Argumentation des Schwarzen Korps wesentlich von der nationalsozialistischen Auffassung der Ehe als „Keimzelle des Volkes" geprägt war. Allerdings wurde auch auf grundlegende Entwicklungen im Reformprozess Bezug genommen. Als sich nach dem Anschluß Österreichs die Frage der Rechtsvereinheitlichung stellte, veröffentlichte das Schwarze Korps einen Beitrag zu diesem Thema. Im Ergebnis erwies sich die Forderung nach der Rechtsvereinheitlichung ebenso wie die grundsätzliche Unterstützung des Zerrüttungsprinzips als „wegweisend" für die Entwicklung des Familienrechts im Nationalsozialismus. Beides wurde im neuen Ehegesetz umgesetzt.

b) Die praktische Anwendung des Ehegesetzes

aa) „Hier ließe sich ein Ausgleich finden“[504]

Die durch die Reform bedingten Änderungen des Eherechts und damit auch die geänderten Voraussetzungen für die Scheidung der Ehe galten mit Wirkung für die Zukunft und betrafen nicht die nach altem Recht geschiedenen Ehen. Nach Angaben des Schwarzen Korps hatte es eine Reihe von Leserbriefen von Menschen gegeben, die nach altem Recht geschieden worden waren und feststellen mußten, daß ihre Scheidungsurteile auch nach der Reform unverändert Bestand hatten.

Das Schwarze Korps regte an, darüber nachzudenken, ob nicht eine Regelung möglich sei, durch welche die nach altem Recht geschaffenen Zustände an die neue Rechtswirklichkeit und die neuen herrschenden Auffassungen angeglichen werden könnten.

Trotz der zu erwartenden Belastung der Gerichte und des in Einzelfällen möglichen Mißbrauchs einer solchen Regelung sei es oberstes Ziel, insbesondere zu erreichen, daß die Kinder aus diesen nach altem Recht geschiedenen Ehen nicht ihres Vaters beraubt würden. Zur Verdeutlichung dieses Zwecks führte das Schwarze Korps ein ausführliches Fallbeispiel an.

Danach wurde einem Volksgenossen 1930 nach fünfjähriger Ehe von seiner Ehefrau die Scheidung angeboten. Aus der Ehe war ein Sohn hervorgegangen. Die Ehefrau gab an, ihren Mann nicht mehr zu lieben und deshalb die Ehe mit ihm nicht fortsetzen zu können. Da diese Entfremdung nach altem Recht keinen Scheidungsgrund darstellte, bot sie ihm an, einen Scheidungsgrund zu erfinden, wobei sich der Mann schuldig bekennen sollte. Nachdem der Ehemann sich dem verweigert hatte, erhob die Ehefrau die Ehescheidungsklage und beschuldigte ihren Mann, sie während der Schwangerschaft verbal schwer und ehrverletzend angegriffen zu haben. Der Ehemann erhob umgehend Widerklage und konnte die gegen ihn erhobenen Vorwürfe entkräften. Trotzdem wurde am Ende die Scheidung ausgesprochen und der Ehemann für das Scheitern der Ehe verantwortlich gemacht.

Im Verlauf des zweiten Jahres des Scheidungsprozesses hatte der Mann im Rahmen der Arbeit „für die Bewegung“ eine junge Frau kennengelernt, der er nach Ende des Scheidungsverfahrens die Ehe versprochen hatte. Trotz der Beteuerungen des Mannes, bis zu diesem Zeitpunkt nur ein freundschaftliches Verhältnis zu der Frau gehabt zu haben, glaubte ihm das Gericht nicht und sah

---

[504] SK 1938, Folge 39, S. 6.

nach fast dreijähriger Dauer des Prozesses insbesondere das Eheversprechen als „ehewidrig“ an. Das Schwarze Korps zeigte Verständnis für die Verbitterung des Mannes, nun aufgrund eines solchen Urteils trotz der Leistung von Unterhalt nicht an der Erziehung seines Kindes zu einem „guten Deutschen und fanatischen Nationalsozialisten“ beteiligt zu sein. Eine weitere Folgeerscheinung des Urteils nach altem Recht sei, daß der geschiedene Mann bis an sein Lebensende für den Unterhalt seiner geschiedenen Ehefrau aufzukommen habe, obwohl sich die Gesetzeslage und die herrschenden Anschauungen zu diesem Bereich in der Zwischenzeit grundlegend geändert hätten. Dies alles könne nicht im Interesse der neuen Weltanschauung sein. Aus diesen Gründen sei es darum begrüßenswert, wenn in Fällen, in denen es zu unbefriedigenden Ergebnissen nach der alten Gesetzeslage gekommen sei, nachträglich das jetzt geltende Recht entsprechend Anwendung finde.

bb) „Alter Wein in neuen Schläuchen“[505]

In der Folgezeit kam es zu weiteren Urteilen, welche die Reform des Ehescheidungsrechts nach Ansicht des Schwarzen Korps nicht angemessen umsetzten.

Ein Mann lebte seit 1931 von seiner Frau getrennt. Beide stimmten darin überein, daß eine Fortsetzung der Ehe für beide Teile unter keinen Umständen in Frage komme. Nachdem der Mann bereits nach altem Recht die Ehescheidungsklage erhoben hatte und gescheitert war, unternahm er nach Inkrafttreten des neuen Eherechts einen weiteren Versuch, indem er sich jetzt auf die Zerrüttung der Ehe berief. Der Ehefrau stand als beklagtem Teil jedoch ein Widerspruchsrecht zu, von dem sie auch Gebrauch machte. Infolge dieses Widerspruchs kam es nach Aussage des Schwarzen Korps „zum Waschen von schmutziger Wäsche im Gerichtssaal“, weil das Gericht ausführlich über die gegenseitig vorgebrachten Verfehlungen der Ehegatten Beweis erheben mußte. Das Gericht wies im Ergebnis die Klage des Ehemannes ab, was rechtlich zu einem Fortbestehen der Ehe führte. Zur Begründung führte das Gericht aus, daß es dem Ehemann nicht gelungen sei, die Eheverfehlungen seiner Frau glaubwürdig nachzuweisen. Weiterhin habe er bezüglich seiner Eheverfehlungen keine Reue gezeigt und somit die Grundlagen der Ehe noch weiter zerstört.

Das Schwarze Korps zeigte sich verwundert über die Entscheidung. Insbesondere die Abweisung der Klage im Hinblick auf das Zerrüttungsprinzip sei unverständlich und würde vom Ergebnis her keinen Unterschied zur alten Rechtslage machen. Dieser Fall sei ein typisches Beispiel für die Zerrüttung einer Ehe, ohne daß eine Entscheidung über die Schuld am Scheitern der Ehe getroffen werden müsste. Der Richter habe erkennen müssen, daß diese Ehe unwiederbringlich zerstört war und die Volksgemeinschaft kein Interesse an der Fortführung hatte.

---

[505] SK 1939, Folge 1, S. 9.

cc) „Auf den Richter kommt es an“[506]

Unter Bezugnahme auf den vorhergehenden Artikel veröffentlichte das Schwarze Korps weitere Fälle, die trotz der Reform des Eherechts nicht zu den gewünschten Ergebnissen geführt hätten.

In dem ersten beschriebenen Fall war 1910 eine Ehe geschlossen worden. Die eheliche Gemeinschaft bestand bis zum Kriegseinsatz des Mannes 1916. Eine Rückkehr des Mannes in die häusliche Gemeinschaft erfolgte nicht. Er versuchte mehrmals die Ehe aufzulösen, scheiterte jedoch nach altem Eherecht am Fehlen eines Scheidungsgrundes. Mit Inkrafttreten des neuen Eherechts reichte der Ehemann erneut die Ehescheidungsklage wegen Zerrüttung der Ehe ein. Die Ehefrau legte Widerspruch gegen die Klage mit der Begründung ein, daß die Ehe zwar tatsächlich zerrüttet, ihr Ehemann aber daran schuld sei. Das Landgericht, in Besetzung der namentlich erwähnten Richter Dr. Herzog, Dr. Böttger und Koehler, lehnte die Scheidung ab. Nach einer ausführlichen Beweisaufnahme sah das Gericht die Behauptung der Zerrüttung der Ehe als nicht eindeutig bewiesen an. Fest stehe allerdings, daß der Mann seine Frau verlassen und somit die faktische Aufhebung der Ehe zu verantworten habe. Der Widerspruch der beklagten Ehefrau müsse daher beachtet werden. In der Urteilsbegründung wurde weiter ausgeführt, daß ein Widerspruch gegen die Ehescheidungsklage nur dann unbeachtlich sei, wenn der klagende Ehemann „seine Verfehlungen restlos bereue und den festen Entschluß gefaßt hat, ein richtiges Eheleben zu führen, der beklagte Ehegatte dagegen trotzdem seinerseits die häusliche Gemeinschaft verweigere“.

Das Schwarze Korps zeigte sich empört über dieses Urteil und kritisierte insbesondere die Weltfremdheit der Richter. Folge man dem Urteil, so hätte der Ehemann vor Einreichung der Klage, das Fortbestehen der ehelichen Lebensgemeinschaft vorspielen müssen. Allerdings würde ein Ehemann, der in einer intakten ehelichen Gemeinschaft lebe wohl kaum die Ehescheidungsklage einreichen. Die „Heuchelei“ bei einem solchen vom Gericht geforderten Verhalten sei damit schlimmer als nach dem alten Eherecht.

In einem ähnlichen zweiten Fall wurde die Ehe 1914 geschlossen und bestand seit 1926 nur noch formal. In dem vom Ehemann ebenfalls unter Geltung des alten Eherechts angestrengten Scheidungsverfahren wurde in der ersten Instanz zunächst ein beiderseitiges Verschulden am Scheitern der Ehe festgestellt. Die zweite Instanz lehnte eine Scheidung der Ehe ab. Mit der Reform des Eherechts unternahm der Ehemann auch in diesem Fall einen weiteren Versuch, die Scheidung der Ehe zu erreichen. Die Ehefrau legte Widerspruch ein und das Landgericht, unter dem Vorsitz der Richter Schultze, Loerbroks und Dr. Krumhaar, gab

---

[506] SK 1939, Folge 2, S. 6.

diesem Widerspruch statt. Die Begründung glich in wesentlichen Punkten dem ersten beschriebenen Fall. Darüberhinaus nahmen die Richter Bezug auf das erste durchgeführte Verfahren. Danach habe der „Vorprozess des Jahres 1926 gezeigt, daß der Beklagten bis dahin keine wesentlichen Eheverfehlungen nachzuweisen waren“. Das Schwarze Korps kritisierte insbesondere, daß auf ein Urteil Bezug genommen werde, das ein ganz anderes Gesetz zur Grundlage für die juristische Beurteilung des Falles habe. Ebenfalls angesprochen wurde auch hier die fehlende Reue des Ehemannes und den nicht unternommenen Versuch der Wiederaufnahme der Ehe.

Das Schwarze Korps sah die beiden Urteile als „Früchte der großen Freiheit“ an, „die das neue Eherecht den Richtern gibt“. Die Einführung des Zerrüttungsprinzips, die auch vom Schwarzen Korps gefordert worden war, sei zwar die größte Neuerung des reformierten Eherechts, allerdings lasse sich auch hier nur die Befürchtung wiederholen: „Auf den Richter kommt es an“.

dd) „Volksverärgerung mit System“[507]

Die Schwierigkeiten bei der Definition der Zerrüttung der Ehe beschäftigten das Schwarze Korps auch in den folgenden Ausgaben. Die Kritik richtete sich zunehmend gegen die Richter, die nach Ansicht des Schwarzen Korps teilweise nicht in der Lage seien, das neu geschaffene Ehegesetz in der gewünschten Weise anzuwenden. Der Gesetzgeber habe das Zerrüttungsprinzip mit der Absicht eingeführt, Ehen, die seit Jahren nur noch auf dem Papier beständen, auch ohne Verschulden eines der beiden Partner scheiden zu können. Viele dieser Ehen würden aber nicht „im Namen des deutschen Volkes“ geschieden, sondern es würde für „sittlich gerechtfertigt“ angesehen, diese Ehen aufrechtzuerhalten. Es wurde ein weiteres Beispiel aus der Praxis beschrieben. Der Ehemann lebte seit 14 Jahren mit einer anderen Frau in einer häuslichen Gemeinschaft zusammen. Seine Ehefrau lebte mit dem Schwiegervater ihrer Tochter ebenfalls zusammen, bestritt aber jeglichen Ehebruch. Trotz der nicht mehr bestehenden Gemeinschaft wurde die Ehe von der 87. Zivilkammer des Landgerichts Berlin durch die Richter Gospos, Wittneben und Wolff nicht geschieden und für sittlich gerechtfertigt gehalten. Der Ehefrau sei insbesondere nicht zuzumuten, „ihre Stellung als Ehefrau aufzugeben, damit der Kläger nunmehr sein langjähriges Verhältnis heiraten kann“. Der klagende Ehemann, aufgrund des kostenintensiven Prozesses am Ende seiner finanziellen Möglichkeiten angelangt, beantragte beim Kammergericht, ihm das Armenrecht zu bewilligen. Dies wurde jedoch abgelehnt. Auch eine beim Kammergerichtspräsidenten eingereichte Beschwerde gegen diesen Beschluß wurde abschlägig beschieden. In der Begründung wurde u.a. ausgeführt, daß „die Rechtsprechung durch unabhängige, nur dem

---

[507] SK 1939, Folge 4, S. 17.

Gesetz unterworfene Gerichte ausgeübt wird". „Die Behörden der Justizverwaltung einschließlich des Herrn Reichsminister der Justiz sind daher nicht in der Lage, gerichtliche Entscheidungen auf ihre sachliche Richtigkeit nachzuprüfen oder in irgendeiner Weise auf die Entscheidung eines Rechtsstreits Einfluß zu nehmen." Dies gelte auch für die Bewilligung des Armenrechts. Das Schwarze Korps geißelte die Einstellung der Richter. Die Unabhängigkeit sei den Richtern zwar unumstritten zuzugestehen, allerdings könne dies kaum die „Unabhängigkeit von den politisch-weltanschaulichen Grundsätzen des nationalsozialistischen Staates" betreffen. Der Gesetzgeber habe ein „volksnahes Gesetz" geschaffen, der Richterstand mache jedoch „volksfeindliches Recht" daraus.

In einem weiteren dargestellten Fall wurde die nach Ansicht des Schwarzen Korps verbreitete Unfähigkeit einzelner Richter dargestellt. Der Ehemann lebte seit 1914 von seiner Ehefrau getrennt, der letzte eheliche Verkehr hatte 1909 stattgefunden. Er lebte inzwischen seit 27 Jahren mit einer anderen Frau zusammen, die auch eine Pflegemutter für seinen aus der Ehe stammenden Sohn geworden war. Die Ehe war aufgrund des psychischen Gesundheitszustandes der Ehefrau gescheitert, die wiederholt in Nervenheilanstalten behandelt werden mußte und an Verfolgungs- und religiösem Wahn litt. Der Ehemann erhob die Ehescheidungsklage, die Frau legte Widerspruch ein und das Gericht hielt die Auflösung der Ehe für sittlich nicht gerechtfertigt. Das Schwarze Korps sah in der Geisteskrankheit der Ehefrau schon einen absoluten Scheidungsgrund. Dies sei jedoch vom Gericht völlig außer Acht gelassen worden. Weiterhin sei die Definition der Zerrüttung durch das Gericht schlechthin falsch. Es habe aus dem Kommentar der Reichsgerichtsräte zum BGB zitiert. Danach liege die Zerrüttung der Ehe in der „durch das schuldhafte ehewidrige Verhalten eines Ehegatten herbeigeführten Zerstörung der ehelichen Gesinnung des anderen Ehegatten, und es komme für „die Frage, welche Wirkung die schwere Eheverfehlung auf den anderen Ehegatten ausgeübt hat, auf dessen subjektives Empfinden entscheidend an". Das Schwarze Korps verhöhnte die wissenschaftliche Genauigkeit des Gerichts und wies daraufhin, daß sich die entsprechende Auflage des zitierten Kommentars auf das alte Eherecht beziehe, diese Definition von Zerrüttung mithin gar nicht mehr wirksam sei.

Schließlich habe der Kläger einen weiteren Scheidungsgrund gehabt. Seine Ehefrau habe sich von einem volljüdischen Rechtsanwalt vertreten lassen. Das Gericht habe dies in skandalöser Weise mit der Begründung auf sich beruhen lassen, daß die Beklagte angesichts ihres Gesundheitszustandes durch den Wechsel eines ihr langjährig vertrauten Rechtsberaters einen eindeutigen Prozessnachteil gehabt habe. Das Schwarze Korps verurteilte dieses richterliche Verhalten auf Schärfste und schlug vor, diese offensichtlichen Fehlurteile in neuen Prozessen mit nationalsozialistischen Richtern korrigieren zu lassen.

ee) „Mißverstandene Gesetze“[508]

In einem weiteren Beitrag zum neugestalteten Eherecht unternahm das Schwarze Korps erneute Anstrengungen, den Gesetzgeber zu loben und die Richterschaft für die angeblich falsche Auslegung des Gesetzes zu kritisieren. Die Kritik konzentrierte sich hauptsächlich auf die auch nach der neuen Rechtslage uneinheitliche Rechtsprechung bezüglich der Ehescheidung aufgrund der Zerrüttung der Ehe. Die Einführung des Zerrüttungsprinzips sei durchaus umstritten gewesen. Um voreilige Ehescheidungen zu verhindern, sei das Widerspruchsrecht des beklagten Teils in das Gesetz aufgenommen worden. Dies solle jedoch nur eine Ausnahmeregelung darstellen und in „ganz krassen Fällen“ angewendet werden. Der Gesetzgeber habe also dem Richter die verantwortungsvolle Aufgabe überlassen, diese Ausnahmefälle zu erkennen und dann gegebenenfalls eine Scheidung der Ehe abzulehnen. Dabei sei nicht beabsichtigt gewesen, daß der Richter, der eine Zerrüttung der Ehe bis zu einem bestimmten Zeitpunkt nicht habe feststellen können, dem Mann die alleinige Schuld an der Trennung zuspreche, weil dieser nach diesem Zeitpunkt mit einer anderen Frau zusammengewesen sei. Das Zerrüttungsprinzip verliere bei einer derartigen Argumentation jeglichen Sinn, weil so die Entscheidung des Richters doch wieder auf eine Schuld der klagenden Partei abstelle. Das neue Gesetz sei nicht für „Formaljuristen“ geschaffen worden, sondern verlange einen Richter, der seinen gesunden Menschenverstand benutze. Weiterhin beriefen sich die „Formaljuristen“ häufig auf Kommentare, die von nicht qualifizierten Juristen verfaßt worden seien. Hätte der Gesetzgeber eine bestimmte Meinung vertreten wollen, so hätte er diese Meinung selbst direkt in den Gesetzeswortlaut aufnehmen können. Das Schwarze Korps zitierte aus der Zeitschrift Deutsches Recht, wonach § 55 des Eherechts in der Praxis bereits sehr unterschiedlich behandelt worden und deshalb eine endgültige Regelung des Scheidungsrechts notwendig sei.[509]

Dem wurde entgegengesetzt, daß es vielmehr an der Zeit sei, die böswilligen und volksfeindlichen Gesetzesausleger persönlich zur Verantwortung zu ziehen.“ Die Argumentation der Richter, es könne noch keine einheitliche Rechtsprechung vorliegen, weil bis jetzt höchstrichterliche Entscheidungen des Reichsgerichts fehlten, sei ein eindeutiges Zeichen für die Aufgabe der richterlichen Unabhängigkeit. Richter, die sich abhängig machten von höchstrichterlichen Urteilen und Kommentaren, seien für das Verständnis der Volksgemeinschaft gegenüber dem Rechtssystem unbrauchbar. Solange die Richter sich nicht ihre Unabhängigkeit bewahrten, hätten sie auch kein Recht, Kritik an dem neuen Gesetz zu üben. Es wurde ein Beitrag eines Kammergerichtsrates in der Zeitschrift „Der deutsche Justizbeamte“ zitiert. Dieser kritisierte die auch vom

---

508 SK 1939, Folge 11, S. 6.

509 Deutsches Recht 1939, Folge 1/ 2.

Schwarzen Korps geforderte ungleiche Behandlung von jahrelang getrennten Ehen und von erst kürzlich getrennten ehelichen Verhältnissen. Der Gesetzgeber habe für die erstgenannten Ehen keine Übergangslösung geschaffen, insofern müßten beide Arten der Ehe gleichbehandelt werden. Das Schwarze Korps forderte den kritisierenden Richter zum Gebrauch seines gesunden Menschenverstandes auf. Es lehnte zudem eine Rückkehr zu den „alten, starren Gesetzen" ab. Es müßten auch in Zukunft „gute Gesetze" gemacht werden. Der richterliche Nachwuchs werde schon wissen, wie mit diesen Gesetzen angemessen umgegangen werden müsse.

ff) Zusammenfassende Bewertung

Während sich die Berichterstattung des Schwarzen Korps über die Reform des Ehegesetzes selbst weitestgehend sachlich an der rechtlichen Problematik orientierte, kann dies für die Beiträge über die Anwendung des neuen Gesetzes nicht festgestellt werden. Trotz der dargestellten Auslegungsschwierigkeiten, die auch dem Schwarzen Korps bekannt gewesen sein dürften, wurde erhebliche Kritik an einzelnen dargestellten Prozessen geübt. Entsprach der Ausgang des Prozesses nicht der Ansicht des Schwarzen Korps, wurden insbesondere die für den Prozess zuständigen Richter angegriffen und häufig der gesamte Berufsstand als unfähig dargestellt. Angesichts der Unsicherheit in Justizkreisen über die Behandlung und Auslegung des neuen Ehescheidungsrechts stellte sich diese Kritik aus der Sicht des Schwarzen Korps insoweit als berechtigt dar, weil in den Ergebnissen der Urteile selbst große Unterschiede zu erkennen waren.

Anhand eines Beispiels zum Familienrecht läßt sich zudem beweisen, daß das Schwarze Korps selbst offenbar dazu neigte, Sachverhalte falsch wiederzugeben oder auch bewußt zu verfälschen.

In einem Beitrag über einen Ehescheidungsprozess, allerdings noch vor der Reform des Ehescheidungsrechts, hatte das Schwarze Korps folgende Angaben gemacht:[510]

Das Amtsgericht Chemnitz verhängte über einen Mann und eine Frau einen Strafbefehl über je einen Monat Gefängnis wegen Ehebruchs, weil beide eine gemeinsame Wohnung teilten. Der Mann war mit einer unter Unfruchtbarkeit leidenden Frau verheiratet. Seine Versuche, sich aufgrund ihres gesundheitlichen Zustandes von ihr scheiden zu lassen, wurden mit Selbstmorddrohungen beantwortet. Schließlich willigte die Ehefrau nach der Intervention ihrer Eltern in die Scheidung ein. Die Zustimmung erfolgte jedoch nur unter der Bedingung, daß sie selbst die Scheidungsklage erhob und ihr Mann die alleinige Schuld auf sich nahm. Unter diesen Voraussetzungen wurde das Scheidungsverfahren durchgeführt. Nachdem er ordnungsgemäß geschieden war, wollte der Mann

[510] SK 1938, Folge 4, S. 14.

nun die Mutter seines Kindes heiraten. Aufgrund der Gesetzeslage war dies jedoch nicht möglich. Ein wegen Ehebruchs schuldig geschiedener Mann durfte die Frau, mit der der Ehebruch vollzogen wurde, nur aufgrund einer besonderen Heiratsgenehmigung, die der zuständige Landgerichtspräsident zu erteilen hatte, ehelichen. In diesem Fall verweigerte der Landgerichtspräsident seine Zustimmung und das Amtsgericht Chemnitz sprach das erwähnte Urteil.

Nach Ansicht des Schwarzen Korps mußte das Gericht einem Strafantrag wegen „öffentlichen Ärgernisses" aufgrund eines entsprechenden Gesetzes stattgeben. Der Strafantrag war durch die geschiedene Ehefrau gestellt worden. Das Schwarze Korps wies zwar darauf hin, daß die Strafe in derartigen Fällen häufig durch eine Begnadigung erlassen wurde. Allerdings ändere dies nichts an der Aufrechterhaltung des Eheschließungsverbotes. Dieser alte Rechtszustand würde „geradezu zur Notwehr herausfordern".

Die Bedenken des Schwarzen Korps an dem Prozeß erscheinen auf den ersten Blick nicht völlig abwegig. Allerdings wurden wichtige Sachverhaltsangaben in dem Beitrag nicht erwähnt. Offenbar nicht zum ersten Mal hatten entsprechende Berichte des Schwarzen Korps zu heftiger Kritik und Diffamierung einzelner Richter geführt, die diese nicht ohne Gegendarstellung hinnehmen wollten. Daraufhin erschien in der „Deutschen Justiz", dem amtlichen Blatt der deutschen Rechtspflege, 1939 eine mehrere Seiten lange Veröffentlichung, in der zu einzelnen Beiträgen des Schwarzen Korps amtliche Ermittlungen aufgenommen worden waren, um die vom Schwarzen Korps aufgestellten Anschuldigungen aufzuklären.[511] Darunter war auch der zusammengefaßte Beitrag „Der Geschiedenen Rache".[512]

Danach sei im Schwarzen Korps berichtet worden, der Landgerichtspräsident in Chemnitz habe die notwendige Heiratsgenehmigung unberechtigt verweigert. Die Ermittlungen hätten jedoch ergeben, daß dem Landgerichtspräsidenten zu keiner Zeit die erforderlichen standesamtlichen Urkunden vorgelegen hätten. Der Antragsteller sei zwar wiederholt auf die Notwendigkeit der Beibringung der Urkunden aufmerksam gemacht worden, jedoch sei er nicht mehr auffindbar gewesen. Infolgedessen sei der fragliche Antrag am 8.8.1938 wegen Nichtbeibringung der Urkunden abgelehnt worden.

Desweiteren habe das Schwarze Korps behauptet, das Strafverfahren gegen den geschiedenen Mann und seine neue Lebensgefährtin sei aufgrund von Rachegelüsten der Ehefrau anhängig geworden. Die Ermittlungen hätten ergeben, daß die Frau erst nachdem der Ehemann offenbar böswillig die Unterhaltszahlungen verweigerte, Anzeige erstattet habe. Das Amtsgericht Chemnitz habe gegen die beiden Beschuldigten am 10.11.1937 Strafbefehl erlassen, gegen den kein Ein-

---

511 DJ 1939, S. 175 ff.
512 DJ 1939, S. 176.

spruch erhoben worden sei. Dem Gnadengesuch der Beschuldigten vom 3.12.1937 habe das Amtsgericht Chemnitz ferner per Beschluß vom 29.12.1937 teilweise stattgegeben und einen bedingten Straferlaß gegen Zahlung einer Geldbuße von 25 RM sowie eine Bewährungsfrist von drei Jahren akzeptiert.

Ausgehend von der Richtigkeit der amtlichen Ermittlungen wäre der bedingte Straferlaß einige Wochen vor der Veröffentlichung durch das Schwarze Korps erfolgt. In beiden Kritikpunkten des Schwarzen Korps stimmten die in dem Beitrag veröffentlichten Angaben nicht mit den tatsächlichen Sachverhaltsangaben überein.

Dieser Vorfall könnte ein bedauernswertes Versehen gewesen sein. Allerdings deutete die Veröffentlichung in der Deutschen Justiz darauf hin, daß derartige Falschdarstellungen offenbar häufiger vorkamen und insofern nicht von einem Einzelfall gesprochen werden kann. Somit zeigt sich, daß das Schwarze Korps in der Berichterstattung über die Anwendung des neuen Ehescheidungsrechts nicht nur unkontrollierte Kritik übte, sondern offenbar auch gezielt Sachverhalte verkürzte, um so diese Kritik noch überzeugender darstellen zu können.

Insgesamt offenbarte sich in den hier dargestellten Beiträgen zum Familienrecht der Charakter des Schwarzen Korps. Die Beiträge propagierten nicht nur inhaltlich eine konsequente Umsetzung der NS-Ideologie in dem politisch wichtigen Gebiet des Familienrechts. Durch die populistische Art der Darstellung, die zudem offenbar vor absichtlich falschen Sachverhaltsangaben nicht zurückschreckte, wurde eine offizielle Reaktion auf diese Beiträge in der Deutschen Justiz, dem amtlichen Blatt der deutschen Rechtspflege, erwirkt. Dies bedeutete nicht nur, daß das Schwarze Korps selbst in höchsten politischen Kreisen gelesen wurde. Vielmehr zeigte sich auch der Einfluß auf die öffentliche Meinung. Durch die Klarstellung der Sachverhaltsangaben wurde von offizieller Seite versucht, dem Unmut über die praktische Anwendung familienrechtlicher Vorschriften zu begegnen. Darin zeigt sich die Einflußnahme und offenbar auch die Manipulation der öffentlichen Meinung durch das Schwarze Korps.

V. Gesetz zur Bereinigung alter Schulden[513]

1. Ziel des Gesetzes

Das Gesetz zur Bereinigung alter Schulden vom 17.8.1938 war eine Reaktion des nationalsozialistischen Gesetzgebers auf die schwierige wirtschaftliche Situation in der Weimarer Republik und in den ersten Jahren der „nationalsozialistischen Regierungszeit". Auch die amtliche Begründung des Gesetzes wies ausdrücklich darauf hin.[514] Danach sollte besonders Landwirten, Handwerkern und

513 RGBl. 1938 I, S. 1033.

514 Zur amtlichen Begründung des Gesetzes zur Bereinigung alter Schulden, DJ 1938, S. 1334 ff.

Gewerbetreibenden, die ihre Betriebe unverschuldet durch Zwangsversteigerung verloren hatten und denen somit die Lebensgrundlage entzogen worden war, die Möglichkeit zu einer neuen Existenzgründung ohne die Belastung durch alte Schulden gegeben werden. Die noch bestehenden alten Schulden verhinderten häufig den beruflichen Neuanfang.[515] Viele Berufe setzten geordnete Vermögensverhältnisse oder jedenfalls die Verpflichtung zur Ordnung der eigenen Vermögensverhältnisse voraus und seien deshalb den Schuldnern von Anfang an verschlossen. Selbst dann, wenn eine neue Anstellung gefunden wurde, werde oft der erlaubte Anteil des Lohnes gepfändet, der meistens aber nur dazu ausreiche, die laufenden Zinsen zu decken.[516]

Das Ziel des Gesetzes war damit klar umrissen. Es sollte den durch die wirtschaftliche Krise unverschuldet in Not geratenen Menschen die geregelte Möglichkeit zu einem beruflichen und wirtschaftlichen Neuanfang geben, ohne daß diese dabei vollständig von der Gunst ihrer Gläubiger abhängig waren.

2. Wesentliche Vorschriften des Gesetzes

a) Anwendungsbereich

Der Anwendungsbereich des Gesetzes zur Bereinigung alter Schulden wurde ausführlich in § 1 definiert. Danach konnten sich diejenigen nach Maßgabe des Gesetzes entschulden, die „infolge der Wirtschaftsnot vor der Machtübernahme oder infolge ihres „Einsatzes für die Bewegung“ bei der Ausübung eines selbständigen Berufes vor dem 1.1.1934 wirtschaftlich zusammengebrochen waren. Der Maßstab für den wirtschaftlichen Zusammenbruch orientierte sich an der Fähigkeit zur wirtschaftlich selbständigen Lebenshaltung.[517] Diese war dann nicht mehr gegeben, wenn der Schuldner im Konkurs war und die Zwangsversteigerung seines Grundbesitzes, seines Schiffes oder mehrfache Zwangsvollstreckungen in sein bewegliches Eigentum erfolgt waren.

Gemäß § 1 III war der Begriff der „alten Schulden“ bzw. „alten Forderungen“ legaldefiniert. Danach sollten alle Geldforderungen vom Anwendungsbereich des Gesetzes umfaßt sein. Die beiden folgenden Absätze des Paragraphen schränkten den persönlichen Schutzbereich des Gesetzes ein.[518] Gemäß § 1 IV war das Gesetz auf solche Schuldner nicht anzuwenden, die „wegen unehrenhaften oder leichtfertigen Verhaltens eines Schutzes nicht würdig waren oder bei denen aus einem anderen Grund eine Anwendung des Gesetzes gegen das gesunde Volks-

---

515 DJ 1938, S. 1335.

516 DJ 1938, S. 1335.

517 *Gerken- Vogel*, Die Schuldenbereinigung, S. 41 ff.

518 *Dies.*, S. 53.

empfinden sprechen würde.[519] Der fünfte Absatz versagte unter Bezugnahme auf das Reichsbürgergesetz die Anwendung für „jüdische“ Schuldner.[520]

b) Die Schuldenbereinigung

In § 2 wurde der ausgleichende Aspekt des Verfahrens zur Schuldenbereinigung betont. Einerseits sollte dem Schuldner durch den Gläubiger die Möglichkeit gegeben werden, sich eine neue Existenzgrundlage zu erarbeiten, ohne dabei durch allzu große Schuldenbelastungen behindert zu sein. Andererseits sollte sich der Schuldner um eine möglichst schnelle Tilgung der Schulden im Rahmen seiner finanziellen Möglichkeiten bemühen.[521] Das Prinzip der gegenseitigen Rücksichtnahme wurde weiterhin durch § 4 des Gesetzes betont. § 4 verlangte eine „gütliche Einigung“ zwischen Gläubiger und Schuldner über die Einzelheiten der Entschuldung. Das Gesetz zur Schuldenbereinigung sah also in einem ersten Schritt die „private“ Regelung der Situation allein zwischen Schuldner und Gläubiger vor.[522]

Sollten Gläubiger und Schuldner nicht zu einer der Intention des Gesetzes entsprechenden Einigung gelangen, konnte gemäß § 5 die „Vertragshilfe des Richter“ in Anspruch genommen werden. Der Schuldner oder einer der Mitverpflichteten im Sinne von § 3 konnte einen Antrag auf Einbeziehung eines Richters beim zuständigen Amtsgericht stellen. Danach konnte der Richter entweder eine „gütliche Schuldenbereinigung“ zwischen den Parteien herbeiführen oder, falls das aufgrund der Umstände nicht möglich war, selbst eine Entscheidung treffen, die dem Sinn und Zweck des Gesetzes entsprechen mußte.[523] Innerhalb dieses richterlichen Gestaltungsverfahrens hatte der Richter weitgehende Befugnisse. Insbesondere wurde die Entscheidung des Verfahrens generalklauselartig in die Hände des Richters gelegt.[524]

c) Das Verfahren

Vorschriften zu den Einzelheiten des Verfahrens waren in den §§ 7 ff. geregelt. Gemäß § 7 I war das Amtsgericht zuständig, in dessen Zuständigkeitsbereich der Schuldner seinen allgemeinen Gerichtsstand hatte. Die Vorschriften des Reichsgesetzes über die Angelegenheiten der freiwilligen Gerichtsbarkeit fanden nach § 8 Anwendung. In der Regel sollte auch eine mündliche Verhandlung stattfinden,

---

[519] *Wessel*, Die Bereinigung alter Schulden, S. 31.

[520] *Ders.*, S. 19.

[521] *Wessel*, Die Bereinigung alter Schulden, S. 45.

[522] Vgl. dazu auch die Kommentierungen *Gerken- Vogel*, Die Schuldenbereinigung, S. 65 f, 74 f.; *Wessel*, Die Bereinigung alter Schulden, S. 45, 69; *Henning/ Künne*, Die Bereinigung alter Schulden, S. 47.

[523] *Gerken- Vogel*, Die Schuldenbereinigung, S. 83 f.

[524] *Dies.*, S. 84.

jedenfalls mußte Schuldner und Gläubiger die Gelegenheit gegeben werden, sich zu äußern.[525]

3. Beiträge im Schwarzen Korps

a) „Weltanschaulich unabhängig“[526]

aa) Inhalt

Das Schwarze Korps lobte zunächst die Einführung des Gesetzes zur Bereinigung alter Schulden als die Erfüllung einer nationalsozialistischen Forderung. Es sei schließlich gelungen, das bis dahin übliche strenge Verfahren der Zwangsvollstreckung zu durchbrechen und dem „gesunden Volksempfinden“ bei der Bewertung derartiger Fälle die angemessene Bedeutung zuzugestehen.

Das Gesetz habe schließlich dazu geführt, daß viele Gläubiger bereits im Vorfeld eher dazu bereit seien, sich mit ihren Schuldnern gütlich über die Abtragung der Schulden zu einigen. Allerdings habe das Gesetz zur Bereinigung alter Schulden für den Fall der richterlichen Beteiligung den Richtern eine große Freiheit bei der Entscheidung und damit auch zugleich eine große Verantwortung auferlegt. Dabei seien sehr unterschiedliche Ergebnisse zu beobachten gewesen. Als Beispiel wurde ein Fall des Amtsgerichts Berlin-Wedding angeführt.

Danach hatte ein „Volksgenosse“ aus Berlin Schulden aus dem Jahr 1931 bei einer Firma aus Hamburg. Seit Dezember 1937 hatte diese Firma, die im Eigentum von jüdischen Geschäftsleuten stand, den pfändbaren Teil des Gehaltes des Schuldners pfänden lassen. Nach Angaben des Schwarzen Korps sei dieser Pfändung während der „Arbeitslosigkeit und Agententätigkeit des Schuldners“ eine jahrelange „Drangsalierung“ des Schuldners vorausgegangen. Nachdem eine gütliche Einigung im Sinne des Schuldenbereinigungsgesetzes gescheitert war, stellte der Schuldner am 24.9.1938 einen Antrag beim zuständigen Amtsgericht Berlin-Wedding. Drei Tage später erhielt der Schuldner ein Formular des Gerichts zugesandt, das die Voraussetzungen für die Anwendung des Schuldenbereinigungsgesetzes enthielt. Das Formular war mit dem folgenden handschriftlichen Zusatz des Amtsgerichtsrates Papenfuß versehen: „Einwendungen gegen ein unanfechtbar gewordenes Urteil können im vorliegenden Fall nicht geltend gemacht werden. Diesbezügliche Erörterungen sind also zwecklos. Sachgemäße Anträge können Sie auf der hiesigen Rechtsantragsstelle oder auf einer der Rechtsberatungsstellen zu Protokoll geben.“

---

[525] Weitere Vorschriften über Verfahrensfragen sollen hier nicht im Einzelnen wiedergegeben werden.

[526] SK 1939, Folge 2, S. 1.

Das Schwarze Korps deutete den schriftlichen Zusatz dahingehend, daß der Richter das Schuldenbereinigungsgesetz dann nicht anwenden wollte, wenn der Gläubiger bereits im Rahmen des Zwangsvollstreckungsverfahrens ein rechtskräftiges Urteil erworben hatte, was zu einer starken Begrenzung des Anwendungsbereichs des Gesetzes führen würde.

Diese Haltung des Richters sei gerade nicht erwünscht. Eine ähnliche Entwicklung sei auch schon bei der Änderung des Eherechts in § 55 EheG zu beobachten gewesen. Das Gesetz werde grundsätzlich begrüßt und gelobt. Dann jedoch weigerten sich die Richter, denen die Verantwortung für die Umsetzung der Intention des Gesetzgebers obliege, das Gesetz entsprechend anzuwenden. Das Schwarze Korps wies abschließend darauf hin, daß die Richter nur insoweit unabhängig sein könnten, wie es die nationalsozialistische Weltanschauung zulasse.

bb) Rechtliche Bewertung

(1) Das Problem

Abgesehen von der populistischen Art der Darstellung und den knappen Sachverhaltsangaben des Schwarzen Korps betraf die juristische Frage des dargestellten Falles die Weite des Anwendungsbereiches des Schuldenbereinigungsgesetzes. Der handschriftliche Zusatz auf dem Formular des Amtsgerichts wies darauf hin, daß Einwendungen gegen ein unanfechtbar gewordenes Urteil im Verfahren der Schuldenbereinigung nicht geltend gemacht werden konnten. Damit stellte sich die Frage, was diese Aussage des Amtsgerichtsrates rechtlich für das Verfahren der Schuldenbereinigung bedeutete.

(2) Die Auslegungsmöglichkeiten

Das Schwarze Korps deutete die Anmerkung dahingehend, daß dann, wenn ein nicht anfechtbares Urteil vorliege, Einwendungen gegen dieses im Verfahren der Schuldenbereinigung nicht geltend gemacht werden konnten. Der Antrag auf Schuldenbereinigung beim Amtsgericht werde also nach dieser Auslegung immer dann abgelehnt, wenn Gründe, die bereits im Verfahren der Zwangsvollstreckung hätten geltend gemacht werden müssen, im Antrag auf Schuldenbereinigung erneut angeführt würden.

Nach einer anderen Auslegung könnte die Anmerkung dahingehend gedeutet werden, daß das Verfahren zur Schuldenbereinigung insgesamt unabhängig von bereits zuvor durchgeführten Zwangsvollstreckungsverfahren behandelt werden solle, also bereits in anderen Verfahren angeführte Einwendungen erneute Berücksichtigung im Verfahren zur Schuldenbereinigung finden sollten. Somit ist also nach dem Wortlaut aufgrund der äußerst knappen Sachverhaltsangaben keine eindeutige Auslegung möglich.

Einwendungen gegen unanfechtbar gewordene Urteile durften im Schuldenbereinigungsverfahren nicht geltend gemacht werden. Ein Urteil wurde nach der Zivilprozeßordnung (ZPO) dann unanfechtbar, wenn es formell rechtskräftig wurde.[527] Gemäß § 705 ZPO trat die formelle Rechtskraft mit Ablauf der für die Einlegung des zulässigen Rechtsmittels oder des Einspruchs bestimmten Frist ein. Solange die Einlegung von Rechtsmitteln oder eines Einspruchs zulässig war, konnte das Urteil der formellen Rechtskraft nicht fähig sein.[528] Nach diesem Zeitpunkt konnte ein Urteil mithin nicht mehr angefochten werden.

Fraglich ist jedoch, was genau mit Einwendungen gegen unanfechtbar gewordene Urteile gemeint war. Grundsätzlich wurden Urteile der ersten Instanz mit dem Ablauf der Rechtsmittelfrist rechtskräftig. Dies konnte dadurch begründet werden, daß das Rechtsmittel überhaupt nicht eingelegt, das eingelegte zurückgenommen oder es als unzulässig verworfen worden war.[529] Danach könnten sinngemäß nur Einwendungen gegen Urteile gemeint sein, über die bereits im Rahmen der ordnungsgemäßen Einlegung eines Rechtsmittels zu ungunsten des Schuldners entschieden worden war. Die Gerichte werden durch derartige Hinweise versucht haben, eine Welle von Anträgen für ein Schuldenbereinigungsverfahren zu verhindern, die alle durch eine erneute Darstellung der bereits im Prozeß abgehandelten, entschiedenen Sachverhaltslage motiviert waren. Allerdings hätte dies der Intention des Gesetzes widersprochen, das nach einer erfolglosen „privaten" Schuldenbereinigung gerade die erneute Einbindung eines Richters vorsah.

(3) Die Rechtslage nach dem Schuldenbereinigungsgesetz

Das Schuldenbereinigungsgesetz sah keine ausdrückliche Regelung der dargestellten Problematik vor. Allerdings wurde gemäß § 1 des Gesetzes im Rahmen des Begriffs „alte Schulden" diskutiert, inwieweit Gerichtsentscheidungen Einfluß auf die Entstehungszeit von Forderungen hatten. In der Kommentierung von Wessel war dazu ein Beispielsfall dargestellt.[530] Darin war 1928 eine Darlehensschuld von 500 RM begründet worden. Der Schuldner hatte sich ohne Erfolg auf die Tilgung der Schuld in Höhe von 250 RM berufen und das Urteil war 1937 in voller Höhe von 500 RM ergangen. Nach Erlaß des Urteils stellte sich, ohne daß die Voraussetzungen für die Wiederaufnahme des Verfahrens vorlagen, tatsächlich die Tilgung der Schuld in Höhe von 250 RM heraus. Der Gläubiger wandte jetzt ein, daß die Altforderung in Höhe von 250 RM bereits getilgt sei. Die restliche Forderung in Höhe von 250 RM beruhe allein auf dem Urteil von 1937. Diese stelle damit aber wegen des Zeitpunktes eine neue Schuld dar,

---

527 *Rosenberg*, Lehrbuch des deutschen Zivilprozessrechtes, S. 512.
528 *Baumgart*, Kommentar zur ZPO, § 705, S. 869.
529 *Rosenberg*, Lehrbuch des deutschen Zivilprozessrechts, S. 515.
530 *Wessel*, Bereinigung alter Schulden, S. 35.

die nicht mehr unter das Schuldenbereinigungsgesetz falle. Dem wurde unter Berufung auf die materielle Rechtskraft widersprochen. Diese verbiete nämlich, daß über die zwischen den Parteien entschiedenen Fragen aus dem Vorprozess, erneut abweichend entschieden werden könne. Hinsichtlich der ausgesprochenen Rechtsfolge, also der Pflicht zur Zahlung von 500 RM, werde der ganze Rechtsgrund Gegenstand der Rechtskraft. Über die Frage, ob die Darlehensschuld tatsächlich aus dem Jahr 1928 stamme, dürfe nicht erneut entschieden werden. Der Einwand des Gläubigers gegen das Schuldenbereinigungsverfahren sei damit unbeachtlich und brauche vom Bereinigungsgericht auch nicht geprüft zu werden.

Der dargestellte Beispielsfall paßte insoweit auch auf den Beitrag des Schwarzen Korps. Die materielle Rechtskraft ist die Wirkung einer formell rechtskräftigen Entscheidung, die sich in der Maßgeblichkeit ihres Inhalts äußert.[531] Über die Rechtsfolge darf also zwischen den von der Rechtskraft erfaßten Personen nicht noch einmal diskutiert bzw. entschieden werden. Sinn und Zweck der materiellen Rechtskraft war damit die Aufrechterhaltung des Rechtsfriedens zwischen den Parteien durch die endgültige Beendigung eines Rechtsstreits und der Schutz der Gerichte, die nicht noch einmal über ein bereits rechtskräftiges Urteil zu entscheiden brauchten.[532] Was für den Gläubiger galt, galt insoweit auch für den Schuldner als Gegenpartei. Dieser konnte damit ebenfalls keine Einwände geltend machen, die bereits materiell rechtskräftig geworden waren.

Es ist anzunehmen, daß der Amtsgerichtsrat in seiner handschriftlichen Anmerkung auf diese Fälle Bezug nahm. Dem juristischen Laien dürften die Auswirkungen der materiellen und formellen Rechtskraft nicht immer klar gewesen sein, so daß davon ausgegangen werden muß, daß erneut alle bereits durch das erste Urteil rechtskräftig gewordenen Einwände erneut vorgebracht wurden, was für die Gerichte zu einem enormen Anstieg des Arbeitsaufwandes geführt hätte. Insofern ist anzunehmen, daß sie durch entsprechende Hinweise bereits im Vorfeld versucht haben, die Anzahl der Schuldenbereinigungsverfahren möglichst gering zu halten.

(4) Stellungnahme

Die Anschuldigungen des Schwarzen Korps waren also dahingehend unbegründet, daß offensichtlich die Intention der handschriftlichen Anmerkung falsch verstanden wurde. Das Schwarze Korps ging davon aus, daß sich der Richter der Durchführung eines Schuldenbereinigungsverfahrens verweigerte, wenn zu Gunsten des Gläubigers ein rechtskräftiges Urteil ergangen war bzw. betonte ausdrücklich, daß sich das Schuldenbereinigungsgesetz auch auf „ausgeklagte und rechtskräftige Forderungen" bezog. Dem ist auch zuzustimmen. Gemäß § 8

---

531 *Rosenberg*, Lehrbuch des deutschen Zivilprozeßrechts, S. 517.
532 *Ders.*, S. 517.

III S. 2 des Gesetzes konnte der Richter, soweit für alte Forderungen ein rechtskräftiges Urteil ergangen war oder ein sonst nicht nur vorläufig vollstreckbarer Schuldtitel vorlag, den Schuldtitel ganz oder teilweise aufheben und bestimmen, daß die alte Forderung nur nach Maßgabe seiner Entscheidung vollstreckbar sein sollte.[533] Somit war schon nach dem Wortlaut des Gesetzes vorausgesetzt, daß das Schuldenbereinigungsgesetz auch dann Anwendung finden sollte, wenn bereits rechtskräftige Urteile oder vollstreckbare Schuldtitel ergangen waren.

Der Wortlaut des Vermerks des Amtsgerichsrates setzte aber Einwendungen gegen unanfechtbare Urteile voraus. Wie oben dargestellt, bezog sich das offenbar auf die materielle und formelle Rechtskraft der in und mit dem Urteil ergangenen Rechtsfolgen. Mithin bleibt festzuhalten, daß das Schwarze Korps den handschriftlichen Vermerk des Amtsgerichtsrates offenbar falsch verstanden hat und damit die Kritik am zuständigen Richter jedenfalls aus juristischen Gründen in dieser Deutlichkeit nicht zutreffend war.

b) „Vorbildlich entschuldet"[534]

In einem weiteren Beitrag berichtete das Schwarze Korps von Fällen, in denen die Entschuldung funktioniert hatte und Gläubiger und Schuldner sich außergerichtlich geeinigt hätten. Allein die Einführung des Gesetzes habe bewirkt, daß Gläubiger und Schuldner kompromißbereiter über eine Abzahlung der Schulden verhandelten. In einem dargestellten Beispielsfall mußte der Schuldner 1467 RM an die Dresdener Bank zahlen. Da er aber nur Monatsraten von 20 RM zur Abbezahlung der Summe leisten konnte, war angesichts seines Alters von 67 Jahren nicht mit einer Tilgung der Summe zu Lebzeiten zu rechnen. Deshalb wollte der Schuldner bei der Dresdener Bank einen Erlaß der Schulden erreichen. Diese stimmte einem vollständigen Erlaß zwar nicht zu, zeigte sich aber bereit, gegen eine einmalige Zahlung von 100 RM dem Erlaß zuzustimmen.

Insofern lobte das Schwarze Korps die Wirkung des eingeführten Gesetzes als nationalsozialistische Errungenschaft und die Verbesserung der finanziellen Situation des Schuldners.

c) Zusammenfassung

Das Gesetz zur Bereinigung alter Schulden war ein nationalsozialistisches Gesetz, das den Zweck verfolgte, durch die Wirtschaftskrise der Weimarer Republik finanziell in Not geratenen Schuldnern einen wirtschaftlichen Neuanfang zu ermöglichen und damit die „Größe der nationalsozialistischen Ideologie" zu beweisen. Aufgrund der inhaltlichen Gestaltung des Gesetzes wurden den Richtern

---

533 Vgl. dazu die ausführliche Kommentierung *Gerken- Vogel*, Schuldenbereinigung, S. 96 ff.; *Wessel*, Die Bereinigung alter Schulden, S. 105 ff.

534 SK 1940, Folge 40, S. 4.

große Gestaltungsmöglichkeiten innerhalb der einzelnen Entschuldungsverfahren zugewiesen. Diese Gestaltungsmöglichkeiten führten dazu, daß Richter, auch um eine zahlenmäßige Begrenzung der Prozesse zu erreichen, bereits im Vorfeld versuchten, Anträge, die ohnehin keine Aussicht auf Erfolg hatten, abzulehnen. Dies wiederum gab dem Schwarzen Korps Anlaß, den Richterstand zu kritisieren und ihm eine Behinderung der Durchsetzung der nationalsozialistischen Ziele vorzuwerfen. Wie aber insbesondere der erste Beispielsfall zeigte, war diese Kritik inhaltlich nicht berechtigt.

VI. Zusammenfassende Betrachtung zum Zivilrecht

Die dargestellten Beiträge zum Zivilrecht zeigen, daß dem Selbstverständnis des Schwarzen Korps als Mitgliedszeitschrift der SS entsprechend eine starke Konzentration auf Fälle und rechtliche Bereiche, die das tägliche Leben betrafen, festzustellen ist. Insbesondere Fälle, die das Miet- und Familienrecht thematisierten, wurden häufig in großer Ausführlichkeit dargestellt und ihre rechtliche Behandlung in der Mehrzahl der Fälle eher kritisiert als gelobt. Dabei ist jedoch festzuhalten, daß die in den behandelten Fällen auftretenden juristischen Probleme durchaus in Rechtsprechung und Literatur umstritten waren und häufig nicht von einer gesicherten Rechtslage gesprochen werden konnte. Das Mietrecht, durch die angespannte wirtschaftliche Situation in der Weimarer Republik und später durch den Beginn des Krieges sich ständig ändernden äußeren Umständen ausgesetzt, konnte gar nicht so schnell reformiert werden, wie es eigentlich geboten gewesen wäre. Ähnliches galt für das Familienrecht. Dieses war über Jahrhunderte durch den Einfluß der Kirche geprägt und hatte seit dem Ende des 19. Jahrhunderts und der Einführung der obligatorischen Zivilehe keine grundlegenden Änderungen erfahren. Der Familien- und insbesondere der Ehebegriff in der nationalsozialistischen Ideologie verfolgten jedoch andere Ziele, so daß wiederum grundlegende Reformen notwendig waren. Diese veränderten rechtspolitischen Vorstellungen standen häufig in Widerspruch mit den sich in den Urteilen widerspiegelnden Entscheidungen. Der Praxisbezug in den dargestellten zivilrechtlichen Beiträgen führte dazu, daß die Leser sich nicht nur sehr gut in die jeweiligen rechtlichen Situationen hineinversetzen konnten, ihnen wurden so unter Umständen bestimmte rechtliche Mißstände und Entwicklungen bewußt. In Einzelfällen ist, so besonders im Bereich des Mietrechts festzustellen, daß durch das Schwarze Korps kritisierte rechtliche Probleme durch die Änderung oder Neuschaffung von Gesetzen wenig später behoben wurden. Dabei wird man nicht so weit gehen können zu behaupten, daß die Berichterstattung im Schwarzen Korps allein kausal für diese Reformen gewesen ist. Das durch die Berichterstattung geschaffene Bewußtsein bei SS-Mitgliedern und ihnen nahestehenden Personenkreisen kann diesen Prozess jedoch durch einen bestimmten öffentlichen Druck oder durch entsprechendes Einwirken auf die entscheidenen Stellen innerhalb der Hierarchie des NS-Staates durchaus unterstützt haben.

B. Strafrecht

Das Strafrecht im Nationalsozialismus verkörperte vielleicht wie kein anderes Rechtsgebiet das Unrecht dieser Zeit. Unter den Nationalsozialisten verschärften sich nicht nur bestehende Straftatbestände, es wurden auch neue Gesetze eingeführt, die durch die praktischen Anwendung in einem politisch abhängigen Justizapparat das Unrecht des NS-Staates begründeten.[535] Auch das Schwarze Korps nahm in mehreren Beiträge insbesondere zu den Tötungsdelikten Stellung.

I. Delikte gegen Leib und Leben

1. § 218 StGB

a) Inhalt

Gemäß § 218 des Strafgesetzbuches (StGB) machte sich eine Frau strafbar, die ihre Frucht im Mutterleib oder durch Abtreibung tötete oder die Tötung durch einen anderen zuließ.[536] Das Schwarze Korps beschäftigte sich mit der Frage, ob der § 218 StGB auch auf Jüdinnen anwendbar sei.[537] Zu dieser Frage hatte es widersprüchliche Entscheidungen der Gerichte gegeben. So war in einem Fall die Anwendbarkeit des § 218 mit der Begründung verneint worden, daß der § 218 StGB ein „völkischer Schutzparagraph" sei. Das deutsche Volk habe ein Interesse an der Geburt deutscher Kinder von deutschen Müttern. Wer sich gegen dieses Interesse wende, indem er die Schwangerschaft vorzeitig beende, müsse entsprechend bestraft werden. Das deutsche Volk habe jedoch kein Interesse an der Geburt jüdischer Kinder, so daß jüdische Frauen nicht bestraft zu werden bräuchten, wenn sie eine Abtreibung durchführten.

Andere Gerichte hatten mit dem Hinweis auf den Strafzweck der Norm eine Anwendung des § 218 StGB auch auf Jüdinnen bejaht. Danach würde es von deutschen Frauen nicht verstanden werden, warum sie in diesen Fällen im Gegensatz zu jüdischen Frauen bestraft würden. Selbst wenn die Geburt jüdischer Kinder von einem völkischen Standpunkt nicht erwünscht sei, könne deshalb jüdischen Frauen im Umkehrschluß nicht die völlig ungeregelte Abtreibung zugestanden werden.

Das Schwarze Korps gestand beiden Ansichten durchaus Vorteile zu, sprach sich aber im Ergebnis gegen eine gesetzliche Beschränkung des § 218 StGB auf „deutsche Mütter" aus. Das Gesetzbuch gelte ohne Ausnahme für jede in

---

[535] Vgl. zu der Ausrichtung des NS- Strafrechtes die Einführung bei *Ostendorf*, Dokumentation des NS- Strafrechtes, Baden Baden 2000.

[536] Vgl. zum Gesetzeswortlaut *Schönke*, Kommentar zum Strafgesetzbuch, 1. Auflage, S. 446.

[537] SK 1939, Folge 17, S. 7, „Ein deutsches Mutterrecht".

Deutschland lebende Person. Der Gesetzgeber habe zudem beim Erlaß der Norm keine völkische oder nationalsozialistische Intention verfolgt. Insoweit sei ein Ausschluß des § 218 für jüdische Frauen nur aufgrund einer Gesetzesänderung möglich.

b) Rechtliche Bewertung

Die Frage, ob § 218 StGB auch auf Jüdinnen angewandt werden sollte, verdeutlichte die ganze Perversion der NS-Rassenideologie.[538] Schutzzweck des § 218 StGB war es, die Leibesfrucht als Keim der sich in ihr entwickelten Persönlichkeit vor Schaden zu bewahren.[539] Dabei wurde zunächst kein Unterschied im Sinne der von den Nationalsozialisten vertretenen Differenzierung zwischen „Arierinnen" und „Jüdinnen" gemacht. Dem Wortlaut nach hätte also eigentlich eine Bestrafung auch „jüdischer" Frauen wegen der Tötung der Leibesfrucht erfolgen müssen.[540] Die Rassetheorien der Nationalsozialisten sahen jedoch „Juden" als „rassisch minderwertig" an und hatten es deshalb grundsätzlich zum Ziel, die „deutsche Rasse von Einflüssen anderer Rassen reinzuhalten".[541] Deshalb lag es also grundsätzlich im Interesse der nationalsozialistischen Überzeugungen, daß „jüdische Frauen" keine Kinder bekämen, auch wenn sie deshalb ihre bereits gezeugten Kinder im Mutterleib abtöteten.[542]

Dem gegenüber stand jedoch die durch § 218 StGB vorgegebene Strafandrohung für „deutsche Frauen", die bei Zuwiderhandlung gegen § 218 StGB entsprechend bestraft wurden.

Wandte man den § 218 StGB nicht auf „jüdische Frauen" an, so entstünde eine Ungleichbehandlung gegenüber den „deutschen Frauen", die für die gleiche Tat bestraft würden. Eine derartige Ungleichbehandlung zugunsten „jüdischer Frauen" könne grundsätzlich nicht im Sinne einer nationalsozialistischen Rechtsordnung sein.[543]

---

538 Vgl. dazu auch die Ausführungen bei *Onstein*, Die Entwicklung der Straftatbestände der Abtreibung in der Weimarer Republik und im Dritten Reich, S. 110 ff.

539 *Schönke*, Kommentar zum StGB, § 218, S. 446.

540 So auch das Reichsgericht, das eine Abtreibung für strafbar erklärt hatte, bei der die Schwangere die Geburt eines „Mischlings" zu verhindern suchte; Die Justiz 1936, S. 1418.

541 *Frank*, NS- Handbuch für Recht und Gesetzgebung, S. 17 f.

542 So argumentativ auch die Begründung einer Strafkammer, die das Verfahren einstellte, „der Fortpflanzung jüdischen Halbblutes könne nicht der Schutz des Gesetzes beigemessen werden, der reinem Erbgut zukomme"; das OLG Jena gab jedoch der Berufung der Staatsanwaltschaft mit der Begründung statt, daß es nicht zu erkennen sei, wieso die Strafe für die Abtreibung einer Jüdin keine abschreckende Wirkung auch für deutsche Volksgenossen haben solle; Deutsches Strafrecht 1939, S. 182 ff.

543 So im Ergebnis die Entscheidung des OLG Jena, Deutsches Strafrecht 1939, S. 182 ff; siehe auch ein Urteil des Schwurgerichts Hannover, Deutsche Justiz 1939, S. 572.

Das Problem der Anwendbarkeit des § 218 StGB erwies sich also, wie die uneinheitliche Rechtsprechung zeigte, für die nationalsozialistische Rechtsauffassung als nahezu unlösbar. Selbst das Schwarze Korps, das sonst völlig undifferenziert für die „Rassetheorien der Nationalsozialisten" eintrat, verhielt sich auffällig neutral und berief sich auf den Gesetzgeber, der bei der Schaffung des § 218 StGB keine „völkischen oder nationalsozialistischen Intentionen" verfolgt habe. Im Verhältnis zu den bisher dargestellten Beiträgen war eine derart zurückhaltende und differenzierte Aussage äußerst unüblich.

2. §§ 211/ 212 StGB

Die Tötungsdelikte stellten sich rechtlich aufgrund der Sanktionierung der Vernichtung von Leben für die Nationalsozialisten zunehmend als problematisch heraus. Die nationalsozialistische Ideologie sah zur Erhaltung bzw. „Reinhaltung" der Rasse die „Vernichtung lebensunwerten Lebens" im Wege der Euthanasie vor.[544]

a) Die Entwicklung im Dritten Reich

Das bereits erörterte „Gesetz zur Verhinderung erbkranken Nachwuchses" wurde als eine der wesentlichen Forderungen der nationalsozialistischen Ideologie mit Wirkung zum 1.1.1934 in Kraft gesetzt.[545] Damit konnten unter bestimmten Voraussetzungen Zwangssterilisationen durchgeführt werden, die verhindern sollten, daß die von dem Gesetz erfaßten Personen Nachkommen zeugen oder gebären konnten.[546]

Die Verhinderung der Geburt „lebensunwerten Lebens" ging den Nationalsozialisten jedoch nicht weit genug. Das Gesetz zur Verhinderung erbkranken Nachwuchses sagte nichts darüber, wie mit Menschen zu verfahren war, die zwar die Kriterien des Gesetzes bezüglich der Erbkrankheit erfüllten, aber bereits geboren waren.

1938 hatte ein Vater einen Antrag auf Tötung seines schwerstbehinderten Kindes an die Kanzlei des „Führers" gestellt.[547] Daraufhin veranlaßte Hitler, daß der Arzt Dr. Karl Brandt den Fall vor Ort persönlich begutachtete und gegebenenfalls die behandelnden Ärzte zur Vornahme der Tötung des Kindes ermächtigte.

---

544 Die Euthanasie war keine spezifisch deutsche Erfindung. Auf die Entwicklung der Theorien Darwins bis zur Entwicklung rassehygenischer Grundsätze in den 20er Jahren weltweit soll hier nicht weiter eingegangen werden. Der Begriff der Euthanasie, übersetzt mit Sterbehilfe, wurde erst zu einem Synonym für die planvolle Vernichtung nicht gewünschten Lebens durch den Mißbrauch der Nationalsozialisten. Zu einem kurzen Überblick vgl. *Hasiba*, Euthanasie im Dritten Reich, S. 136 ff.

545 Vgl. zu der ideologischen rassehygienischen- und politischen Grundlage *Hitler*, Mein Kampf, S. 441.

546 RGBl. 1933 I, S. 529.

547 *Gruchmann*, Justiz im Dritten Reich, S. 501; *Hasiba*, Euthanasie im Dritten Reich, S. 147.

Dabei wurde den behandelnden Ärzten in jedem Fall Straffreiheit zugesichert. Um eine strafrechtliche Untersuchung des Falles zu verhindern, wurde jedoch der Reichsjustizminister Dr. Gürtner über den Fall unterrichtet, der die Tötung des Kindes angesichts der eindeutigen Diagnose für gerechtfertigt erklärte.[548] Dr. Brandt und Reichsleiter Bouhler wurden Anfang des Jahres 1939 ermächtigt, in ähnlich gelagerten Fällen das gleiche Verfahren anzuwenden. Damit begann ein staatlich organisiertes und von höchster Stelle initiiertes Programm zur Erfassung und Tötung „lebensunwerter Kinder".[549] Mit Datum vom 1.9.1939 verfügte Hitler schriftlich, daß „Reichsleiter Bouhler und Dr. med. Brandt unter Verantwortung beauftragt wurden, die Befugnisse namentlich zu bestimmender Ärzte so zu erweitern, daß nach menschlichem Ermessen unheilbar Kranken bei kritischster Beurteilung ihres Gesundheitszustandes der Gnadentod gewährt werden kann."[550] In der Folgezeit wurden auf ausdrücklichen Wunsch Hitlers nichtoffizielle staatliche oder parteidienstliche Stellen mit der Durchführung des Euthanasie- Programmes beauftragt und neue Institutionen geschaffen, die unter dem Deckmantel vermeintlicher wissenschaftlicher Tätigkeit den Führererlaß ausführten.[551]

Das Reichsjustizministerium hatte zunächst keine Ahnung von diesen Vorgängen. Erst im Juli 1940 wurde es durch den anonymen Brief eines Vaters darauf hingewiesen, der wegen seines schizophrenen Sohnes auf diese Entwicklungen aufmerksam geworden war und um Erklärung der Vorgänge bat.[552] Die eingeleiteten Ermittlungen und weitere deutlich heftigere öffentliche Reaktionen ließen das ganze Ausmaß der mittlerweile als „T 4" bekannten Aktion erkennen. Das Reichsjustizministerium unternahm einige halbherzige Versuche, diese Tötungen jedenfalls im Rahmen eines Gesetzes auf eine rechtliche Grundlage zu stellen, erkannte jedoch im Ergebnis den inoffiziellen Führererlaß Hitlers vom September 1939 an und ließ die Aktion „T 4" bis zu ihrem von Hitler befohlenen Ende im Herbst 1941 zu.[553] Damit waren staatlich per Führererlaß befohlene Tötungen, die den Tatbestand der §§ 211, 212 StGB erfüllten, gerechtfertigt und wurden in der Regel nicht zur Anzeige gebracht.

b) Beiträge im Schwarzen Korps

Auch das Schwarze Korps berichtete über Fälle, in denen Kinder getötet wurden.

---

548 *Gruchmann*, Justiz im Dritten Reich, S. 501, Fußnote 21.

549 *Hasiba*, Euthanasie im Dritten Reich, S. 147.

550 Der nicht veröffentlichte Führererlaß ist abgedruckt bei *Gruchmann*, Justiz im Dritten Reich, S. 502.

551 Vgl. ausführlich dazu die Darstellung bei *Gruchmann*, Justiz im Dritten Reich, S. 502 ff.; eine kürzere Darstellung findet sich bei *Hasiba*, Euthanasie im Dritten Reich, S. 147 f.

552 *Gruchmann*, Justiz im Dritten Reich, S. 505.

553 *Ders.*, S. 533.

aa) „Ein mutiger Schritt“[554]

Das Weimarer Schwurgericht hatte den Erbhofbauern Hermann Weber zu einer Gefängnisstrafe verurteilt. Der Angeklagte hatte seinen geisteskranken Sohn im Schlaf durch einen Pistolenschuß getötet. Der Oberstaatsanwalt hatte die Todesstrafe wegen Mordes gefordert, allerdings darauf hingewiesen, daß entsprechend dem zukünftigen nationalsozialistischen Strafrecht kein Mord vorliegen dürfte. Der 36- jährige Sohn war 1936 plötzlich geisteskrank geworden und hatte unter anderem Personen in seinem Umfeld bedroht. Das Schwurgericht verurteilte den Angeklagten wegen Totschlags zu drei Jahren Gefängnis unter Anrechnung der Untersuchungshaft. Das Schwarze Korps lobte ausdrücklich die Entscheidung des Gerichts und wies auf das dem Volksempfinden entsprechende Ergebnis hin. Allerdings entspreche das Urteil erst dann vollständig dem Volksempfinden, wenn dem Verurteilten die Strafe erlassen werde. Unter Berufung auf das Sterilisationsgesetz, das aber in diesem Fall keine Anwendung finde, sei die Unterbringung Geisteskranker in einer entsprechenden Einrichtung eine erhebliche finanzielle und auch persönliche Belastung für die ganze Familie. Der „Gnadentod“ sei darum die logische Folge. Der Täter habe in diesem Fall die Verantwortung einer Aufgabe auf sich genommen, der eigentlich die Gemeinschaft hätte nachkommen müssen. Er habe das ausgeführt, was die Natur vorgegeben und für dessen Umsetzung die Volksgemeinschaft Sorge zu tragen habe. Das Schwarze Korps verlieh ferner ihrer Hoffnung Ausdruck, daß „kommende Generationen“ frei von „Mitleidsglauben und der liberalistischen Sentimentalitätsduselei“ zu „Lösungen gelangen werden“.

bb) „Zum Thema: Gnadentod“[555]

In der folgenden Ausgabe veröffentlichte das Schwarze Korps einen Leserbrief zum obigen Beitrag. Darin berichtete der Leser von einem ähnlichen Fall und sprach sich für ein Gesetz aus, das ermögliche, mit Erlaubnis der Eltern das geisteskranke oder behinderte Kind zu töten. Das Schwarze Korps sprach insbesondere bei der Tötung von erwachsenen Geisteskranken oder Behinderten von einer schweren Entscheidung, sah aber im Ergebnis keine andere Lösung, weil „ein idiotisch geborenes Kind keinen Persönlichkeitswert habe“. Das christliche Tötungsverbot wurde mit dem Argument abgelehnt, daß es viel grausamer sei, in die Natur derart einzugreifen, daß man dieses „lebensunwerte Leben künstlich am Leben erhalte“. Im Ergebnis sprach sich das Schwarze Korps erneut für ein Gesetz aus, das diese Tötungen zuließ. Der „schmerzlose Gnadentod“ sei in jedem Fall humaner, weil „dem armen Geschöpf die Last seines Daseins“ erspart bleibe.

---

554 SK 1937, Folge 10, S. 18.
555 SK 1937, Folge 11, S. 9.

3. Rechtliche Bewertung

Der Anwendungsbereich der Tötungsdelikte im Strafgesetzbuch sah sich angesichts der nationalsozialistischen Ideologie größten Schwierigkeiten ausgesetzt. Auf der einen Seite blieben die §§ 211 ff. StGB, wenn auch inhaltlich verändert, mit der entsprechenden Strafandrohung in Kraft, auf der anderen Seite machte es die Abtreibungspolitik der Nationalsozialisten notwendig, die Tötung von „bestimmten Menschen" in einigen Fällen nicht zu sanktionieren.[556] Das Gesetz zur Änderung des Strafgesetzbuches vom 4.9.1939 ordnete zwar die §§ 211, 212 StGB neu, enthielt sich aber jeden Kommentars zu der bereits angesprochenen Rechtfertigung der Euthanasiepolitik. Trotz einiger Forderungen in der Rechtswissenschaft nach einer entsprechenden gesetzlichen Regelung war die Reaktion insgesamt eher zurückhaltend.[557] Nicht nur die Strafrechtskommission sprach sich gegen eine Aufnahme in das Gesetz aus, auch die Rechtswissenschaftler wiesen in der Mehrzahl auf die Gefahren hin, die mit der teilsweisen Aufhebung des Tötungsverbotes einher gehen würden.

Bis zum Ende des nationalsozialistischen Systems kam es zu keiner gesetzlichen Normierung der Euthanasiepolitik. Für Ärzte und andere an diesen Aktionen beteiligten Personen wurde der bereits erwähnte inoffizielle Führerbefehl Hitlers vom 1.9.1939 als Rechtfertigung herangezogen.[558] Obwohl derartige Handlungen gegen die Vorschriften des Strafgesetzbuches und damit gegen geltendes Recht verstießen, war der Führerbefehl nach nationalsozialistischer Ansicht höherrangig. Alle Staatsgewalt war in der Person des Führers Adolf Hitler vereint, insofern mußte der Führerbefehl jedenfalls formell Geltung beanspruchen.[559]

Die Beiträge im Schwarzen Korps waren insoweit etwas anders, weil in den dort beschriebenen Fällen Eltern ihre Kinder töten wollten oder getötet hatten. Für diese Eltern konnte der Führerbefehl keine Geltung beanspruchen, weil von diesem nur Ärzte mit besonderer Befähigung erfaßt wurden. Für die Eltern galten weiter die Wertungen des Strafgesetzbuches und damit die Anklage wegen Mordes bzw. Totschlages. Obwohl das Schwarze Korps die Milde des dargestellten Urteils lobte, wurde seinen Forderungen nach einer gesetzlichen Normierung zur Durchsetzung der Euthanasiepolitik nicht entsprochen.

---

[556] Im Gesetz zur Änderung des Reichstrafgesetzbuches vom 4.9.1941 wurden die §§ 211, 212 StGB neu gefaßt, RGBl. 1941 I, S. 549; vgl. dazu auch die Anmerkungen von *Freisler*, DJ 1941, S. 929 und *Schmidt- Leichner*, DR 1941, S. 2145 sowie die Kommentierung von *Schönke*, Kommentar zum StGB, S. 434 ff.

[557] Vgl. dazu auch die Darstellung bei *Schönke*, Kommentar zum StGB, S. 435 f.

[558] *Gruchmann*, Justiz im Dritten Reich, S. 502.

[559] *Ders.*, S. 502.

II. Zusammenfassende Betrachtung zum Strafrecht

Die strafrechtlichen Beiträge des Schwarzen Korps zur Fragen der Abtreibung und Euthanasie offenbarten nicht nur die Perversion der nationalsozialistischen Weltanschauung in ihrer ganzen Dimension, sondern verdeutlichten letztlich auch die Widersprüche innerhalb dieser. Die Vorschriften des Strafgesetzbuches, obwohl im Bereich der Tötungsdelikte reformiert, paßten nicht zu den Tötungen, die im Sinne der nationalsozialistischen Weltanschauung eigentlich erwünscht waren, weil so nach NS-Vorstellungen „lebensunwertes Leben" vernichtet wurde. Das Schwarze Korps forderte in konsequenter Umsetzung der nationalsozialistischen Euthanasiepolitik und entgegen der herrschenden Meinung in der NS-Rechtswissenschaft die Legalisierung dieser Tötungen in einem eigenen Gesetz. Im Fall der Bestrafung von Jüdinnen wegen der Abtötung der Leibesfrucht gemäß § 218 StGB hingegen sprach es sich für eine Anwendung des § 218 StGB aus, was im Ergebnis dazu führte, daß „jüdisches Leben" durch die Strafrechtsordnung geschützt wurde. Innerhalb der Logik nationalsozialistischer Vorstellungen stellte dies in der Argumentation des Schwarzen Korps einen Widerspruch dar und spiegelte letztlich die Unlösbarkeit des Problems wider.

C. Der Stand der Rechtswahrer

Die bislang näher ausgeführten Beiträge zeigten eine stets sehr kritische Haltung des Schwarzen Korps gegenüber dem Berufsstand der Juristen. Auch unabhängig von Fallbeispielen setzte sich das Schwarze Korps mit grundsätzlichen Fragen der Richter- und Anwaltschaft sowie mit Problemen der Ausbildung des juristischen Nachwuchses auseinander. Die Nationalsozialisten hatten schon im Jahr ihrer Machtübernahme versucht, die unterschiedlichen Standesvertretungen zu Gunsten einer nationalsozialistischen Vereinigung aufzulösen.

I. NS-Rechtswahrerbund[560]

Der Bund Nationalsozialistischer Deutscher Juristen (BNSDJ) wurde 1928 auf Drängen Hitlers gegründet. Wichtigste Aufgabe des Bundes war zunächst die rechtliche Beratung der Parteimitglieder und die Beeinflussung des „deutschen Rechtslebens" von einem nationalsozialistischen Standpunkt aus.[561] Dementsprechend waren zunächst hauptsächlich Anwälte Mitglieder der neuen Vereini-

[560] Über den NS-Rechtswahrerbund und die Standesorganisationen vor der Machtübernahme existieren jeweils längere Arbeiten, vgl. dazu *Sunnus*, Der NS- Rechtswahrerbund; *Müller*, Furchtbare Juristen, München 1987; *Schröder*, Die anwaltliche Tätigkeit während der nationalsozialistischen Herrschaft, Frankfurt am Main 2001. Insofern beschränkt sich die Darstellung über die Entwicklung des NS-Rechtswahrerbundes und der Standesorganisationen auf einen kurzen Überblick.

[561] *Sunnus*, Der NS- Rechtswahrerbund, S. 21.

gung. 1936 wurde der BNSDJ in „Nationalsozialistischen Rechtswahrerbund" (NRSB) umbenannt.[562]

Bereits unmittelbar nach der Machtübernahme durch die Nationalsozialisten wurde auf die übrigen juristischen Standesvertretungen wie den Deutschen Richterbund und den Deutschen Anwaltverein erheblicher Druck ausgeübt.

Im Falle des Deutschen Richterbundes trat im Verlauf des Jahres 1933 eine Tendenz ein, sich dem BNSDJ unter Aufgabe der eigenen Selbständigkeit anzuschließen. Obwohl das Präsidium selbst noch zögerte, folgten dem Beispiel des Vereins Preußischer Richter und Staatsanwälte bald weitere Landesverbände.[563] Schließlich gab auch der Vorstand des Deutschen Richterbundes selbst dem Druck nach und erklärte am 23.5.1933 in einem Schreiben an den Reichsjuristenführer Dr. Hans Frank die Auflösung und den gleichzeitigen Eintritt in den BNSDJ.[564]

Ähnlich verlief das Schicksal des 1871 gegründeten Deutschen Anwaltvereins. Unter dem nationalsozialistischem Druck wurde der Anwaltverein im Mai 1933 zunächst als selbständige Einheit Teil des BNSDJ, bevor er sich am 27.12.1933 schließlich selbst auflöste.[565]

Neben dem Deutschen Anwaltverein bestanden die Rechtsanwaltskammern, in denen sich die Anwaltschaft selbständig organisiert hatte. Auch für sie bedeutete das Jahr 1933 erhebliche Einschränkungen ihrer Unabhängigkeit. Zunächst wurde die Reichsrechtsanwaltskammer gegründet.[566] Die neue Rechtsanwaltsordnung ermächtigte 1936 den Reichsjustizminister, den Vorstand der Reichsrechtsanwaltskammer zu bestimmen. Damit war die Zentralisierung und Gleichschaltung der Anwaltschaft beendet.[567]

Mithin erreichten die Nationalsozialisten schon zu Beginn ihrer „Machtübernahme" weitgehend Kontrolle über den Richterbund und den Anwaltverein als wichtigste Standesorganisationen. Dies führte im Ergebnis sehr schnell zur Auflösung unabhängiger juristischer Standesvertretungen.

II. Beiträge im Schwarzen Korps

Das Schwarze Korps befaßte sich über den gesamten Zeitraum ihres Erscheinens mit der Aufgabe, die den „Rechtswahrern" im neuen nationalsozialistischen System zugedacht war und deren pflichtbewußte Erfüllung von ihnen erwartet wurde.

---

562 *Sunnus*, Der NS- Rechtswahrerbund, S. 25.
563 *Müller*, Furchtbare Juristen, S. 46.
564 *Ders.*, S. 46.
565 *Schröder*, Die anwaltliche Tätigkeit, S. 65.
566 *Ders.*, S. 66.
567 *Ders.*, S. 67.

1. Die Verdrängung der Juden aus der Rechtspflege

a) „Juden als Rechtserneuerer“[568]

In einem Beitrag aus ihrem ersten Erscheinungsjahr empörte sich das Schwarze Korps über die Beteiligung jüdischer Juristen an der Rechtserneuerung in Deutschland. Als Beispiel wurde die monatlich erscheinende Zeitschrift „Markenschutz und Wettbewerb“ angeführt. Diese wurde von dem „jüdischen“ Universitätsprofessor Martin Wassermann und dem „Arier“ Kurt Bußmann herausgegeben und im Verlag für Staatswissenschaften und Geschichte verlegt. In dieser Zeitschrift seien Aufsätze von jüdischen Autoren erschienen, die selbst wiederum Kritik an anderen Werken jüdischer Kollegen übten. Das Schwarze Korps zeigte sich zwar überrascht, daß es selbst jüdischen Juristen mit der nationalsozialistischen Rechtserneuerung nicht schnell genug gehe, verbat sich aber „die Frechheit, in der sie mitarbeiten an dem neuen Aufbau eines nationalsozialistischen Rechtes.“

b) „Arischer Rechtsanwalt gesucht“[569]

In einem Prozess eines „Parteigenossen“ vor dem Amtsgericht Dresden hatte sich dieser mit der Bitte, ihm die Namen „arischer“ Rechtsanwälte zu nennen, an das Amtsgericht gewandt. Das Amtsgericht Dresden, Abteilung I, antwortete, es könne zu der Auswahl eines Anwalts durch eine der Prozessparteien keine Stellung nehmen und verweise insoweit auf ein Verzeichnis aller am Amtsgericht Dresden zugelassen Anwälte. Dieses Verzeichnis stammte jedoch aus dem Jahr 1929. Der „Parteigenosse“ legte daraufhin Dienstaufsichtsbeschwerde ein, weil er seiner Ansicht nach von einem „deutschen“ Gericht, die Empfehlung auf einen „deutschen“ Anwalt erwarten dürfe. Weiterhin müsse wegen der Suche nach einem „arischen“ Rechtsanwalt der Prozess verlegt werden. Die Dienstaufsichtsbeschwerde wurde mit der Begründung zurückgewiesen, daß ein Gericht keine Vorschläge hinsichtlich der Auswahl der Prozessvertreter machen dürfe. Bezüglich der Informationen über die Abstammung des Rechtsanwaltes wurde der „Parteigenosse“ an die zuständige Rechtsanwaltskammer verwiesen. Das Schwarze Korps kritisierte diese Haltung. Es sei durchaus „keine Schande“, einen Unterschied zwischen „arischen“ und „jüdischen“ Rechtsanwälten zu machen. Allerdings sei es einem deutschen Volksgenossen, der in seinem privaten Leben jede Begegnung mit Juden vermeide, nicht zuzumuten, sich vor Gericht von einem jüdischen Anwalt vertreten zu lassen. Das Amtsgericht wurde aufgefordert, die geschilderte Praxis noch einmal zu überdenken.

---

[568] SK 1935, Folge 42, S. 7.
[569] SK 1937, Folge 44, S. 7.

c) Rechtliche Bewertung

Bereits unmittelbar nach der Machtübernahme begannen die Nationalsozialisten, den Ausschluß jüdischer Richter, Staatsanwälte und Rechtsanwälte aus der Rechtspflege vorzubereiten.[570] Mit dem Gesetz zur Wiederherstellung des Berufsbeamtentums vom 7.4.1933 wurde ein Gesetz geschaffen, das die Rechtsgrundlage für die Entfernung unliebsamer Beamten liefern sollte.[571] Gemäß § 1 des Gesetzes konnten Beamte aus dem Amt entlassen werden, auch wenn die Voraussetzungen nach geltendem Recht dafür nicht vorlagen. Entlassen werden konnten danach Beamte, die seit dem 9.11.1918 in das Beamtenverhältnis eingetreten waren, ohne die dafür vorgeschriebene oder übliche Vorbildung oder Eignung zu besitzen. Nach der Durchführungsverordnung vom 11.4.1933 gehörten zu diesem Kreis auch alle Beamten, die „nicht arischer Abstammung“ waren. Diese mußten in den Ruhestand versetzt werden.[572] Allerdings waren gemäß § 3 des Gesetzes diejenigen Beamten davon ausgenommen, die sich seit dem 1.8.1914 im Beamtenverhältnis befanden, die im Weltkrieg an der Front gekämpft oder die ihre Väter oder Söhne im Krieg verloren hatten.

Zusammen mit dem Gesetz zur Wiederherstellung des Berufsbeamtentums wurde am 7.4.1933 auch das Gesetz über die Zulassung zur Rechtsanwaltschaft erlassen.[573] Inhaltlich ähnlich dem Berufsbeamtengesetz konzipiert, sah es den Entzug der Zulassung für solche Rechtsanwälte vor, die nicht „arischer Abstammung“ waren. Gemäß § 1 galten dafür jedoch die gleichen Ausnahmen wie für Beamte nach dem Berufsbeamtengesetz. Die Maßnahmen zeigten schnell Wirkung. So waren beispielsweise im Oberlandesgerichtsbezirk Berlin am 7.4.1933 1879 „nichtarische“ Rechtsanwälte zugelassen.[574] Durch das Gesetz über die Zulassung zur Anwaltschaft verloren 569 Anwälte ihre Zulassung, während 152 Anwälte aus anderen Gründen ausschieden. Am 1.5.1934 waren im OLG- Bezirk Berlin noch 1159 „nichtarische“ Anwälte zugelassen. Ähnliche Entwicklungen waren auch im Bereich der Gerichte und Staatsanwaltschaften zu beobachten.[575]

Mit dem als Teil der Nürnberger Gesetze verabschiedeten Reichsbürgergesetz veränderte sich die rechtliche Situation aller Juden in Deutschland radikal. In der

---

570 Die Entwicklung zog sich über einen längeren Zeitraum hin. Eine vollständige Darstellung würde den Rahmen dieser Arbeit sprengen. Darum werden hier nur die wichtigsten Veränderungen erwähnt. Für eine vollständige Darstellung siehe *Krach*, Jüdische Rechtsanwälte in Preußen, 3. Kapitel, S. 286 ff.

571 RGBl. 1933 I, S. 175; vgl. auch *Gruchmann*, Justiz im Dritten Reich, S. 137.

572 RGBl. 1933 I, S. 195; vgl. dazu *Hattenhauer*, Geschichte des deutschen Beamtentums, S. 409 f.

573 RGBl. 1933 I, S. 188.

574 Vgl. zu den Daten die Tabelle bei *Gruchmann*, Justiz im Dritten Reich, S. 151.

575 Vgl. dazu die Tabelle bei *Gruchmann*, Justiz im Dritten Reich, S. 167.

Folgezeit stellte sich die Frage, welche Auswirkungen diese Veränderungen auf den jüdischen Teil der Anwaltschaft hätten. Bis 1938 wurde darüber jedoch keine endgültige Entscheidung getroffen. Erst im Verlauf des Jahres 1938 wurden im Reichsjustizministerium ernsthafte Bestrebungen erkennbar, die rechtliche Situation der jüdischen Anwaltschaft endgültig zu klären. [576]

Trotz erheblicher Attacken gegen jüdische Anwälte, die im Ergebnis darauf hinausliefen, ein absolutes Arbeitsverbot zu verhängen, erkannte das Reichsjustizministerium, daß eine derartig weitgehende Regelung wenig sinnvoll gewesen wäre. Die jüdische Bevölkerung benötigte auch weiterhin rechtlichen Beistand. Da sich „arische" Rechtsanwälte immer weniger zur Verteidigung jüdischer Mandanten bereit erklärten, wäre ihnen durch ein absolutes Berufsverbot jüdischer Anwälte nahezu jede Möglichkeit rechtlicher Beratung entzogen.[577] Schließlich wurde nach einigen Auseinandersetzungen am 27.9.1938 die „Fünfte Verordnung zum Reichsbürgergesetz" erlassen.[578] Danach wurde Juden der Zugang zum Beruf des Rechtsanwalts verschlossen. Soweit Zulassungen bereits erteilt waren, mußten sie bis zum 30.11.1938 zurückgenommen werden. Zur rechtlichen Beratung und Vertretung von Juden wurden von der Justizverwaltung jüdische Konsulenten zugelassen. Mithin wurde durch die Fünfte Verordnung zum Reichsbürgergesetz der Ausschluß jüdischer Anwälte aus der Anwaltschaft erreicht. Es war ihnen nicht mehr möglich, ihrem Beruf selbstbestimmt nachzugehen.

Die Forderung nach einer „judenfreien" Justiz unter Einschluß der Anwaltschaft stellte auch das Schwarze Korps. Die Rechtserneuerung im nationalsozialistischen Sinn konnte nicht mit jüdischen Richtern, Staatsanwälten oder Anwälten erfolgen. Dies galt selbst dann, wenn im Sinne der Nationalsozialisten argumentiert wurde. Die rassische Differenzierung, die vom Schwarzen Korps auch hinsichtlich der Neuordnung der Justiz gefordert wurde, machte dies von vornherein unmöglich. Damit wurden die Forderungen des Schwarzen Korps hinsichtlich des Standesrechts weitgehend umgesetzt.

2. Die Aufgabe des Rechtswahrers

a) „Rechtswahrer oder bezahlter Kuli?"[579]

Die Anwaltschaft und ihre Verpflichtungen im neuen nationalsozialistischen System waren Gegenstand einiger längerer Beiträge im Schwarzen Korps. Die Anwälte befänden sich in einem für sie nahezu unlösbaren Konflikt. Vertrete ein Anwalt „das Recht von gestern", so tue er Unrecht, andererseits sei das „Recht

[576] *Krach*, Jüdische Rechtsanwälte in Preußen, S. 387.
[577] *Ders.*, S. 387 f.
[578] RGBl. 1938 I, S. 1146.
[579] SK 1937, Folge 31, S. 6.

von heute" aus der Sicht des alten Rechtssystems als Unrecht anzusehen. Deshalb befänden sich die Anwälte wie kein anderer Berufsstand in einem Prozess des Umlernens. Erst kommende Generationen würden in die Situation kommen, ein Recht zu vertreten, das mit der Weltanschauung übereinstimme.

Nach dem alten Rechtssystem galt ein Anwalt als außerordentlich tüchtig, wenn er es verstand, die „Paragraphenmaschinerie" so zu bedienen, daß es seinem Mandanten half. Ob dieses Verhalten moralischen Grundsätzen genügte, sei nicht relevant gewesen. Das neue System hingegen definiere Recht nach dem Volksempfinden. Danach sei der Beruf des Anwalts mit der Überzeugung vom Recht und dessen Empfindung untrennbar verbunden. Nur Anwälte mit einer derartigen Berufsauffassung seien in der Lage, „die alten jüdischen Rechtsverdrehermethoden" zu überwinden und durch „eigenes Rechtsempfinden" und „stolzes Verantwortungsbewußtsein" die Verwandlung vom „bezahlten Kuli" zum „Rechtswahrer" zu vollziehen.

b) „Rechtswahrer oder bezahlter Kuli?"[580]

In einem zwei Wochen später erscheinenden gleichlautenden Beitrag veröffentlichte das Schwarze Korps eine amtliche Stellungnahme von Staatssekretär Dr. Freisler. Freisler griff die wesentlichen Aussagen des Beitrages aus der vorherigen Ausgabe auf und stimmte dem Schwarzen Korps im Ergebnis zu.

Er verlangte ebenso wie das Schwarze Korps die „Säuberung des Anwaltsstandes von jüdischen Rechtsanwälten" und sah die Schaffung eines „deutschen" Anwaltsstandes als zentrale Aufgabe an. Gleichzeitig müsse sich die Einstellung dieser „deutschen" Anwälte zu ihrem Beruf entsprechend dem nationalsozialistischen System verändern. Freisler zitierte dazu aus einer Rede Hitlers vor dem Reichstag am 30.1.1937. Hitler sah die veränderte Aufgabe der Justiz darin, nicht mehr dem Individuum und dem Eigentum, sondern in erster Linie der Erhaltung und Sicherung des Volkes zu dienen. Dies könne nur durch den „Dienst am Recht" erfolgen. Nach einigen historischen Erläuterungen kam Freisler zu dem Schluß, daß die Anerkennung des Anwaltsstandes durch das deutsche Volk daran gemessen werde, inwieweit zur „Rechtssicherheit, zur Beseitigung der jüdischen Rechtsverdrehungsmethoden und zum Siege eines wahrhaft deutschen Rechtes" beigetragen werde. Insoweit stimmte Freisler den Ausführungen des Schwarzen Korps inhaltlich weitgehend zu.

c) Der Fall Gröpfe

Der Fall des Rechtsanwalts Dr. Gröpfe aus Hannover gehörte zu den Fällen, die auch in der bereits über das Schwarze Korps erschienenen Sekundärliteratur Be-

---

580 SK 1937, Folge 33, S. 6.

achtung fanden.[581] Dr. Gröpfe hatte seine Mandantin Obermeier in einem Fall vertreten, in dem diese aufgrund der Kriegsbewirtschaftung ihr beschlagnahmtes Eigentum zurückverlangte. Die Mandantin hatte am 27.8.1939, einen Tag nach Verkündung der Kriegsbewirtschaftung lebenswichtiger Erzeugnisse, in einer Art „Hamsterkauf" zu viele Reinigungsmittel erstanden. Diese waren in ihrer Wohnung beschlagnahmt und Frau Obermeier anschließend zu einer Gefängnisstrafe verurteilt worden. Das Gericht hatte es jedoch versäumt, eine Einziehung der Waren anzuordnen. Allerdings wurde kurz darauf eine Amnestie zu Gunsten der Taten erlassen, die in geringerem Umfang vor Ausbruch des Krieges begangen worden waren. Dies kam der Mandantin Obermeier zu Gute. Daraufhin machte ihr Anwalt Dr. Gröpfe Ansprüche wegen des „rechtswidrig eingezogenen Eigentums" gegen das Deutsche Reich geltend. Unter anderem veranlaßte Dr. Gröpfe, daß die Klage dem Oberpräsidenten, dem Oberfinanzpräsidenten, dem Regierungspräsidenten und dem Polizeipräsidenten Hannovers zugestellt wurde.

Wegen seines Verhaltens in diesem Fall wurde Dr. Gröpfe vom Ehrengericht der Rechtsanwaltskammer in Celle mit einem Verweis und einer Geldstrafe von 5000 RM bestraft. Der Ausgangsfall war für das Schwarze Korps nicht weiter von Bedeutung. Vielmehr wurde dieser zum Anlaß genommen, um sich grundsätzlich über den Beruf des Rechtsanwalts zu äußern. Betont wurde wiederholt, daß die Anwälte dem Staat und der nationalsozialistischen Ideologie zu dienen verpflichtet seien. „Das Hamstergut" der Mandantin Obermeier gehöre nicht ihr, nur weil sie es gekauft habe. Es reiche für einen nationalsozialistischen Rechtswahrer nicht aus, die Gesetze zu kennen und zu beherrschen. Er müsse vielmehr sein rechtliches Denken und Handeln in die nationalsozialistische Weltanschauung einordnen. Es folgten längere Ausführungen des Schwarzen Korps über die Bestimmung des Anwalts, die zu dem Ergebnis kamen, daß diejenigen, die gute Nationalsozialisten auch gute Rechtswahrer seien und dies entsprechend bei der Juristenausbildung berücksichtigt werden müsse.

d) Stellungnahme

Während sich die Anwaltschaft seit dem 19. Jahrhundert weitgehend zu einem unabhängigen Berufsstand mit selbständiger Standesvertretung entwickelt hatte, wollten die Nationalsozialisten Anwälte, die nicht den individuellen Interessen ihrer Mandanten dienten, sondern dem Staat und der nationalsozialistischen Bewegung. Der perfekte Rechtswahrer mußte zugleich auch ein guter Nationalsozialist sein. Dabei war nicht die geschickteste Gesetzesanwendung entscheidend, vielmehr mußte der Rechtswahrer aufgrund seiner Verpflichtung gegenüber dem

---

[581] Vgl. dazu beispielsweise *Combs*, Voice of the SS, p. 279; im Schwarzen Korps selbst erschienen mehrere Beiträge zu diesem Fall: SK 1940, Folge 25, Seite 6 u. Folge 35, S. 6; SK 1941, Folge 11, S. 4; SK 1941, Folge 21, S. 4.

nationalsozialistischen Staat das Recht verteidigen, das sich durch das gesunde Volksempfinden definierte. Diese Ideologie wurde weitgehend in der Änderung der Reichsrechtsanwaltsordnung vom 21.2.1936 umgesetzt.[582] Bereits in der Präambel wurde festgehalten, daß der Rechtsanwalt „der berufene, unabhängige Vertreter und Berater in allen Rechtsangelegenheiten" sei. Sein Beruf sei „kein Gewerbe, sondern Dienst am Recht". Obwohl der Rechtsanwalt grundsätzlich selbständig sei, nehme er in besonderem Maße Aufgaben der Rechtspflege des Reiches wahr, die ihm eine große Verantwortung für den Staat und damit verbunden auch die nationalsozialistische Bewegung auferlegten.[583]

Das Schwarze Korps hat über einen längeren Zeitraum immer wieder harte Kritik am Juristenstand und auch an einigen Anwälten persönlich geübt. Als Beispiel für die individuelle Kritik kann exemplarisch der Fall des Rechtsanwalts Gröpfe genannt werden.

Letztlich vertrat das Schwarze Korps auch hinsichtlich der Aufgaben und Verpflichtungen der Anwaltschaft konsequent und sehr drastisch die ideologischen Vorgaben des Nationalsozialismus. Um die Rechtserneuerung im nationalsozialistischen Sinne rechtfertigen zu können, brauchte es besonders qualifizierte Rechtswahrer, die im Einklang mit der Ideologie und im Dienst für den Staat, die „Reformen" praktisch umsetzen konnten.

Mit dieser neuen Generation von Rechtswahrern, so die Logik des Schwarzen Korps, konnte ein „perfektes" nationalsozialistisches Rechtssystem geschaffen werden, daß auf jeder Ebene zu Ergebnissen im Sinne eines „gesunden Volksempfindens" und damit im Sinne der NS-Ideologie kam. Diesen Forderungen wurde von staatlicher Seite durch die Änderung der Reichsrechtsanwaltsordnung im Jahre 1936 entsprochen.

D. Abschließende Betrachtung der Beiträge im Schwarzen Korps

Das Schwarze Korps als selbst propagierte Mitgliedszeitung der SS ist ein Beispiel, wie Propaganda im NS-Staat gezielt als Mittel zur Beeinflussung bestimmter politischer Prozesse eingesetzt wurde. Dabei lag ein Schwerpunkt der Berichterstattung auf juristischen Themen. Mit Ausnahme des öffentlichen Rechts, das bezogen auf die Anzahl der Beiträge etwas weniger Berücksichtigung fand, sind zu weitgefächerten Problembereichen des Zivil- und Strafrechts Beiträge veröffentlicht worden.

---

582 RGBl. 1936 I, S. 107.

583 *Vollmer*, Kommentar zur Reichsrechtsanwaltsordnung vom 21.2.1936, S. 11; *Noack*, Kommentar zur Reichsrechtsanwaltsordnung vom 21.2.1936, S. 18 ff; wenn auch unter anderen Voraussetzungen wird auch heute gemäß § 1 der Bundesrechtsanwaltsordnung der Rechtsanwalt als unabhängiges Organ der Rechtspflege definiert.

Dabei kann jedoch nicht von einer sachlichen Justizkritik gesprochen werden. Die Beiträge zeichneten sich durch einen übersteigerten Gebrauch nationalsozialistischer Terminologie und eine äußerst populistische Form der Darstellung aus, die den Kern des juristischen Problems oftmals kaum noch erkennen ließen. Zudem waren auch die in den Beiträgen dargestellten juristischen Sachverhalte oftmals unrichtig. Wie dargestellt, führten Beiträge im Schwarzen Korps immer wieder zu heftigen öffentlichen Reaktionen, die jedenfalls teilweise durch eine Richtigstellung der juristischen Fakten in offiziellen Regierungsblättern abgemildert werden sollten.

Letztlich war gerade dies jedoch ein eindeutiger Hinweis darauf, daß das Schwarze Korps auch von hochrangigen Stellen innerhalb der NS-Hierarchie gelesen wurde, die in der Lage waren, eine entsprechende Klarstellung selbst zu veranlassen oder jedenfalls entscheidend auf die zuständigen Stellen einzuwirken. Abgesehen von diesen Einschränkungen zeigte sich jedoch, daß im Schwarzen Korps über drängende Probleme aus den für das tägliche Leben relevanten Rechtsbereichen, wie dem Miet- oder Familienrecht, oder die aus Sicht der NS-Ideologie nötigen Reformen, wie die Aufgabe der „Rechtswahrer" im NS-Staat, diskutiert wurde.

Das Rechtssystem sah sich während der Zeit zwischen 1933 und 1945 zwei wesentlichen Herausforderungen ausgesetzt. Zunächst mußte das bestehende Rechtssystem im Sinne der nationalsozialistischen Weltanschauung umgestaltet und „reformiert" werden. Dieser Prozess der nationalsozialistischen Rechtserneuerung vollzog sich über die gesamte Zeit des NS-Systems, wurde jedoch mit voranschreitender Zeit abgemildert.

Die zweite Veränderung ergab sich durch den Beginn des Zweiten Weltkrieges 1939. Mit dem Voranschreiten des Krieges veränderten sich die äußeren Umstände so schnell, daß auch das Rechtssystem immer schneller auf diese kriegsbedingten Veränderungen reagieren mußte.

Diese unterschiedlichen Phasen sind jedenfalls grundsätzlich auch in den Veröffentlichungen des Schwarzen Korps zu erkennen, wobei die erste Ausgabe erst im März 1935 erschien und nicht schon im Jahre der „Machtergreifung" 1933. Bereiche wie das Mietrecht waren stark geprägt von der Wohnungsnot und den Auswirkungen der Kriegsjahre. Das Familienrecht wie auch das Strafrecht wurden eher im Sinne der nationalsozialistischen Ideologie beeinflußt.

Den vom Schwarzen Korps veröffentlichten kritischen Anmerkungen zu bestimmten juristischen Sachverhalten oder Entscheidungen folgten jedoch in einigen Fällen entsprechende Gesetzesänderungen oder Verordnungen, die sich der beanstandeten Probleme annahmen. Dabei kann die Kritik des Schwarzen Korpses nicht als alleinige Ursache und auch nicht als unmittelbare Folge bezeichnet werden. Die nachgewiesene öffentliche Beachtung veröffentlichter Beiträge läßt jedoch den Schluß zu, daß jedenfalls mittelbar, auch die wenig sachlich geführte Diskussion von Beiträgen mit juristischem Schwerpunkt, die öffentliche Meinung und damit auch die entsprechenden Reformbemühungen unterstützt und beeinflußt hat. Damit kann die These aufrecht erhalten werden, daß die SS über ihre Mitgliedszeitung „Das Schwarze Korps“ mittelbar Einfluß auf das Rechtsleben im Dritten Reich genommen hat.

6. Teil: Die „Meldungen aus dem Reich"[584]

A. Einleitung

Der SD als Nachrichtendienst der SS begann ab 1936 mit der nachrichtendienstlichen Überwachung einzelner Bereiche des zivilen Lebens. Während aus den Jahren 1934-1936 nur vereinzelt und sehr zielgerichtet Gegner des Nationalsozialismus wie die Kirchen, die Freimaurer und die Linksbewegung beobachtet wurden, wurde die nachrichtendienstliche Arbeit 1937 auf die „allgemeine Lage" ausgeweitet.[585] Um die einzelnen Berichte besser koordinieren zu können und ein einheitlicheres Bild der Stimmungslage zu erhalten, sollten die Mitarbeiter des SD ein vorgefertigtes Schema benutzen, das ähnlich der Organisationsstruktur des SD-Hauptamtes in unterschiedliche Bereiche unterteilt war.[586] Aus dem Jahr 1938 ist nur der Jahreslagebericht erhalten; für 1939 liegt für das erste Quartal ein Vierteljahresbericht vor.[587]

Die regelmäßige Berichterstattung begann am 9.10.1939 mit den Berichten zur innenpolitischen Lage. Diese Berichte gaben Auskunft über die „Allgemeine Stimmung und Lage", die „Gegner", die „Kulturellen Gebiete", über „Recht und Verwaltung" sowie über die „Wirtschaft".[588] Seit dem 8.12.1939 wurden die „Berichte zur innenpolitischen Lage" „Meldungen aus dem Reich" genannt. Bis zum 31.5.1943 erschienen diese Meldungen in kurzen Abständen von wenigen Tagen. Die Meldungen aus dem Reich wurden dann abgelöst durch die „SD- Berichte zu Inlandsfragen", die entsprechend der Themengebiete durch Farben gekennzeichnet waren und sich auf einen thematischen Schwerpunkt konzentrierten.[589]

Im Sommer 1944 beendete der SD diese regelmäßige Berichterstattung. Es erschienen zwar noch vereinzelt Meldungen des SD zu „Einzelfragen" oder aus vereinzelten SD-Abschnitten. Mit Voranschreiten des Krieges konnte eine regelmäßige nachrichtendienstliche Tätigkeit in dem dargestellten Ausmaß aber nicht mehr geleistet werden.

---

584 „Meldungen aus dem Reich, Die geheimen Lageberichte des Sicherheitsdienstes der SS 1938- 1945", Band 1- 17, Herrsching 1984 ist der Titel der 17- bändigen von Heinz Boberach herausgegebenen Quellenedition.

585 Die frühen Berichte aus dem Jahr 1937 existieren nicht mehr, vgl. dazu *Boberach*, Meldungen aus dem Reich, Band 1, S. 20; für die ersten Jahre der nachrichtendienstlichen Arbeit sind keine Ergebnisse überliefert.

586 Die nachrichtendienstlichen Meldungen werden soweit nicht ausdrücklich anders bezeichnet, unter dem Sammelbegriff „Meldungen aus dem Reich" zusammengefaßt.

587 *Boberach*, Meldungen aus dem Reich, Band 2, S. 7 ff., 215 ff.

588 *Ders.*, Band 1, S. 21.

589 *Ders.*, Band 1, S. 21.

Die Meldungen aus dem Reich waren das Ergebnis nachrichtendienstlicher Arbeit und als solche nicht für die Öffentlichkeit oder zur Veröffentlichung bestimmt. Viele der Schriftstücke trugen den Vermerk „Nur für den Dienstgebrauch“ oder „Streng geheim“.

Die Rubrik „Verwaltung und Recht“ macht die Meldungen aus dem Reich auch deshalb für diese Arbeit interessant. Während die Beiträge im Schwarzen Korps als Zeitungsartikel ausdrücklich für die Öffentlichkeit und die Propaganda bestimmt waren, wird zu untersuchen sein, inwieweit inhaltliche Übereinstimmungen oder Unterschiede zu den Meldungen aus dem Reich bestehen, die als nachrichtendienstliches Material der strikten Geheimhaltung unterlagen und damit eine völlig andere Aufgabe erfüllen sollten.

B. Die Rubrik „Verwaltung und Recht“

In der Rubrik „Verwaltung und Recht“ wurden alle nachrichtendienstlich erfaßten Beiträge, die das Verwaltungs- und Rechtswesen betrafen, zusammengefaßt.[590] Insoweit gaben die Meldungen aus dem Reich einen Überblick, über welche rechtlichen Themen der SD berichtete und inwieweit dies für die Arbeit der SS bzw. des SD von Bedeutung war.

I. Zivilrecht

Zum Zivilrecht liegen neben verfahrensrechtlichen Berichten insbesondere Meldungen zum Schuldrecht sowie zum Familien- und Erbrecht vor.[591]

1. Mietrecht

Durch die erst 1939 und später einsetzende regelmäßige Berichterstattung waren die Meldungen zum Mietrecht bereits stark durch die kriegsbedingte Wohnungssituation beeinflußt.

---

590 Die nachfolgende Untersuchung erfolgt nur bezüglich der Beiträge über das Rechtswesen. Obwohl auch das Verwaltungsrecht Teil des Rechtssystems ist, wird aus Gründen der Vergleichbarkeit mit den Beiträgen aus dem Schwarzen Korps, sowie aus Gründen der Schwerpunktsetzung davon Abstand genommen. Ähnlich wie auch schon im Kapitel über die Beiträge im Schwarzen Korps kann nicht jeder einzelne Beitrag rechtlich ausgewertet werden. Vielmehr wird eine Behandlung nach Rechtsgebieten und Schwerpunkten vorgenommen.

591 Vgl. dazu die nach Rechtsgebieten geordnete Zusammenstellung der Meldungen bei *Boberach*, Meldungen aus dem Reich, Band 1, S. 146 ff.

a) „Unsachgemäße Prozeßführung durch Mietervereine“[592]

aa) Inhalt

In den Meldungen aus dem Reich Nr. 57 vom 23.2.1940 wurden Beschwerden aus Rechtswahrerkreisen bezüglich der Rechtsvertretung von Mietern durch Mietervereine gemeldet. Sowohl Richter als auch Rechtsanwälte hätten sich besorgt darüber geäußert, ob die Mietervereine aufgrund ihrer fachlichen Qualifikation zu einer angemessenen Rechtsberatung fähig seien. Nach Ansicht der zitierten Kreise sei die durch Rechtsanwälte geleistete Beratung in den NS-Rechtsberatungsstellen ausreichend und verdiene in denen für Rechtswahrer schwierigen Zeiten die Unterstützung des Staates. Es seien darum Forderungen erhoben worden, nicht rechtskundige Personen von der Prozeßführung durch entsprechende Änderungen der Mieterschutzgesetze auszuschließen.

bb) Rechtliche Bewertung

Die Meldungen über die Prozeßführung durch Mietervereine betrafen zwar keine materiell- rechtlichen Fragen, zeigten aber, daß der SD in juristischen Kreisen aktiv tätig und um ein Stimmungsbild der Anwaltschaft bemüht war.

Die Frage, inwieweit Mietervereine in Mietrechtsprozessen vertretungsberechtigt waren, bestimmte sich nach den Regeln der Zivilprozessordnung (ZPO) und des Gerichtsverfassungsgesetzes (GVG). Gemäß § 78 ZPO mußten sich im sogenannten Anwaltsprozess die Parteien vor den Landgerichten und allen Gerichten höherer Instanz von einem bei dem Gericht zugelassenen Anwalt als Prozeßbevollmächtigtem vertreten lassen. Daraus folgte, daß in Verfahren vor den Amtsgerichten kein Anwaltszwang bestand.[593] Nach § 23 Nr. 2 a GVG waren die Amtsgerichte in bürgerlichen Rechtsstreitigkeiten ohne Rücksicht auf den Wert des Streitgegenstandes bei Streitigkeiten zwischen dem Vermieter und dem Mieter von Wohnräumen wegen der Überlassung, Benutzung oder Räumung dieser Räume zuständig. Mithin bestand in Mietrechtsprozessen, weil diese vor den Amtsgerichten verhandelt wurden, kein Anwaltszwang. Die Parteien konnten im sogenannten Parteienprozess durch Vollmachterteilung eine prozeßfähige Person als Stellvertreter mit der Führung des Prozesses beauftragen.[594] Damit bestanden gegen die Ernennung von Vertretern der Mietervereine zu Prozeßbevollmächtigten der Mieter keine rechtlichen Bedenken. Wie in den Meldungen beanstandet, waren keine Rechtsanwälte in die Prozessvertretung involviert, so daß sie entsprechend auch keine Honorare verdienten. Die gemeldete

---

592 *Boberach*, Meldungen aus dem Reich, Band 3, S. 800.

593 *Baumbach*, Kommentar zur ZPO, § 78, S. 117; *Rosenberg*, Lehrbuch des deutschen Zivilprozeßrechts, S. 146.

594 *Rosenberg*, Lehrbuch des deutschen Zivilprozeßrechts, S. 150 f.

Besorgnis der Anwaltschaft über die entgangenen Honorare konnte angesichts der wirtschaftlichen Situation der Anwaltschaft insgesamt nicht überraschen.

In der Weimarer Republik hatte die Zahl der zugelassenen Anwälte erheblich zugenommen. Nicht nur durch die zunehmende Sättigung des Anwaltsmarktes, sondern auch durch die 1929 eingetretene Weltwirtschaftskrise wurden die Einkommen immer geringer, so daß 1934 schließlich knapp 30 % der anwaltlichen Einkommen unter dem Existenzminimum von 3000 RM lagen.[595] Erst 1934 begann die Zahl der Zulassungen bedingt durch nationalsozialistische Änderungen auf dem Gebiet des Zulassungswesens, insbesondere hinsichtlich jüdischer Anwälte, zu sinken.[596] Bis 1938 war eine wirtschaftliche Entspannung auf dem Arbeitsmarkt festzustellen. Danach nahmen die Mandate kontinuierlich ab. Bedingt durch die Aufhebung des Lokalitätsprinzips und den zunehmenden Einfluß der von der Partei organisierten Rechtsberatung, verlor das klassische Anwaltsmandat an Bedeutung.[597] Mit Beginn des Krieges wurde zunächst die Einkommenssteuer erhöht. Ab 1942 wurde für Rechtsanwälte zusätzlich die Verpflichtung zur Abgabe eines Übergewinns eingeführt. Weitere Regelungen wirkten sich ebenfalls zu Ungunsten der Honorarforderungen der Anwälte aus. Besonders die Situation der an den Amtsgerichten zugelassenen Rechtsanwälte wurde bis zum Ende des Krieges immer schlechter.[598] Neben diesen allgemeinen Entwicklungen wurde die Anwaltschaft zudem durch die von der NSDAP organisierte Rechtsberatung zusätzlich belastet. Diese Rechtsberatung mußte von den beratenden Rechtsanwälten ehrenamtlich durchgeführt werden und sollte dazu dienen, „der minderbemittelten Bevölkerung", eine kostenlose rechtliche Beratung zuteil werden zu lassen.[599] Durch diese von der NSDAP organisierte Beratung sowie die Rechtsberatung durch den Haus- und Grundbesitzerverband und den Mieterverband sollte die „Totalität auf diesem Gebiete des deutschen Soziallebens" gewährleistet werden.[600] Derartige durch die nationalsozialistische Politik bedingte Standespflichten führten ebenfalls nicht dazu, daß sich die Anwaltschaft wirtschaftlich erholte.

Mithin entsprachen die gemeldeten Forderungen der Anwaltschaft hinsichtlich des Ausschlusses der Mietervereine von der Prozeßvertretung durchaus der angespannten wirtschaftlichen Lage der Anwaltschaft insgesamt. Aufgrund der Rechtsberatung durch die Mietervereine und die NS-Beratungstellen schien es vielen potentiellen Mandanten nicht mehr nötig, die professionelle Beratung eines Anwalts in Anspruch zu nehmen. Insoweit waren die Forderungen der Anwalt-

---

595 *Schröder*, Die anwaltliche Tätigkeit während der nationalsozialistischen Herrschaft, S. 71.
596 *Ders.*, S. 71; vgl. dazu auch die Zahlen bei *Ostler*, Die deutschen Rechtsanwälte, S. 269.
597 *Schröder*, Die anwaltliche Tätigkeit während der nationalsozialistischen Herrschaft, S. 73.
598 *Ders.*, S. 73.
599 *Ostler*, Die deutschen Rechtsanwälte, S. 275.
600 *Ders.*, S. 274.

schaft nach einer Unterbindung dieser Praxis nicht nur auf wirtschaftliches Gewinnstreben gerichtet, sondern auch der Versuch eines wirtschaftlich angeschlagenen Berufsstandes, sich Mandate und damit die eigene Existenz zu erhalten.

b) Die Verkündung und Vollstreckung von Räumungsurteilen

aa) Inhalt

Die Meldungen vom 14.8.1941 berichteten von den Schwierigkeiten der Gerichte, Eigenbedarfsklagen des Vermieters gemäß § 4 des Mieterschutzgesetzes stattzugeben.[601] Diese Klagen gründeten sich darauf, daß die Wohnung durch den Mieter aufgrund einer nur geringen Zahl von Mitbewohnern seines Haushaltes nicht angemessen ausgenutzt werde. Deshalb versuche der Vermieter durch eine entsprechende „Eigenbedarfsklage", dem Mieter zu kündigen und die Wohnung nicht etwa selbst oder für seine Familienangehörigen in Anspruch zu nehmen, sondern einer größeren Familie zur Verfügung zu stellen. Die Rechtslage werde durch die Amts- und Landgerichte unterschiedlich beurteilt. Allerdings sei unter dem Aspekt des Mieterschutzes äußerst fraglich, ob diese Entscheidungen rechtlich richtig seien. Zwar gebe es Einigkeit darüber, daß sich die Verteilung von Wohnraum insbesondere zu Gunsten kinderreicher Familien verbessern müsse. Dies dürfe jedoch nicht durch den einzelnen Richter unter faktischer Aufhebung der Mieterschutzvorschriften erfolgen. Solche grundlegenden Fragen der Wohnraumpolitk müßten entsprechend grundsätzlich geregelt werden.

Nicht nur die Verkündung von Räumungsurteilen war Gegenstand der Meldungen, auch die Vollstreckung derartiger Urteile bereitete offenbar Schwierigkeiten. In den Meldungen Nr. 342 vom 10.12.1942 wurde von den zunehmend nicht mehr vollstreckbaren Räumungsurteilen berichtet.[602] Seit Beginn des Krieges sei eine Kündigung des Mietverhältnisses durch den Vermieter nur dann möglich, wenn entweder der Mietzins nicht bezahlt werde oder eine Beeinträchtigung der Hausgemeinschaft vorläge. Selbst wenn der Klage berechtigterweise stattgegeben werde, sei eine Vollstreckung wegen der allgemein schlechten Wohnungssituation nicht möglich. Dies führe zu erheblichen Verstimmungen in der Bevölkerung und einer Erschütterung des Vertrauens in die Rechtsordnung. In Einzelfällen werde von Vermietern berichtet, die von ihren Mietern verprügelt worden seien und der Gerichtsvollzieher trotzdem von einer Vollstreckung des Urteils absehe. Selbst bei gemeinschaftswidrigem Verhalten gegenüber der Hausgemeinschaft, beispielsweise durch die ständige Verunreinigung des Treppenhauses und anderer Gemeinschaftseinrichtungen, sei es nicht gelungen, eine Vollstreckung des Urteils zu erreichen.

---

601 *Boberach*, Meldungen aus dem Reich, Band 7, S. 2653.
602 *Ders.*, Band 12, S. 4567.

Die Reaktionen innerhalb der Bevölkerung seien zwar geteilt, allerdings bestehe Einigkeit darüber, daß Urteile auch vollstreckt werden müßten bzw. Mietern, die sich durch ihr Verhalten des Mieterschutzes nicht als würdig erwiesen, auch nicht in dessen Schutz kommen dürften.

Schließlich wurde ein Vorschlag aus der Bevölkerung aufgegriffen und als Anregung präsentiert. Danach sollten die von der Vollstreckung betroffenen Wohnungen Mietern zur Verfügung gestellt werden, die in schlechteren Wohnungen wohnten. Im Gegenzug sollten die gekündigten Mieter gezwungen werden, in diese schlechteren Wohnungen einzuziehen. Durch diese Degradierung würden die gekündigten Mieter bestraft und angehalten werden, sich in Zukunft im Rahmen der Hausordnung zu verhalten.

bb) Rechtliche Bewertung

Die Meldungen vom 14.8.1941 befaßten sich mit zwei juristischen Fragen.

(1) Die Kündigung nach § 4 MSchG

Zunächst war problematisch, unter welchen Voraussetzungen der Vermieter gemäß § 4 MSchG seinem Vermieter kündigen konnte. Dabei war streitig, ob sich die vom Vermieter anzuführenden Gründe auf seinen persönlichen Bereich beschränkten oder ob Gründe des öffentlichen Interesses ebenfalls als statthafte Kündigungsgrunde in Betracht kamen. Wie oben auch hinsichtlich der Entwicklung dieses Meinungsstreites ausführlich dargestellt, entschied das Reichsgericht 1944 schließlich, daß Gründe des öffentlichen Interesses als Voraussetzung für die Kündigung gemäß § 4 MSchG beachtet werden müßten.[603]

Mithin hätte der Vermieter nach der Entscheidung des Reichsgerichts nach § 4 MSchG dem Mieter aus Gründen des öffentlichen Interesses kündigen können. Das öffentliche Interesse konnte durch die Unterbringung einer großen Familie in einer entsprechend größeren Wohnung mit der nationalsozialistischen Familienpolitik begründet werden. Es lag im Interesse dieser Weltanschauung, Familien ein angemessenes Wohnumfeld zur Verfügung zu stellen, weil die Kinder nur in einer akzeptablen Lebenssituation entsprechend erzogen werden könnten und weiterer Nachwuchs zu erwarten sei.

(2) Die Vollstreckung von Räumungsklagen

Die zweite juristische Fragestellung der Meldungen vom 14.8.1941 befaßte sich mit der Vollstreckung von Räumungsklagen im Krieg.

---

603 Vgl. dazu die Ausführungen oben S. 101 ff.

(a) Das „Vollstreckungsmißbrauchgesetz“

Bereits 1934 waren erste gesetzliche Einschränkungen hinsichtlich der Räumung von Wohnungen bei der Durchsetzung von Vollstreckungstiteln erfolgt.[604] Danach konnte der Schuldner beim Vollstreckungsgericht die ganze oder teilweise Aufhebung, Untersagung oder die zeitweilige Aussetzung von Maßnahmen der Zwangsvollstreckung beantragen, also beispielsweise die Vollstreckung eines Räumungs- oder Herausgabetitels.[605] Das Vollstreckungsgericht konnte diesem Antrag nach ausführlicher Prüfung des Falles dann stattgeben, wenn das Vorgehen des Gläubigers gegen den Schuldner, trotz eines möglicherweise bestehenden Schutzbedürfnisses, eine dem gesundem Volksempfinden gröblich widersprechende Härte darstellte.

Die dem gesunden Volksempfinden widersprechende Härten wurden unter drei Gesichtspunkten diskutiert. Zunächst konnte darunter die Ausnutzung einer zu der wirklichen Rechtslage in Widerspruch stehende formalen Rechtsposition subsumiert werden. Dies war beispielsweise dann gegeben, wenn die Vollstreckung aufgrund eines erschlichenen oder offenbar auf falscher tatsächlicher Grundlage ergangenen Urteils beruhte.[606] Weiterhin konnte ein Härtefall dann angenommen werden, wenn an sich zwar eine ordnungsgemäß zustande gekommene Rechtsposition gegeben war, diese Rechtsposition aber einer Partei einen der sozialen Gerechtigkeit widersprechenden Vorteil verschaffte. Schließlich lag auch dann eine soziale Härte vor, wenn sich der Schuldner trotz ordnungsgemäßer Vollstreckung in einer Notlage befand, die so bedeutend war, daß unter Billigkeitsgesichtspunkten vom Gläubiger ein Aufgeben seiner Rechtsposition billigerweise erwartet werden muß.[607] Das Gesetz zur Verhütung mißbräuchlicher Ausnutzung von Vollstreckungsmöglichkeiten sah zwar eine Abwägung der widerstreitenden Interessen von Gläubiger und Schuldner vor, forderte jedoch im Ergebnis ein erhebliches Überwiegen der Belange des Schuldners.[608]

(b) Die „Schutzverordnung“

Bedingt durch den Kriegsbeginn begann sich ab 1939 die Situation auf dem Wohnungsmarkt weiter zu verschlechtern. Mit Wirkung zum 1.9.1939 war das bereits erwähnte Reichsleistungsgesetz in Kraft getreten.[609] Dieses regelte u.a.

---

[604] Vgl. Gesetz zur Verhütung mißbräuchlicher Ausnutzung von Vollstreckungsmöglichkeiten vom 13.12.1934, RGBl. 1934 I, S. 1234.

[605] *Jonas/ Pohle*, Zwangsvollstreckungsnotrecht, S. 134.

[606] *Ders.*, S. 135; *Hans*, Kommentar zum Mieterschutzgesetz, S. 34 ff; *Brandis*, Mieterschutz im neuen Reich, S. 22.

[607] *Jonas/ Pohle*, Zwangsvollstreckungsnotrecht, S. 135 f.

[608] *Hans*, Kommentar zum Mieterschutzgesetz, S. 34.

[609] Vgl. dazu die Ausführungen oben S. 106 ff.

die Zwangsbewirtschaftung des gesamten Wohnraums dahingehend, daß mietfähige Räume verwaltungsrechtlich in Anspruch genommen und obdachlosen oder wohnungssuchenden Personen zugewiesen werden konnten.[610]

Diese Zwangsbewirtschaftung des Wohnungsmarktes wirkte sich auch auf das Vollstreckungsrecht aus. Am 4.12.1943 war eine Verordnung über Maßnahmen auf dem Gebiet des bürgerlichen Streitverfahrens und der Zwangsvollstreckung (Schutzverordnung) erlassen worden.[611] Nach Artikel 6 dieser Verordnung konnte das Vollstreckungsgericht Maßnahmen der Zwangsvollstreckung ganz oder teilweise aufheben, untersagen oder einstweilen einstellen, wenn dies im Interesse des Schuldners dringend geboten und dem Gläubiger zuzumuten war. Ähnlich wie im „Vollstreckungsmißbrauchgesetz" wurden erhebliche Einschränkungen der Vollstreckungsmaßnahmen durch den Gläubiger normiert. Das Vollstreckungsgericht hatte im Rahmen einer Abwägung alle Belange des Einzelfalles beider Seiten zu berücksichtigen. Dazu zählten auch die Gründe, die zur Aufhebung des Mietverhältnisses geführt hatten und die Entwicklung der Verhältnisse nach Erlaß des Räumungsurteils.[612]

Im Unterschied zum „Vollstreckungsmißbrauchgesetz", wo ein Überwiegen der Belange des Schuldners gefordert wurde, ließ es die Schutzverordnung ausreichen, wenn die Beschränkung der Vollstreckung der Billigkeit entsprach.[613] Somit stellte die Schutzverordnung geringere Anforderungen an die Beschränkung der Zwangsvollstreckung. Diese weitere Erschwerung der Durchsetzung der Zwangsvollstreckung war auf die bereits erwähnte Zwangsbewirtschaftung des Wohnungsmarktes zurückzuführen. Dadurch war es dem gekündigten Mieter nahezu unmöglich geworden, durch eigene Initiative eine neue Wohnung zu finden. Mit der Durchsetzung des Räumungstitels hätte ihm dann die Obdachlosigkeit gedroht. Die Gefahr der Obdachlosigkeit reichte grundsätzlich aus, um jedenfalls nach der Schutzverordnung zu einer vorläufigen Verhinderung der Durchsetzung der Zwangsvollstreckung zu kommen.[614] Mithin sollte die Schutzverordnung in erster Linie der durch die Zwangsbewirtschaftung faktisch bewirkten Abschaffung des freien Wohnungsmarktes Rechnung tragen.

Die drohende Obdachlosigkeit galt jedoch nur für den Fall als Vollstreckungshindernis, in dem der Mieter sich im Rahmen der Hausgemeinschaft angemessen verhielt. In einer Verfügung des Reichsjustizministeriums vom 12.6.1943 wurde zwischen dem Mieter, dem aufgrund Eigenbedarfs gekündigt wurde, und demjenigen, dessen Mietverhältnis aufgrund gemeinwidrigen Verhaltens gekün-

---

610 *Hans*, Kommentar zum Mieterschutzgesetz, S. X.
611 RGBl. 1943 I, S. 666.
612 *Hans*, Kommentar zum Mieterschutzgesetz, S. 34.
613 *Ders.*, S. 34.
614 *Ders.*, S. 35.

digt wurde, differenziert.[615] Selbst wenn nach Meinung des Gerichts eine andere, auch eine schlechtere, Unterkunft nicht zur Verfügung stehe, sei dem Mieter, der durch sein Verhalten die Hausgemeinschaft unerträglich störe, der Vollstreckungsschutz nicht zu gewähren und eine dann drohende Obdachlosigkeit hinzunehmen. Nach der Empfehlung des Reichsjustizministeriums galt also der „asoziale“ Mieter als nicht schutzwürdig. Diese Einschränkungen des Reichsjustizministeriums galten jedoch nur in besonders extremen Ausnahmefällen, so daß für die Mehrheit der Fälle wegen der drohenden Obdachlosigkeit des Mieters von einer Vollstreckung der Räumungsklage abgesehen wurde.

(c) Der Zwangswohnungstausch

Um dennoch begründete Räumungsklagen nicht völlig leerlaufen zu lassen, versuchte man im Wege des zwangsweisen Wohnungstausches, den Mieter zur Räumung der Wohnung zu zwingen.[616] Dieser zwangsweise Wohnungstausch war zunächst ohne rechtliche Grundlage und gegen den Willen des Mieters schwer durchzusetzen. Erst 1944 wurde im Rahmen einer Verordnung über die Änderung des Mieterschutzgesetzes in Artikel I der Zwangswohnungstausch normiert.[617] Danach konnte auf Antrag das Mieteinigungsamt aufgrund vollstreckbarer Urteile oder Vergleiche, die zur Räumung der Wohnung verpflichteten, den Tausch von Wohnungen anordnen. Einschränkend mußten die in Frage kommenden Tauschwohnungen in derselben Gemeinde liegen und dem zur Räumung der Wohnung verpflichteten Mieter mußte der Tausch „nach der gesamten Sachlage billigerweise zuzumuten“ gewesen sein. Gemäß Artikel I § 2 konnten sowohl der Vermieter als auch die Gemeinde einen Antrag auf den entsprechenden Wohnungstausch stellen.

Durch die für das Deutsche Reich ungünstige Kriegsentwicklung wurde die Wohnraumsituation immer schlechter, so daß entsprechend immer weniger Räumungsklagen auch vollstreckt werden konnten. Da die drohende Obdachlosigkeit der Mieter nur in Ausnahmefällen zur Durchsetzung der Räumungsklagen führte, war die Einführung des Wohnungszwangstausches eine der letzten Möglichkeiten, um unter staatlicher Kontrolle die Entfernung des rechtmäßig gekündigten Mieters aus der Wohnung zu erreichen.

---

615 Allgemeine Verfügung des Reichsjustizministers betr. Berücksichtigung der Wohnungsknappheit in Kündigungsschutzsachen und bei der Vollstreckung von Räumungsurteilen, Deutsche Justiz 1943, S. 320.

616 *Hans*, Kommentar zum Mieterschutzgesetz, S. X f.

617 VO über Änderungen des Mieterschutzrechts vom 7.11.1944, RGBl. 1944 I, S. 319.

cc) Stellungnahme

Hinsichtlich der Schwierigkeiten bei der Eigenbedarfsklage gemäß § 4 MSchG lassen sich Parallelen in den Beiträgen in den Meldungen aus dem Reich und im Schwarzen Korps feststellen. Die Diskussion, inwieweit Gründe des öffentlichen Interesses für die Begründung einer Eigenbedarfsklage Beachtung finden könnten, war nicht nur Gegenstand der öffentlichen Berichterstattung im Schwarzen Korps und damit auch des öffentlichen Interesses, sondern beschäftigte durch die Erwähnung in den Meldungen aus dem Reich offenbar auch die Bevölkerung in weiten Teilen unmittelbar.

Die Schwierigkeiten bei der Durchsetzung von Räumungsklagen hingegen sind im Schwarzen Korps jedenfalls in dieser Deutlichkeit nicht thematisiert worden. Die Meldungen zu diesem Thema zeigen jedoch, daß die Bevölkerung oder auch die betroffenen juristischen Kreise auf aktuelle Probleme des täglichen Lebens reagierten und offenbar auch Kritik über nicht gewünschte Entwicklungen, wie die mangelnde Durchsetzbarkeit von Räumungsklagen, äußerten. Dabei ist festzustellen, daß der Staat auf die Kritik an der Vollstreckung von Räumungsklagen in entsprechendem Zeitabstand mit Verordnungen oder Gesetzen reagierte. Insbesondere der Vorschlag aus der Bevölkerung hinsichtlich des Zwangswohnungstausches wurde in der Verordnung von 1944 aufgegriffen. Mithin überschnitten sich die Beiträge im Schwarzen Korps für das Mietrecht thematisch weitgehend mit den Meldungen aus dem Reich. Diese trugen dazu bei, bei den entscheidenen politischen Stellen eine Vorstellung von den dringendsten Problemen im Mietrecht zu erzeugen, die dann mit neu erlassenen Verordnungen und Gesetzen gelöst oder jedenfalls entschärft, werden sollten.

2. Familienrecht

Einige Meldungen aus dem Reich befaßten sich mit familienrechtlichen Themen. Die Schwerpunkte dieser Berichterstattung lagen auf dem Gebiet der Eheschließung- und scheidung sowie auf speziellen familienrechtlichen Fragen, die sich durch den Eintritt des Kriegszustandes ergeben hatten.

a) Eheschließungen bei zu großem Altersunterschied

aa) Inhalt

In den Meldungen vom 29.4.1940 wurde von einer Zunahme der Fälle berichtet, in denen ältere Männer mit sehr jungen Frauen und junge Männer mit älteren Frauen die Ehe schließen wollten.[618] Dabei war in einem Fall aus Graz einer 18-jährigen Frau die Eingehung der Ehe mit einem 62 Jahre alten Mann und in einem weiteren Fall in Salzwedel einem 43-jährigen Mann die Eheschließung mit

[618] *Boberach*, Meldungen aus dem Reich, Band 4, S. 1080.

einer 50-jährigen Frau versagt worden. Begründet wurde dieses Verhalten der zuständigen Behörden mit den „Volks- und Staatsinteressen" des nationalsozialistischen Staates, die über den „Privatinteressen der Beteiligten" stünden. Die Entscheidungen der Gerichte und Standesbeamten seien in den betroffenen Kreisen überwiegend positiv aufgenommen worden. Es wurde jedoch der Vorschlag unterbreitet, das Ehegesundheitsgesetz vom 18.10.1935 um entsprechende Regelungen zu erweitern und nur in begründeten Ausnahmefällen trotzdem eine derartige Eheschließung zu genehmigen.

bb) Rechtliche Bewertung

Die Forderungen nach der Einführung von Eheverboten wegen des Alters und eines zu großen Altersunterschiedes waren im wesentlichen eine Reaktion auf die durch den Kriegsbeginn veränderte gesellschaftliche Situation. Die Ehe wurde, bedingt durch den Rückgang der Geburtenziffer und die „Zunahme des Frauenüberschusses", als „Fortpflanzungsgemeinschaft" begriffen.[619] Nach dem geltenden Recht konnte auch im Rahmen der Auslegung der Paragraphen des Ehegesundheitsgesetzes keine eindeutige Entscheidung zu Gunsten eines Ehehindernisses wegen zu großen Altersunterschiedes getroffen werden. Zwar war versucht worden, gemäß § 1 Abs. 1 c des Ehegesundheitsgesetzes einen zu großen Altersunterschied unter „geistige Störung" zu subsumieren, den beteiligten Kreisen im Reichsinnenministerium war jedoch bewußt, daß dieser unsichere rechtliche Zustand auf Dauer nicht tragbar war.[620] Deshalb begannen im Februar 1943 erste Beratungen zur entsprechenden Ergänzung des Ehegesundheitsgesetzes.[621] Neben der Änderung des Rechts der Eheschließung sollte ergänzend dazu auch das Ehescheidungsrecht entsprechend geändert werden. Danach sollte gemäß § 1 des Entwurfs der Verordnung die Scheidung möglich sein, wenn die Ehe nach fünf Jahren kinderlos geblieben war.[622] Im Rahmen des Entwurfes einer Verordnung über die Änderung des Ehescheidungsrechts sollte nach einem Vorschlag des Reichsjustizministeriums auch ein Eheverbot aufgenommen werden.[623] Gemäß § 1 I des Entwurfes durfte eine Ehe nicht geschlossen werden,

[619] Schreiben des Reichsministers des Innern vom 16.12.1943 über eine Änderung des Ehegesundheitsgesetzes, abgedruckt bei *Schubert*, Familien- und Erbrecht unter dem Nationalsozialismus, S. 960.

[620] Vermerk über die kommissarische Besprechung am 6.3.1943 im Reichsinnenministerium, abgedruckt bei *Schubert*, Familien- und Erbrecht unter dem Nationalsozialismus, S. 961 ff.

[621] Vgl. zu den Bemühungen um eine entsprechende Änderung die Quellen bei *Schubert*, Familien- und Erbrecht unter dem Nationalsozialismus, S. 960 ff.

[622] Entwurf zu einer VO zur Ergänzung des Ehescheidungsrechts, abgedruckt bei *Schubert*, Familien- und Erbrecht unter dem Nationalsozialismus, S. 967.

[623] Vgl. dazu den Entwurf als Anlage zum Schreiben des Reichsministers der Justiz vom 29.4.1943 an die beteiligten Ressortchefs, abgedruckt bei *Schubert*, Familien- und Erbrecht unter dem Nationalsozialismus, S. 969.

wenn die Frau das fünfundvierzigste Lebensjahr vollendet hatte und der Mann jünger als fünfundvierzig Jahre war. Nach Absatz II galt das Eheverbot auch für den Fall, wenn der Mann mehr als zehn Jahre jünger als die Frau war. Von den ersten beiden Fällen konnte jedoch eine Befreiung beim zuständigen Landgerichtspräsidenten erreicht werden.

Am 26.5.1943 fand eine erneute Besprechung im Reichsjustizministerium zu den Entwürfen statt.[624] Dabei stellte sich heraus, daß es erhebliche Kritik von verschiedenen Stellen an den Entwürfen gab.

Der Reichsführer SS ließ durch ein Mitglied seines persönlichen Stabes ausrichten, daß von einer Änderung des Ehegesetzes während des Krieges Abstand genommen werden sollte. Hinsichtlich der Eheverbote könne man zwar durchaus mit seiner Zustimmung rechnen, allerdings müsse eine endgültige Entscheidung dem Führer selbst überlassen werden. Der Vertreter der Parteikanzlei, Oberregierungsrat Klemm-Werner, deutete grundsätzlich die Zustimmung der Kanzlei zu den Entwürfen an, machte aber insbesondere hinsichtlich des Eheverbotes Nachbesserungsvorschläge. Selbst der Vertreter des Reichsjustizministeriums, Dr. Altstötter, gab zu verstehen, daß der Reichsjustizminister einer Regelung der Eheverbote im Rahmen des Erbgesundheitsgesetzes nicht ohne weiteres zustimmen würde, sondern eine grundsätzliche und umfasserende Lösung wünschte. Das Reichsjustizministerium stand weiterhin in engem Kontakt mit dem Reichssicherheitshauptamt. Dieses hatte bei „einigen SD-Dienststellen im Reich sowohl aus Rechtswahrerkreisen wie aus anderen Berufsgruppen die Meinungsäußerungen im Rahmen einer vertraulichen Umfrage eingeholt."[625] Auch diese Umfrage innerhalb der Bevölkerung bestätigte die weitverbreitete Haltung gegenüber der Verordnung zur Ergänzung des Ehescheidungsrechts. Danach wurde die Verordnung überwiegend als wenig hilfreich, in Rechtswahrerkreisen auch als unnötig zur Steigerung der Geburtenrate angesehen.[626] Auffällig sei die deutliche Ablehnung durch die Frauen, die, so befürchtete das Reichssicherheitshauptamt, durch „Opposition und Flüsterpropaganda von Seiten der konfessionell gebundenen Kreise" verstärkt und unterstützt würde.[627]

Zusätzlich zu der Uneinigkeit zwischen den politischen Stellen gab es also auch erhebliche Kritik aus der Bevölkerung, so daß die Bemühungen um den Erlaß einer entsprechenden Verordnung letztlich scheitern mußten. Mit Schreiben des Reichsinnenministers an die Parteikanzlei vom 3.7.1943 gab dieser zu, daß mit

---

624 Niederschrift über die Besprechung im RMJ vom 26.5.1943, abgedruckt bei *Schubert*, Familien- und Erbrecht unter dem Nationalsozialismus, S. 971.

625 Schreiben des Chefs der Sicherheitspolizei und des SD vom 18.6.1943 an den Reichsminister der Justiz, abgedruckt bei *Schubert*, Familien- und Erbrecht unter dem Nationalsozialismus, S. 978 ff.

626 *Ders.*, S. 979, 981.

627 *Ders.*, S. 984.

einer „gesetzlichen Regelung der Angelegenheit vorerst nicht zu rechnen" sei.[628] Der Reichsinnenminister schlug daraufhin die Herausgabe eines Erlasses vor, in dem die Eheverbote wie bisher auch über eine Anwendung des § 1 Abs. 1 c des Ehegesundheitsgesetzes konstruiert werden sollten. Danach durften Ehen dann nicht geschlossen werden, wenn die Frau älter war als der Mann und die Fortpflanzungsfähigkeit des Mannes dadurch erheblich behindert war. Im umgekehrten Fall sei jedoch bei körperlich und geistig rüstigen Männern nicht von einem Ehehindernis auszugehen.

Die Darstellung der Bemühungen um eine gesetzliche Fixierung des Verbotes von Eheschließungen zeigt erneut die Reaktion der betroffenen Regierungsstellen auf Meldungen aus der Bevölkerung oder den entsprechenden beruflichen Kreisen. Den Forderungen aus den Meldungen nach einer sicheren Rechtslage in diesem Punkt wurde jedenfalls insoweit entsprochen, als daß seitens der beteiligten Ministerien ernsthafte Vorschläge zum Erlaß einer Verordnung unterbreitet wurden. Obwohl inhaltlich grundsätzlich Einigung über die Einführung derartiger Ehehindernisse bestand, ist davon auszugehen, daß die Umstände des Krieges und die sich dadurch ständig verändernde gesellschaftliche Situation eine grundsätzliche rechtliche Normierung des Problems verhinderten.

b) Kriegsbedingte Probleme im Familienrecht

Der Beginn des Krieges im September 1939 und die daraus resultierende Einberufung junger Männer zur Wehrmacht führten im Familienrecht zu juristischen Fragen hinsichtlich der Feststellung der Vaterschaft bei unehelichen Kindern und der prozessualen Durchführung entsprechender Verfahren. Auch in den Meldungen aus dem Reich wurde wiederholt von derartigen Problemen berichtet.

aa) Inhalt

(1) Unterbrechung der Klagen gegen Wehrmachtsangehörige[629]

Schon kurz nach Beginn des Krieges, im Dezember 1939, gab es Meldungen über die praktischen Auswirkungen der Maßnahmen, die auf dem Gebiet des bürgerlichen Rechts per Verordnung eingeführt worden waren. Danach sollte u.a. das Verfahren von Amtswegen unterbrochen werden, wenn eine Partei zur Wehrmacht eingezogen worden war. Diese Unterbrechung dauerte solange an, bis die betroffene Partei das Verfahren selbst aufnehmen konnte. Die Meldungen nahmen insbesondere auf Klagen gegen Wehrmachtsangehörige zur Feststellung der Vaterschaft Bezug. Die Verordnung über Maßnahmen auf dem Gebiet des bürgerlichen Streitverfahrens führte dazu, daß diese Prozesse bis

---

[628] Schreiben des Reichsminsters des Innern vom 3.7.1943 an die Parteikanzlei, abgedruckt bei *Schubert*, Familien- und Erbrecht unter dem Nationalsozialismus, S. 984 f.

[629] *Boberach*, Meldungen aus dem Reich, Band 3, S. 541.

Kriegsende vertagt werden mußten, was insbesondere von den betroffenen Rechtswahrerkreisen kritisiert wurde. Daher wurde weiterhin vorgeschlagen, Klagen auf Feststellung der Vaterschaft von der Verordnung auszunehmen bzw. jedenfalls vor Aussetzung des Verfahrens „eine Vorwegnahme der Beweiserhebung nach Art der Sicherung des Beweises (vgl. § 485 ff. ZPO)“ vorzunehmen.

(2) Unehelichkeit von Kindern gefallener Soldaten[630]

Die Meldungen vom 6.5.1940 befaßten sich mit dem Problem des Unehelichenstatus von Kindern gefallener Soldaten des Polen-Feldzuges. Zwar sei dieses Problem für die Zukunft durch die 3. VO zur Ausführung des Personenstandsgesetzes vom 4.11.1939 und die Einführung der Ferntrauung gelöst worden, jedoch sei diese Verordnung für die Soldaten des Polen- Feldzuges zeitlich zu spät gekommen. Daher würden Kinder, deren Väter gefallen seien, im Geburtenbuch als unehelich geführt, ohne daß die Möglichkeit zur Änderung bestehe. Dieser Zustand werde nach den Meldungen auch für bestimmte Fälle erwartet, die unter die VO zur Ausführung des Personenstandsgesetzes fielen. Gemäß dieser VO entfalle die Unehelichkeit des Kindes nur, wenn sich der Kindesvater gegenüber seinem Bataillonskommandeur schriftlich zur Eingehung der Ehe bereit erklärt habe. Aus bestimmten Verwaltungskreisen seien darum folgende Vorschläge zur Ergänzung der VO unterbreitet worden. Es müsse zunächst eine ergänzende Anwendung der Personenstandsverordnung auf gefallene Soldaten des Polenfeldzuges angeordnet werden. Weiterhin müsse bei Gefallenen oder Vermissten jede Erklärung, die den Willen zur Eingehung der Ehe deutlich werden lasse, ausreichen, damit die Voraussetzungen für eine Ferntrauung vorlägen. Eine Ehe würde entsprechend dann als geschlossen gelten, wenn der Mann den festen Willen dazu äußere, unabhängig davon, ob er in der Zwischenzeit verstorben sei. Gleichzeitig wurde angeregt, auch die entsprechenden Formvorschriften hinsichtlich des Geburtenbuches und der Geburtsurkunde zu ändern.

(3) Anerkennung der Vaterschaft bei unehelichen Kindern[631]

Das Fortschreiten des Krieges und insbesondere die Einquartierung von Soldaten während der Wintermonate führte zu einer Steigerung der unehelichen Geburten. Problematisch war dies deshalb, weil die Soldaten in der Regel bei der Geburt des Kindes bereits wieder zurück im Kriegseinsatz waren. Die Meldungen kritisierten, daß es keine rechtliche Möglichkeit der Anerkennung der Vaterschaft vor der Geburt des Kindes gebe. Eine Meldung aus München schlug die Erweiterung des § 29 Personenstandsgesetz (PStG) dahingehend vor, daß der uneheliche Vater vor und nach der Geburt durch öffentliche Urkunde seine Vaterschaft anerkennen könne.

---

[630] *Boberach*, Meldungen aus dem Reich, Band 4, S. 1108.
[631] *Ders.*, Band 6, S. 2029.

(4) Zahlung von Familienunterhalt an uneheliche Kinder[632]

Die Meldungen vom 6.3.1941 beschäftigten sich mit Ansprüchen auf Zahlung von Familienunterhalt. Nach geltendem Recht könne dem unehelichen Kind eines Soldaten nur dann Familienunterhalt gewährt werden, wenn die Verpflichtung des Einberufenen zur Zahlung des Unterhalts durch rechtskräftiges Urteil, durch Anerkennung der Vaterschaft in öffentlicher Urkunde oder durch einen vom Vormundschaftsgericht genehmigten Vergleich nachgewiesen werde. In den Meldungen wurde von Schwierigkeiten berichtet, die mit dem Tode des mutmaßlichen Vaters einträten, bevor die Vaterschaft rechtskräftig festgestellt werde. Selbst wenn der Vater vor seinem Tode die Vaterschaft anerkannt habe, müsse ein Prozess über die Zahlung von Familienunterhalt geführt werden, der für die Hinterbliebenen zu höheren Prozesskosten führe. In einer Meldung aus Bayreuth wurde ein derartiger Beispielsfall beschrieben. Aus Fachkreisen wurde vorgeschlagen, die bestehende gesetzliche Regelung dahingehend abzuändern, daß es für die Gewährung von Familienunterhalt ausreiche, wenn der Vater in irgendeiner Weise vor seinem Tode die Vaterschaft anerkannt habe.

(5) Vaterschaftsfeststellung bei unehelichen Kindern[633]

Die Meldung vom 17.7.1941 nahm inhaltlich unmittelbar Bezug auf die zuvor dargestellte. Eine Mutter beantragte zwar keinen Unterhalt, wollte aber die Vaterschaft ihres Kindes in die Geburtsurkunde eintragen lassen. Das angerufene Amtsgericht wies jedoch darauf hin, daß die blutsmäßige Verwandtschaft nur durch gerichtliche Urkunde oder durch ein Urteil des Landgerichts festgestellt werden könne. Nur dann dürften die Standesämter entsprechend die Geburtsurkunden ändern. Erneut wurde diese prozessuale Praxis durch die Bevölkerung als zu umständlich abgelehnt. Wenn keine Zweifel über die tatsächlichen Abstammungsverhältnisse bestünden, müsse es möglich sein, die amtliche Anerkennung aufgrund eindeutiger schriftlicher oder mündlicher Äußerungen des Vaters vorzunehmen.

(6) Schwierigkeiten bei der Durchführung von Vaterschaftsstreitigkeiten[634]

Die Meldungen vom 15.1.1942 beschäftigten sich mit den prozessualen Schwierigkeiten, die dadurch hervorgerufen würden, daß eine Prozeßpartei, in der Regel der als Soldat einberufene mutmaßliche Vater, nicht persönlich am Verfahren teilnehmen könne.

Gemäß Art. I der VO über Maßnahmen auf dem Gebiet des bürgerlichen Streitverfahrens werde zwar das Verfahren grundsätzlich ausgesetzt. Wenn jedoch für

---

632 *Ders.*, Band 6, S. 2082.
633 *Ders.*, Band 7, S. 2538.
634 *Ders.*, Band 9, S. 3169.

eine der beiden Parteien durch die Aussetzung des Verfahrens die Entstehung wesentlicher Nachteile drohe, könne vom Gericht ein Prozeßvertreter bestellt werden, der das Verfahren in Abwesenheit des Soldaten führe. In Vaterschaftsprozessen werde in der Regel ein derartiger Prozeßvertreter bestellt, weil das uneheliche Kind ein Interesse an der Person des Vaters und auch an der Durchsetzung von Unterhaltsansprüchen habe. Die Bestellung eines Prozeßvertreters sei jedoch insbesondere bei Vaterschaftsklagen- und Unterhaltsprozessen äußerst problematisch. Häufig sei es zur Klärung des Sachverhalts nötig, intime Angelegenheiten der beiden Parteien im Prozeß anzuführen. Bei sich widersprechenden Aussagen entstünde so für den nicht anwesenden Soldaten ein nicht unerheblicher Nachteil, weil ein Prozeßvertreter niemals in dem Maße über die Geschehnisse Auskunft geben könne wie der Betroffene selbst.

Weiterhin stelle die briefliche Kommunikation zwischen Prozeßvertreter und Vertretenem ein weiteres Problem dar. Diese sei insbesondere für den an der Front stehenden Soldaten eine große Belastung, die zudem die Gefahr von Mißverständnissen und falsch übermittelten Erinnerungen in sich berge. Auch die zur Feststellung der Vaterschaft notwendigen Blutgruppenuntersuchungen seien schwierig. Diese Blutgruppenuntersuchungen müßten von einem Militärarzt durchgeführt werden. Wie aus zahlreichen Meldungen bekannt, sei es jedoch nicht nur technisch schwierig, im Felde Blutproben zu nehmen und sie pünktlich und brauchbar in ein entsprechendes Labor zu schaffen, auch die Abnahme einer Blutprobe vom richtigen Testobjekt, also von dem möglichen Vater, sei schwierig und schaffe zudem die Gefahr des Mißbrauchs.

Schließlich seien große Schwierigkeiten in der Art und Weise der Zustellung der Urteile zu sehen. Grundsätzlich stelle das Gericht das Urteil dem bestellten Prozeßvertreter zu, so daß dann bereits die Frist für die Einlegung der Berufung zu laufen beginne. Bis jedoch der Prozeßvertreter das Urteil an den zu Vertretenden weitergeleitet und dieses jenen auch erreicht habe, seien diese Fristen häufig bereits abgelaufen, so daß dem im Felde stehenden Soldaten dadurch ein gewichtiger prozessualer Nachteil entstehe. In den Meldungen sei darum vorgeschlagen worden, Vaterschaftsklagen gegen Kriegsteilnehmer bei deren Abwesenheit einzuschränken und die Gewährung von Unterhalt von anderen Voraussetzungen abhängig zu machen. Es könne darüber nachgedacht werden, daß der Unterhalt in derartigen Fällen zunächst vom Reich übernommen werde. Weiterhin werde vorgeschlagen, die ergangenen Urteile den Kriegsteilnehmern selbst zuzustellen, so daß die Fristen tatsächlich erst dann zu laufen begännen, wenn der Betroffene in der Lage sei, vom Inhalt der Urteile Kenntnis zu nehmen.

bb) Rechtliche Bewertung

Die in den Meldungen aus dem Reich behandelten Probleme hingen sowohl hinsichtlich der Schließung von Ehen als auch der Anerkennung einer Vaterschaft mit der kriegsbedingten Ortsabwesenheit des vermeintlichen Vaters zusammen. Der Mann hielt sich aufgrund seiner Einberufung nicht dauerhaft am selben Ort wie die Frau auf, konnte nicht frei über seinen Aufenthaltsort bestimmen bzw. war im Kriegseinsatz gestorben. Aufgrund dieser kriegsrelevanten äußeren Umstände genügten die Vorschriften des BGB und insbesondere des Personenstandsgesetzes den praktischen Anforderungen nicht mehr.

(1) Anerkennung der Vaterschaft vor dem Krieg

Gemäß § 17 des bereits angesprochenen Ehegesetzes vom 6.7.1938 wurde die Ehe durch entsprechende Erklärungen beider Verlobter bei gleichzeitiger und persönlicher Anwesenheit vor dem Standesbeamten geschlossen.[635] Die rechtliche Stellung der unehelichen Kinder bestimmte sich nach den §§ 1705 ff. BGB a.F..[636]

Der Begriff der Unehelichkeit war nicht gesetzlich definiert, wurde aber anhand der gesetzlichen Vorschriften dahingehend ausgelegt, daß alle Kinder, die das Gesetz nicht als ehelich anerkenne, davon umfaßt waren.[637] Als unehelich galten grundsätzlich Kinder, deren Eltern im Zeitpunkt der Erzeugung nicht ehelich miteinander verbunden waren. Allerdings stellte § 1591 BGB a.F. die Vermutung auf, daß ein Kind, das nach Eingehung der Ehe geboren wurde, ehelich sei, wenn die Frau es vor oder während der Ehe empfangen und der Mann innerhalb der Empfängniszeit der Frau beigewohnt habe.[638]

Weiterhin war es gemäß § 1719 BGB a.F. möglich, den „Makel der Unehelichkeit“ durch die Eheschließung zwischen Mutter und Vater rückwirkend zu beseitigen. Sachliche Voraussetzung dafür war jedoch, daß das Kind nicht in „Blutschande“ gezeugt war und daß kein Ehehindernis gemäß § 1312 BGB a.F. bzw. später nach § 9 EheG bestand.[639]

---

635 Vgl. die Ausführungen zum Ehegesetz oben S. 119 ff., siehe auch RGBl. 1938 I, S. 807.

636 Durch die Einführung des Ehegesetzes am 6.7.1938 waren gemäß § 84 des Gesetzes u.a. die §§ 1699-1704 BGB außer Kraft gesetzt. Die rechtliche Stellung der unehelichen Kinder gemäß der §§ 1705 ff. BGB war nach § 89 I EheG davon nicht betroffen, die Vorschriften des BGB galten hier also weiter.

637 *Roquette*, Recht des unehelichen Kindes, S. 80; *Behr*, Rechtsstellung der unehelichen Kinder, S. 6; *Fischer*, Rechtsstellung des unehelichen Kindes, S. 15.

638 Vgl. dazu auch die Verordnung über die Angleichung familienrechtlicher Vorschriften vom 6.2.1943, RGBl. 1943 I, S. 80. Die §§ 1593, 1595a, 1597 und 1600 sowie weitere Vorschriften aus dem allgemeinen Teil des BGB wurden entsprechend der in der Zwischenzeit ergangenen Einzelgesetze geändert und diesen angepaßt.

639 *Fischer*, Das uneheliche Kind in der Rechtsordnung, S. 58; Roquette, Recht des unehelichen Kindes, S. 86.

Für den Vater bestanden unterschiedliche Möglichkeiten, die Vaterschaft anzuerkennen bzw. sich gegen die Vaterschaft zu wehren.

Gemäß § 1723 BGB a.F. konnte ein uneheliches Kind auf Antrag seines Vaters durch eine Verfügung der Staatsgewalt für ehelich erklärt werden.[640] Diese Einwilligung war an bestimmte Voraussetzungen gebunden. Nach § 1726 BGB a.F. mußte sowohl das Kind selbst, als auch die Mutter, soweit das Kind noch nicht das 21. Lebensjahr vollendet hatte, und unter Umständen auch die Ehefrau des Vaters einwilligen. Weigerte sich die Mutter, die Einwilligung zu erteilen, so konnte diese Einwilligung auf Antrag des Kindes durch das Vormundschaftsgericht ersetzt werden. Dies galt jedoch nur, wenn dem Kind durch die verweigerte Einwilligung unverhältnismäßige Nachteile entstanden wären.[641]

Weiterhin bedurften der Antrag des Vaters bzw. die Einwilligungserklärungen der Beteiligten gemäß § 1730 BGB der gerichtlichen oder materiellen Beurkundung. Bei der Frage der prozessualen Feststellung der verwandtschaftlichen Verhältnisse zwischen Kindern und Eltern war zu differenzieren. Die Klage auf Feststellung des Bestehens oder Nichtbestehens der unehelichen Vaterschaft war abhängig von dem verfolgten Zweck. Sollte die Klage die wirklichen Abstammungsverhältnisse klären, handelte es sich um eine sogenannte Abstammungsklage. Klagegegenstand war dabei nicht das familienrechtliche Verhältnis der Unehelichkeit, sondern die biologische verwandtschaftliche Beziehung zum Vater.[642] Demgegenüber gab es Familienstandsklagen, die zwar ebenfalls auf die Feststellung der Vaterschaft gerichtet waren, aber nur die „Zahlvaterschaft“ zum Gegenstand hatten.[643] Unter Zahlvaterschaft wurde die „fiktive Vaterschaft“ verstanden, die von der Feststellung abhing, daß der von der Frau als Vater bezeichnete Mann in der Empfängniszeit der Frau beigewohnt hatte. Die Zahlvaterschaft beschränkte sich also auf die Feststellung des familienrechtlichen Verhältnisses der Vaterschaft und die damit zusammenhängende Bestimmung der unterhaltsrechtlichen Verpflichtungen des Vaters. Derartige Familienstands-

---

[640] Gemäß § 10 der Verordnung zur Vereinheitlichung der Zuständigkeit in Familien- und Nachlaßsachen war für Ehelichkeitserklärungen im Sinne des § 1723 a.F. BGB der Landgerichtspräsident, in dessen Bezirk der Vater des unehelichen Kindes seinen Wohnsitz oder seinen Aufenthalt hatte oder falls diese beiden Möglichkeiten nicht vorlagen der Landgerichtspräsident in Berlin zuständig. In bestimmten Fällen konnte sich der Reichsjustizminister eine Entscheidung vorbehalten oder diese der Landesjustizverwaltung zuweisen. Vgl. zu der Verordnung RGBl. 1934 I, S. 472 ff.; im übrigen vgl. die Kommentierung bei *Soergel*, Kommentar zum BGB, III. Band, S. 600 f.

[641] *Fischer*, Rechtsstellung des unehelichen Kindes, S. 60; *Behr*, Rechtsstellung der unehelichen Kinder, S. 63.

[642] *Roquette*, Recht des unehelichen Kindes, S. 101 f.

[643] *Fischer*, Rechtsstellung des unehelichen Kindes, S. 19 f.;

klagen waren gemäß § 644 ZPO nach den allgemeinen Regeln über Feststellungsklagen durchzuführen.[644]

Die Abstammungsklagen hingegen dienten ausschließlich der Feststellung der blutsmäßigen Verwandtschaft zwischen dem Kind und seinen Eltern. Unterschieden werden mußte weiterhin zwischen Vaterschafts- und Mutterschaftsklagen sowie bejahenden und verneinenden Abstammungsklagen, die abhängig davon waren, ob die Abstammung festgestellt oder verneint werden sollte.[645] Die zahlenmäßig häufigsten Abstammungsklagen waren die Klagen des Kindes gegen den Vater auf Feststellung der Vaterschaft als bejahende Feststellungsklage sowie die Klagen des Vaters gegen das Kind als verneinende Feststellungsklage zum Beweis der nichtbestehenden Vaterschaft.

Voraussetzung für beide Arten der Feststellungsklage war das Feststellungsinteresse. Nach alter Rechtsprechung wurden strenge Anforderungen an das Vorliegen des Feststellungsinteresses gestellt, so daß dieses in jedem einzelnen Fall behauptet und bewiesen werden mußte.[646] Seit einer grundlegenden Entscheidung des Reichsgerichts war diese Auffassung aufgegeben worden, so daß nunmehr ein Interesse an der Abstammung regelmäßig dann bejaht wurde, wenn nicht besondere Umstände des Einzelfalles dagegen sprachen.[647]

Neben diesen prozessualen und familienrechtlichen Bestimmungen war für die Anerkennung der Vaterschaft auch das Personenstandsrecht relevant. Gemäß § 21 wurde in jedem Bezirk vom zuständigen Standesbeamten ein Geburtenbuch geführt. In dieses Buch mußte neben dem Tag der Geburt, dem Namen des Kindes und weiteren Informationen auch der Name der Eltern eingetragen werden.[648] War das Kind unehelich geboren, so mußte dies gemäß § 53 der Ersten Ausführungsverordnung zum Personenstandsgesetz ebenfalls im Geburtenbuch vermerkt werden.[649] Hatte der uneheliche Vater nach der Geburt des Kindes seine Vaterschaft in öffentlicher Urkunde anerkannt oder hatte das uneheliche Kind durch die Heirat seiner Eltern die Rechtsstellung eines ehelichen Kindes erlangt, so war gemäß der §§ 29 ff. die Änderung des Personenstandes oder auch des

---

644 RGZ 163, 100, 103; siehe auch *Roquette*, Recht des unehelichen Kindes, S. 102; *Weber*, Rechtsstellung des unehelichen Kindes, S. 25.

645 *Fischer*, Rechtsstellung des unehelichen Kindes, S. 21; *Roquette*, Recht des unehelichen Kindes, S. 49.

646 *Roquette*, Recht des unehelichen Kindes, S. 48.

647 RGZ 160, 293, 299; siehe auch *Weber*, Rechtsstellung des unehelichen Kindes, S. 21.

648 Die §§ beziehen sich auf das Personenstandsgesetz in der Fassung vom 3.11.1937, RGBl. 1937 I, S. 923.

649 Erste Verordnung zur Ausführung des Personenstandsgesetzes vom 19.5.1938, RGBl. 1938 I, S. 533.

Namens des Kindes am Rande des Geburtseintrages zu vermerken.[650] Mithin war die Unehelichkeit des Kindes auch für den Personenstand relevant und wirkte sich deshalb auf die Behandlung nach den Vorschriften des Personenstandsgesetzes aus.

(2) Die Änderungen nach Beginn des Krieges

(a) VO über Maßnahmen auf dem Gebiet des bürgerlichen Rechts

Am 1.9.1939, also unmittelbar mit Beginn des Krieges, war vom Ministerrat für Reichsverteidigung eine Verordnung über „Maßnahmen auf dem Gebiet des bürgerlichen Streitverfahrens, der Zwangsvollstreckung, des Konkurses und des bürgerlichen Rechts“ erlassen worden.[651]

Nach Artikel I Abs. 1 wurde das Verfahren in bürgerlichen Rechtsstreitigkeiten unterbrochen, wenn eine der Parteien „durch die besonderen Verhältnisse betroffen ist, die sich aus der gegenwärtigen politischen Lage ergeben.“ Als Betroffene galten gemäß Art. I Abs. 2 insbesondere Wehrmachtsangehörige. Die Unterbrechung des Verfahrens wurde dann nicht angeordnet, wenn der Betroffene durch einen Prozeßbevollmächtigten vertreten war. Der Prozeßbevollmächtigte konnte zwar die Aussetzung des Verfahrens beantragen. Der Aussetzung konnte jedoch nur stattgegeben werden, wenn „sie nicht offenbar unbillig“ war. Die Bestellung des Prozeßvertreters erfolgte gemäß Art. 2 Abs. 1 auf Antrag einer Partei oder von Amtswegen, wenn ein wesentlicher Nachteil für eine der Parteien zu erwarten war. Mit dem Erlaß der Verordnung wurde somit unmittelbar auf den Beginn des Krieges reagiert. Zur Wahrung der Rechte und Interessen von Wehrmachtsangehörigen war es erforderlich, entsprechende Bestimmungen zu erlassen, die der häufigen Abwesenheit der Soldaten zwar angepaßt waren, aber gleichzeitig auch die zukünftige Durchführung von zivilrechtlichen Prozessen gewährleisteten.

Die VO über Maßnahmen auf dem Gebiet des bürgerlichen Streitverfahrens wurde durch eine Schutzverordnung am 4.12.1943 geändert.[652] Danach konnte das Gericht jetzt auch von Amtswegen das Ruhen des Verfahrens anordnen, wenn es nach den Umständen des Einzelfalles der Auffassung war, daß eine Partei kriegsbedingt den Rechtsstreit nicht angemessen führen konnte. Weiterhin wurden die Voraussetzungen für die Wiedereinsetzung in den vorherigen Stand gelockert, so daß auch bei einem Versäumnis der Fristen eine Wiedereinsetzung

---

650 Vgl. dazu auch die amtliche Begründung zum Personenstandsgesetz, abgedruckt bei *Knost/ Maßfeller*, Das neue Personenstands- und Familienrecht, S. 20 ff., zur Begründung des § 29 PStG, S. 32 f.

651 RGBl. 1939 I (II), 1656.

652 VO zur Ergänzung der VO über Maßnahmen auf dem Gebiete des bürgerlichen Streitverfahrens, der Zwangsvollstreckung, des Konkurses und des bürgerlichen Rechts (Schutzverordnung), RGBl. 1943 I, S. 665.

erfolgen konnte. Insgesamt führte die Schutzverordnung zu einer Erweiterung der Kompetenzen des Gerichts, das von Amtswegen in das Verfahren eingreifen konnte, wenn der durch den Krieg verhinderten Partei ein Nachteil drohte.

(b) 3. VO zur Ausführung des Personenstandsgesetzes[653]

Nachdem die 2. VO zur Ausführung des Personenstandsgesetzes vom 30.8.1939 durch den Wegfall der Notwendigkeit eines Aufgebotes bereits Erleichterungen hinsichtlich der Eheschließung gebracht hatte, änderte die Personenstandsverordnung der Wehrmacht weitere Bereiche des Personenstandsrechts, die den durch den Krieg bedingten besonderen Verhältnissen angepaßt werden mußten.[654]

Gemäß § 11 der VO konnte die Anerkennung der Vaterschaft durch einen Wehrmachtsangehörigen von einem richterlichen Militärjustizbeamten beurkundet werden.[655] Ebenfalls neu eingeführt wurde die sogenannte „Ferntrauung". Nach § 13 der VO konnte der im Krieg stehende Angehörige der Wehrmacht gegenüber seinem Bataillonskommandeur oder einem in gleicher Stellung befindlichen Vorgesetzten den Willen zur Eingehung der Ehe zur Niederschrift erklären. Diese Erklärung war nicht widerruflich, verlor jedoch nach zwei Monaten ihre Gültigkeit, wenn die Frau bis zu diesem Zeitpunkt nicht eine entsprechende Erklärung beim Standesbeamten abgegeben hatte.[656]

Die Niederschrift mußte von dem Ehewilligen und dem Bataillonskommandeur unterschrieben und mit dem Dienstsiegel versehen werden. Die Ehe wurde gemäß § 19 der VO in dem Zeitpunkt geschlossen, in dem die Frau ebenfalls ihren Willen zur Eingehung der Ehe vor dem Standesbeamten erklärte. Der inzwischen eingetretene Tod des Mannes änderte an der Möglichkeit der Eheschließung nichts. Gemäß § 19 II der VO galt die Ehe als ab dem Tag geschlossen, an dem der Mann den Willen zur Eingehung der Ehe erklärt hatte. Die Verordnung trat mit Ausnahme der §§ 25- 30 am Tag der Verkündung in Kraft.

(c) PersonenstandsVO der Wehrmacht in der Fassung vom 17.10.1942[657]

Die VO zur Änderung der Personenstandsverordnung der Wehrmacht vom 17.12.1942 war eine Neufassung der Personenstandsverordnung der Wehrmacht. Sie war nötig geworden, weil es bedingt durch die anhaltende Kriegssituation zu

---

653 Die 3. VO zur Ausführung des Personenstandsgesetzes vom 4.11.1939 wurde auch als Personenstandsverordnung der Wehrmacht bezeichnet, RGBl. 1939 I (II), 2163.

654 Aufgrund der Darstellung der Möglichkeiten der Anerkennung der Vaterschaft werden hier auch nur die dafür relevanten Änderungen thematisiert.

655 *Maßfeller*, Das Personenstandsrecht im Kriege, S. 103 ff.

656 *Ders.*, S. 110 ff.

657 RGBl. 1942 I, S. 597.

zahlreichen weiteren Änderungsverordnungen gekommen war.[658] Diese Änderungen zeigten sich beispielsweise in einer weiteren Vereinfachung der Voraussetzungen für die Ferntrauung. Ursprünglich konnte nur ein im Krieg befindlicher Angehöriger der Wehrmacht eine Ferntrauungserklärung abgeben.[659] Mit der Einführung eines neuen § 21a in der ersten VO zur Änderung der PersonenstandsVO der Wehrmacht wurde der Anwendungsbereich auf andere im Ausland lebende deutsche Männer, die aufgrund der äußeren Umstände nicht nach Hause zurückkehren konnten, und auf Kriegsgefangene ausgeweitet.[660]

Weiterhin gab die 4. VO zur Änderung der PersonenstandsVO der Wehrmacht durch die Einführung des § 21b Abs. IV auch Frauen die Möglichkeit zur Abgabe einer Ferntrauungserklärung, wenn sie nicht in der Lage waren, an den Ort ihres Wohnsitzes zurückzukehren, interniert waren oder als Rot-Kreuz-Schwester bzw. Nachrichtenhelferin ihren Dienst versahen.

Die 3. VO zur Änderung der PersonenstandsVO der Wehrmacht verlängerte zudem die Geltungsdauer der abgebenen Ferntrauungserklärung. Diese Frist wurde von zwei auf sechs Monate verlängert und begann an dem Tage zu laufen, an dem der Mann seinen Willen zur Niederschrift gegenüber dem Bataillonskommandanten erklärte.[661]

Fraglich war, wie es sich auf die Eheschließung auswirkte, wenn die Ferntrauungserklärungen nicht der vorgeschriebenen Form entsprachen oder nicht vor der dazu befugten Stelle abgegeben wurden. Wenn die Niederschrift der Ferntrauungserklärung Formmängel dahingehend aufwies, daß die Unterschriften fehlten oder daß die Erklärung nur privatschriftlich abgegeben worden war, so durfte der Standesbeamte die Erklärung nicht entgegennehmen. Eine Eheschließung kam folglich nicht zustande.[662] Hätte der Standesbeamte dies dennoch getan, so wäre nach Abgabe der Eheschließungserklärung durch die Frau und der Eintragung der Eheschließung im ersten Teil des Blattes des Familienbuches die Ehe wirksam geschlossen worden.[663] Ähnlich verhielt es sich mit der Abgabe der Ferntrauungserklärung vor einer unzuständigen Stelle, also beispielsweise

---

[658] Vgl. die VO zur Änderung der PersonenstandsVO der Wehrmacht vom 15.8.1940 (RGBl. I S. 1107), 2. VO zur Änderung der PersonenstandsVO der Wehrmacht vom 18.2.1941 (RGBl. I S. 124), 3. VO zur Änderung der PersonenstandsVO der Wehrmacht vom 23.7.1941 (RGBl. I S. 441), 4. VO zur Änderung der PersonenstandsVO der Wehrmacht vom 17.10.1942 (RGBl. I S. 595); siehe dazu auch die Erläuterungen zur PersonenstandsVO der Wehrmacht in der Fassung vom 17.10.1942, abgedruckt bei *Maßfeller*, Personenstandsrecht im Kriege, S. 85 ff.

[659] Vgl. dazu § 13 der PersonenstandsVO der Wehrmacht vom 4.11.1939.

[660] *Maßfeller*, Personenstandsrecht im Kriege, S. 111.

[661] *Ders.*, S. 117.

[662] *Ders.*, S. 138.

[663] *Maßfeller*, Personenstandsrecht im Kriege, S. 138.

vor einem rangniedrigeren Vorgesetzten als dem Bataillonskommandanten. Der Standesbeamte durfte die so durchgeführte Ferntrauungserklärung nicht annehmen, tat er es dennoch, so hatte die Eheschließung vor einem Standesbeamten stattgefunden und war auch wirksam zustande gekommen. Die Ehe selbst konnte nur aus den durch das Ehegesetz vorgegeben Gründen nichtig sein.[664]

Ähnliche im Zusammenhang mit der Kriegssituation stehende Probleme ergaben sich auch bei der Anerkennung der Vaterschaft. Gemäß § 11 der PersonenstandsVO der Wehrmacht konnte die Vaterschaft eines Angehörigen der Wehrmacht von einem richterlichen Militärjustizbeamten beurkundet werden.[665] Die entsprechende Urkunde wurde dann an das Standesamt versendet, in dessen Geburtenbuch das Kind eingetragen war, und der Standesbeamte fertigte einen Randvermerk über die Anerkennung der Vaterschaft an.[666]

Die Frage, ob ein Kind ehelich oder unehelich geboren wurde, bestimmte sich grundsätzlich nach den bereits oben dargestellten Voraussetzungen des Kindschaftsrechts. Allerdings wirkten sich die Regelungen der Ferntrauung auch auf diese Frage aus. Wurde ein Kind zwischen der Abgabe der Ferntrauungserklärung des Mannes und der Eheeingehungserklärung der Frau geboren, so war das Kind unehelich geboren. Gemäß § 19 I der PersonenstandsVO der Wehrmacht war die Ehe zwischen Mann und Frau noch nicht geschlossen. Allerdings wurde mit der späteren Erklärung der Frau, die Ehe eingehen zu wollen, das Kind legitimiert. Nach § 31 PStG erwarb das unehelich geborene Kind die Rechtsstellung eines ehelichen Kindes, was das Vormundschaftsgericht feststellen und durch einen entsprechenden Vermerk am Rande des Geburteneintrages festhalten mußte.[667]

Wenn der Vater jedoch in dem Moment, in dem die Mutter ihre Erklärung zur Eingehung der Ehe abgab, bereits verstorben war, wurde jedenfalls dann, wenn die Geburt des Kindes vor Abgabe der Erklärung durch die Mutter beurkundet wurde, das Kind unehelich geboren. Mit der innerhalb der Frist von sechs Monaten erfolgten Erklärung der Mutter zur Eingehung der Ehe galt die Ehe gemäß § 19 II der PersonenstandsVO der Wehrmacht bereits in dem Moment als geschlossen, in dem der Mann seine Erklärung abgegeben hat. Somit war das Kind ehelich geboren und der Geburtseintrag des Kindes mußte entsprechend geän-

---

664 Vgl. dazu § 20 ff EheG.

665 Die Zuständigkeit des Militärjustizbeamten richtete sich nach den Vorschriften des Gesetzes über die freiwillige Gerichtsbarkeit und andere Rechtsangelegenheiten in der Wehrmacht vom 24.4.1934 (RGBl. I S. 335) und den entsprechenden DurchführungsVO, 1. DurchfVO vom 3.2.1936 (RGBl. I S. 99), 2. DurchfVO vom 13.9.1939 (RGBl. I S. 1823), 3. DurchfVO vom 30.9.1940 (RGBl. I S. 1327), 4. DurchfVO vom 27.8.1942 (RGBl. I S. 541).

666 *Maßfeller*, Personenstandsrecht im Kriege, S. 105.

667 *Ders.*, S. 142.

dert werden.[668] Mithin entwickelten sich bedingt durch die Kriegssituation eine Reihe von rechtlichen Fragen. Da die ursprünglichen Vorschriften wenig hilfreich zur Lösung dieser Probleme waren, wurde versucht, durch eine Reihe von Durchführungsverordnungen auf diese Veränderungen zu reagieren.

(d) Bewertung der Meldungen aus dem Reich

Fraglich ist, inwieweit die dargestellte Rechtslage der Kritik und auch den Forderungen der Meldungen aus dem Reich zu diesem Bereich entsprach.

Der Beginn des Krieges stellte den Gesetzgeber insbesondere im Bereich des Familienrechts vor neue Herausforderungen. Die vor dem Krieg existenten Gesetze paßten nicht auf eine Situation, in der in der Regel der Mann nicht beliebig über seinen Aufenthaltsort bestimmen konnte, sondern sich als Soldat im Krieg befand. Bereits in unmittelbarer zeitlicher Nähe zu Beginn des Krieges wurden Verordnungen erlassen, die für das bürgerliche Streitverfahren und die Anwendung des Personenstandsgesetzes Ausnahmevorschriften für einberufene Soldaten vorsahen. Im Verlauf des Krieges wurden die Voraussetzungen für familienrechtliche Vorgänge, wie die Eheschließung oder die Anerkennung der Vaterschaft, immer weiter gelockert und den sich verschlechternden äußeren Umständen angepaßt. Auffällig für die Meldungen aus dem Reich für das Familienrecht war jedoch, daß die Forderungen aus der Bevölkerung, beispielsweise nach einer weitergehenden Lockerung der Formvorschriften für die Anerkennung der Vaterschaft, zwar zur Kenntnis genommen, aber derart weitgehend nicht in die Praxis umgesetzt worden sind.

Dies stellt insoweit einen Unterschied zu der Untersuchung der mietrechtlichen Beiträge dar, ist aber angesichts der grundlegenderen Bedeutung des Familienrechts für das Selbstverständnis einer Gesellschaft nicht überraschend. Trotz dramatischer Veränderungen des sozialen Lebens mußten bestimmte Formen und Regeln, auch wenn sie umständlich erschienen, eingehalten werden, um eine gewisse Kontinuität und Ordnung aufrecht zu erhalten.

II. Strafrecht

Neben dem Zivilrecht war insbesondere das Strafrecht Gegenstand der Beobachtungen des SD. Entsprechend befaßten sich viele Meldungen aus dem Reich mit strafrechtlich relevanten Fragen und Problembereichen.[669]

---

[668] *Maßfeller*, Personenstandsrecht im Kriege, S. 143.

[669] Im Bereich des Strafrechts gab es in der Zeit zwischen 1933 und 1945 zahlreiche Änderungen. Auch hier konnte insoweit anhand der Meldungen aus dem Reich nur eine Schwerpunktbildung vorgenommen werden. Für eine umfassende Übersicht über die gesetzlichen Veränderungen siehe deshalb *Werle*, Justiz- Strafrecht und polizeiliche Verbrechensbekämpfung im Dritten Reich, S, 57- 480.

1. Die Entwicklung des Strafrechts nach 1933

a) VO über die Gerichtsverfassung und die Rechtspflege[670]

Die VO über Maßnahmen auf dem Gebiete der Gerichtsverfassung und der Rechtspflege vom 1.9.1939 sah im dritten Abschnitt in den §§ 13-27 auch Regelungen im Bereich der Strafrechtspflege vor. Neben strukturellen Änderungen des bisher geltenden Instanzenzuges konnten gemäß § 22 der VO Vergehen im Schnellverfahren abgeurteilt werden, ohne daß die Voraussetzungen des § 212 StPO vorlagen. Dies galt jedoch nur für Fälle mit einem einfachen Sachverhalt und insbesondere dann, wenn eine schnelle Durchführung des Verfahrens aus besonderen Gründen geboten erschien.

§ 212 StPO sah die Durchführung der Hauptverhandlung vor dem Amtsrichter oder dem Schöffengericht vor, ohne daß schriftlich Anklage erhoben worden und daß eine Entscheidung über die Eröffnung des Hauptverfahrens getroffen worden war.[671] Dieses beschleunigte Verfahren konnte jedoch nur dann durchgeführt werden, wenn sich der Beschuldigte freiwillig gestellt hatte, infolge einer vorläufigen Festnahme dem Gericht vorgeführt worden war bzw. nur wegen Übertretung verfolgt wurde.[672]

Die Verordnung über Maßnahmen auf dem Gebiete der Gerichtsverfassung und der Rechtspflege sah somit eine erleichterte und schnellere Durchführung von Strafverfahren vor. Die erleichterten Voraussetzungen zur Durchführung des Verfahrens stellten eine erhebliche Gefährdung der Rechte des Angeklagten dar.[673] Ein Schnellverfahren konnte deshalb nur unter den genannten besonderen Voraussetzungen durchgeführt werden. Die Aushöhlung rechtsstaatlicher Verfahrensgrundsätze konnte so jedoch nur geringfügig verhindert werden.

In den Meldungen aus dem Reich vom 22.1.1940 wurde von Vorschlägen aus Richterkreisen berichtet, die für eine Vereinfachung auch des normalen Verfahrens eintraten.[674] Danach sollte der Eröffnungsbeschluß gemäß § 207 StPO wegfallen. Dieser stellte nur eine Wiederholung der Anklageschrift nach § 200 StPO dar. Der Vorsitzende des Gerichts hatte in der Anklageschrift dem Angeklagten die diesem zur Last gelegte Tat, die Hervorhebung ihrer gesetzlichen Merkmale, das anzuwendende Strafmaß sowie die Beweismittel und das die Hauptverhandlung durchführende Gericht zu benennen. Nach § 207 StPO wurde das Hauptverfahren durch einen Beschluß eröffnet. In diesem waren ebenfalls die dem

---

670 VO über Maßnahmen auf dem Gebiete der Gerichtsverfassung und der Rechtspflege vom 1.9.1939, RGBl. 1939 I, S. 1658.

671 *Loewe/ Rosenberg*, Kommentar zur StPO, 19. Aufl., S. 632.

672 Vgl. dazu auch *Schwarz*, Kommentar zur StPO, § 212, 5. Auflage, S. 187 f.

673 *Loewe/ Rosenberg*, Kommentar zur StPO, 19. Aufl., S. 633.

674 *Boberach*, Meldungen aus dem Reich, Band 3, S. 673 f.

Angeklagten zur Last gelegte Tat unter Hervorhebung der gesetzlichen Merkmale, das Strafgesetz und das Gericht zu benennen, vor dem die Hauptverhandlung stattfinden sollte. Im Unterschied zur Anklageschrift wurde auf die Beweismittel und das Ergebnis der Ermittlungen verzichtet.[675]

Nach der Kommentierung zu § 212 StPO aus dem Jahr 1938 durfte im Eröffnungsbeschluß keine Bezugnahme auf die Anklageschrift erfolgen.[676] Dies hätte im Ergebnis eine erhebliche Einschränkung der Rechte des Angeklagten in der Hauptverhandlung bedeutet. Formell wurde durch den Eröffnungsbeschluß die Hauptverhandlung eröffnet. Somit hatte der Angeklagte auch ein Recht darauf, im Rahmen der Hauptverhandlung den Grund des Verfahrens erläutert zu bekommen.

Weiterhin forderten die Richter, daß die erforderliche Ladungsfrist des Angeklagten von einer Woche zwischen Zustellung der Ladung und der Hauptverhandlung gemäß § 217 StPO verkürzt werden könnte, wenn der Vorsitzende Richter es für erforderlich hielt. Dies wurde u.a. mit dem Verweis auf das Schnellverfahren gemäß § 212 StPO, bei dem die Ladungsfrist drei Tage betrug, aber auf wenigstens 24 Stunden reduziert werden konnte, begründet.[677] Auch in diesen Fällen hätten Gericht und Staatsanwaltschaft genügend Zeit, sich auf das Verfahren vorzubereiten, so daß keine rechtlichen Nachteile für den Angeklagten entstünden. Die Anregungen aus der Richterschaft bedeuteten somit hinsichtlich der Verkürzung der Ladungsfrist ebenfalls eine Erweiterung der Kompetenzen des Richters auf Kosten des Angeklagten.

b) VO zur weiteren Vereinfachung der Strafrechtspflege vom 13.8.1942[678]

aa) Inhalt

Nachdem zur Anpassung an die Kriegssituation eine Reihe von gesetzlichen Änderungen und Verordnungen erlassen worden waren, wurden mit Voranschreiten des Krieges weitere Reformen nötig. Per Erlaß hatte Hitler am 21.3.1942 verfügt, die Straf- und Zivilverfahren sowie Verfahren der freiwilligen Gerichtsbarkeit so weit zu vereinfachen und zu beschleunigen, wie gerade eine angemessene Durchführung des Verfahrens noch möglich war.[679] Auch

---

675 *Schwarz*, Kommentar zur StPO, § 207, 5. Aufl., S. 183.

676 *Ders.*, § 207. 5. Aufl., S. 183.

677 § 212 StPO enthielt selbst keine Aussage über eine verkürzte Ladungsfrist. Durch die NotVO vom 6.10.1931 (RGBl. 1931 I, S. 563) wurde im VI. Kapitel gemäß § 4 die Ladungsfrist auf drei Tage festgesetzt, die jedoch im Einzelfall auf 24 Stunden reduziert werden konnte.

678 RGBl. 1942 I, S. 508.

679 Vgl. dazu den Erlaß des Führers über die Vereinfachung der Rechtspflege vom 21.3.1942, RGBl. 1942 I, S. 139.

Anklageschriften und Urteile sollten möglichst knapp gehalten werden. Der Reichsjustizminister sollte in Absprache mit dem Reichsminister und Chef der Reichskanzlei sowie dem Chef der Partei- Kanzlei die erforderlichen Durchführungsvorschriften erlassen.

Am 13.8.1942 wurden diese Durchführungsvorschriften im Rahmen der Verordnung über die weitere Vereinfachung der Strafrechtspflege umgesetzt. Wesentliche Schritte zur Beschleunigung des Strafverfahrens waren dabei der Wegfall des Eröffnungsbeschlusses gemäß Art. 1, die Reduzierung der für die Durchführung des Verfahrens erforderlichen Personen gemäß Art. 2-6 und die erhebliche Einschränkung der Rechtsbehelfe gemäß Art. 7.

Der Eröffnungsbeschluß wurde durch die Anordnung der Hauptverhandlung durch den Vorsitzenden ersetzt. Die bereits oben erläuterte Trennung der Zustellung der Anklageschrift von derjenigen des Eröffnungsbeschlusses war damit aufgehoben. Die Zustellung der Anklageschrift reichte aus.[680] Den aus Richterkreisen gemeldeten Forderungen nach einer Aufhebung des Eröffnungsbeschlusses wurde mithin zwei Jahre später entsprochen.[681]

bb) Die Aufnahme in den juristischen Kreisen

Allerdings wurde die Verordnung zum Zeitpunkt ihres Inkrafttretens in den „Fachkreisen“ nicht mehr als weitgehend genug empfunden.[682] Insbesondere die vom Reichsjustizministerium herausgegebenen Ausführungsverordnungen mahnten bei Maßnahmen, die dem Ermessen der Justizbehörden vorbehalten seien, zur restriktiven Anwendung, was als nicht hilfreich für die Beschleunigung des Strafverfahrens beurteilt wurde.

Auch die Abschaffung des Eröffnungsbeschlusses könne nur begrenzt begrüßt werden. Durch die Verordnung über die Beseitigung des Eröffnungsbeschlusses im Strafverfahren vom 13.8.1942 sei ein ebenso kompliziertes wie zeitlich aufwendiges Verfahren an die Stelle des Eröffnungsbeschlusses getreten.[683] Danach hatte das Gericht die Anordnung der Hauptverhandlung abzulehnen, wenn nach seiner Überzeugung aus tatsächlichen oder rechtlichen Gründen mit Sicherheit zu erwarten sei, daß in der Hauptverhandlung mit einer Verurteilung des Beschuldigten nicht zu rechnen sei. Gegen diesen ablehnenden Beschluß konnte der Staatsanwalt die sofortige Beschwerde erheben. Entscheidungsbefugt über diese Beschwerde war im Falle der Beschlußfassung durch einen Amtsrichter die Strafkammer des Landgerichts, in allen sonstigen Fällen das Reichsgericht.

---

680 Deutsche Justiz 1942, S. 574.

681 Vgl. dazu die Ausführungen oben S. 195 ff.

682 *Boberach*, Meldungen aus dem Reich, Band 12, S. 4487.

683 RGBl. 1942 I, S. 512 zur Änderung des RStGB.

Die in den Meldungen zitierten Fachkreise hielten insbesondere die Zuständigkeit des Reichsgerichts für völlig unangemessen und unnötig kompliziert. Knapp ein Jahr später erschienen weitere Meldungen aus dem Reich zur Aufnahme der Verordnung zur Vereinfachung der Strafrechtspflege vom 13.8.1942.[684] Auch danach wurde der allgemeine Fortschritt durch die Verordnung begrüßt, jedoch die Inkonsequenz in den neu eingeführten Regelungen erneut kritisiert.

cc) Die Aufnahme in der Bevölkerung

Innerhalb des letzten halben Jahres habe es eine große Zahl von Einzelmeldungen auch aus der Bevölkerung über die Einführung der Verordnung zur Vereinfachung der Strafrechtspflege gegeben.[685] Grundsätzlich sei das Interesse der Bevölkerung an Fragen der Gerichtsorganisation und des Verfahrens zwar gering, bezüglich der Einschränkung der Rechtsmittel habe es jedoch aufallend viele Reaktionen gegeben.

Gemäß Art. 7 § 1 der VO war die Berufung und Beschwerde des Angeklagten, Privatklägers und Nebenklägers nur dann möglich, wenn sie auch zugelassen wurde. Diese Zulassung mußte dann erteilt werden, wenn ihre Versagung unbillig gewesen wäre. Die Bevölkerung habe sich zunächst äußerst kritisch gegenüber der Einschränkung der Rechtsmittel und damit auch gegenüber der Einschränkung ihrer potentiellen Rechte geäußert. Allerdings habe die praktische Anwendung der neuen Vorschriften diese Bedenken zerstreut. Die nicht zugelassenen Berufungen seien in der Regel so eindeutig gewesen, daß das Rechtsempfinden der Bevölkerung und das Vertrauen in die Rechtsordnung nicht verletzt worden seien.

dd) Bewertung

Die Verordnung zur weiteren Vereinfachung der Strafrechtspflege vom 13.8.1942 muß unter zwei Aspekten bewertet werden. Zunächst war es aus praktischen Erwägungen notwendig, die strafprozessualen Vorschriften weiter an die Kriegssituation anzupassen. Der Strafprozess mußte möglichst zeitlich verkürzt, das Verfahren vereinfacht und die Zahl der Beteiligten verringert werden. Die Verordnung enthielt dazu beispielsweise durch die Streichung des Eröffnungsbeschlusses oder die Einschränkung der Rechtsbehelfe entsprechende Vorschriften. Andererseits stellte sich die Frage, inwieweit eine Reform des Strafprozesses den Vorstellungen der Nationalsozialisten hinsichtlich einer weiteren Aushöhlung des Rechtsstaates und damit auch eines rechtsstaatlichen Verfahrens entgegenkam. Die angestrebte Vereinfachung des Strafverfahrens aus Kriegsgründen führte im Ergebnis auch dazu, daß die Einzelrichter immer mehr

---

[684] *Boberach*, Meldungen aus dem Reich, Band 14, S. 5345 ff.
[685] *Ders.*, Band 14, S. 5345.

Entscheidungen aufgrund auslegungsbedürftiger Begriffe selbst treffen durften und sich dies häufig zu Ungunsten der Rechte des Angeklagten auswirkte.

Die Aufrechterhaltung der Strafrechtspflege unter den erschwerten Bedingungen des Krieges mag ohne eine Reform der strafprozessualen Vorschriften praktisch nicht möglich gewesen sein, jedoch ließ die nationalsozialistische Ideologie keine Zweifel daran erkennen, diese Aushöhlung jedes rechtstaatlichen Verfahrens zu jeder Zeit zu ermöglichen und mitzutragen.

Überraschend an den Meldungen zur Reform der Strafrechtspflege war die Reaktion der sogenannten Fachkreise, denen diese Verordnung nicht weitgehend genug war und die bereits zu einem sehr frühen Zeitpunkt tiefgreifende Einschnitte in die Rechte der Angeklagten gefordert hatten. Während die Bevölkerung offenbar derartigen Veränderungen auch im Hinblick auf die eigene rechtliche Situation eher skeptisch gegenüberstand, verlangten Teile der Rechtswahrer konsequentere Reformen.

2. Kriegswirtschaftsstrafsachen

Ähnlich wie das gesamte Strafrecht mit Beginn des Krieges an die veränderte Situation anpaßt und entsprechend reformiert werden mußte, bildeten sich neue kriegsspezifische Rechtsbereiche heraus. Dazu gehörte das Kriegswirtschaftsstrafrecht.[686] Unter den zahlreichen erlassenen Verordnungen und Vorschriften sollen insbesondere die Kriegswirtschaftsverordnung vom 4.9.1939 und die Verbrauchsregelungs-Strafverordnung vom 6.4.1940 behandelt werden.[687]

a) Die Kriegswirtschaftsverordnung

aa) Inhalt

Die Kriegswirtschaftsverordnung vom 4.9.1939 sollte „die Fortführung eines geregelten Wirtschaftslebens gewährleisten." „Jeder Volksgenosse in der Heimat hatte alle seine Kräfte und Mittel Volk und Reich zur Verfügung zu stellen."[688] Dies bedeutete, daß zunächst in Artikel I der Verordnung kriegsschädliches

---

686 Vgl. dazu das Vorwort zur 1. Auflage *Grau/ Krug/ Rietzsch*, Deutsches Strafrecht, Band 1, in dem die Verfasser darauf hinweisen, daß das bisher geltende Strafrecht keine besonderen kriegsrelevanten Strafvorschriften enthalte und daher entsprechend reformiert werden müßte. Gleichzeitig sollten die Neuerungen genutzt werden, um bisher nicht berücksichtigte nationalsozialistische Rechtsvorstellungen umzusetzen.

687 RGBl. 1939 I, S. 1609 und 1940 I, S. 610. Weitere kriegsrelevante neue Verordnungen waren u.a. die KriegssonderstrafrechtsVO vom 17.8.1938 (RGBl. I, S. 1455), die VO über außerordentliche Rundfunkmaßnahmen vom 1.9.1939 (RGBl. I, S. 1683) und die VO gegen Volksschädlinge vom 5.9.1939 (RGBl. I, S. 1679); vgl. dazu die Darstellung bei *Werle*, Justiz- Strafrecht und polizeiliche Verbrechensbekämpfung im Dritten Reich, S. 210 ff.

688 Vgl. dazu den Zweck der Kriegswirtschaftsverordnung, RGBl. 1939 I, S. 1609.

Verhalten unter Strafe gestellt wurde. Danach wurde die Vernichtung, Beiseiteschaffung oder Zurückhaltung von Rohstoffen oder Erzeugnissen, die zum lebenswichtigen Bedarf der Bevölkerung gehörten, mit Gefängnis oder Zuchthaus, in besonders schweren Fällen auch mit dem Tod bestraft. Zusätzlich mußte der Täter hinsichtlich der Gefährdung des Bedarfs der entsprechenden Güter böswillig gehandelt haben. Auch die ungerechtfertigte Zurückhaltung von Geldwertzeichen wurde mit Gefängnis oder Zuchthaus bestraft. Weiterhin wurden verschiedene Kriegszuschläge auf die Einkommenssteuer sowie auf bestimmte Waren wie Alkoholika und Tabak erhoben. Auch Vorschriften über Kriegslöhne und Kriegspreise waren enthalten.

Die Kriegswirtschaftsverordnung beinhaltete eine Vielzahl von unklar abgegrenzten Tatbeständen und unbestimmten Rechtsbegriffen. Dies führte in der praktischen Anwendung der Verordnung zu Streitigkeiten über die Auslegung. Nicht nur deshalb wurde die Kriegswirtschaftsverordnung als Beispiel für nationalsozialistische Rechtsetzung bezeichnet.[689]

bb) Meldungen aus dem Reich

Die Meldungen aus dem Reich beschäftigten sich weniger mit einzelnen juristischen Problemen bei der praktischen Anwendung der Verordnung. Während inhaltlich eine wissenschaftlich wertvolle Stellungnahme zu juristischen Problemen durch die nichtjuristischen Kreise innerhalb der Bevölkerung nicht erwartet werden konnte, ist auffällig, daß auch die sogenannten Fachkreise bestimmte Urteile hauptsächlich hinsichtlich des Strafmaßes kritisierten, aber keine konkreten Forderungen nach inhaltlichen Veränderungen stellten.

Strafurteile gegen Kriegswirtschaftsverbrecher stießen nach Angaben der Meldungen aus dem Reich grundsätzlich auf ein hohes Interesse in der Bevölkerung.[690] Die Bevölkerung forderte nicht nur in den meisten der berichteten Fälle eine härtere Bestrafung, vielmehr wurde besonders aufmerksam verfolgt, wer welche Strafe erhielt. Innerhalb der Bevölkerung entstand der Eindruck, daß bei der Verkündung der Strafen durchaus mit zweierlei Maß gemessen wurde. Die sogenannten „Großen“, also finanziell besser gestellte Teile der Bevölkerung, wurden danach eher mit milderen Strafen bedacht als der Durchschnittsbürger. Es sei bisher im Verlauf des Krieges nicht gelungen, den Eindruck zur erwecken, daß Kriegswirtschaftsverbrecher ohne Ansehen der Person mit der vollen Härte des Gesetzes bestraft würden.[691]

---

[689] *Werle*, Justiz- Strafrecht und polizeiliche Verbrechensbekämpfung im Dritten Reich, S. 220. Auf eine ausführliche Darstellung der juristischen Probleme im Zusammenhang mit der Kriegswirtschaftsverordnung wird verzichtet.

[690] Vgl. dazu beispielsweise *Boberach*, Meldungen aus dem Reich, Band 10, S. 3666, 3734; Band 14, S. 5656; Band 15, S. 6155.

[691] *Boberach*, Meldungen aus dem Reich, Band 14, S. 5656.

Die Gründe für diese Vorbehalte in der Bevölkerung gegenüber der Strafjustiz in Kriegswirtschaftsstrafsachen liege vor allen Dingen in der mangelhaften Gerichtsberichterstattung. Häufig sei die Bevölkerung gerade in Verfahren gegen höher gestellte Persönlichkeiten der Wirtschaft oder der Partei nur sehr lückenhaft über die Einzelheiten des Falles informiert, so daß ein entsprechend falscher Eindruck entstehe.[692] Insgesamt werde in der Bevölkerung eine harte Bestrafung sämtlicher Kriegswirtschaftsverbrecher unabhängig von der angeklagten Person jedoch uneingeschränkt unterstützt und durchweg positiv aufgenommen. Die sogenannten Rechtswahrerkreise zeichneten sich im Gegensatz dazu durch äußerst unterschiedliche Stellungnahmen aus. Dies sei sympthomatisch auch für die gesamte Rechtsprechung in diesem Bereich. Wenn sich die Rechtswahrer über die Frage der Behandlung von Kriegswirtschaftsverbrechern nicht einig seien, könne auch keine einheitliche Rechtsprechung in Kriegswirtschaftssachen erfolgen, die wiederum nötig sei, um in der Bevölkerung das Vertrauen in die Justiz zu erhalten.[693]

cc) Bewertung

Anhand der Meldungen über die Reaktionen auf die Kriegswirtschaftsverordnung läßt sich exemplarisch die Bedeutung der Meldungen aus dem Reich erkennen. Obwohl nicht speziell von einzelnen juristischen Problemen berichtet wurde, sondern vielmehr Stimmungen aus der Bevölkerung und aus Rechtswahrerkreisen hinsichtlich der Verfahren in Kriegswirtschaftssachen wiedergegeben wurden, wird doch deutlich, daß in den Meldungen Wertungen über die Auswirkungen der Meinungsbildung getroffen wurden. Die positive Reaktion der Bevölkerung auf harte Strafen zeigte, daß in diesem Bereich keine politische Notwendigkeit zum Handeln bestand. Im Gegensatz dazu ließen die uneinheitlichen Meinungen zur Kriegswirtschaftsjustiz in den Rechtswahrerkreisen und die dadurch eingetretenen Folgen ein Bedürfnis nach einer einheitlicheren Rechtsprechung erkennen.

b) Verbrauchsregelungs-Strafverordnung[694]

aa) Inhalt

In der Verbrauchsregelungs- Strafverordnung vom 6.4.1940 wurden alle Strafvorschriften, die vorher die Bewirtschaftung bezugsbeschränkter Erzeugnisse sanktionierten, vereinheitlicht und zusammengefaßt.[695]

---

[692] *Ders.*, Band 14, S. 5657 f.
[693] *Ders.*, Band 16, S. 6369.
[694] RGBl. 1940 I, S. 610.
[695] *Peren/ Schneider/ Rietzsch*, Kommentar zur Verbrauchsregelungs- Strafverordnung, S. 20.

Die Verordnung zur Sicherstellung des lebenswichtigen Bedarfs des deutschen Volkes vom 27.8.1939 führte zum ersten Mal die Bezugsscheinpflicht für wichtige Lebensmittel ein.[696] Danach waren bestimmte Lebensmittel wie Mehl, Fleisch, Milch, Zucker, Kaffee und Seife nur gegen Vorlage bestimmter behördlicher Bezugsberechtigungen zu beziehen. Neben weiteren Bestimmungen über die Gültigkeit und den Erwerb der Bezugsscheine enthielt die Verordnung auch bestimmte Strafvorschriften und Zwangsmaßnahmen. Bei Verstößen gegen die Verordnung konnten Gefängnisstrafen, in besonders schweren Fällen auch Zuchthaus- und Ordnungsstrafen verhängt werden. Die gerichtliche Strafverfolgung konnte danach nur auf Antrag der zuständigen Verwaltungsbehörde und nur nach der rechtskräftigen Festsetzung eines Ordnungsgeldes eingeleitet werden. Die Sicherstellungsverordnung war jedoch nach kurzer Zeit verursacht durch die kriegsbedingte Umorganisation der Verwaltungsstrukturen überholt. Die Verordnung über die Wirtschaftsverwaltung vom 27.8.1939 führte durch die Einführung von Bezirkswirtschaftsämtern für die gewerbliche Wirtschaft und von Landesernährungsämtern für die Ernährung und Landwirtschaft zu einer Trennung der organisatorischen Strukturen bezüglich gewerblicher und landwirtschaftlicher Erzeugnisse.[697] Daher war es sinnvoll, auch die Verbrauchsregelung für beide Sektoren getrennt zu behandeln.[698]

Für den Bereich der Landwirtschaft ergingen mit der Verordnung über die öffentliche Bewirtschaftung von landwirtschaftlichen Erzeugnissen vom 27.8.1939 und insgesamt neun weiteren Verordnungen zur Bewirtschaftung unterschiedlicher Erzeugnisse vom 7.9.1939 weitere Regelungen der öffentlichen Bewirtschaftung.[699]

§ 34 der Verordnung über die öffentliche Bewirtschaftung von landwirtschaftlichen Erzeugnissen enthielt eine Strafvorschrift, wonach Zuwiderhandlungen gegen die Vorschriften dieses Abschnittes und gegen die auf Grund der Verordnungen erlassenen Bestimmungen nach den Vorschriften über die Warenverkehrsverordnung sanktioniert werden sollten. Durch den Verzicht auf die Sanktionierung einzelner Tatbestände entstand nicht nur eine Reihe von Auslegungsproblemen, vielmehr sah die Warenverkehrsordnung auch Geld- und Gefängnisstrafen in unbeschränkter Höhe vor.[700] Als größtes Problem stellte sich jedoch das Fehlen einer Vorschrift über die Bestrafung des Erschleichens von

---

[696] RGBl. 1939 I, S. 1498.
[697] RGBl. 1939 I, S. 1495.
[698] *Peren/ Schneider/ Rietzsch*, Kommentar zur Verbrauchsregelungs- Strafverordnung, S. 18.
[699] Für die erstgenannte VO RGBl. 1939 I, S. 1521, für die weiteren VOen siehe RGBl. 1939 I, S. 1705- 1736.
[700] RGBl. 1939 I, S. 1530.

Bezugscheinen heraus. Das Reichsgericht mußte diese Frage schließlich durch eine juristische Konstruktion entscheiden.[701]

Ähnlich wie für landwirtschaftliche Erzeugnisse wurde auch eine Verordnung über die Verbrauchsregelung für lebenswichtige gewerbliche Erzeugnisse erlassen.[702] Diese Verordnung sah ebenfalls Strafvorschriften für Zuwiderhandlungen vor. Hervorzuheben war die erstmalige Unterscheidung in der Strafandrohung von Taten, die durch Verbraucher einerseits und durch Gewerbeausübende andererseits begangen worden waren. Allerdings wies auch diese Verordnung einen gravierenden Mangel auf. Sie war nur auf das Verhältnis von Verbraucher und Verteiler anwendbar, sanktionierte also nicht einen unberechtigten Bezug von Scheinen zum Zweck der gewerblichen Weiterveräußerung.[703] Diese wenig befriedigenden Regelungen, insbesondere hinsichtlich der Strafandrohung führten schließlich zur Notwendigkeit der Schaffung einer einheitlichen Verordnung in Gestalt der bereits erwähnten Verbrauchregelungs-Strafverordnung vom 6.4.1940.

Die Verbrauchsregelungs-Strafverordnung trennte in der Strafandrohung strikt zwischen Personen, die in Ausübung eines Gewerbes oder Berufes handelten und Privatleuten. Dabei war auch die Höhe der angedrohten Strafen unterschiedlich. Zwar konnte in beiden Fällen eine Geld- oder Haftstrafe verhängt werden, für Privatpersonen blieb die Geldstrafe jedoch gemäß § 2 I der VO in der Höhe auf bis zu 150 Reichsmark beschränkt. Neben der Einführung des Ordnungsstrafrechts der Wirtschafts- und Ernährungsämter enthielt die Verordnung als Neuerung Regelungen über die Durchführung des gerichtlichen Verfahrens.[704]

Nach etwas mehr als 18 Monaten hatte sich die Verbrauchsregelungs-Strafverordnung zwar grundsätzlich bewährt, allerdings hatten sich in der praktischen Anwendung auch Schwierigkeiten ergeben, so daß eine Neufassung notwendig wurde. Am 26.11.1941 wurde diese Neufassung bekannt gegeben.[705] Wesentliche Änderungen waren in den §§ 3 und 12 vorgenommen worden. § 3 war völlig neugefaßt und stellte mit einer Strafandrohung von bis zu zwei Jahren oder Geldstrafe in unbeschränkter Höhe die zweckwidrige Verwendung bezugsbeschränkter gewerblicher Erzeugnisse, die zur Ausübung eines Gewerbes oder Berufes zugeteilt waren, unter Strafe.[706]

§ 12 sah in diesem Sinne ebenfalls eine Verschärfung der bestehenden Vorschriften vor. Danach konnte eine durch das zuständige Amt verhängte rechts-

---

701 Vgl. dazu RGSt 74, 290, 293.

702 VO vom 14.11.1939, RGBl. 1939 I, S. 2221.

703 *Peren/ Schneider/ Rietzsch*, Kommentar zur Verbrauchsregelungs- Strafverordnung, S. 20.

704 *Dies.*, S. 21.

705 RGBl. 1941 I, S. 734.

706 *Peren/ Schneider/ Rietzsch*, Kommentar zur Verbrauchsregelungs- Strafverordnung, S. 85.

kräftige Ordnungsstrafe, deren Beitreibung keine Aussicht auf Erfolg hatte, in eine Haftstrafe umgewandelt werden. Damit sollte versucht werden, eine bestehende Gesetzeslücke der Verbrauchsregelungs-Strafverordnung in ihrer ersten Fassung zu schließen.[707] Grundsätzlich konnte eine Ordnungsstrafe im Gegensatz zu einer strafrechtlichen Geldstrafe bei Verweigerung ihrer Erfüllung nicht in eine Ersatzfreiheitsstrafe umgewandelt werden. Dies führte in mehreren Fällen dazu, daß Personen die Erfüllung einer Ordnungsstrafe verweigerten, damit die Lücke des Gesetzes ausnutzten und im Ergebnis straffrei ausgingen.[708] Mithin stellte die neue Fassung der Verbrauchsregelungs- Strafverordnung eine Nachbesserng dar, die nicht nur die Tatbestände erweiterte, sondern auch die Möglichkeiten der Sanktionierung verbesserte.

bb) Die Meldungen aus dem Reich

(1) 27.5.1940

Bereits in den Meldungen aus dem Reich vom 27.5.1940 wurde von ersten Reaktionen auf die Verbrauchsregelungs-Strafverordnung berichtet.[709] Darin wurde die unterschiedliche Strafandrohung für Zuwiderhandlungen in Ausübung eines Gewerbes oder Berufes bzw. für Zuwiderhandlungen durch Privatpersonen kritisiert. Es gebe durchaus Fälle, in denen eine Zuwiderhandlung nicht in Ausübung eines Berufes erfolge, so z.B. durch sogenannte „wilde Schleichhändler", die höhere Bestrafung aber aufgrund der Verwerflichkeit der Tat durchaus gerechtfertigt sei. Weiterhin werde es in der Bevölkerung nicht als gerecht empfunden, wenn Stammkunden ihre wirtschaftliche Überlegenheit zum Verkäufer ausnutzten und ihn dadurch veranlaßten, bezugsbeschränkte Erzeugnisse ohne Bezugsberechtigung zu liefern. Der Käufer habe im Ergebnis jedenfalls dann, wenn es sich nicht um einen schweren Fall handele, höchstens eine Geldstrafe bis 150 RM zu erwarten, während der Verkäufer in die Tätergruppe der Gewerbetreibenden eingeordnet würde und deshalb eine sehr viel höhere Strafe verhängt werden könne.

Ein weiteres Problem ergebe sich auch dann, wenn unberechtigt bezugsbeschränkte Erzeugnisse aus dem eigenen Betrieb entnommen und dann an „gute Bekannte" bzw. gegen „verschleiertes Entgelt" weitergegeben würden. Gemäß § 2 I Nr. 1 der VO war der Tatbestand nur dann erfüllt, wenn die Überlassung einer Bezugsberechtigung an einen anderen in Bereicherungsabsicht erfolge. Wie die Meldungen weiter ausführten, sei es in diesem Zusammenhang häufig schwierig, eine entsprechende Bereicherungsabsicht nachzuweisen und damit im Ergebnis auch eine „angemessene" Bestrafung zu erreichen.

---

[707] *Dies.*, S. 123.

[708] *Dies.*, S. 123.

[709] *Boberach*, Meldungen aus dem Reich, Band 4, S. 1183.

(2) 6.6.1940

Zwei Monate nach Erlaß der Verbrauchsregelungs-Strafverordnung erschienen weitere Meldungen, die auf Schwierigkeiten im Zusammenhang mit deren praktischer Anwendung hinwiesen.[710] Erneut wurde die „niedrige" Strafandrohung für Zuwiderhandlungen, die nicht in Ausübung eines Gewerbes oder Berufes erfolgten, kritisiert. Der Strafrahmen sei nicht nur in vielen Fällen zu gering, er würde auch zu „unsozialen" Ergebnissen führen. Für einen Mann mit einem Einkommen von 200 RM stelle eine Geldstrafe von bis zu 150 RM bei entsprechenden Verstößen durchaus eine empfindliche Härte dar. Bei einem Monatseinkommen von 10.000 RM jedoch werde eine derartige Geldstrafe kaum wahrgenommen. Noch dazu werde eine solche niedrige Strafe nicht einmal in das Strafregister eingetragen. Für Besserverdienende bestehe somit nahezu keine Hemmschwelle, derartige Verstöße zu begehen. Diese würden als eine Art „Kavaliersdelikt" betrachtet. Die Ordnungsstrafen böten damit nicht die notwendige Abschreckungswirkung.

Zudem wurde aus Fachkreisen kritisiert, daß die Verordnung keinen besonderen Tatbestand für Beamte vorsah, die mit der Durchführung der Bestimmungen über die Verbrauchsregelung lebenswichtiger Güter betraut waren. Wenn der Eigennutz bzw. die Bereicherungsabsicht nicht vorliege, seien die Vorschriften der Verbrauchsregelungs-Strafverordnung für diesen Personenkreis nicht anwendbar, so daß auch hier eine Strafbarkeitslücke entstehe.

(3) 31.3.1941

Auch die Meldungen vom 31.3.1941 wiesen auf eine Strafbarkeitslücke in der Verbrauchsregelungs-Strafverordnung hin.[711]

Gemäß der §§ 1 und 2 konnten Geld- oder auch Haftstrafen verhängt werden. Bestand jedoch kein öffentliches Interesse an der Strafverfolgung, konnte gemäß § 3 I das zuständige Wirtschafts- und Ernährungsamt Ordnungsstrafen bis zur Höhe von 1000 RM verhängen. Jedenfalls bei minderen Vergehen verneinten die Staatsanwaltschaften in der Regel ein öffentliches Interesse. Wenn jedoch die Verhängung einer Ordnungsstrafe keine Wirkung erziele, weil die Bezahlung aufgrund der finanziellen Situation des Betroffenen aussichtslos sei, gebe es keine Möglichkeit, ersatzweise die Verbüßung einer Haftstrafe anzuordnen. Die rechtliche Ahndung des Verstoßes gegen die Verbrauchsregelungs-Strafverordnung laufe in diesen Fällen also praktisch leer.

---

710 *Boberach*, Meldungen aus dem Reich, Band 4, S. 1226.
711 *Ders.*, Band 6, S. 2172.

(4) 11.9.1941

Je mehr Zeit seit dem Erlaß der Verbrauchsregelungs-Strafverordnung vergangen war, desto mehr Schwierigkeiten bei der praktischen Anwendung wurden erkennbar. In den Meldungen vom 11.9.1941 wurden zwei wesentliche Probleme aufgegriffen.[712]

Zunächst stellte sich die Frage der Verjährung für durch die Verbrauchsregelungs-Strafverordnung sanktionierte Taten. Dies sei jedoch zwischen Rechtsprechung und Reichsjustizministerium umstritten. Nach dem Reichsstrafgesetzbuch wurden strafbare Handlungen, je nach Höhe der angedrohten Strafe in Verbrechen, Vergehen und Übertretungen eingeteilt.

Danach seien die in § 1 I und II der VO mit Strafe bedrohten Handlungen als Vergehen zu behandeln. Verstöße gegen § 2 I und II der VO wären auch im Fall der verschärften Strafandrohung des § 2 III nur Übertretungen. Da Übertretungen aber bereits nach drei Monaten verjährten, könnten häufig Verstöße gegen die Verbrauchsregelungs-Strafverordnung gemäß § 2 III der VO wegen Verjährung nicht geahndet werden, obwohl ein öffentliches Interesse an der Strafverfolgung durchaus bestehe. Ein Erlaß des Reichsjustizministeriums an die Generalstaatsanwälte habe zwar angeordnet, daß Verstöße gegen § 2 III der VO als Vergehen zu behandeln seien und damit auch einer längeren Verjährungsfrist unterfallen müßten, aus den Meldungen werde jedoch ersichtlich, daß die Gerichte diesem Erlaß häufig keine Beachtung schenkten und die kurze Verjährungsfrist trotzdem anwandten.

Die Bevölkerung stehe der Tatsache, daß in einigen Fällen Personen zu Gefängnisstrafen verurteilt würden, während andere aufgrund eingetretener Verjährung straffrei ausgingen, zunehmend verständnislos gegenüber. Auch die Fachkreise wiesen darauf hin, daß sich die Anwendung der Verbrauchsregelungs-Strafverordnung in erster Linie an wirtschaftspolitischen Erwägungen orientieren solle und formaljuristische Erwägungen in den Hintergrund zu treten hätten.

Die zweite Frage, die in den Meldungen vom 11.9.1941 aufgegriffen wurde, beschäftigte sich mit der Straflosigkeit bei Tausch oder Weitergabe von Lebensmitteln durch Selbstversorger im Rahmen der geltenden Versorgungssätze. Das Reichsgericht hatte entschieden, daß bezugsbeschränkte Gegenstände, wenn sie ordnungsgemäß in den Besitz eines bezugsberechtigten Verbrauchers gelangt seien, straffrei entgeltlich oder unentgeltlich weitergegeben werden dürften.

Die Bevölkerung habe Bedenken geäußert, daß nicht nur die weiterhin uneinheitliche Rechtsprechung, sondern insbesondere auch die entgeltliche Veräußerung von ordnungsgemäß bezogenen landwirtschaftlichen Erzeugnissen das „Hamsterunwesen“ weiter begünstige. Deutlich sei der Wunsch nach einer

---

[712] *Boberach*, Meldungen aus dem Reich, Band 8, S. 2753.

strengen strafrechtlichen Verfolgung der „Hamsterer“ in der Bevölkerung geäußert worden.

cc) Bewertung

Da die Verbrauchsregelungs-Strafverordnung die Bevölkerung in ihrem täglichen Leben deutlich einschränkte, fielen die Reaktionen entsprechend zahlreich aus. Die in der Verbrauchsregelungs-Strafverordnung geregelte Sanktionierung von Verstößen gegen die staatlich organisierte Verteilung von Lebensmitteln des täglichen Bedarfs wurde zwar grundsätzlich von der Bevölkerung begrüßt, jedoch kam es häufig zu unbefriedigenden, „ungerechten“ Ergebnissen. Insbesondere die Straflosigkeit einiger Täter infolge der Verjährung der Taten oder infolge einer aus finanziellen Gründen nicht durchzusetzenden Ordnungsstrafe verärgerten die Bevölkerung. Weiterhin wurde gefordert, besonders bei gut situierten Tätern die Geldstrafe in eine Haftstrafe umzuwandeln, so daß eine Strafwirkung auch tatsächlich spürbar werde.

Neben einem nicht näher bezeichneten Erlaß des Reichsjustizministeriums, der Verstöße gegen § 2 III der VO als Vergehen einstufte und damit eine längere Verjährung bewirkte, war letztlich nur die Einführung des § 12 der VO in der Fassung vom 26.11.1941, der in besonderen Fällen die Umwandlung einer Ordnungsgeldstrafe in Ersatzhaft zuließ, die einzige deutliche administrative Reaktion, die sich mit den Forderungen aus der Bevölkerung deckte. Jedenfalls entsprach die Korrektur der in der praktischen Anwendung aufgetretenen Schwierigkeiten tendenziell den Forderungen aus den Meldungen, sich bei Verstößen gegen die Strafverordnung um eine harte und im Sinne des Empfindens der Bevölkerung auch „gerechte“ Strafe zu bemühen.

C. Bewertung der juristischen Beiträge in den Meldungen

Die vom Sicherheitsdienst der SS erfaßten und entsprechend aufbereiteten Meldungen aus dem Reich gaben zunächst einen Überblick über die Stimmungslage innerhalb der Bevölkerung u.a. zu bestimmten juristischen Themenbereichen. Dabei wurde innerhalb einzelner Meldungen häufig zwischen „Bevölkerungskreisen“ und „juristischen Fachkreisen“ differenziert, so daß die Empfänger der Meldungen aus dem Reich dies hinsichtlich der Auswertung der Meldungen berücksichtigen konnten. Aufgrund der Ausrichtung der Meldungen als Stimmungsbarometer innerhalb der Bevölkerung orientierten sich die angesprochenen juristischen Problembereiche stark an deren Bedeutung im täglichen Leben. Dabei dominierten im Zivilrecht erneut Fragen des Miet- und Familienrechts, im Strafrecht Probleme des Strafprozesses und des Kriegsstrafrechts.

Im Unterschied zum Erscheinen des Schwarzen Korps 1935 begann die regelmäßige kurzfristige Berichterstattung der Meldungen aus dem Reich erst 1939, so daß in allen untersuchten juristischen Bereichen eine starke Beeinflussung durch den Kriegszustand festzustellen ist. Ähnlich wie schon bei der Untersuchung der Beiträge im Schwarzen Korps ist dabei eine Umsetzung der Forderungen aus der Bevölkerung in Gesetzesänderungen oder Verordnungen auffällig. Dabei kann in Übereinstimmung zu dem bereits über das Schwarze Korps Gesagten nicht von einem direkten kausalen Zusammenhang gesprochen werden. Während das Schwarze Korps jedoch durch eine möglichst auffällige und provozierende Darstellung die Öffentlichkeit erregte und damit jedenfalls auch die entscheidenen Regierungs- und Parteistellen aufmerksam machen mußte, waren die Meldungen aus dem Reich unmittelbar für diese Stellen bestimmt.

Grundsätzlich sind eine ganze Reihe von unterschiedlichen Gründen für die Änderung von Gesetzen und Verordnungen erforderlich, so daß auch in diesem Fall nur von eine mittelbaren Einflußnahme gesprochen werden kann.

Die Meldungen aus dem Reich sind das Ergebnis nachrichtendienstlicher Arbeit in einem diktatorischen System, die zu einer Überwachung des gesamten privaten Lebens führte. Durch die Übermittlung gewaltiger Informationsmengen an die zuständigen Stellen in Regierung und Partei entstand dort ein Eindruck über die positiven und negativen Aspekte aktueller, aber auch grundsätzlicher rechtlicher Fragen. Mittelbar konnten die Meldungen aus dem Reich so die Entscheidungsprozesse in den maßgebenden Regierungs- und Parteistellen beeinflussen. Mithin bleibt auch für die Untersuchung der Meldungen aus dem Reich des Sicherheitsdienstes der SS eine mittelbare Einflußnahme auf das Rechtsleben im Dritten Reich festzuhalten.

7. Teil: Der SD und der Einfluß auf die Rechtswissenschaft

A. Einleitende Bemerkungen

Wie bereits angesprochen, stellte sich die Aktenlage für den SD und insbesondere seine politischen Verwicklungen hinsichtlich juristisch relevanter Themenbereiche als sehr schlecht heraus. Eine auch nur annähernd Vollständigkeit beanspruchende Rekonstruktion der politischen Einflußnahme des SD auf die Rechtswissenschaft halte ich deshalb für ausgeschlossen. Allerdings läßt sich, wie zu untersuchen sein wird, exemplarisch anhand einer einzelnen Person ein Einblick in die Verstrickungen und das Handeln des SD in Bezug auf die Rechtswissenschaft und die Verhältnisse an den Rechtswissenschaftlichen Fakultäten gewinnen.

Mit dem Namen Karl August Eckhardt (1901- 1979) verbinden sich hauptsächlich umfangreiche rechtshistorische Forschungen, besonders im Bereich der Germanenrechte, und die anfängliche Zugehörigkeit zur „Kieler Schule". Eine eigenständige Monographie über Leben und Werk Eckhardts existiert nicht. Lediglich in einem 1985 erstveröffentlichten Nachruf setzte sich Hermann Nehlsen erstmals mit den aus der NS-Zeit zur Verfügung stehenden Materialien auseinander.[713] Darüberhinaus wurde der Name K. A. Eckhardts in den bisher veröffentlichten Beiträgen zur Rolle der Kieler Rechtswissenschaftlichen Fakultät im Dritten Reich im Zusammenhang mit seiner Tätigkeit als Referent im Reichswissenschaftsministerium erwähnt.[714]

Anhand der Person Karl August Eckhardts sollen exemplarisch die bisherigen Informationen über den Einfluß des SD auf die Wissenschaftspolitik des Dritten Reiches zusammengetragen und im Kontext ausgewertet werden. Dabei wird insbesondere die Rolle des SD in Bezug auf die Rechtswissenschaft von Bedeutung sein.

Ergänzend dazu werden ebenfalls exemplarisch die Anstrengungen Walter Schellenbergs geschildert, sich an der Rechtswissenschaftlichen Fakultät der Universität Berlin zu promovieren. Trotz Nichtvollendung der Arbeit sind insbe-

---

713 *Nehlsen*, ZRG GA 104, 497- 536; Zweitveröffentlichung in *Nehlsen/ Brun*, Münchener rechtshistorische Studien zum Nationalsozialismus, 1996.

714 So beispielhaft *Eckert*, Was war die Kieler Schule?, Recht und Rechtslehre im Nationalsozialismus, S. 37- 70; *ders.*, Hinter den Kulissen. Die Kieler Rechtswissenschaftliche Fakultät im Nationalsozialismus, Christiana Albertina, Heft 58. Mai 2004, S. 18- 32; *Hattenhauer*, Rechtswissenschaft im NS- Staat, Der Fall Eugen Wohlhaupter, Heidelberg 1987; *Heiber*, Universitäten unterm Hakenkreuz, Teil I, Teil II, Band 2, München 1991, 1992; *ders.*, Walter Frank und sein Reichsinstitut für die Geschichte des neuen Deutschland, Stuttgart 1966.

sondere Schellenbergs Beziehungen zur SS und zum SD, die er für die Vorarbeiten zu nutzen versuchte, von Bedeutung.

B. Karl August Eckhardt

Da eine ausführliche Darstellung des Lebens von K.A. Eckhardt bereits in dem Nachruf von Herrmann Nehlsen erfolgte, wird an dieser Stelle nur ein kurzer Überblick über die wichtigsten Lebensdaten gegeben.[715]

I. Persönliches

Karl August Eckhardt wurde am 5.3.1901 als Sohn des Rechtsanwalts Justizrat Wilhelm Eckhardt und seiner Frau Minna in Witzenhausen geboren.[716] Seit 1925 war er in erster Ehe mit Ilse Eckhardt, geb. Thiel, verheiratet. Diese verstarb nach der Geburt des fünften gemeinsamen Kindes. Später heiratete Eckhardt seine zweite Frau Ilse, geb. Rauch, mit der er gemeinsam mehrere Bände der Studia iuris Suevici herausgab.[717] Am 29.1.1979 verstarb Karl August Eckhardt im Alter von 77 Jahren. Die Witzenhäuser Allgemeine nannte Eckhardt „einen Mann, der die Stadt Witzenhausen weit über die Grenzen des Landes hinaus bekannt gemacht hatte."[718]

II. Schule, Studium, Promotion, Habilitation

Eckhardt besuchte das humanistische Gymnasium in Hannoversch-Münden. Nach dem Abitur nahm er 1919 in Marburg ein rechtswissenschaftliches Studium auf, das er 1922 mit dem Ersten Staatsexamen abschloß. Bereits wenige Wochen später wurde Eckhardt im Alter von nur 21 Jahren mit dem Thema „Die Witzenhäuser Schwabenhandschrift" zum Doktor der Rechte promoviert.[719] Nachdem er zunächst ein Angebot seines Doktorvaters Walther Merk abgelehnt hatte, sich in Deutscher Rechtsgeschichte zu habilitieren, ließ sich Eckhardt in Göttingen für deutsche Philologie, mittelalterliche Geschichte und geschichtliche Hilfswissenschaften einschreiben. Während dieser Zeit war er zudem als Justiziar einer Papierfabrik und als Leiter des Stadtarchivs in Witzenhausen tätig. Schließlich begann Karl August Eckhardt bei Herbert Meyer in Göttingen mit der Arbeit an seiner Habilitationsschrift zum Thema „Der Deutschenspiegel, seine Entstehungsgeschichte und sein Verhältnis zum Schwabenspiegel". Mit 22 Jahren wurde Eckhardt am 1.3.1924 Privatdozent für Deutsche Rechtsgeschichte in Göttingen, ein Jahr später erhielt er auch die Lehrbefähigung für Bürgerliches

---

715 Vgl. dazu den Nachruf von *Nehlsen*, ZRG GA 104, 497- 536.

716 Vgl. dazu die Angaben in einem von Eckhardt erstellten Lebenslauf, SSO-Akte, K.A. Eckhardt, BA.

717 *Nehlsen*, Karl August Eckhardt, S. 223.

718 Witzenhäuser Allgemeine vom 6.2.1979.

719 *Nehlsen*, Karl August Eckhardt, S. 182.

Recht und Handelsrecht. In den folgenden Jahren erschienen in kurzer Abfolge größere Aufsätze über Rechtsbücher in der Savigny-Zeitschrift für Rechtsgeschichte, eine Chronik über die „Politische Geschichte der Stadt Witzenhausen“ und 1927 der erste Teil der „Rechtsbücherstudien“, die die Herausgabe des Deutschenspiegels und des Urschwabenspiegels vorbereitete.[720]

III. Ordinarius

1. Die Berufung nach Kiel

Nach weiteren Veröffentlichungen wie der Monographie „Die Lex Baiuvariorum“ 1927 erhielt Eckhardt einen Ruf auf den Lehrstuhl des Nordisten Max Pappenheim für Rechtsgeschichte, Bürgerliches Recht und Handelsrecht an die Christian-Albrechts-Universität zu Kiel, den er auch annahm.

2. Zwischenstationen

Nach knapp zwei Jahren in Kiel nahm Eckhardt 1930 einen Ruf auf den Lehrstuhl für Bürgerliches Recht und Handelsrecht an die Handelshochschule in Berlin an. Der Weggang Eckhardts stürzte die Kieler Fakultät in Personalsorgen hinsichtlicher der Wiederbesetzung des Lehrstuhls. Zwischen 1928 und 1930 versuchte man, adäquaten Ersatz zu finden. Der künftige Inhaber der Professur sollte im geltenden Recht wie in der Rechtsgeschichte gleichermaßen bewandert sein und sich zudem durch die Beherrschung skandinavischer Sprachen in der Tradition von Max Pappenheim für die Pflege der Beziehungen zu den skandinavischen Ländern empfehlen.[721] Nach einem zunächst durch das Ministerium abgelehnten Vorschlag wurde schließlich mit Professor Claudius Freiherr von Schwerin von der Universität Freiburg i.Br., ein weiterer Versuch unternommen.[722] K.A. Eckhardt hatte inzwischen Berlin schon wieder verlassen und war 1932 einem Ruf an die Universität Bonn gefolgt.

3. Rückkehr nach Kiel

a) Die Berufung

Die Kieler Rechts- und Staatswissenschaftliche Fakultät ließ unterdessen nichts unversucht, um K.A. Eckhardt zurückzugewinnen. Neben der Besetzung von

---

[720] Da K.A. Eckhardt während seines Lebens mit ca. 30.000 Druckseiten sehr viele Arbeiten veröffentlichte, kann immer wieder nur auf einige ausgewählte Beispiele verwiesen werden. Im übrigen sei auf das Werkverzeichnis verwiesen, das von Eckhardts Sohn Albrecht zusammengestellt wurde, *Eckhardt, Albrecht*, Werksverzeichnis K.A. Eckhardt, 1979.

[721] GStA PK, I HA Rep. 76, Va Sekt. 9 Tit. IV Nr. 4, Bd. 7, Schreiben des Dekans vom 18.6.1930.

[722] GStA PK, I HA Rep. 76, Va Sekt. 9 Tit. IV Nr. 4, Bd. 7, Schreiben des Dekans vom 18.8.1930.

Eckhardts altem Lehrstuhl, für den Claudius von Schwerin vorgesehen war, sollte ein neuer bürgerrechtlicher Lehrstuhl eingerichtet werden. Für diesen Lehrstuhl sollte K.A. Eckhardt gewonnen werden.[723] Die Fakultät war davon überzeugt, daß Eckhardt aufgrund der bereits in Kiel geleisteten Arbeit und der damit zusammenhängenden Verbundenheit mit der Universität, gern nach Kiel zurückkehren würde.[724] Weiterhin sei Eckhardt insbesondere mit der niederdeutschen Rechtsgeschichte vertraut und dadurch in der Lage, die innere Verbundenheit der Universität Kiel mit Schleswig-Holstein auch wissenschaftlich zu pflegen.[725]

Dies tat Eckhardt auch. Mit Schreiben vom 17.7.1933 an den Ministerialrat Achelis im Wissenschaftsministerium nahm Eckhardt den erneuten Ruf nach Kiel auch formell an.[726] Er bat ferner um seine Ernennung zum 1.8.1933, um seine Angelegenheiten in Bonn als Dekan und Mitglied der Referendarprüfungskommission abwickeln zu können. Damit war K.A. Eckhardt zum Wintersemester 1934/ 35 wieder ordentlicher Professor an der Rechts- und Staatswissenschaftlichen Fakultät der Universität Kiel.

b) Probleme wegen eines Rufes nach München

Zwischen 1930 und 1932 hatte Eckhardt zahlreiche weitere umfangreiche Arbeiten veröffentlicht, eine Leistung, die Hermann Nehlsen in seinem Nachruf „schier unglaublich" nannte.[727] Dies machte ihn auch für andere größere und bedeutendere Fakultäten interessant. Kurz nach der Berufung Eckhardts nach Kiel versuchte die Münchener Fakultät ihn zu gewinnen. Nachdem das preußische Kultusministerium auf Anfrage des bayerischen Ministeriums bereits eine Freigabe Eckhardts aus dem preußischen Staatsdienst verweigert hatte, erging trotzdem ein Ruf an Eckhardt. In einem Aktenvermerk zeigte sich der zuständige Referent im preußischen Wissenschaftsministerium empört über das Verhalten des bayerischen Ministeriums, aber auch über die Haltung Eckhardts selbst, der offenbar mit dem bayerischen Ministerium in Verhandlungen eingetreten war.[728] Nach einer Vereinbarung der Hochschulreferenten aus dem Jahr 1925 solle eine Wegberufung nicht erfolgen, wenn der betreffende Professor noch nicht zwei Jahre an der Universität tätig war. Der alte Zustand, bei dem sich die Hoch-

---

723 GStA PK, I HA Rep. 76, Va Sekt. 9 Tit. IV Nr. 4, Bd. 7, Schreiben des Dekans vom 26.1.1931.

724 GStA PK, I HA Rep. 76, Va Sekt. 9 Tit. IV Nr. 4, Bd. 7, Schreiben des Dekans vom 10.2.1931.

725 GStA PK, I HA Rep. 76, Va Sekt. 9 Tit. IV Nr. 4, Bd. 8, Schreiben des Dekans vom 15.6.1933.

726 GStA PK, I HA Rep. 76, Va Sekt. 9 Tit. IV Nr. 4, Bd. 8, Schreiben Eckhardt vom 17.7.1933.

727 *Nehlsen*, Karl August Eckhardt, S. 185.

728 GStA PK, I HA Rep. 76, Va Sekt. 9 Tit. IV Nr. 4, Bd. 7, Aktenvermerk vom 13.1.1934.

schulverwaltungen gegenseitig bekämpften und die Professoren durch ein Ausspielen der beiden Parteien den größten Nutzen aus solchen Streitigkeiten zogen, dürfe nicht wieder hergestellt werden. Im übrigen sei Prof. Eckhardt seitens des Ministeriums darauf hingewiesen worden, daß der Minister die Entlassung Eckhardts aus dem Staatsdienst verweigern und Eckhardt bei einer Mißachtung innerhalb von vier Wochen seine preußische Beamtenstelle auf dem Disziplinarwege verlieren werde.[729] Der preußische Wissenschaftsminister wandte sich persönlich an seinen bayerischen Kollegen und wies diesen an, die Verhandlungen mit Eckhardt abzubrechen, da dieser gegen seine Verpflichtungen als preußischer Beamter verstoße.[730] Begründet wurde die verweigerte Freigabe Eckhardts aus dem preußischen Staatsdienst weiterhin mit der Aufgabe, die die vollständig umgebildete Kieler Rechts- und Staatswissenschaftliche Fakultät übernehmen solle. Im Rahmen einer einheitlichen deutschen Hochschulpolitik sollte in Kiel eine Gruppe junger Dozenten, zu der Eckhardt gehöre, die Probleme an der Hochschule lösen. Es werde daher darum gebeten, daß auch die Münchener Fakultät bei ihren Neubesetzungen diese Erwägungen in Betracht ziehe.[731]

Disziplinarrechtlich zog der preußische Wissenschaftsminister die Konsequenzen aus Eckhardts Verhalten, der nach Ansicht des Ministers grundsätzlich seine Bereitschaft erklärt hatte, den Ruf anzunehmen, und erteilte Eckhardt wegen seines pflichtwidrigen Verhaltens seine Mißbilligung.[732] Eckhardt selbst setzte sich gegen diese Anschuldigungen in einem Schreiben zur Wehr.[733] Er verwies darauf, daß er seine Bereitschaft, den Ruf nach München anzunehmen, nur unter dem ausdrücklichen Vorbehalt der Freigabe durch den preußischen Wissenschaftsminister erklärt habe und zudem davon ausgegangen sei, daß bei der üblichen Weiterberufungsfrist von zwei Semestern Ausnahmen möglich seien. Die Bestrebungen, Eckhardt nach München zu berufen, gingen offenbar von Hans Frank aus, der so hoffte, Eckhardt auch für die Arbeit der Akademie für Deutsches Recht mit Sitz in München zu gewinnen. Eckhardt führte weiter aus, daß sein erzwungener Verzicht auf München zu den schwersten Entscheidungen in seiner Karriere gehört habe. Er sei zunächst davon ausgegangen, daß er in Kiel politische Aufgaben zu übernehmen habe. Dies habe wesentlich seine Entscheidung, Bonn zu verlassen, beeinflußt. Diese politische Aufgabe in Kiel, insbe-

---

729 GStA PK, I HA Rep. 76, Va Sekt. 9 Tit. IV Nr. 4, Bd. 7, Aktenvermerk vom 13.1.1934.

730 GStA PK, I HA Rep. 76, Va Sekt. 9 Tit. IV Nr. 4, Bd. 7.

731 Der preußische Wissenschaftsminister verwies auf das Projekt an der Universität Kiel, das später als „Kieler Schule" bezeichnet werden sollte. Vgl. dazu die Ausführungen unten, GStA PK, I HA Rep. 76, Va Sekt. 9 Tit. IV Nr. 4, Bd. 8, Schreiben des preuß. Wissenschaftsministers vom 16.9.1933.

732 GStA PK, I HA Rep. 76, Va Sekt. 9 Tit. IV Nr. 4, Bd. 8, Schreiben des preuß. Wissenschaftsministers an Eckhardt vom 12.3.1934.

733 GStA PK, I HA Rep. 76, Va Sekt. 9 Tit. IV Nr. 4, Bd. 8, Schreiben Eckhardt vom 21.3.1934.

sondere der Aufbau eines germanisch-rechtlichen Zentralinstitutes, habe sich nicht realisieren lassen. In dramatischen Worten bat Eckhardt den Minister um eine politische oder wissenschaftspolitische Aufgabe, um nicht seinen Weggang aus Bonn völlig sinnlos erscheinen zu lassen.[734]

Erst ungefähr sechs Monate später nahm das Wissenschaftsministerium zu dem Vorgang erneut Stellung. Nach nochmaliger Prüfung der gesamten Umstände habe sich der Minister entschlossen, die Mißbilligung zurückzuziehen.[735] Hinsichtlich der wissenschaftspolitischen Aufgabe verwies der Minister Eckhardt an den zuständigen Sachbearbeiter in seinem Hause Prof Dr. Bachér zur Verabredung eines Termins.

Die Zeit K.A. Eckhardts in Kiel schien sich also endgültig dem Ende zuzuneigen. Die wissenschaftlichen Möglichkeiten waren in Kiel ebenso wie die politischen Tätigkeitsmöglichkeiten begrenzt. Aufgrund seiner herausragenden wissenschaftlichen Fähigkeiten wurde Eckhardt auch von großen Fakultäten umworben, mit denen Kiel nicht mithalten konnte. Darüberhinaus zeigte sich, daß Eckhardt auch im politischen Bereich weitergehende Ambitionen hegte. Eckhardt hatte als überzeugtes NSDAP- und SS- Mitglied nach der „Machtübernahme" durch die Nationalsozialisten beste Chancen, auch in diesem Bereich Karriere zu machen.

4. Aufgaben in Berlin und die Rückkehr nach Bonn

Der Wunsch nach Übernahme auch wissenschaftspolitischer Verantwortung erfüllte sich schnell. Zum 1.10.1934 wurde K.A. Eckhardt in die Hochschulabteilung des Reichswissenschaftsministeriums nach Berlin berufen, wo er als Referent für die Fächer Recht, Staat, Politik, Wirtschaft und Geschichte tätig wurde.[736] Daneben war er seit dem 1.1.1935 Professor für Mittlere Geschichte an der Philosophischen Fakultät der Universität Berlin. Zum Sommersemester 1936 wechselte er zurück auf einen juristischen Lehrstuhl für Germanisches Recht und Familienrecht, ebenfalls an der Berliner Universität.

1937 kehrte Eckhardt auf den Lehrstuhl für Germanische Rechtsgeschichte, Familienrecht und Familienforschung nach Bonn zurück. Vorausgegangen war ein Streit um einen Nachruf auf den Vorgänger Eckhardts in Kiel, Max Pappenheim.[737] Pappenheim galt im skandinavischen Raum als einer der bedeutendsten

[734] GStA PK, I HA Rep. 76, Va Sekt. 9 Tit. IV Nr. 4, Bd. 8, Schreiben Eckhardt vom 21.3.1934.

[735] GStA PK, I HA Rep. 76, Va Sekt. 9 Tit. IV Nr. 4, Bd. 8, Schreiben des preuß. Wissenschaftsministers vom 18.9.1934.

[736] Die politischen Tätigkeiten Eckhardts werden hier nur aus chronologischen Gründen kurz erwähnt. Sie werden als Schwerpunkt gesondert in einem späteren Abschnitt behandelt.

[737] Vgl. zu Leben und Werk von Max Pappenheim den Aufsatz von *Jörn Eckert*, Der Kieler Rechtsgelehrte Max Pappenheim (1860-1934).

Rechtshistoriker, gleichzeitig war er aber auch Jude. In einem Nachruf hatte Eckhardt das Leben und Wirken Pappenheims gewürdigt.[738]

Hitler hatte durch einen Versuch, Eckhardt zu diskreditieren, davon erfahren. Walter Frank, der Leiter des Reichsinstituts für die Geschichte des neuen Deutschlands, sah seine Position durch K.A. Eckhardt bedroht und versuchte ihn durch gezielte Angriffe bei den politischen Stellen in Mißkredit zu bringen.[739] Er hatte die Nachrufe Eckhardts auf Pappenheim durch seine Mitarbeiter am Reichsinstitut ausfindig gemacht und versandte Kopien an alle entscheidenen Instanzen.[740] Auf diese Weise erfuhr auch Hitler von den Nachrufen. Obwohl Göring bereits die Ernennungsurkunde Eckhardts zum Generaldirektor der Preußischen Staatsarchive unterzeichnet hatte, verweigerte Hitler seine Zustimmung unter Berufung auf die nicht angemessene Einstellung Eckhardts in der „Judenfrage“.[741]

IV. Der Krieg und die Folgen

1939 wurde Eckhardt zur Wehrmacht einberufen. Nach Einsätzen im Bezirk Danzig-Westpreußen als Zugführer einer Schützenkompanie und in Paris als Auswerter für militärische und politische Fragen wurde Eckhardt Ende 1944 in den Bereich des Reichsführers SS nach Kamenz in Sachsen versetzt.[742] Gegen Ende des Krieges geriet er für zwei Jahre in amerikanisch-französische Kriegsgefangenschaft. Nach der Kapitulation des Deutschen Reiches wurden Eckhardt noch im Mai 1945 durch die Besatzungsmächte seine Ämter entzogen. Das üblicherweise wenig später durchgeführte Entnazifizierungsverfahren führte zu einer Klassifizierung Eckhardts als „Mitläufer ohne Berufsbeschränkung“.[743] Obwohl Eckhardt aufgrund dieser Entscheidung seine berufliche Tätigkeit an der Universität Bonn hätte wiederaufnehmen können, wurde er bei der Wiedereröffnung der Universität nicht mehr berücksichtigt.

Wegen einer Herzerkrankung wurde er 1948 aus gesundheitlichen Gründen vorzeitig in den Ruhestand versetzt. Trotz des Erreichens der gesetzlichen Altersgrenze für eine Pensionierung 1966 wurde diese nicht durch eine Emeritierung ersetzt.[744]

Nachdem die Fortsetzung der wissenschaftlichen Tätigkeit im universitären Bereich ausgeschlossen war, zog sich Eckhardt ins Privatleben zurück, widmete

---

738 *Eckhardt*, ZRG GA 55, XIII.

739 *Heiber*, Walter Frank und sein Reichsinstitut für die Geschichte des neuen Deutschlands, S. 888.

740 *Ders.*, S. 889.

741 *Nehlsen*, Karl August Eckhardt, S. 193.

742 *Ders.*, S. 199.

743 *Ders.*, S. 206.

744 *Ders.*, S. 206.

sich aber auch weiterhin bis zu seinem Tod mit großen Engagement seinen rechtshistorischen Studien.[745]

V. Die politische Tätigkeit zwischen 1933 und 1945

Die „Zäsur in Eckhardts Leben“, wie der Zeitraum zwischen 1933 und 1945 von Hermann Nehlsen bezeichnet wurde, bedeutete für Karl August Eckhardt einen schnellen Aufstieg innerhalb der nationalsozialistischen Hierarchie.[746]

1. Die ersten Schritte in der NS-Hierarchie

Bis auf eine zweijährige Mitgliedschaft als Zeitfreiwilliger im Studentenkorps Marburg von 1919-1920 war Karl August Eckhardt politisch nicht aktiv tätig gewesen. Nach eigenen Angaben war er „völlig in die wissenschaftliche Arbeit vergraben und ohne innere Anteilnahme an der Parteipolitik.“[747]

Die ersten Kontakte zur nationalsozialistischen Bewegung erhielt K. A. Eckhardt nach eigenen Angaben Anfang 1930 durch seine Zusammenkünfte mit Studenten in Kiel. Bei der Berufung nach Berlin sei er bereits als Nationalsozialist im Preußischen Kultus- und Handelsministerium denunziert worden.[748] Seine Überzeugung von der nationalsozialistischen Bewegung habe sich nach den Wahlen vom 14.9.1930 und insbesondere nach einer „Rede des Führers vor Berliner Studenten“ im Dezember 1930 gefestigt. Aus dieser Zeit stamme die Freundschaft zum SA-Sturmführer Brunnengräber, die zum Eintritt Eckhardts in die SA am 18.5.1931 führte.[749] Trotz einiger aktiver Einsätze habe sich Eckhardt nach eigenen Angaben „äußerlich völlig in Zurückhaltung“ üben müssen, da er sonst „bei Bekanntwerden seiner SA- Zugehörigkeit sofort dienstentlassen wor-

---

745 Vgl. zu den Veröffentlichungen nach 1945 das bibliographische Verzeichnis Eckhardts von seinem Sohn Albrecht, im übrigen auch *Nehlsen*, Karl August Eckhardt, S. 207-217.

746 *Nehlsen*, Karl August Eckhardt, S. 186.

747 Vgl. dazu einen selbst verfaßten Lebenslauf aus dem Jahr 1935, S. 1; allerdings widersprechen die Angaben in Eckhardts SS- Stammrolle diesen Aussagen. Danach hat er zwischen 1923 und 1929 an vier Reichsparteitagen der NSDAP teilgenommen (28.1.1923 in München, 4.7.1926 in Weimar, 20.5.27 und 1.- 4.2.1929 in Nürnberg). Die Teilnahme an Reichsparteitagen zudem in unterschiedlichen Städten, die nicht dem Wohnort Eckhardts entsprachen, lassen jedenfalls ein nicht unbeachtliches Interesse an der politischen Ausrichtung der NSDAP erkennen. Dazu würden auch Eckhardts Angaben, zwischen 1922 und 1930 deutschnational und volksparteilich gewählt zu haben, in Widerspruch stehen. In einem Lebenslauf für die Personalunterlagen der SS hätte es keinen Grund gegeben, eine frühe Unterstützung der NSDAP zu verheimlichen. Möglicherweise handelt es sich bei den Angaben in der SS- Stammrolle auch um einen Fehler. Sollte dies nicht der Fall sein, so deutet die frühzeitige Teilnahme an den Reichsparteitagen der NSDAP auf eine gewisse Sympathie für diese politische Bewegung hin, SSO- Akte K.A. Eckhardt, BA.

748 Lebenslauf K.A. Eckhardt, S. 2, SSO-Akte, BA.

749 Lebenslauf K.A. Eckhardt, S. 3, SSO-Akte, BA.

den wäre". Am 1.3.1932 trat Eckhardt „am Tage seiner Wegberufung aus Berlin" in die NSDAP ein.[750] In Godesberg leistete Eckhardt hauptsächlich Dienst als Kraftfahrer und Parteiredner. Zudem war er Mitbegründer der Ortsgruppe des Nationalsozialistischen Kraftfahrerkorps.

2. Der Eintritt in die SS

a) Erste Aufgaben

Nach dem erneuten Umzug nach Kiel wurde Eckhardt am 10.10.1933 Mitglied des SS-Nachrichtensturms 1/ 20 in Kiel.[751] Innerhalb der nächsten beiden Jahre durchlief er mehrere Stationen in der Hierarchie der SS und nahm auch an entsprechenden Weiterbildungskursen, wie zum Beispiel an einem Unterführerkurs in der Marine-Kaserne Kiel-Wik und einem als „Lockstedter Lager" bezeichneten Kurs des SS-Rasse- und Siedlungshauptamtes, teil.

b) Versetzung zum Stab des Reichsführers SS

Mit Wirkung zum 1.1.1935 wurde Eckhardt nicht nur zum SS-Untersturmführer befördert, sondern auch zum Stab des Reichsführers SS abkommandiert.[752] Die Abkommandierung Eckhardts zum Stab des Reichsführers SS war vielleicht nicht zufällig geschehen. Eckhardt selbst hatte, wie oben dargestellt, beim preußischen Wissenschaftsminister im März 1934 um die Betrauung mit einer wissenschaftspolitischen Aufgabe gebeten. Zum 1.10.1934 wurde er vom zuständigen Minister Rust als Hauptreferent für die Fächer Recht, Staat, Politik, Wirtschaft und Geschichte in das Reichs- und Preußische Ministerium für Wissenschaft, Erziehung und Volksbildung berufen.[753] Eckhardt trat seinen Dienst dort am 8.10.1934 an.[754]

c) Die Tätigkeit im SD

aa) Die Aufgabe

Am 13.11.1935, also nicht einmal ein Jahr nach der Versetzung zum Stab des Reichsführers SS, wurde Eckhardt ein Schreiben von SS-Hauptsturmführer Höhn zugesandt, in dem er aufgefordert wurde, die Aufnahmepapiere auszufüllen und zurückzusenden.[755] Reinhard Höhn war, wie oben bereits ausführlich

[750] Lebenslauf K.A. Eckhardt, S. 3; laut der SS-Stammrolle war Eckhardt Parteimitglied Nr. 952083, SSO-Akte, BA.
[751] Lebenslauf K.A. Eckhardt, S. 3, SSO-Akte, BA.
[752] Lebenslauf K.A. Eckhardt, S. 3, SSO-Akte, BA.
[753] *Krause*, ZRG GA 1979, S. 6; *Nehlsen*, K.A. Eckhardt, S. 188.
[754] GStA PK, I HA Rep. 76, Va Sekt. 9 Tit. IV Nr. 4, Bd. 8.
[755] Schreiben von SS- Hauptscharfführer Werner Jüterbog an Karl August Eckhardt vom 13.11.1935, SSO-Akte K.A. Eckhardt, BA.

dargestellt, seit 1935 Leiter der Zentralabteilung II/2 im SD-Hauptamt. Diese Abteilung war u.a. zuständig für die „Lebensbereiche“ Wissenschaft, Hochschule und Studentum.[756] Knapp einen Monat später, am 10.12.1935, wurde eine förmliche Bitte vom Chef des Sicherheitshauptamtes an den Reichsführer SS gestellt, den am 9.9.1935 zum SS-Obersturmführer ernannten Karl August Eckhardt zum Sicherheitsdienst des Reichsführers SS zu überstellen.[757]

Auffällig ist weiterhin, daß Eckhardt in einem Schreiben an den Chefadjudanten des Reichsführers SS SS-Brigadeführer Wolf vom 12.9.1936 erwähnte, daß ihm bei seiner Versetzung vom Stab des Reichsführers SS zum Sicherheitshauptamt befohlen wurde, sich nach außen weiter als Mitglied des Stabes und nicht als Mitarbeiter des Sicherheitshauptamtes zu bezeichnen, indem er das Abzeichen des SD nicht am Ärmel führte.[758]

Mithin wurde Eckhardt nicht nur nach wenigen Monaten beim Stab des Reichsführers SS zum Sicherheitsdienst der SS in das Sicherheitshauptamt versetzt. Dies sollte offenbar auch nach außen verschleiert werden, indem Eckhardt angewiesen wurde, die Abzeichen des SD nicht zu tragen. Zudem wurde Eckhardt von dem Abteilungsleiter im SD angefordert, der für die Bereiche Wissenschaft und Hochschule zuständig war.

bb) Die Rolle Reinhard Höhns

Der Abteilungsleiter im SD Reinhard Höhn hat dann offenbar in enger Zusammenarbeit mit K.A. Eckhardt maßgeblichen Einfluß auf die Berufungen an die Hochschulen genommen. Dies läßt sich anhand der Aussagen von Zeitzeugen rekonstruieren.

In einem Aktenvermerk Helmut Heibers über eine Befragung Reinhard Höhns am 10.3.1964 schreibt Heiber, daß Höhn nach eigenen Angaben „jedenfalls zu seiner Zeit, kaum etwas zu sagen gehabt hat.“[759] Nach dem bisher über Reinhard Höhn Gesagten kann diese Aussage als mit den tatsächlichen Gegebenheiten nicht übereinstimmend bezeichnet werden.

Anders als die Aussage Höhns stimmen Angaben von Prof. Dr. Wilhelm Engel überwiegend mit dem überein, was aus den noch bestehenden Aktenbeständen über die Zustände im Reichswissenschaftsministerium und im SD bekannt ist. Engel war zunächst Beamter der thüringischen Archivverwaltung und wurde am 15.5.1935 als Hilfsarbeiter von K.A. Eckhardt in das Wissenschaftsministerium

---

756 *Aronson*, Reinhard Heydrich und die Frühgeschichte von Gestapo und SD, S. 212 f.

757 Vgl. dazu das entsprechende Formular, SSO-Akte K.A. Eckhardt, BA.

758 Schreiben Eckhardt an den Chefadjudanten des RFSS vom 12.9.1936, NS 19/ 2241, BA.

759 Aktenvermerk Helmut Heiber, Befragung von Prof. Dr. Reinhard Höhn am 10.3.1964, Akademie für Führungskräfte der Wirtschaft, Bad Harzburg, Amsbergstr. 9a, IfZ, ZS 1880.

berufen. In der Hochschulabteilung des Ministeriums W I löste Engel später K.A. Eckhardt als Hauptreferenten ab.[760]

Nach Aussage Höhns sei die Versetzung Engels ins Ministerium auf die Initiative Eckhards zurückgegangen.[761] Engel sprach von einem aus drei Personen bestehenden Kreis, der den Kulturführungsanspruch der SS vertreten habe. Dazu hätten K.A. Eckhardt, Reinhard Höhn und Helmut Seidel gehört. Eckhardt habe nach Aussage Engels geglaubt, in ihm „einen willigen kleinen Mann gefunden zu haben" und ihm deshalb auch seine eigene Meinung verübelt.[762] Engel bezeichnete Eckhardt als „Exponent der SS im Ministerium, der aber im Unterschied zu den vielen jungen Leuten ein Wissenschaftler von Rang gewesen sei, für den die Tätigkeit im Ministerium jedoch eine Machtfrage war."[763]

Eckhardt habe zudem bei der Verfassung der Strafordnung für die Konzentrationslager und bei der Kampagne „gegen die 175er" im Schwarzen Korps sehr eng mit Höhn zusammengearbeitet. Höhn selbst wurde von Eckhardt als „eine Schreckfigur" bezeichnet. Wegen „seiner Allmacht" sei er so gefürchtet gewesen, daß im Reichswissenschaftsministerium „die Begriffe Prinz-Albrecht-Straße und Höhn identisch gewesen seien. Höhn habe sich beispielsweise „nach Belieben die Referenten des Reichswissenschaftsministeriums in die Prinz-Albrecht- Straße bestellt, um Dreierlisten zu überprüfen und so auf die Besetzung der Lehrstühle Einfluß zu nehmen.[764]

Anzunehmen ist weiterhin, daß Eckhardt wenige Monate nach Aufnahme seiner Tätigkeit im Reichswissenschaftsministerium gezielt als Verbindungsmann zwischen Ministerium und SD bzw. SS eingesetzt werden sollte. Insoweit war der SD bzw. die SS jederzeit über die Vorgänge im Ministerium informiert und konnte so personell und inhaltlich Einfluß auf die gesamte Hochschulpolitik nehmen. Indirekt bestätigte Eckhardt diese Tätigkeit selbst. In einem Schreiben an Himmler anläßlich seiner Rückkehr auf den Lehrstuhl nach Bonn im Jahre 1937 bat Eckhardt um die Rücküberweisung in den persönlichen Stab des Reichsführers SS. Er sei nur dem Sicherheitshauptamt zugeteilt worden, weil er dort „aufs engste mit dessen Zentralabteilung II/2 zusammenarbeitete". „Diese Zusammenarbeit endet automatisch mit meinem Weggang aus Berlin".[765]

---

760 Aktenvermerk Helmut Heiber, Befragung von Prof. Dr. Wilhelm Engel am 24.11.1959 in dessen Wohnung, Würzburg, Zwinger 5, IfZ, ZS 1871.

761 Aktenvermerk Helmut Heiber, Befragung von Prof. Dr. Reinhard Höhn am 10.3.1964, IfZ, ZS 1880.

762 IfZ, ZS 1871.

763 IfZ, ZS 1871.

764 IfZ, ZS 1881.

765 Schreiben K.A. Eckhardt an Heinrich Himmler vom 25.8.1937, NS 19/ 2241, BA.

cc) Würdigung

Trotz der bereits dargestellten Bedenken hinsichtlich der Glaubwürdigkeit der Aussagen von Zeitzeugen und der ansonsten äußerst dürftigen Aktenlage ergibt sich doch, hinsichtlich der Arbeitsweise des SD und der Verbindungen zum Reichwissenschaftsministerium ein zunehmend geschlossenes Bild. Eckhardt bat zunächst um die Betrauung mit einer wissenschaftspolitischen Aufgabe. Er wurde dann als Referent ins Wissenschaftsministerium versetzt. Es erfolgte die Überstellung zum Stab des Reichsführers SS und Monate später auch der Eintritt in den Sicherheitsdienst, der aber nach außen verschleiert werden sollte. Letztlich kann über die Gründe für diese Karrierestationen nur spekuliert werden. Die zur Verfügung stehenden Informationen sprechen jedoch dafür, daß diese politische Laufbahn nicht zufällig eingeschlagen wurde. Eckhardt verließ zunächst die Universität Bonn, um der Rückberufung nach Kiel Folge zu leisten. Dabei deutete zunächst nichts darauf hin, daß Eckhardt diesen Schritt als Karriererückschritt oder gar als persönliche Zumutung empfand. Nur kurze Zeit nach der Rückkehr nach Kiel verhandelte Eckhardt unter jedenfalls fragwürdige disziplinarrechtliche Umständen und trotz der verweigerten Freigabe durch den preußischen Wissenschaftsminister bereits mit der Münchener Fakultät über einen Ruf. Nach deutlicher Mißbilligung durch das preußische Ministerium bat Eckhardt schließlich um die Betreuung mit einer wissenschaftspolitischen Aufgabe. Wenige Wochen nach Beginn der Arbeit im Ministerium erfolgte dann die Überstellung zum Sicherheitsdienst. Fast erscheint es, als sollte Eckhardt zu Beginn seiner Tätigkeit dort keinen Verdacht erregen und erst nach einer Art Einarbeitungsphase in die Dienste des Sicherheitsdienstes eintreten, um über seine Arbeit Bericht zu erstatten.

Die gleichzeitige Tätigkeit Eckhardts als Referent im Reichswissenschaftsministerium und als Mitarbeiter des SD war bestens dafür geeignet, daß der SD und damit auch die SS nicht nur jederzeit über die Vorgänge im Ministerium informiert waren, sondern auch Berufungsentscheidungen aktiv beeinflussen konnten. Inwieweit dies praktisch Auswirkungen auf die Unterstützung oder Ablehnung einzelner Berufungen hatte, kann nur beispielhaft dargestellt werden.

3. Die Einflußnahme Eckhardts im Ministerium

Um die Rolle K.A. Eckhardts im Wissenschaftsministerium untersuchen zu können, bedarf es zunächst eines Überblicks über die Verhältnisse im Ministerium selbst.

a) Das Reichsministerium für Wissenschaft, Erziehung und Volksbildung

Das Reichsministerium für Wissenschaft, Erziehung und Volksbildung wurde durch Erlaß des Reichspräsidenten Hindenburg vom 1.5.1934 errichtet und ging aus dem 1817 gegründeten Preußischen Ministerium für Wissenschaft, Kunst und Volksbildung hervor.[766] Innerhalb des Ministeriums waren unterschiedliche Ämter für die einzelnen Ressorts zuständig. So hatte das Amt Wissenschaft sämtliche Angelegenheiten der deutschen Wissenschaft innerhalb und außerhalb der deutschen Hochschulen zu betreuen. Erst seit der Machtübernahme durch die Nationalsozialisten hatte sich die Zuständigkeit für die Hochschulen und die Hochschulpolitik von den Ländern auf das Reich verlagert.[767] Dabei war die personelle Erneuerung an den Hochschulen nach Ansicht des Reichswissenschaftsministers eine der dringendsten Aufgaben. Mit Erlaß vom 23.2.1935 stellte der Minister klar, daß das Ministerium für die Personalpolitik in der gesamten Wissenschaftsverwaltung zuständig war. Über Berufungen, Versetzungen oder Entpflichtungen hatte allein das Ministerium zu entscheiden. Den Fakultäten bzw. den Universitäten sollte durch die Berufungsvorschläge die Möglichkeit gegeben werden, sich an der personellen Erneuerung der deutschen Hochschulen zu beteiligen.[768]

Entscheidend für die veränderte Hochschulpolitik nach 1933 war also zunächst die Zentralisierung und Vereinheitlichung sämtlicher hochschulpolitischer Vorgänge. Wie auch in anderen Bereichen wurden den Ländern Kompetenzen zu Gunsten des Reiches entzogen und wesentliche Entscheidungen in Berlin getroffen. Jegliche Entscheidungen über Berufungen, Versetzungen und Entpflichtungen erfolgten jetzt im Reichsministerium für Wissenschaft, Erziehung und Volksbildung und konnten daher zentral gesteuert werden.

Mithin waren die Verhältnisse im Ministerium hinsichtlich der personellen Besetzung und des Führungsstils durchaus von Bedeutung für die Hochschulpolitik und die Möglichkeit der Beeinflussung dieser von außen.

b) Reichsminister Bernhard Rust

Neben Struktur und Organisation war für die Arbeitsweise des Ministeriums die Person Bernhard Rust von Bedeutung, der als Reichswissenschaftsminister von 1934 bis 1945 dem Ministerium vorstand.

Bernhard Rust wurde am 30.3.1883 in Hannover geboren.[769] Nach einem Studium der Germanistik, Philosophie und Klassischen Philologie bestand er 1908 das Staatsexamen für das höhere Lehramt.[770] Von 1911 bis zu seinem vorzeitigen Ausscheiden 1930 arbeitete Rust am Ratsgymnasium in Hannover als Ober-

---

766 *Rantzau*, Das Reichsministerium für Wissenschaft, Erziehung und Volksbildung, S. 5.

767 *Ders.*, S. 8.

768 *Ders.*, S. 8 f.

769 *Pedersen*, Bernhard Rust, S. 20.

770 *Ders.*, S. 22.

lehrer bzw . Studienrat.[771] Nach der Rückkehr aus dem Ersten Weltkrieg hatte Rust schon zu Beginn der 20er Jahre Kontakt zur nationalsozialistischen Bewegung.[772] Er wurde 1925 zum Gauleiter in Hannover-Braunschweig bestimmt und erreichte bei den Reichstagswahlen im September 1930 in seinem Gau das zweitbeste Ergebnis der NSDAP im ganzen Reich.[773] U.a. wegen dieser erfolgreichen Arbeit im heimatlichen Hannover wurde Bernhard Rust am 3.2.1933 durch Franz von Papen, den Reichskommissar für das Land Preußen, als kommissarischer Leiter des Preußischen Ministeriums für Wissenschaft, Kunst und Volksbildung eingesetzt. Später wurde er Minister im Reichsministerium für Wissenschaft, Erziehung und Volksbildung.[774]

Die Aussagen über Bernhard Rusts Führungsstil und seinen Charakter stimmen grundsätzlich darin überein, daß er schwach und unfähig zu klaren Entschlüssen und Entscheidungen gewesen sei.[775] Dies führte 1943 zu ernsthaften Überlegungen, Bernhard Rust als Reichswissenschaftsminister abzusetzen. Nach einer Rektorenkonferenz in Salzburg, auf der Rusts Ansehen durch eine von ihm gehaltene Rede weiter beschädigt worden war, ließ das Reichssicherheitshauptamt einen Bericht erstellen, der zunächst Martin Bormann zugeleitete wurde.[776] Ende November 1943 unterbreitete die Parteikanzlei Hitler den Vorschlag, Rust als Reichswissenschaftsminister abzulösen. Hitler selbst konnte sich jedoch nicht dazu entschließen, den treuen Gefolgsmann zu entlassen. Bereits vier Jahre zuvor hatte Alfred Rosenberg in seinem Tagebuch vermerkt, daß Hitler zwar über die Verhältnisse im Reichswissenschaftsministerium nicht erfreut sei, sich jedoch aufgrund der alten Verbundenheit nicht zu einem endgültigen Schritt entschließen konnte.[777] So blieb Rust bis 1945 Minister. Weitere Absetzungsbemühungen fielen dem sich nähernden Kriegsende zum Opfer.

Die Führungsschwäche Rusts wirkte sich auch auf die Arbeitsweise und die Verhältnisse im Ministerium aus. Aufgrund seiner eigenen langjährigen Erfahrungen als Lehrer lagen Rusts Interessenschwerpunkte im Bereich der Lehrerausbildung und der Schulen. Andere Bereiche, die sich mit Wissenschaft und Hochschule beschäftigten, delegierte er erfolgreich an seine Mitarbeiter.[778] Notker Hammerstein nannte Rust in seiner Arbeit über die Deutsche Forschungsgemeinschaft „einen Wissenschaftsminister ohne Vorstellung von Wissen-

---

771 *Ders.*, S. 23.
772 Zur Militärzeit Rusts, *Pedersen*, Bernhard Rust, S. 24 f.
773 *Pedersen*, Bernhard Rust, S. 82 f.
774 *Ders.*, S. 91.
775 Vgl. zur Darstellung Bernhard Rusts in der Literatur, *Pedersen*, Bernhard Rust, S. 25 ff.
776 *Heiber*, Walter Frank, S. 641.
777 *Ders.*, S. 642; die Bemerkung aus Alfreds Rosenbergs Tagebuch ist abgedruckt auf S. 641.
778 *Hammerstein*, Die DFG in der Weimarer Republik und im Dritten Reich, S. 123.

schaft".[779] Das offensichtlich mangelnde Interesse Rusts an der Wissenschaftspolitik im Dritten Reich führte zu einer Art Vakuum, in der sich alle möglichen widerstreitenden Interessen gegenüberstanden. Unterschiedliche Institutionen versuchten sich zu profilieren, was immer wieder zu Machtkämpfen und Meinungsverschiedenheiten untereinander führte. Beispiele für diese Auseinandersetzungen sind die Attacken von Walter Frank gegen K.A. Eckhardt wegen des Nachrufs auf einen jüdischen Kollegen und die Konkurrenz zwischen dem Amt Rosenberg und dem Ahnenerbe der SS um die prestigeträchtigsten Forschungsvorhaben.[780]

Mithin kann deshalb weder von einer einheitlichen, noch von einer sehr effektiven Wissenschaftspolitik im Dritten Reich gesprochen werden. Nicht nur aufgrund der schwachen Führung des Ministers entwickelte sich das Reichswissenschaftsministerium zu einem Ort, an dem die SS und insbesondere der SD fast nach Belieben wirken konnten. Dies galt namentlich für das Amt Wissenschaft, wo einzelne Referentenposten, wie die Leitung der Hochschulabteilung, als „SS-Planstellen" galten.[781] Die Schwäche des Reichswissenschaftsministers Rust bedeutete also nicht nur eine insgesamt wenig einheitliche Linie in der Hochschulpolitik, sondern führte auch dazu, daß Organisationen wie der SD ihre Leute bedeutend einfacher im Ministerium plazieren konnten und ihnen in ihren Bemühungen um Kontrolle und Einfluß, beispielsweise im Verhältnis zum Reichsjustizministerium, verhältnismäßig wenig Widerstand entgegengesetzt wurde.[782]

c) Beispiele für das Wirken Eckhardts

Beispiele für das Wirken Eckhardts im Ministerium lassen sich insbesondere bezogen auf Berufungen an die rechtswissenschaftliche Fakultät der Kieler Universität finden, an der Eckhardt selbst mehrere Jahre forschte und lehrte.

aa) Eugen Wohlhaupter (1900-1946)

Aus Sicht der Rechtswissenschaftlichen Fakultät der Christian-Albrechts-Universität zu Kiel ist besonders der „Fall Eugen Wohlhaupter" von Bedeutung.[783] Wohlhaupters Lebensdaten ähnelten denen K.A. Eckhardts und doch verliefen die beide Lebenswege an einem bestimmten Punkt vollkommen unterschiedlich.

---

779 *Ders.*, S. 119.

780 *Heiber*, Walter Frank, S. 646, 651.

781 *Ders.*, S. 648, 655.

782 Zum Verhältnis von SS bzw. SD und Justiz siehe unten den 8. Teil dieser Arbeit.

783 Zur ausführlichen Darstellung des Lebens und Wirkens Eugen Wohlhaupters vgl. *Hattenhauer*, Rechtswissenschaft im NS- Staat. Der Fall Eugen Wohlhaupter, Heidelberg 1987.

(1) Wichtige biographische Daten

Eugen Wohlhaupter wurde am 7.9.1900 als Sohn eines Volkschullehrers in einem kleinen bayerischen Dorf geboren.[784] Seine Kindheit war einerseits geprägt von dem beruflichen Engagement des Vaters, das auch Einfluß auf die eigenen Kinder hatte und der tiefgläubigen katholischen Umgebung. Nach dem Abitur schrieb sich Wohlhaupter zum Wintersemester 1920/21 an der Rechts- und Staatswissenschaftlichen Fakultät der Universität München ein.[785]

Ähnlich wie bei K.A. Eckhardt wurde nicht nur seine offensichtliche wissenschaftliche Begabung erkannt, vielmehr wandte sich Wohlhaupter noch während seines Studiums der Rechtsgeschichte zu. Nach der Promotion über ein rechtshistorisches Thema und der erfolgreich absolvierten Zweiten Staatsprüfung habilitierte sich Wohlhaupter bei Prof. Konrad Beyerle in München.[786] Er begann seine wissenschaftliche Karriere mit ersten Lehrstuhlvertretungen in München, Greifswald und zum Wintersemester 1934/35 in Kiel. Dort vertrat Wohlhaupter den Lehrstuhl für Deutsche Rechtsgeschichte, Bürgerliches Recht und Handelsrecht von K.A. Eckhardt, der zum 1.10.1934 ins Reichswissenschaftsministerium nach Berlin gewechselt war.[787]

Abgesehen von den durch den Krieg bedingten Unterbrechungen hielt Wohlhaupter bis zum Herbst 1944 Vorlesungen an der Christian-Albrechts-Universität zu Kiel. Aufgrund einer schweren Erkrankung konnte er nicht mehr in den Hörsaal zurückkehren.[788] Sein Tod im relativ jungen Alter von 46 Jahren war von einer Reihe sehr bitterer persönlicher Umstände begleitet.

(2) Die Verhältnisse in Kiel seit der Machtübernahme

(a) Die ursprüngliche Idee

Die Rechtswissenschaftliche Fakultät der Christian-Albrechts-Universität in der Zeit des Nationalsozialismus wird in wissenschaftsgeschichtlichen Abhandlun-

---

[784] Vgl. dazu die von Wohlhaupter selbst verfaßten Aufzeichnungen „Vom tätigen Leben-Bilder der Erinnerung", abgedruckt bei *Hattenhauer*, Rechtswissenschaft im NS- Staat, Der Fall Eugen Wohlhaupter, S. 47 ff.

[785] *Wohlhaupter*, Bilder der Erinnerung, S. 74.

[786] Promotion 1925, *Wohlhaupter*, Aequitas canonica, Paderborn 1931; Habilitation 1929, *Wohlhaupter*, Das Hoch- und Niedergericht in der mittelalterlichen Gerichtsverfassung Bayerns, abgedruckt: Deutschrechtliche Beiträge 1930, Hrsg. Konrad Beyerle, S. 137- 336.

[787] *Eckert*, Was war die Kieler Schule?, S. 53.

[788] Nachwort zu den Bildern der Erinnerung von Dr. H. Hückstädt, abgedruckt bei *Hattenhauer*, Rechtswissenschaft im NS- Staat, S. 127.

gen mit dem Begriff „Kieler Schule" in Zusammenhang gebracht.[789] Kiel gehörte neben Breslau und Königsberg zu den vergleichsweise kleinen „Grenzlanduniversitäten". In diesen Universitäten sollten dem Nationalsozialismus ergebene junge Rechtslehrer zusammengezogen werden.[790] Die an diesen Universitäten „politisch korrekt ausgebildeten" Nachwuchswissenschaftler sollten dann an den großen, traditionellen deutschen Juristenfakultäten, die sich nicht so schnell für die Zwecke des Nationalsozialismus instrumentalisieren ließen, Einfluß gewinnen und so langsam die gesamte Rechtswissenschaft in Deutschland „unterwandern".[791]

(b) Die Entlassungen in der Fakultät

Durch radikale personelle Veränderungen unmittelbar nach der Machtübernahme durch die Nationalsozialisten 1933 schien sich Kiel als „politische Stoßtruppfakultät" nicht nur wegen der geringen Größe und der Randlage sehr gut zu eignen.[792] Im April verlangte die Kieler Studentenschaft kategorisch die Entfernung einer ganzen Reihe von Fakultätsmitgliedern. Die gesetzlichen Grundlagen für ein derartiges Vorgehen waren mit dem Gesetz zur Wiederherstellung des Berufsbeamtentums am 7.4.1933 geschaffen worden.[793] Innerhalb von zwei Jahren erfolgte so an der Kieler Rechts- und Staatswissenschaftlichen Fakultät ein personeller Umbruch, der in seiner Deutlichkeit vielleicht einmalig im gesamten Reich war.

Innerhalb von nur drei Semestern wurden neun Mitglieder der echtswissenschaftlichen Fakultät aus rassischen oder politischen Gründen entlassen.[794] Gerhard Colm (1897-1968), Professor für wirtschaftliche Staatswissenschaften; Heinrich Hoeniger (1879-1961), Professor für Bürgerliches Recht, Arbeits- und Handelsrecht; Hermann Kantorowicz (1877-1940), Professor für Strafrecht, Rechtsgeschichte und Rechtsphilosophie; Otto Opet (1866-1941), Professor für Deutsches Recht; Gerhard Husserl (1893-1973), Professor für Römisches Recht, Bürgerliches Recht, Zivilprozeßrecht und Rechtsphilosophie; Karl Rauch (1880-

[789] *Ebel*, Rechtsgeschichte, Band II, S. 224; *Doehring*, Geschichte der juristischen Fakultät, Band 3, Teil 1, S. 206 ff.; *Eckert*, Was war die Kieler Schule, S. 37; *Heiber*, Universität unterm Hakenkreuz, Band II, Teil 2, S. 385 ff.

[790] *Doehring*, Geschichte der juristischen Fakultät, S. 206.

[791] *Eckert*, Was war die Kieler Schule?, S. 47.

[792] *Doehring*, Geschichte der juristischen Fakultät, S. 206.

[793] *Ders.*, S. 201.

[794] *Heiber*, Universität unterm Hakenkreuz, Band II, Teil 2, S. 409; vgl. dazu auch *Uhlig*, Vertriebene Wissenschaftler der CAU zu Kiel nach 1933, S. 35- 50, 66- 75. Zur Rechts- und Staatswissenschaftlichen Fakultät gehörten damals auch die Wirtschaftswissenschaften. Insofern war die Zahl der aus der Fakultät Entlassenen noch höher. Die mit neun entlassenen Ordinarien angegebene Zahl bezieht sich nur auf die rechtswissenschaftlichen Lehrstühle.

1953), Professor für Deutsche Rechtsgeschichte und Handelsrecht; Werner Wedemeyer (1870-1934), Professor für Bürgerliches Recht, Römisches Recht und Zivilprozeßrecht; Hans von Hentig (1887-1974), Professor für Strafrecht sowie Walter Schücking (1875-1935), Professor für Völkerrecht, Staats- und Verwaltungsrecht mußten ihre Lehrstühle räumen bzw. baten, gezwungen durch die Umstände, selbst um ihre Entlassung.[795] Fünf der neun Entlassenen waren Juden. Trotzdem wurde jedenfalls offiziell, die Entlassung nicht unbedingt mit dieser Tatsache begründet. In den meisten Fällen erfolgte zunächst im April 1933 eine Beurlaubung, der im Oktober bzw. November 1933 die Entlassung aus dem Staatsdienst folgte.[796]

Dabei berief sich das Ministerium auf § 4 des Gesetzes zur Wiederherstellung des Berufsbeamtentums (BBG).[797] Danach konnten Beamte entlassen werden, die „nach ihrer bisherigen politischen Betätigung nicht die Gewähr dafür bieten, daß sie rückhaltlos für den nationalen Staat eintreten". Der Anwendungsbereich der in Frage kommenden Personen für § 4 BBG war damit entsprechend weit gezogen, so daß einfache Denunziationen bereits für die politische Unzuverlässigkeit ausreichen konnten.[798] Obwohl das BBG in § 3, dem sogenannten „Arierparagraphen", die Versetzung in den Ruhestand für diejenigen Beamten vorsah, die nicht „arischer" Abstammung waren, wurde davon bei den Entlassungen in Kiel kein Gebrauch gemacht.[799]

(c) Die Neuberufungen

Nur wenige Wochen nach den ausgesprochenen Beurlaubungen ergingen an die Privatdozenten Larenz, Dahm, Huber und Jessen Mitteilungen, sich zu einer Besprechung wegen der vakanten Kieler Lehrstühle in Berlin einzufinden.[800] Zwar

---

[795] Vgl. dazu die Lebensläufe bei *Uhlig*, Vertriebene Wissenschaftler der CAU zu Kiel nach 1933, S. 35- 50, 66- 75.

[796] Ausnahmen davon waren von Hentig, der zum 1.10.1933 zunächst an die Universität Bonn versetzt wurde; Opet und Wedemeyer, die beide selbst um ihre Emeritierung gebeten hatten; Husserl, der gemäß § 5 BBG an die rechts- und staatswissenschaftliche Fakultät der Universität Frankfurt versetzt wurde und Rauch, der in einer Art Lehrstuhltausch mit K.A. Eckhardt an die Universität Bonn wechselte, um dort Eckhardts Lehrstuhl zu übernehmen; vgl. zu Hermann Kantorovicz die Anordnung der Beurlaubung aufgrund des BBG, GStA PK, I HA Rep. 76, Va Sekt. 9 Tit. IV Nr. 4, Bd. 7, Schreiben des Kommissars des Reiches Rust an Kantorovicz vom 13.4.1933; ebenso zu weiteren Professoren, Schreiben des Wissenschaftsministers vom 25.4.1933.

[797] RGBl. 1933 I, 175 ff.

[798] *Hattenhauer*, Geschichte des deutschen Beamtentums, S. 410.

[799] Vgl. dazu die Gründe für die Entlassungen in den Lebensläufen bei *Uhlig*, Vertriebene Wissenschaftler der CAU zu Kiel, S. 35- 50 und 66- 75.

[800] GStA PK, I HA Rep. 76, Va Sekt. 9 Tit. IV Nr. 4, Bd. 7, Schreiben des Kultusministers an die Genannten vom 28.4.1933.

übermittelte der Dekan der Rechts- und Staatswissenschaftlichen Fakultät an das Ministerium in Berlin eigene Vorschläge hinsichtlich der Neubesetzungen.[801] Bis auf den nationalökonomischen Lehrstuhl waren die Vertretungen jedoch bereits vor Eintreffen des Telegramms aus Kiel geregelt worden, so daß die Kieler Wünsche in keinem Fall mehr Berücksichtigung finden konnten.[802] Die zunächst mit der Vertretung der Lehrstühle beauftragten jungen Privatdozenten wurden schließlich wunschgemäß auch zu Professoren ernannt. In einem Schreiben der Rechtswissenschaftlichen Fakultät an den Wissenschaftsminister zwei Monate nach den ersten Berufungsvorschlägen unterbreitete die Fakultät dem Ministerium auch offiziell die von dort gewünschten Berufungen.[803] Zum Kern der Kieler Schule zählten zusätzlich zu den bereits Genannten Friedrich Schaffstein im Strafrecht, Karl Michaelis und K.A. Eckhardt im Zivilrecht, in der Rechtsphilosophie und in der Rechtsgeschichte sowie später Paul Ritterbusch im Staatsrecht- und Völkerrecht.[804] Zudem waren Georg Dahm von 1935- 1937 und Paul Ritterbusch von 1937- 1941 als Rektoren der Universität auch in politisch exponierter Stellung tätig.[805] In diesem Klima der Unterstützung nationalsozialistischer Rechtserneuerung hatten es alle anderen schwer, sich durchzusetzen.[806] Zu diesen Personen gehörte auch Eugen Wohlhaupter.

(3) Das verweigerte Ordinariat

Trotz einer äußerst umfangreichen Publikationsliste und einem vielversprechenden Beginn seiner akademischen Karriere in München ist Eugen Wohlhaupter niemals ordentlicher Professor geworden.[807]

---

[801] Die Fakultät wünschte als Vertreter für Strafrecht PD Dr. Gallas (Berlin), als romanistischen Vertreter PD Dr. Wieacker (Freiburg), als germanistischen Vertreter Freiherr von Minnigerode (Marburg) und als nationalökonomischen Vertreter Prof. Vleugels (Königsberg), an zweiter Stelle PD Dr Jessen (Göttingen). Bis auf die zweite Wahl für die Besetzung des nationalökonmischen Lehrstuhls, nämlich Jens Jessen, deckten sich die Wünsche der Fakultät nicht mit den Vorschlägen des Ministeriums in Berlin, so daß auch hier deutlich wird, daß es sich bei den Neubesetzungen um eine gezielte, in Berlin geplante und umgesetzte, politische Aktion handelte; GStA PK, I. HA Rep. 76, Va Sekt. 9 Tit. IV Nr. 4, Bd. 7, Schreiben des Dekans von Hentig.

[802] GStA PK, I. HA Rep. 76, Va Sekt. 9 Tit. IV Nr. 4, Bd. 7, Vermerk zum Telegramm aus Kiel vom 1.5.1933.

[803] GStA PK, I. HA Rep. 76, Va Sekt. 9 Tit. IV Nr. 4, Bd. 8.

[804] *Eckert*, Was war die Kieler Schule?, S. 49.

[805] *Ders.*, S. 48.

[806] Vgl. zu den wissenschaftlichen Ergebnissen, den Wirkungen und dem Ende der Kieler Schule, *Eckert*, Was war die Kieler Schule?, S. 59 ff.

[807] Vgl. zu den veröffentlichten Arbeiten Wohlhaupters die Übersicht über die gesamte literarische und dozentische Tätigkeit von Prof. Wohlhaupter, abgedruckt bei *Hattenhauer*, Rechtswissenschaft im NS- Staat, S. 129 ff.

(a) WS 1934/ 1935 Lehrstuhlvertretung

Wie bereits dargestellt, kam Eugen Wohlhaupter zum Wintersemester 1934/1935 als Vertreter für K.A. Eckhardt an die Christian-Albrechts-Universität zu Kiel.[808] Üblicherweise schreckte Wohlhaupter nicht vor einer hohen Arbeitsbelastung zurück und leistete ein Arbeitspensum von 12 Wochenstunden ab. Er las Germanische Rechtsgeschichte und Sachenrecht, hielt die Übung im Bürgerlichen Recht für Anfänger und veranstaltete ein deutschrechtliches Seminar zum Thema „Weistümer".[809] Am Ende des Vertretungssemesters dankte ihm der Dekan der Fakultät ausdrücklich für seine Tätigkeit in Kiel. Er habe von allen Seiten nur das Beste über Wohlhaupters Arbeit gehört.[810]

Selbst Georg Dahm, der zu den sogenannten Vertretern der „Kieler Schule" gehörte, war über den wahrscheinlichen Weggang Wohlhaupters aus Kiel bekümmert.[811] Angesichts der allgemeinen Anerkennung, die Wohlhaupter während seiner Zeit in München und während der Vertretungen in Greifswald und Kiel erfahren hatte, war davon auszugehen, daß ihn ein Ruf auf eine ordentliche Professur erreichen würde.

(b) Dauerlehrstuhlvertretung Sommersemester 1935 bis Oktober 1940

Ein Ordinariat war jedoch für Wohlhaupter seitens des Ministeriums nicht vorgesehen. In einem Schreiben K.A. Eckhardts vom 4.3.1935 wurde Wohlhaupter über seine weiteren beruflichen Perspektiven informiert.[812] Danach sollte Wohlhaupter zunächst mit einem „ständigen Lehrauftrag" und „unter Ernennung zum nicht beamteten außerordentlichen Professor" in Kiel bleiben und sich um den auch weiterhin verwaisten Lehrstuhl Eckhardts kümmern. Eine Ernennung zum planmäßigen außerordentlichen Professor wurde aus politschen Gründen abgelehnt. Wohlhaupter habe aber durch die verlängerte Zeit in Kiel auch die Chance zur politischen Bewährung.

---

808 Wohlhaupter hatte im Sommersemester 1934 in Greifswald vertreten und war von der dortigen Fakultät auf den ersten Listenplatz für die Besetzung des deutschrechtlichen Lehrstuhls gesetzt worden. K.A. Eckhardt stimmte ebenso wie Carl Schmitt einer Berufung aus politischen Gründen nicht zu. Ein katholischer Kirchenrechtler, der zudem eingeschriebenes Mitglied der bayerischen Volkspartei sei, könne schwerliche auf eine norddeutsche Professur gesetzt werden. Anstelle Wohlhaupters favorisierte K.A. Eckhardt den PD Dr. Löning; GStA PK, I. HA Rep 76, Va Sekt. 9 Tit. IV Nr. 4, Bd. 8; Vgl. außerdem zu K.A Eckhardt und seinem Einfluß auf Wohlhaupters Karriere bzw. die Verhältnisse an der Kieler Juristischen Fakultät unten.

809 Vgl. dazu die Übersicht über die Lehr- und Vortragstätigkeit, abgedruckt bei *Hattenhauer*, Rechtswissenschaft im NS- Staat, S. 154 ff.

810 *Ders.*, S. 11.

811 *Ders.*, S. 11.

812 Schreiben von Eckhardt an Wohlhaupter vom 4.3.1935, abgedruckt bei *Hattenhauer*, Rechtswissenschaft im NS- Staat, S. 181.

Diese Nachricht über die weitere Entwicklung seiner Karriere mußte für Wohlhaupter enttäuschend sein. Die ihm angebotene Dauerlehrstuhlvertretung war eine hochschulrechtlich durchaus umstrittene Konstruktion, mit der man nicht besetzte Lehrstühle durch Privatdozenten auf unbestimmte Zeit vertreten lassen konnte, ohne daß diese zu beamteten Professoren ernannt werden mußten.[813] Durch den fehlenden Beamtenstatus hatten die Lehrstuhlvertreter auch keinerlei Pensionsansprüche gegen den Staat und konnten nach Ablauf ihres Vertrages jederzeit wieder entlassen werden.[814] Zwar war eine Dauerlehrstuhlvertretung in der Regel mit der Verleihung des Professorentitels verbunden, jedoch bestand dieser Titel, da kein beamtenrechtliches Verhältnis entstanden war, nur für die Dauer der Zugehörigkeit zur Universität.[815]

(c) Die weitere Entwicklung

Auch in den folgenden Jahren stellte sich die weitere berufliche Entwicklung von Eugen Wohlhaupter als schwierig heraus. Mit Wirkung zum 1.10.1938 trat eine neue Reichshabilitationsordnung (RHabilO) in Kraft. Gemäß § 18 RHabilO konnten Dozenten, die sich in Forschung und Lehre bewährt hatten, auf Antrag durch den Reichsminister für Wissenschaft, Erziehung und Volksbildung zu außerplanmäßigen Professoren ernannt werden. Ähnlich wie schon die Dauerlehrstuhlvertretung stellte die Ernennung zum außerplanmäßigen Professor lediglich eine Amtsbezeichnung dar. Der Beamtenstatus wurde also auch weiterhin versagt.[816]

Nach den Übergangsbestimmungen konnten Anträge von Dozenten oder nichtbeamteten außerordentlichen Professoren bis zum 30.9.1939 gestellt werden. Die Erfüllung der Voraussetzungen für eine Ernennung zum außerplanmäßigen Professor mußte zunächst vom Dekan der jeweiligen Fakultät geprüft und die Unterlagen zur endgültigen Entscheidung an den Reichswissenschaftsminister übersandt werden.[817] Eugen Wohlhaupter stellte einen Antrag auf Ernennung zum außerplanmäßigen Professor am 16.4.1939, nicht ohne sich vorher gegenüber dem Rektor der Universität Kiel zum Nationalsozialismus bekannt und seine enge Verbundenheit mit dem Katholizismus als „rein religiöse" Beziehung

[813] *Köttgen*, Deutsches Universitätsrecht, S. 93, FN. 1.

[814] *Ders.*, FN. 1.

[815] *Ders.*, S. 152.

[816] Vgl. dazu die Durchführungsbestimmungen zur Reichshabilitationsordnung zu § 18 RHabilO, Abl. des Reichsministeriums für Wissenschaft, Erziehung und Volksbildung und der Unterrichtsverwaltungen der Länder, S. 126 ff.

[817] Durchführungsbestimmungen zu § 18 RHabilO.

erklärt zu haben.[818] Erst knapp 18 Monate später, am 12.11.1940, stimmte der Reichsminister der Ernennung Wohlhaupters zum außerplanmäßigen Professor zu. Überraschenderweise gehörte K.A. Eckhardt zu den Gratulanten, der in einem persönlichen Brief nicht nur die Hoffnung nährte, daß „das Ordinariat nun nicht mehr lange auf sich warten lasse", sondern ausdrücklich auch die „landesgeschichtlichen Arbeiten" Wohlhaupters lobte.[819]

Bis zur tatsächlichen Verbeamtung Eugen Wohlhaupters sollten jedoch weitere vier Jahre vergehen. Erst am 1.5.1944 wurde er zum beamteten planmäßigen außerordentlichen Professor ernannt.[820] Dieser Entscheidung gingen umfangreiche politische Verhandlungen voraus, in denen sich insbesondere die Partei- Kanzlei lange weigerte, ihre Zustimmung zu erteilen. Der Grund für die weitere Darstellung der Probleme um die berufliche Zukunft Wohlhaupters liegt darin, daß Reinhard Höhn, mittlerweile Direktor des der SS nahestehenden Instituts für Staatsforschung gebeten wurde, sich zur Verbeamtung Wohlhaupters zu äußern. Höhn stellte zwar nicht die wissenschaftliche Qualifikation Wohlhaupters in Frage, wies aber darauf hin, daß bestehende politische Bedenken gegen Wohlhaupter nicht nur der Ernennung zum beamteten außerordentlichen Professor entgegenstünden, sondern auch grundsätzlich jede weitere wissenschaftliche Tätigkeit und insbesondere die Ausbildung der Studenten in Frage stellten.[821] Dies stellte zwar keine sofortige Absage dar, wies aber deutlich auf die seit der Vertretung in Kiel bestehenden politischen und weltanschaulichen Bedenken gegen Wohlhaupter hin, so daß damit von einer weiteren Verzögerung der Ernennung ausgegangen werden muß.

(4) Die Entwicklung nach dem Krieg

Mit dem Ende des Krieges und dem militärischen wie staatlichen Zusammenbruch des Dritten Reiches im Mai 1945 stellte sich auch die Frage nach der Zukunft der Christian-Albrechts-Universität und ihrer Professoren. Durch die starken Bombenangriffe auf Kiel war ein großer Teil der Universitätsgebäude zerstört. Mit Beginn des Wintersemesters 1944/1945 war der Lehrbetrieb jedenfalls in der Juristischen Fakultät komplett eingestellt. Erst ein Jahr später sollte die Christian-Albrechts-Universität wiedereröffnet werden.[822] Abgesehen von

---

[818] Schreiben von Wohlhaupter an den Rektor der CAU vom 22.2.1939, abgedruckt bei *Hattenhauer*, Rechtswissenschaft im NS- Staat, S. 200 f.

[819] Schreiben Eckhardt an Wohlhaupter vom 12.11.1940, abgedruckt bei *Hattenhauer*, Rechtswissenschaft im NS- Staat, S. 184.

[820] Vgl. dazu den chronologischen Lebenslauf, abgedruckt bei *Hattenhauer*, Rechtswissenschaft im NS- Staat, S. 4.

[821] Schreiben Reinhard Höhns an die NSDAP vom 25.5.1943, Hauptamt Wissenschaft, abgedruckt bei *Hattenhauer*, Rechtswissenschaft im NS- Staat, S. 204.

[822] *Jürgensen*, Die Wiedereröffnung der CAU nach 1945, S. 189.

den schwierigen äußeren Bedingungen stellte sich aber in erster Linie die Frage, in welcher personellen Besetzung der Wiederaufbau angegangen werden sollte.

(a) Die Entnazifizierung Eugen Wohlhaupters

Auf der Grundlage des Potsdamer Abkommens hatten die Alliierten die Entscheidung getroffen, das öffentliche Leben und die Wirtschaft von den Nationalsozialisten zu befreien. Während die Nürnberger Prozesse führende Politiker und Kriegsverbrecher zur Rechenschaft ziehen sollten, wurden insbesondere „Täter" und „Mitläufer" aus dem Beamtentum entnazifiziert.[823]

Die Entnazifizierung wurde in den Besatzungszonen unterschiedlich durchgeführt. Für die britische Zone, zu der Kiel gehörte, war zunächst eine Einteilung der betroffenen Personen in drei unterschiedliche Gruppen vorgesehen, die festlegte, wer in seinem Amt bleiben durfte und wer entfernt werden mußte.[824]

Um sofort aus dem Amt entlassen zu werden, mußte in der Regel ein starkes personelles Engagement in der NS-Zeit vorgelegen haben. Dazu gehörten bezogen auf die Hochschulen u.a. Verwaltungstätigkeiten im NSD-Dozenten- oder Studentenbund und führende Positionen als Dozenten- oder Studentenführer sowie amtierende Rektoren, soweit sie vom NS-Regime ernannt worden waren.[825] Zu zweiten Gruppe gehörten alle Universitätsprofessoren, Institutsdirektoren, Mitglieder der NSDAP und Personen, die in ihren offiziellen Reden und Schreiben aktiv und freiwillig Nationalsozialismus, Rassismus oder Militarismus verbreitet hatten. Der letzten Gruppe wurden schließlich diejenigen zugeteilt, denen die britische Militärregierung aufgrund ihrer Vergangenheit vertraute und die daher für die Übernahme verantwortungsvoller Positionen besonders geeignet waren.[826]

Die ersten Entnazifizierungsverfahren verliefen jedoch weit uneinheitlicher als erwartet. Insbesondere das starre Vorgehen nach den vorgegebenen Richtlinien und die Außerachtlassung der individuellen Verhältnisse des Einzelnen führten nicht selten zu fraglichwürdigen Ergebnissen.[827] Mit der Kontrollratsverordnung Nr. 38 vom 12.10.1946 in Verbindung mit der Zonen-Exekutivanweisung Nr. 54 vom 30.11.1946 führten die Briten das bereits in der amerikanischen Zone etablierte fünf-stufige Kategoriensystem ein. Danach lag die Entscheidung über die Einteilung in die unterschiedlichen Gruppen bei deutschen Entnazifizierungsausschüssen.[828]

---

823 *Hattenhauer*, Geschichte des deutschen Beamtentums, S. 469.
824 *Respondek*, Besatzung, Entnazifizierung, Wiederaufbau, S. 202.
825 *Ders.*, S. 202.
826 *Ders.*, S. 204.
827 *Heinemann*, Universitäten aus britischer Sicht, S. 53.
828 *Respondek*, Besatzung, Entnazifizierung, Wiederaufbau, S. 213.

Für Eugen Wohlhaupter kamen diese Verbesserungen in den Entnazifizierungsprozessen wohl zu spät. Er war bereits am 23.7.1945 durch den Oberpräsidenten der Provinz Schleswig- Holstein auf Veranlassung der britischen Behörden aus dem Amt entlassen worden.[829] Auch aus den Entnazifizierungsakten lassen sich die genauen Gründe für die Entlassung nicht rekonstruieren. In der Ablehnung des Widerspruchs von Wohlhaupter gegen die Entlassung vom 13.12.1945 wurden von der Public Safety Branch in einer Mitteilung an die Militärregierung vom 4.12.1946 die Mitgliedschaft in der NSDAP und die Zugehörigkeit zu zwei nationalsozialistischen Organisationen als Gründe genannt.[830] Offenbar hatte damit die pauschale Verurteilung der britischen Behörden in Bezug auf Wohlhaupters Tätigkeit als Blockwart in der Nationalsozialistischen Volkswohlfahrt (NSV) und als Amtsleiter bzw. Hochschulringführer des NS-Altherrenbundes bis 1944 zu seiner Entlassung geführt. Es war kennzeichnend für die Entnazifizierungsversuche der britischen Militärregierung, daß sie zumindest in den ersten Jahren, in die auch diese Entscheidung bezüglich Wohlhaupter fiel, solche Tätigkeiten als ausreichend für eine Entlassung ansah.[831] Trotz wiederholter Widerspruchsversuche benötigte die britische Militärregierung ein ganzes Jahr bis sie schließlich die Wiedereinsetzung Eugen Wohlhaupters als Professor am 30.12.1946 bekanntgab.[832] Für Wohlhaupter kam diese Entscheidung jedoch zu spät. Er war bereits am 23.12.1946 an den Folgen einer schweren Magenerkrankung gestorben. Die Wiedereinsetzung wurde in Reaktion auf den Tod Wohlhaupters auf den 21.12.1946 rückdatiert.[833]

(b) Die Entnazifizierung von Karl Larenz

Um das Entnazifizierungsverfahren von Eugen Wohlhaupter besser einordnen zu können, ist ein Vergleich mit Wohlhaupters Kieler Fakultätskollegen Karl Larenz sinnvoll.

---

829 Siehe dazu die entsprechende Entlassungsurkunde, LA Schleswig, Abt. 460.1 Nr. 431.

830 „In view of Wohlhaupter's membership of the NSDAP, and ranks held in two Nazi organisations, it is not considered that his appeal against dismissal be allowed"; Schreiben der Public Safety Branch, I.A.&C. Division, Control Commmission for Germany an 312 'P' Det. Mil. Gov., Subject: Appeal Against Dismissal, Eugen Wohlhaupter vom 4.12.1945, LA Schleswig Abt. 460.1 Nr. 431.

831 *Respondek*, Besatzung, Entnazifizierung, Wiederaufbau, S. 208.

832 *Hattenhauer*, Rechtswissenschaft im NS- Staat, S. 40.

833 Vgl. zu der Entscheidung über die Wiedereinsetzung Bericht des De- nazification Commitee auf der Provinzebene Schleswig- Holstein, Abt. Justiz, Universität und Reichsbank, Bezirk Schleswig- Holstein vom 28.6.1946; Sitzung des Berufungsausschusses auf der Provinzebene Schleswig- Holstein vom 1.8.1948; "Appendix B to German Denazification Directive 312/ PS 465/ 96, Appeal Against Dismissal" vom 20.12.1946; LA Schleswig Abt. 460.1 Nr. 431.

Mit Schreiben vom 14.11.1946 wurde Larenz von der „Public Safety Branch" zunächst bis zur Prüfung durch den zuständigen Entnazifizierungsausschuß suspendiert.[834] Nach der Überprüfung durch den Entnazifizierungsauschuß forderte die „Education Branch" Larenz am 7.2.1947 auf, mit Wirkung zum 15.2.1947 seinen Lehrstuhl aufzugeben und den öffentlichen Dienst zu verlassen. Begründet wurde dieser Schritt damit, daß Larenz in der Zeit zwischen 1933 und 1945 „National Socialist Doctrine" vertreten habe.[835] Larenz kam dieser Anordnung nach und stellte am 12.2.1947 einen Antrag auf Emeritierung an die Landesregierung. Nach Einschreiten der britischen Militärregierung bat er um Umdeutung in einen Antrag auf Pensionierung, die rechtlich gesehen weniger Vorteile brachte.[836] Damit war Larenz also zunächst gezwungen worden, seinen Lehrstuhl aufzugeben und den öffentlichen Dienst zu verlassen. Seine Karriere als Professor schien somit beendet.

Dann aber eröffnete sich Larenz durch die Einführung des fünf-stufigen Systems zur Kategorisierung belasteter Personen und die Übertragung der Entnazifizierungsaufgaben auf die Länder eine neue Chance. Danach durften zwar von der Militärregierung abgeschlossene Fälle nicht wieder aufgenommen werden. Jedoch sahen die verantwortlichen deutschen Stellen das Entnazifizierungsverfahren von Karl Larenz noch nicht als abgeschlossen an, weil er nicht kategorisiert, also nicht in eine der fünf Gruppen eingeteilt worden war.[837] Der deutsche Entnazifizierungsausschuß stufte Larenz in die Kategorie V ein, was gemäß § 48 Abs. II des Entnazifizierungsgesetzes zu einem Anspruch auf Wiedereinsetzung führte. Prof. von Mangoldt als Vorsitzender des Entnazifizierungsausschusses wies daraufhin, daß der Ausschuss die beanstandeten Schriften von Prof. Larenz genau geprüft und auch „eine ganze Reihe zu beanstandener Stellen" gefunden habe. Allerdings habe der Ausschuß in voller Kenntnis der Schriften die Ersteinstufung in die Gruppe V vorgenommen.[838] Der Dekan der Juristischen Fakultät begrüßte diese Entscheidung und wies in einem Schreiben an den Rektor der

---

834 Schreiben der Education Branch an Larenz vom 14.11.1946, LA Schleswig Abt. 47 Nr. 6773.

835 Schreiben der Education Branch an Larenz vom 7.2.1947, LA Schleswig Abt. 47 Nr. 6773; Larenz war nach seinen eigenen Angaben im Entnazifierungsbogen seit 1933 Mitglied im NS- Rechtswahrerbund, seit 1934 in der Nationalsozialistischen Volkswohlfahrt, seit 1936 im NS- Altherrenbund und seit 1937 Mitglied der NSDAP und dem NS- Dozentenbund, bekleidete aber keine Ämter und keinen Rang. In der Begründung der Militärregierung für die Entlassung aus dem öffentlichen Dienst wurden diese Mitgliedschaften jedenfalls nicht als von Bedeutung erwähnt; vgl. dazu die Entnazifizierungsakte von Karl Larenz Abt. 460.19 Nr. 75 K 5335.

836 Schreiben Larenz an die Landesregierung vom 12.2.1947 und 3.6.1947 sowie der Education Branch an die Landesregierung vom 2.5.1947, LA Schleswig Abt. 47 Nr. 6773.

837 Vgl. zu dieser Rechtsansicht ein Aktenvermerk des Kultusministeriums vom 18.11.1948, LA Schleswig Abt. 47 Nr. 6773.

838 Vermerk des Ministeriums vom 31.10.1949, LA Schleswig Abt. 47 Nr. 6773.

CAU darauf hin, daß Prof. Larenz erst seit 1937 Parteigenosse gewesen sei und auch sonst keine Ämter innegehabt habe, so daß „seine Pensionierung als ungewöhnliche Härte und Ungerechtigkeit angesehen werden muß."[839] Auch Larenz selbst schöpfte offenbar wieder Hoffnung und wandte sich in einem Schreiben an das Ministerium, in dem er sich vom Nationalsozialismus distanzierte und auf Freundschaften zu Prof. Michaelis, der gute Beziehungen zu kirchlichen Kreisen gehabt habe und zu Adam von Trott zu Solz, der an dem Attentat auf Hitler vom 20.7.1944 beteiligt war, verwies.[840] Alle diese Bemühungen führten schließlich dazu, daß dem Anspruchs von Karl Larenz auf Wiedereinstellung gemäß § 48 Abs. II des Entnazifizierungsgesetzes stattgegeben wurde und er mit Wirkung zum 1.12.1949 als ordentlicher Professor wiederernannt wurde.[841]

(c) Vergleichende Zusammenfassung

Das Entnazifizierungsverfahren von Karl Larenz verstärkt die aufgestellte Vermutung, daß Eugen Wohlhaupter aufgrund seiner Ämter in der Nationalsozialistischen Volkswohlfahrt und im NS-Altherrenbund seine Position aufgeben mußte. Wohlhaupter wurde immerhin fast zwei Jahre vor Larenz von der britischen Militärregierung zu diesem Schritt gezwungen. Während Larenz zwar ebenfalls in den genannten Organisationen und auch in der NSDAP Mitglied war, hatte er dort keine Ämter innegehabt. Anzunehmen ist deshalb, daß die britische Militärregierung unmittelbar nach Ende des Krieges die formalen Kriterien der Bekleidung bestimmter Ämter bzw. der NSDAP- Mitgliedschaft als Maßstab für die Entlassung aus dem Staatsdienst nahm. Im Unterschied zu Wohlhaupter hatte Larenz jedenfalls in den ersten Jahren des Dritten Reiches eindeutig nationalsozialistische Schriften verfaßt und war als Teil der „Kieler Schule" auch mit der Zielsetzung „nationalsozialistischer Rechtserneuerung" nach Kiel berufen worden.[842] Für die britische Militärregierung war jedoch die Erfassung der wissenschaftlichen Arbeiten aus der NS-Zeit schon aufgrund der sprachlichen Barriere ungleich schwerer, so daß dies erst mit einiger zeitlicher Verzögerung geschehen konnte. Somit ist anzunehmen, daß Wohlhaupter, der der NS-Ideologie jedenfalls aufgrund seiner wissenschaftlichen Arbeiten deutlich weniger zugeneigt war als Larenz, deshalb sehr früh von der britischen Militärregierung gezwun-

---

839 Schreiben des Dekans an den Rektor vom 18.11.1948, LA Schleswig Abt. 47 Nr. 6773.

840 Larenz war zusammen mit Michaelis und von Trott zu Solz Schüler von Julius Binder in Göttingen. Während ein Hinweis auf die angebliche Freundschaft zu von Trott zu Solz nachvollziehbar erscheint, war jedoch Karl Michaelis als Mitglied der „Kieler Schule" nicht unbedingt der beste Leumund; Schreiben Larenz an das Ministerium vom 1.4.1949, LA Schleswig Abt. 47 Nr. 6773.

841 Schreiben des Ministeriums für Volksbildung an Larenz vom 30.11.1949, LA Schleswig Abt. 47 Nr. 6773.

842 Vgl. beispielsweise *Larenz*, Deutsche Rechtserneuerung und Rechtsphilosophie, Tübingen 1934; Über Gegenstand und Methode des völkischen Rechtsdenkens, Berlin 1938.

gen wurde, als Professor auszuscheiden. Nachdem die Entnazifizierungsverfahren an deutsche Ausschüsse übergeben worden waren und sich auch die politische Lage in den folgenden Jahren zunehmend beruhigt hatte, waren die Aussichten für Karl Larenz deutlich besser, an die Universität zurückkehren zu können. Letztlich hatte er auch die Unterstützung der Fakultät, die seine Wiedereinsetzung mit allen Kräften betrieb, während Wohlhaupter, gesundheitlich schon schwer angeschlagen, darauf nicht zählen konnte.

Insgesamt zeigt der Vergleich von Eugen Wohlhaupter und Karl Larenz nicht nur die Schwächen der Entnazifizierungsverfahren auf, die jedenfalls vom Ergebnis her durchaus als willkürlich bezeichnet werden müssen, sondern dokumentiert auch auf nahezu tragische Weise die ungleiche Behandlung zweier Professoren der Rechts- und Staatswissenschaftlichen Fakultät der Universität Kiel nach dem Ende der NS- Zeit.

(5) Bewertung

Eugen Wohlhaupters beruflicher Lebensweg stützt die These von einer geplanten und nicht unerheblich durch die SS bzw. den SD kontrollierten Hochschulpolitik. Als Schlüsselfigur, jedenfalls für kurze Zeit, fungierte dabei K.A. Eckhardt. Die Besonderheit in Bezug auf den Fall Wohlhaupter liegt in der persönlichen Beziehung, die Eckhardt zur Kieler Universität, zur Fakultät und zu dem durch Wohlhaupter vertretungsweise besetzten Lehrstuhl hatte. Obwohl auch in dieser Hinsicht die Aktenlage keine vollkommene Klärung der Geschehnisse liefert, ist doch davon auszugehen, daß Eckhardt nicht nur maßgeblich beeinflußte, wer seinen Lehrstuhl vertrat, sondern auch die weitere Entwicklung kontrollierte. Trotz des nach außen äußerst freundschaftlich erscheinenden Briefwechsels zwischen den beiden schien Eckhardt sehr genau zwischen der wissenschaftlichen Leistung Wohlhaupters und seiner Einstellung zur Religion zu unterscheiden. Die durch Eckhardt bei Wohlhaupter genährte Hoffnung, daß bei Entkräftung der politischen Bedenken die Vertretung des Lehrstuhls in eine Nachfolge umgewandelt werden könne, kann in Anbetracht der nachfolgenden Entwicklung nur als freundliche oder verlogene Floskel bezeichnet werden. Eckhardt wußte um Wohlhaupters wissenschaftliche Qualifikation, war jedoch während seiner Zeit im Ministerium offensichtlich nicht zur weiteren Unterstützung von deren Ernennung zum Ordinarius bereit. In Anbetracht von Eckhardts Position im Ministerium und seiner engen Kontakte zu den maßgeblichen Stellen im SD ist davon auszugehen, daß er insbesondere deshalb, weil er selbst diesen Lehrstuhl mehrere Jahre geleitet hatte, Wohlhaupter hätte durchsetzen können. Auch die dargestellte einflußreiche Rolle Reinhard Höhns spricht eher dafür, daß gezielt eine Berufung Eugen Wohlhaupters verhindert werden sollte. Die letztlich doch erfolgte Verbeamtung dürfte im Hinblick auf den mittlerweile fortgeschrittenen Krieg und die dadurch ohnehin äußerst angespannte Lage an der Kieler Universität zu erklären sein, so daß sich ein Vergleich zu den Anfangsjahren des Dritten Reiches aufgrund der veränderten Situation verbietet. Letztlich kann aber davon ausgegangen werden, daß insbesondere die Einflußnahme K.A. Eckhardts und damit auch die des SD auf das Berufungsverfahren entscheidend für die verzögerte Verbeamtung und Ernennung Wohlhaupters gewesen ist.

bb) Weitere Fälle

(1) Erste „Amtshandlungen"

Unmittelbar nach der Aufnahme seiner Tätigkeit im Reichsministerium für Wissenschaft, Erziehung und Volksbildung beschäftigte sich K.A. Eckhardt mit der weiteren personellen Umstrukturierung an den Universitäten. Mit der Vorlage von Besetzungsvorschlägen an den zuständigen Staatssekretär schien Eckhardt nur zwei Tage nach Dienstantritt mit der Situation an den Hochschulen eng vertraut.[843] Er legte dem zuständigen Staatssekretär mehrere Berufungsvorschläge für die Universitäten Kiel, Greifswald und die Handelshochschule Berlin vor. Danach sollte an der Universität Kiel Professor Predöhl auf den staatswissenschaftlichen Lehrstuhl von Jens Jessen und auf die dadurch freiwerdende Professur Predöhls PD Dr. Mackenroth aus Marburg folgen.[844] Weiterhin sollte der seit zwei Semestern in Kiel vertretende PD. Dr. Michaelis aus Göttingen als planmäßiger außerordentlicher Professor berufen werden. Insbesondere Karl Michaelis sollte ein führendes Mitglied der „Kieler Schule" werden. Für seine eigene seit April 1932 vakante Professur an der Handelshochschule Berlin schlug Eckhardt PD Krause als planmäßigen außerordentlichen Professor vor. Zwar seien Bedenken wegen der fehlenden Habilitation von Seiten Prof. Oppikofers erhoben worden. Eckhardt verwies aber auf die vorliegenden positiven Gutachten und darauf, daß Krause jedenfalls „durchgebildeter Volljurist" und im übrigen auch Parteigenosse sei.

Auffällig an diesen ersten Vorgängen von K.A. Eckhardt in seiner neuen Funktion im Reichswissenschaftsministerium war zunächst nicht nur die Tatsache, daß er nach wenigen Tagen bereits mit speziellen hochschulpolitischen Fragen vertraut schien. Dies deutet ebenfalls darauf hin, daß er sich schon länger mit hochschulpolitischen Themen beschäftigte und ferner offenbar über seine SS-Verbindungen auch bestens über die hochschulpolitischen Zielsetzungen informiert war. Auch die offensichtlichen Auswahlkriterien, die Eckhardt beim Vor-

---

843 GStA PK, I. HA Rep. 76, Va Sekt. 9 Tit. IV Nr. 4, Bd. 8, Vorlage Eckhardts vom 10.10.1934.

844 Hinsichtlich Mackenroth vermerkte Eckhardt in einem Votum, daß dieser auf fast allen neueren nationalökonomischen Listen erscheine, wegen „der Sonderstellung des Weltwirtschaftsinstitutes" jedoch nach Kiel berufen werden soll; GStA PK, I. HA Rep 76, Va Sekt. 9 Tit. IV Nr. 4, Bd. 8.

schlag der Neuzuberufenen dem Staatssekretär anlegte, zeigen in den Fällen von Eugen Wohlhaupter im negativen und PD Dr. Krause im positiven Sinne eine Entscheidung anhand von politischen Kriterien, die die Kandidaten zu erfüllen hatten. Mithin bleibt festzuhalten, daß Eckhardt sich für die Erfüllung seiner Aufgabe bestens vorbereitet zeigte und sofort begann, Berufungsangelegenheiten im politischen Sinne durchzuführen.

(2) Friedrich Schaffstein und Wolfgang Siebert

Die Berufungen von Friedrich Schaffstein und Wolfgang Siebert nach Kiel erfolgten ebenfalls unter der Zuständigkeit von K.A. Eckhardt innerhalb des nächsten halben Jahres.[845]

Dahm, der bereits in Kiel war, sollte, ebenso wie Schaffstein vor ihm, nach dem Wunsch der dortigen Fakultät nach Leipzig berufen werden, um dort das Strafrecht in enger Zusammenarbeit mit dem Reichsgericht, das seinen Sitz in Leipzig hatte, voranzubringen.[846] Eckhardt wies den Wunsch des sächsischen Volksbildungsministeriums zurück. Der Minister werde Dahm nicht freigeben. Dieser sei Teil einer „einheitlichen Gesamtplanung für die Hochschulen des Dritten Reiches" und könne deshalb für eine Berufung nach Leipzig nicht in Betracht kommen. Weiterhin führte Eckhardt aus, daß auch eine Berufung Schaffsteins nach Leizig aus den gleichen Gründen wenig sinnvoll sei. Schaffstein sei zwar „einer der tüchtigsten Vertreter der jüngeren Strafrechtsgeneration", er werde aber offenbar von dem „größeren wissenschaftlichen Schwergewicht der Fakultät erdrückt."[847] Darum sollte dem „jungen Nachwuchs Gelegenheit gegeben werden, an einer kleinen Universität und unbeschwert von alter wissenschaftlicher Tradition kämpferisch zu wirken und grundlegend Neues zu gestalten." Im Ergebnis entsprach Eckhardt damit den Wünschen der Leipziger Fakultät nicht. Vielmehr blieb Dahm in Kiel, wohin später auch Schaffstein berufen wurde, so wie es offenbar im Reichswissenschaftsministerium geplant und gewünscht worden war. Das Ziel der Zugehörigkeit Dahms und Schaffsteins zu einer Fakultät war durchaus nicht abwegig. Beide verband schon vor 1933 eine enge Zusammenarbeit, was sich u.a. in einer gemeinsamen strafrechtlichen Veröffentlichung zeigte.[848] Aus der Sicht des Reichswissenschaftsministeriums konnte ein Zusammenwirken Dahms und Schaffsteins in Kiel das „nationalsozialistische Strafrecht" nur voranbringen.

---

[845] Beide wurden zum April 1935 nach Kiel berufen, Friedrich Schaffstein auf den Lehrstuhl für Strafrecht, Wolfgang Siebert auf den Lehrstuhl für Bürgerliches Handels- und Arbeitsrecht, vgl. dazu *Eckert*, Was war die Kieler Schule?, S. 53.

[846] GStA PK, I. HA Rep. 76, Va Sekt. 9 Tit. IV Nr. 4, Bd. 8, Schreiben Eckhardt vom 8.11.1934.

[847] GStA PK, I. HA Rep. 76, Va Sekt. 9 Tit. IV Nr. 4, Bd, 8.

[848] Vgl. dazu *Dahm/ Schaffstein*, Liberales oder autoritäres Strafrecht?, Hamburg 1933.

Ähnlich verhielt sich die Berufung von Wolfgang Siebert nach Kiel. Die Fakultät hatte mit Schreiben vom 23.6.1934 beim Ministerium eine Liste mit Wünschen hinsichtlich der Besetzung des Lehrstuhls Hoeniger eingereicht.[849] Darin wurden die Namen Giesecke, Marburg; Großmann-Dohrt, Freiburg; Oppikofer, Köln und Ulmer, Heidelberg genannt. Der Name Siebert befand sich also nicht auf diesen ersten vier Listenplätzen. Nachdem die Fakultät eingesehen hatte, daß die von ihr eingereichte Liste im Ministerium nicht akzeptiert würde, schlug sie an erster Stelle der neuen Liste den bereits erwähnten PD Dr. Siebert aus Halle vor.[850] Siebert sei eine starke wissenschaftliche Begabung und habe in seinen bisherigen Arbeiten „umfassende Kenntnisse und gewissenhafte Akribie" gezeigt. Das Votum des Referenten Eckhardt fiel dementsprechend zustimmend aus. Siebert sei „mit Abstand der befähigste jüngere Handelsrechtler, politisch sehr eifrig und ein ausgezeichneter Dozent".[851] Siebert war zudem an deutschen Universitäten sehr begehrt. Er war nicht nur für eine außerordentliche Professur in Gießen vorgeschlagen, sondern auch die Fakultät in Heidelberg bemühte sich zunächst, den Lehrstuhlvertreter Siebert dauerhaft dort zu behalten. Eckhardt betonte jedoch, daß die Kieler Fakultät wegen der ihr gestellten politischen Aufgabe den Vorzug verdiene.[852] Da Siebert sich für das Wintersemester in Heidelberg verpflichtet hatte, wurde er erst zum 1.4.1935 an die Kieler Fakultät berufen.

Die Berufungen von Schaffstein und Siebert nach Kiel zeigen den politischen Plan, der seit 1933 für die Kieler Rechts- und Staatswissenschaftliche Fakultät aufgestellt worden war. Danach wurden, um das Projekt der „Kieler Schule" zu verwirklichen, im Reichswissenschaftsministerium gezielt Berufungen verweigert oder gegen alle Widerstände der einzelnen Fakultäten durchgesetzt. Insbesondere bei den Berufungen von Schaffstein und Siebert hatte der sich erst seit kurzem im Ministerium befindliche K.A. Eckhardt maßgeblichen Einfluß. Die Tatsache der extrem kurzen Einarbeitungsphase und seine bekannten Verbindungen zur SS bzw. zum SD bekräftigen die These, daß Eckhardts Bitte um Betrauung mit einer wissenschaftspolitischen Aufgabe und die darauf folgende Versetzung ins Wissenschaftsministerium nicht zufällig geschah, sondern mit großer Sicherheit gezielt geplant worden war, um ihn als SS- bzw. SD-Mann im Wissenschaftsministerium zu platzieren und so über jede Berufung informiert zu sein und entsprechend Einfluß nehmen zu können.

---

849 Bezugnahme des Dekans auf dieses Schreiben in einem erneuten Schreiben an Eckhardt vom 24.10.1934, GStA PK, I. HA Rep. 76, Va Sekt. 9 Tit. IV Nr. 4, Bd. 8.

850 GStA PK, I. HA Rep. 76 Sekt. 9 Tit. IV Nr. 4, Bd. 8; Schreiben der Fakultät vom 24.10.1934.

851 GStA PK, I. HA Rep. 76 Sekt. 9 Tit. IV Nr. 4, Bd. 8; Vorlage Eckhardts beim Abteilungsleiter vom 12.11.1934.

852 GStA PK, I. HA Rep. 76 Sekt. 9 Tit. IV Nr. 4, Bd. 8; Votum des Referenten Eckhardt.

C. Das „Dissertationsprojekt" von Walter Schellenberg

1940 begann SS-Hauptsturmführer Walter Schellenberg mit den Vorbereitungen zur Anfertigung einer Dissertation. Obwohl die Arbeit offenbar nie fertiggestellt wurde, ergibt sich doch aus den wenigen zur Verfügung stehenden Schriftstücken ein Eindruck über die Bedeutung der SS-Zugehörigkeit im Zusammenhang mit wissenschaftlichen Projekten.[853]

I. Zur Person Walter Schellenbergs (1910-1952)

Walter Schellenberg wurde am 16.1.1910 als Sohn des Klavierfabrikanten Walter Schellenberg und seiner Frau Lydia in Saarbrücken geboren.[854] Nach dem Abitur studierte Schellenberg fünf Semester Rechts- und Staatswissenschaften in Marburg, drei Semester in Bonn und legte am 18.3.1933 am Oberlandesgericht in Düsseldorf die Erste Juristische Staatsprüfung ab. Zum 1.4.1933 trat er in die SS, wenig später auch in die NSDAP ein.[855] Noch vor Beginn des Juristischen Vorbereitungsdienstes wurde Schellenberg auch Mitglied im SD. Während des Referendariats absolvierte er Stationen u.a. bei der Staatsanwaltschaft in Bonn, bei der Staatspolizeistelle Frankfurt am Main und beim Geheimen Staatspolizeiamt.[856] Jedenfalls während der Station in Frankfurt, wo er im Auftrag des SD für mehrere Wochen nach Frankreich geschickt wurde, und in Berlin war Schellenberg nebenberuflich für den SD tätig.[857] Nach dem bestandenen Zweiten Staatsexamen setzte Schellenberg seine Tätigkeit hauptamtlich für den SD zunächst als Regierungsrat im Reichsinnenministerium fort.[858] Später war er für die Organisation des Einmarsches in die Tschechoslowakei und die Reorganisation von SD und Polizei im Reichssicherheitshauptamt zuständig.[859]

Sein Aufstieg innerhalb der SS- bzw. SD-Hierarchie vollzog sich schnell. Von 1939 bis 1942 war Schellenberg Leiter der Abteilung IV E, die hauptsächlich

---

853 Nach Recherchen in den einschlägigen Bibiliothekskatalogen und sonstigen Datenbanken konnte keine Dissertation von Walter Schellenberg gefunden werden, so daß davon ausgegangen werden muß, daß es nicht zu einer Fertigstellung der Arbeit kam. Auch in seinen Memoiren erwähnt Schellenberg eine Dissertation oder einen Doktortitel nicht. Vgl. dazu *Schellenberg*, Memoiren, Köln 1956.

854 Vgl. dazu den handgeschriebenen Lebenslauf Schellenbergs in seiner SSO-Akte, SSO-Akte Walter Schellenberg, BA; *Wistrich*, Wer war was im Dritten Reich?, S. 238.

855 Hier widersprechen sich die Angaben Schellenbergs in seinen Memoiren und in seiner SSO-Akte. Nach Schellenbergs Erinnerung trat er erst im Mai 1933 in die SS ein, vgl. dazu *Schellenberg*, Memoiren, S. 26; laut Angaben der SSO-Akte erfolgte der Eintritt in die SS bereits zum 1.4.1933, siehe dazu chronologische Übersicht über die Dienstlaufbahn, SSO-Akte Walter Schellenberg, BA.

856 Lebenslauf, SSO Akte Walter Schellenberg, BA.

857 *Schellenberg*, Memoiren, S. 30 ff.

858 *Ders.*, S. 33 f.

859 R 58 Anh./ 14, BA.

die polizeiliche Spionageabwehr organisierte, seit 1942 auch Chef des Amtes VI im RSHA. Mit der Ablösung von Wilhelm Canaris als Chef des militärischen Geheimdienstes wurden Schellenberg auch diese Aufgaben übertragen.[860]

Nach dem Ende des Krieges wurde Schellenberg vor dem Alliierten Kriegsverbrechertribunal angeklagt und wegen Beihilfe zum Mord am 11.4.1949 zu sechs Jahren Gefängnis verurteilt. Nach schwerer Krankheit vorzeitig aus der Haft entlassen, starb Walter Schellenberg am 31.3.1952 in Turin.[861]

II. Die Vorbereitungen für die Dissertation

Schellenberg begann Ende 1939 oder Anfang 1940 mit den Vorbereitungen zur Bearbeitung eines Dissertationsthemas. Nachdem er in Übereinstimmung mit seinem Doktorvater SS- Standartenführer Reinhard Höhn davon Abstand genommen hatte, anhand der kameralwissenschaftlichen Literatur zu untersuchen, inwieweit der Begriff der Polizei vom christlichen Gedankengut beeinflußt wurde, bat Höhn ihn stattdessen, sich mit „dem Wesen, der Aufgabe und der Stellung der Verwaltung in Jugoslawien" zu beschäftigen.[862]

Reinhard Höhn war einer der führenden Rechtswissenschaftler im SD und seit 1935 Leiter des der SS nahestehenden Institutes für Staatsforschung an der Universität Berlin.[863] Er war bereit, die Betreuung der Arbeit zu übernehmen, wenn Schellenberg zwei zusätzliche Semester an der Universität Berlin absolvieren, Verbindung mit dem auslandswissenschaftlichen Institut von Prof. Six aufnehmen und sich um die Beschaffung der vollständigen jugoslawischen Gesetzesunterlagen kümmern würde.[864]

Franz Alfred Six (1909- 1975) war seit 1940 nicht nur Leiter des Deutschen Auslandswissenschaftlichen Institutes, sondern auch erster Dekan der Auslandswissenschaftlichen Fakultät, die im gleichen Jahr aus dem Zusammenschluß der Deutschen Hochschule für Politik und dem Seminar für Orientalische Sprachen entstanden war.[865] Er war ursprünglich Zeitungswissenschaftler und befaßte sich seit 1939 ausschließlich mit den „Auslandswissenschaften". Die „Auslandswissenschaften" waren eine neu geschaffene Disziplin, die aus mehreren Fächern bestand und besonders sprachliche, historische und politische Aspekte anderer Staaten erforschte. Wegen der außenpolitischen Pläne des Dritten Reiches wuchs auch die Bedeutung der „Auslandswissenschaften", weil zu-

---

[860] *Schellenberg*, Memoiren, S. 333.
[861] *Wistrich*, Wer war was im Dritten Reich?, S. 239.
[862] Vermerk von Schellenberg vom 10.4.1940, R 58 Anh./ 52, BA.
[863] Siehe zu oben Reinhard Höhn, S. 42 f.
[864] Vermerk von Schellenberg vom 10.4.1940, R 58 Anh./ 52, BA.
[865] *Hachmeister*, Der Gegnerforscher, S. 119.

nehmend Informationen über die Staaten benötigt wurden, die besetzt werden sollten bzw. bereits besetzt waren.[866]

Neben dieser wissenschaftlichen Tätigkeit war F.A. Six ebenso wie Reinhard Höhn ein hochrangiges Mitglied im SD. Er war seit Mai 1935 Leiter der Hauptabteilung Presse im SD- Hauptamt.[867] Zu Beginn des Jahres 1937 übernahm Six aufgrund von Umstrukturierungen auch die „Weltanschauliche Auswertung".[868] Nach weiteren personellen Veränderungen im Herbst des gleichen Jahres stieg Six durch die Übernahme der „Lebensgebietsmäßigen Auswertung" zum „Chef des gesamten Inlands-SD" und zu einem der führenden SS-Mitglieder im gesamten System auf.[869] Erst nach der Gründung des Reichssicherheitshauptamtes 1940 und einer schwerwiegenden Reduzierung des Kompetenzbereiches von Six meldete sich dieser als Freiwilliger zur Waffen-SS und verließ damit offiziell die Führungsebene im SD.[870]

Schellenberg wandte sich bei seinen Vorbereitungen zunächst an Dr. Kier von der Deutschen Gesandtschaft Belgrad und bat unter Verweis auf die Empfehlungen von Höhn, SS- Sturmbannführer Prof. de Crinis und verschiedener anderer „SS-Kameraden" um Hilfe bei der Beschaffung der notwendigen Literatur und um Unterstützung durch ausgewiesene Fachleute auf dem Gebiet der jugoslawischen Verwaltung, mit denen er sich besprechen könne.[871] Weiterhin werde er von SS-Brigadeführer Jost und den dem Amt IV des RSHA unterstellten Polizeiattaché Kriminalkommissar Helm in Belgrad unterstützt.

Wenige Monate später schrieb Schellenberg Helm persönlich und informierte ihn über den Besuch von Prof. Valjevic in Belgrad, der ein enger Mitarbeiter von Prof. Six sei und neben der Abwicklung persönlicher Angelegenheiten wegen der Materialbeschaffung für die Arbeit Schellenbergs nach Belgrad kommen werde.[872]

Weitere Dokumente zur Dissertation von Walter Schellenberg waren in den Akten nicht zufinden.[873] Da auch eine Veröffentlichung der Arbeit offenbar nie erfolgte, muß davon ausgegangen werden, daß Schellenberg aufgrund der angespannten Situation durch den Krieg und seiner immer stärkeren Einbindung in die Belange des RSHA die Arbeit nicht fertig gestellt hat.

---

[866] *Ders.*, S. 112.
[867] *Ders.*, S. 156.
[868] *Ders.*, S. 173.
[869] *Ders.*, S. 177.
[870] *Ders.*, S. 217.
[871] Schreiben von Schellenberg vom 17.4.1940, R 58 Anh./ 52, BA.
[872] Schreiben von Schellenberg vom 8.10.1940, R 58 Anh./ 51, BA.
[873] Dies bezieht sich nur auf die Bestände des Bundesarchives, in denen die dargestellten Dokumente gefunden wurden.

III. Bewertung

Die dargestellten vorbereitenden Handlungen Walter Schellenbergs zur Anfertigung einer Dissertation unterschieden sich zunächst nicht wesentlich von einer vergleichbaren heutigen Situation. Nach der Besprechung des Themas mit dem Doktorvater erfolgt in der Regel eine erste Kontaktaufnahme mit den zuständigen Stellen zwecks Beschaffung benötigter Materialien oder Akten. Der Unterschied im Fall Schellenberg lag darin, daß es sich bei den beteiligten Personen, inklusive des Doktoranden, ausschließlich um hochrangige SS-Angehörige handelte. Reinhard Höhn als Leiter des Instituts für Staatsforschung erklärte sich zur Übernahme der Betreuung der Dissertation bereit. Er riet Schellenberg, sich an das von seinem SD-Kollegen geleitete Auslandswissenschaftliche Institut zu wenden. Die beiden genannten Institute waren zwar offiziell Teil der Berliner Universität, standen aber ideologisch der SS sehr nahe, was sich nicht zuletzt darin widerspiegelte, daß mit Höhn und Six zwei hochrangige SD-Mitglieder die Direktorenposten besetzten. Obwohl aufgrund der fehlenden Dissertation nichts über die inhaltliche Ausrichtung der Arbeit gesagt werden kann, ist doch anzunehmen, daß eine Arbeit unter den geschilderten Umständen mit den Ansichten und Grundsätzen der SS übereinstimmen mußte. Inhaltlich läßt sich spekulieren, daß Jugoslawien zu den Staaten gehörte, die im Rahmen der außenpolitischen Planungen des Dritten Reiches mit Fortschreiten des Krieges besetzt werden sollten.[874] Es war also durchaus nicht abwegig für einen Staatsrechtler wie Höhn, die Verwaltungsstrukturen des Landes kennenzulernen, um für die Zeit nach einer militärischen Operation vorbereitet zu sein.

Weiterhin waren nahezu alle Beteiligten an dem Dissertationsprojekt SS- oder SD-Mitglieder. Vom Doktorvater über das auslandswissenschaftliche Institut bis zu den Kontakten in Belgrad und schließlich dem Doktoranden selbst hätte Schellenberg seine Doktorarbeit gestützt auf ein Netzwerk von SS-Kameraden erarbeiten können. Mithin lassen sich an dem Beispielsfall von Walter Schellenberg die wissenschaftlichen Einflußmöglichkeiten der SS erkennen. Durch die Besetzung von einzelnen Instituten mit hochrangigen SS- bzw. SD-Mitgliedern konnten wissenschaftliche Vorhaben wie Dissertationen und Habilitationen jedenfalls für den universitären Teil und andere Forschungsprojekte innerhalb des SS-Netzwerkes ohne jede Abhängigkeit von außen durchgeführt werden. Der

---

[874] Es gab zwar keine konkreten militärischen Pläne Jugoslawien zu besetzen. Falls sich Jugoslawien jedoch nicht bereit erklärte, Rohstoffe und Nahrungsmittel an Deutschland zu liefern, wurde eine Eingliederung in das Deutsche Reich in Erwägung gezogen. Mit dem Sturz der Regierung Cvetovic am 27.3.1941 sah Hitler den Angriff auf die Sowjetunion gefährdet und befahl stattdessen zunächst in Griechenland und Jugoslawien einzumarschieren, was am 6.4.1941 auch geschah. Bereits am 17.4.1941 erfolgte die Kapitulation der jugoslawischen Streitkräfte. Vgl. zum Ganzen Europa unterm Hakenkreuz, Band 6, S. 31 ff.; Deutsche Geschichte im Osten, Zwischen Adria und Karawanken, S. 391 ff.

Krieg mag diesen Entwicklungen vorzeitig ein Ende gesetzt haben. Jedoch bleibt festzuhalten, daß die SS wie im vorliegenden Fall für den Bereich der Rechtswissenschaften begonnen hatte, wissenschaftliche Projekte und damit auch inhaltlich die wissenschaftlichen Erkenntnisse zu kontrollieren.

D. Zusammenfassung

Das Beispiel K.A. Eckhardt zeigt die Kontrolle, die der SD über die Hochschulpolitik jedenfalls im Bereich der Rechtswissenschaften ausgeübt hat. Durch die Plazierung von SD-Mitgliedern im Wissenschaftsministerium waren die zuständigen Stellen im Reichssicherheitshauptamt jederzeit über alle Vorgänge informiert und konnten wie das Beispiel Reinhard Höhn zeigt, insbesondere auf Personalentscheidungen einwirken. Auch aufgrund der schwachen Position des Reichswissenschaftsministers Bernhard Rust im eigenen Haus muß daher davon ausgegangen werden, daß sich diese Vorgehensweise nicht nur auf die dargestellten Personen beschränkte, sondern auf die Hochschulpolitik im Bereich der Rechtswissenschaften insgesamt übertragbar war. Zwar unterlag die Kontrolle des SD durchaus personellen Diskontinuitäten wie die Abberufung Eckhardts aus Berlin wegen des Nachrufs auf seinen jüdischen Kollegen Pappenheim zeigte. Dies darf jedoch nicht darüber hinwegtäuschen, daß der SD in die Hochschulpolitik des Dritten Reiches involviert war und Entscheidungen nur dann getroffen wurden, wenn die zuständigen Stellen im SD ihr Einverständnis gegeben hatten.

Ähnliches galt auch für die wissenschaftliche Arbeit selbst. Durch die Besetzung von Lehrstühlen oder Instituten mit hochrangigen SD-Mitgliedern konnten wissenschaftliche Projekte wie Promotionen oder Habilitationen mit Hilfe eines Netzwerkes von SS-Mitgliedern durchgeführt werden. Damit war nicht nur der der SS angehörende wissenschaftliche Nachwuchs gesichert, sondern es wurde so auch inhaltlich die Forschung in diesem Sinne beeinflußt. Insgesamt bleibt festzuhalten, daß der SD im Bereich der Rechtswissenschaften nicht nur Einfluß auf Berufungen und die Personalpolitik nahm, sondern zunehmend auch auf wissenschaftliche Arbeiten selbst einwirkte.

8. Teil: Die SS und die Justiz

Das Verhältnis von SS und Justiz war ebenso komplex wie ständigen Veränderungen durch die wechselnden äußeren Umstände unterworfen. Das Standardwerk zur Justiz im Dritten Reich von Lothar Gruchmann thematisiert unterschiedliche Aspekte des Verhältnisses zwischen Justiz und SS.[875] Aufbauend auf diesen Ergebnissen und in Ergänzung der von Gruchmann untersuchten Aktenbestände soll die Beziehung von SS und Justiz weiter untersucht werden.

A. Die Ergebnisse Gruchmanns

Gruchmann sieht den maßgebenden Grund für die Einflußnahme der SS auf die Justiz in der Verzahnung der Einrichtungen der Polizei mit den Strukturen der SS und die dadurch entstandene zunehmende Unabhängigkeit von gesetzlichen Bindungen.[876] Er untersuchte 26 Fälle, die vom Geheimen Staatspolizeiamt zusammengestellt worden waren und von Himmler an Gürtner im März 1936 übergeben wurden.[877]

In 17 Fällen war Anklage wegen Hochverrat, in den verbleibenden Fällen Anklage wegen sonstiger politischer Straftaten erhoben worden. Die Vorgänge wurden im Reichsjustizministerium nochmals geprüft. In sieben der Hochverratsfälle schloß sich das Ministerium der Kritik der Geheimen Staatspolizei an. Bei den politischen Strafsachen wurden fünf von insgesamt neun Fällen ähnlich bewertet wie schon von der Geheimen Staatspolizei.[878] Gruchmann gelangte zu dem Ergebnis, daß sich das Reichsjustizministerium durchaus nicht ohne jedes rechtliche Argument der Ansicht der Geheimen Staatspolizei anschloß, sondern sich vielmehr erst nach eigenen Untersuchungen und nur in tatsächlich begründeten Fällen um ein Einwirken auf die zuständigen Justizstellen bemühte. Dies sei nach Meinung Gruchmanns insbesondere darauf zurückzuführen, daß „Himmler noch nicht auf dem Gipfel seiner Macht stand.“[879]

B. Ergänzung der bei Gruchmann dargestellten Urteile

Das RSHA konnte nur dann nicht ihm genehme Urteile mit der Bitte um Überprüfung an das Reichsjustizministerium weiterleiten, wenn es von den einzelnen SD-Dienststellen darüber informiert wurde. In einem Sonderauftrag des SD-

---

875 Vgl. nur *Gruchmann*, Justiz im Dritten Reich, Teil V, S. 433- 534; Teil VI, S. 535- 745.

876 *Gruchmann*, Justiz im Dritten Reich, S. 1124.

877 *Ders.*, S. 659; die Zusammenstellung der Fälle entstammt den Beständen des Bundesarchivs R 3001/ 1462, BA.

878 *Ders.*, S. 559 f.

879 *Gruchmann*, Justiz im Dritten Reich, S. 663.

Abschnittes Süd-West vom 27.5.1936 wurden dem Sicherheitshauptamt in Berlin neun Fälle mitgeteilt, in denen es in „Rasseschande-Prozessen" zu „unverständlichen" Urteilen gekommen sei.[880]

I. Die kritisierten Urteile

Der SD-Abschnitt Süd-West berichtete in dem Schreiben vom 27.5.1936 von neun Verfahren, die seit dem 1.1.1936 in dem bezeichneten SD- Abschnitt durchgeführt worden waren. Von diesen neun Fällen waren in sieben Verfahren Juden wegen des praktizierten Geschlechtsverkehrs mit einer „Arierin" angeklagt, in einem Verfahren ein „Halbjude" wegen des gleichen Verhaltens und ein Deutscher wegen der Unterhaltung eines Liebesverhältnisses zu einer Jüdin. Die verhängten Gefängnisstrafen umfaßten ein Strafmaß von vier bis zu achtzehn Monaten Gefängnis. Ein Angeklagter wurde freigesprochen, in einem weiteren Fall das Verfahren eingestellt.

II. Die rechtliche Situation

Die gesprochenen Urteile wegen des praktizierten Geschlechtsverkehrs zwischen „Ariern" und „Juden" ergingen aufgrund des „Gesetzes zum Schutze des deutschen Blutes und der deutschen Ehre vom 15.9.1935.[881] Als Teil der „Nürnberger Gesetze" verabschiedet, sanktionierte das Gesetz nicht nur die Eheschließungen zwischen „Ariern und Nichtariern", sondern auch den „außerehelichen Verkehr".[882]

1. Tatbestand

Gemäß § 2 des Gesetzes war der „außereheliche Verkehr zwischen Juden und Staatsangehörigen deutschen oder artverwandten Blutes verboten".[883] Wer als Staatsangehöriger galt, bestimmte sich nach dem bereits erwähnten Reichsbürgergesetz.[884] Die Einordnung als „jüdischer Mischling" und „Jude" wurde in § 2 II bzw. § 5 der Ersten Verordnung zum Reichsbürgergesetz vom 14.11.1935 vorgenommen.[885] Als außerehelicher Verkehr galt gemäß § 11 der Ersten Ausführungsverordnung zum Blutschutzgesetz nur der Geschlechtsverkehr, worunter nach § 5 II des Gesetzes auch der außereheliche Verkehr zwischen „Juden

---

880 Schreiben des SD- Abschnittes Süd- West an das Sicherheitshauptamt vom 27.5.1936, R 58/ 994, BA.

881 RGBl. 1935 I, S. 1146.

882 Vgl. dazu auch die Ausführungen oben S. 61 ff.

883 Die Definition von „außerehelicher Verkehr" war dabei durchaus nicht unumstritten, vgl. dazu *Stuckart- Globke*, Kommentar zur deutschen Rassengesetzgebung, S. 112; *Deeg*, Die Judengesetze Großdeutschlands, S. 45.

884 Vgl. dazu § 1 I der Ersten VO zur Ausführung des Gesetzes zum Schutz des deutschen Blutes und der deutschen Ehre.

885 RGBl. 1935 I, S. 1333.

und staatsangehörigen jüdischen Mischlingen, die nur einen volljüdischen Großelternteil haben", fiel.[886] § 2 des „Blutschutzgesetzes" sollte als Ergänzung des Eheverbotes in § 1 gelten. Sinn und Zweck dieser Verbote bestand darin, nach den Vorstellungen der nationalsozialistischen Rassenideologie zu verhindern, daß eine „mischrassige" Nachkommenschaft gezeugt wurde.[887]

2. Strafmaß

a) Allgemein

Das Strafmaß für die dargestellten Tatbestände bestimmte sich nach § 5 des „Blutschutzgesetzes". Danach wurde der Mann, der dem Verbot des § 2 zuwiderhandelte, mit Gefängnis oder mit Zuchthaus bestraft. Die alleinige Strafbarkeit des Mannes wurde damit begründet, daß der Mann in der Regel der bestimmende Teil sei und die Regelung somit dem Schutz der Frau dienen solle.[888] Nach § 2 iVm § 5 des Gesetzes konnten Gefängnis- oder Zuchthausstrafen verhängt werden. Gemäß § 16 StGB konnte eine Gefängnisstrafe von einem Tag Mindeststrafe bis zu fünf Jahren Höchststrafe verhängt werden. Die Verurteilung zur Zuchthausstrafe, die im Gegensatz zur Gefängnisstrafe neben der Freiheitsentziehung auch den Zwang zur Arbeit umfaßte, also entsprechend härter war, konnte gemäß § 14 I StGB als lebenslängliche oder als zeitige Strafe ausgesprochen worden.[889] War jedoch nach § 14 III StGB nicht ausdrücklich im Gesetz eine lebenslängliche Zuchthausstrafe angedroht, so mußte automatisch eine zeitige angenommen werden.[890] Die in § 5 II des „Blutschutzgesetzes" vorgesehene Zuchthausstrafe war mangels ausdrücklicher anderer Bezeichnung eine zeitige Strafe und konnte deshalb mindestens ein Jahr bis zu fünfzehn Jahren betragen. Damit lag die Strafandrohung bei Verstößen gegen § 2 des „Blutschutzgesetzes" zwischen einem Tag und fünf Jahren Gefängnis oder zwischen einem Jahr und fünfzehn Jahren Zuchthaus.[891]

Die Verurteilung zu einer Zuchthausstrafe konnte unter Umständen gemäß § 32 StGB auch zu einem Verlust der bürgerlichen Ehrenrechte führen.[892] Bürgerliche Ehrenrechte waren u.a. gemäß § 33 f. StGB das Wahlrecht sowie das Recht, in die Wehrmacht einzutreten oder öffentliche Ämter zu erlangen.

---

886 RGBl. 1935 I, S. 1334; vgl. dazu auch *Deeg*, Die Judengesetze Großdeutschlands, S. 44 ff.; *Müller*, Das Blutschutzgesetz und das Ehegesundheitsgesetz, S. 29 ff.

887 *Stuckart- Globke*, Kommentar zur deutschen Rassengesetzgebung, Bd. 1, S. 111.

888 *Dies.*, Bd. 1, S. 122; *Deeg*, Die Judengesetze Großdeutschlands, S. 47.

889 Vgl. dazu die Kommentierung zu den §§ 14 und 15 bei *Olshausen*, Kommentar zum StGB, S. 85 f.

890 *Ders.*, § 14, S. 85.

891 So auch *Stuckart- Globke*, Kommentar zur deutschen Rassengesetzgebung, Bd. 1, S. 123.

892 *Deeg*, Die Judengesetze Großdeutschlands, S. 52.

Bei der Verurteilung zu einer Gefängnisstrafe konnte ein Verlust der bürgerlichen Ehrenrechte nur erreicht werden, wenn die Strafe mindestens drei Monate umfaßte und entweder im Gesetz ausdrücklich vorgesehen war oder die Gefängnisstrafe wegen mildernder Umstände anstelle der Zuchthausstrafe ausgesprochen wurde.[893] Gemäß § 5 II war jedoch nur eine Gefängnisstrafe von einem Tag bis zu fünf Jahren angedroht, so daß eine Mindeststrafe von drei Monaten Gefängnis nicht vorlag und deshalb eine Aberkennung der bürgerlichen Ehrenrechte nicht erfolgen durfte.[894]

b) Strafmilderungs- und Strafschärfungsgründe

Grundsätzlich stand die Frage, welche Strafe zu verhängen war, im Ermessen des Richters. Er mußte die Tat prüfen, ihre Schwere abwägen und die Persönlichkeit des Täters in seine Entscheidung einbeziehen.[895] Als strafschärfend konnte gelten, wenn die „Rassenschande" zugleich die Tatbestandvoraussetzungen des Ehebruchs erfüllte oder der Täter die Voraussetzungen für die Annahme der „Rassenschande" wiederholt erfüllte.[896] Als Strafmilderungsgründe kamen der unbeachtliche Strafrechtsirrtum des Täters in Betracht, wenn dieser nicht wußte, gegen welches Gesetz er verstieß sowie unter Umständen auch das Verhalten der anderen beteiligten Person.[897]

3. Die Anwendung der Normen in der Praxis

Da der Strafrahmen bei Verstößen gegen § 2 des „Blutschandegesetzes" jedenfalls theoretisch von einem Tag Gefängnis bis zu fünfzehn Jahren Zuchthaus reichte, stellte sich die Frage, inwieweit die Richter den Strafrahmen ausschöpften. Eine vollständige Untersuchung aller „Rasseschandeprozesse" im Deutschen Reich existiert nicht. Jedoch untersuchte Alexandra Przyrembel derartige Prozesse für die Gerichtsbezirke Berlin, Frankfurt am Main und Hamburg, so daß jedenfalls gewisse Anhaltspunkte für die Anwendung des Strafrahmens vorliegen.[898]

Zwischen 1935 und 1945 wurden im Deutschen Reich 2211 Strafverfahren wegen „Rassenschande" durchgeführt, wobei bis einschließlich 1939 mit 1670 die

---

[893] Vgl. dazu § 32 StGB und die Kommentierung bei *Olshausen*, Kommentar zum StGB, § 32, S. 129.

[894] *Stuckart- Globke*, Kommentar zur deutschen Rassengesetzgebung, S. 123.

[895] RGSt 71, 147; vgl. zum Ganzen auch *Leppin*, JW 1937, S. 3076- 3082.

[896] JW 1937, S. 882; JW 1937, S. 753.

[897] JW 1937, S. 882; JW 1937, S. 2509.

[898] *Przyrembel*, „Rassenschande", Reinheitsmythos und Vernichtungslegitimation im Nationalsozialismus, vgl. dazu insbesondere die tabellarische Zusammenstellung der untersuchten Urteile, S. 497 ff.

Mehrheit der Verfahren vor Beginn des Krieges durchgeführt wurden. [899] Im Gerichtsbezirk Berlin lag die Anzahl der Verurteilungen mit 719 am höchsten, es folgten Hamburg mit 408 und Frankfurt am Main mit 92 Verurteilungen.[900]

Im Gerichtsbezirk Berlin lag von allen untersuchten Fällen bezüglich des Strafmaßes die Zahl der Zuchthausstrafen bis zwei Jahre mit 214 am höchsten, gefolgt von der Gefängnisstrafe bis zu einem Jahr mit 163 und Zuchthaus von zwei bis zu fünf Jahren mit 121 Fällen.

Im Gerichtsbezirk Hamburg wurden am häufigsten Zuchthausstrafen von zwei bis fünf Jahren, gefolgt von Gefängsstrafen über einem Jahr und einschließlich einem Jahr verhängt. In Frankfurt am Main lag die Zahl der Zuchthausstrafen bis zu zwei Jahren knapp vor denen von zwei bis fünf Jahren und damit nur knapp doppelt so hoch wie die Zahl der Freisprüche.[901]

Diese Zahlen dürfen jedoch nicht darüber hinwegtäuschen, daß die ausgesprochenen Urteile bezüglich der Höhe des Strafmaßes in den ersten Jahren nach Verabschiedung der Nürnberger Gesetze nicht nur uneinheitlich waren, sondern auch relativ mild ausfielen.[902] Das Reichsjustizministerium erhielt zwischen Einführung der Nürnberger Gesetze 1935 und Oktober 1936 266 Urteile in „Rasseschandefällen". 222 Angeklagte wurden zu Gefängnisstrafen von höchstens einem Jahr und 43 weitere Angeklagte zu Zuchthausstrafen verurteilt. In einem Fall wurde eine Geldstrafe verhängt. Dabei wurden Juden nicht nur insgesamt häufiger angeklagt, sondern erhielten im Durchschnitt auch höhere Strafen.[903]

In einem Schreiben an das Reichsjustizministerium am 21.3.1936 kritisierte das Geheime Staatspolizeiamt diese Rechtsprechung als zu milde und verlangte grundsätzlich die Beantragung von Zuchthaussstrafen.[904] Der zuständige Staatssekretär im Reichsjustizministerium Freisler verlangte zunächst in einer Rundverfügung vom 2.4.1936 an die Generalstaats- und Oberstaatsanwälte, „Durchschnittsfälle" als schwere Fälle zu behandeln und damit grundsätzlich die Verhängung von Zuchthausstrafen zu erreichen.[905] Wenig später wandte sich Freisler mit der Forderung an die Oberlandesgerichtspräsidenten, doch entspre-

---

[899] *Dies.*, S. 499, Tabelle 3.

[900] *Dies.*, S. 505, Tabelle 11; in die Gesamtzahl der Verurteilten wurden auch die Einstellungen und Freisprüche einbezogen, so daß die Anzahl der ausgesprochenen Strafen tatsächlich niedriger lag, für Berlin bei 630, für Hamburg bei 381 und für Frankfurt am Main bei 79.

[901] Vgl. zum Ganzen Tabelle 11 *Przyrembel*, „Rassenschande", S. 505.

[902] *Noam/ Kropat*, Juden vor Gericht, Bd. 1, S. 110 f.; *Angermund*, Deutsche Richterschaft 1919-1945, S. 125; *Przyrembel*, „Rassenschande", S. 396.

[903] *Noam/ Kropat*, Juden vor Gericht, Bd. 1, S. 111; *Angermund*, Deutsche Richterschaft 1919-1945, S. 125.

[904] R 3001/ 50, BA.

[905] R 3001/ 50, BA.

chend auf die ihnen unterstehenden Richter einzuwirken, um zu verhindern, daß in Zukunft derartig milde Urteile gesprochen werden würden.[906]

Die Anwendung des „Blutschutzgesetzes" in der Praxis brachte also in den ersten Jahren nach Inkrafttreten nicht die von politischer Seite gewünschten strengen Urteile. Erst nach der Intervention des Reichsjustizministeriums und der Einwirkung auf die zuständigen Richter wurden die Verurteilungen seit 1937 häufiger und in den folgenden Jahren durch die nahezu unbegrenzte Auslegung des Begriffes „Rassenschande" die Strafen auch härter.[907]

III. Bewertung

Die vom SD-Abschnitt Süd-West an das Reichsjustizministerium übermittelten Fälle stammten aus der ersten Hälfte des Jahres 1936. Das Anschreiben an das Ministerium betraf einen bereits laufenden Vorgang, trug aber auch den Vermerk „Sonderaufträge".[908] Anzunehmen ist deshalb, daß die aus dem SD-Abschnitt Süd-West übermittelten Urteile Teil der Bemühungen des Reichsjustizministeriums waren, sich einen Überblick über die verhängten Urteile und insbesondere über die Höhe der Strafen zu verschaffen.

Die Höhe der ausgesprochenen Strafen in diesen elf Urteilen, die zwischen vier und achtzehn Monaten Gefängnis lagen, entsprach damit der Mehrzahl der Verurteilungen in „Rasseschandeprozessen". Die Strafen waren angesichts des vorgegebenen weiten Strafrahmens insgesamt relativ niedrig. So wurde beispielsweise der Jude Max Gellhorn, der wiederholt Geschlechtsverkehr mit einer „Arierin" gehabt haben soll, zu fünf Monaten Gefängnis unter Anrechnung von drei Monaten Untersuchungshaft verurteilt. Ihm wurden mehrere Gründe als strafmildernd unterstellt. Er sei bisher straflos gewesen und habe keine Kenntnis davon gehabt, daß das Mädchen bereits vorher ein Verhältnis zu einem Juden gehabt habe. Außerdem sei Hedwig Heer ein mitbestimmendes Entgegenkommen vorzuwerfen.[909]

Nach Einschätzung des SD-Abschnitts Süd-West stünde das Strafmaß in keinem Verhältnis zur „verworfenen Gesinnung, die der Angeklagte bei Begehung der Straftaten an den Tag legte." Auch die Strafmilderungsgründe seien „völlig unverständlich".

In einem anderen Fall wurde der Jude Julius Hess vom Verdacht der Rassenschande freigesprochen, weil die Zeugin Josefine Daz energisch bestritt, mit Julius Hess ein Verhältnis gehabt zu haben. Obwohl der Staatsanwalt ein Jahr Ge-

---

906 R 3001/ 50, BA.
907 *Noam/ Kropat*, Juden vor Gericht, Bd. 1, S. 112 f.
908 Der Vorgang trug das Aktenzeichen II/ 112-1580, R 58/ 994, BA.
909 Vgl. Fall 4 der Liste, R 58/ 994, BA.

fängnis gefordert habe, sah das Gericht das angebliche Liebesverhältnis als nicht erwiesen an.

In einem letzten Fall schließlich war der offenbar „arische" Arbeiter Heinrich Schuhmacher wegen eines unterhaltenen und fortgesetzten Liebesverhältnisses mit einer „Jüdin" zu einer Gefängnisstrafe von einem Jahr verurteilt worden. Auch dieses Urteil erschien für den SD unverständlich, vermutlich weil die Gefängnisstrafe angesichts des „nichtjüdischen" Angeklagten nicht zu niedrig, sondern zu hoch bemessen war.

Mithin zeigte sich erneut die Rolle des SD bei der Einwirkung auf die Justiz. Durch die nach eigenem Ermessen zusammengestellte Sammlung von nicht akzeptablen Urteilen zunächst für das Sicherheitshauptamt und danach weitergeleitet an das Reichsjustizministerium, leistete der SD einen wichtigen Beitrag zur Wahrnehmung der nach Ansicht des SD herrschenden Mißstände durch die zuständigen Stellen innerhalb der Justiz oder des Reichsjustizministeriums.

C. Entwicklungen nach 1940

Der Kriegsbeginn im September 1939 verschob nicht nur außenpolitisch, sondern auch innenpolitisch die Machtverhältnisse. Für die SS bzw. den SD bedeuteten die Anforderungen des Krieges zunächst eine Aufwertung ihrer Bedeutung und größere Einflußmöglichkeiten. Inwieweit sich das auch auf die Beziehung zur Justiz auswirkte, wird anhand einiger Beispiele zu untersuchen sein.

I. Die Bearbeitung des „Lebensgebietes Recht"

In einer Arbeitsanweisung für die Bearbeitung des „Lebensgebietes Recht" im Referat III A 2 aus den Akten des Reichssicherheitshauptamtes wurde auf 44 Seiten die Zielsetzung der nachrichtendienstlichen Tätigkeit beschrieben.[910]

1. Grundsätze

Danach müsse sich der SD als Nachrichtendienst jederzeit über die „politische Funktion des Rechts im nationalsozialistischen" Staat klar sein.[911] Das Recht habe wie auch alle anderen Kräfte des Gemeinschaftslebens, der Sicherung der völkischen Lebensordnung zu dienen. Dabei müsse die Rechtswirklichkeit im Einklang mit den politischen und weltanschaulichen Grundsätzen des Nationalsozialismus stehen. Die eigentliche Aufgabe des Nachrichtendienstes bestehe darin, durch die Ausnutzung des Nachrichtennetzes „die Ausstrahlungen, die

---

910 Die Arbeitsanweisung ist nicht datiert. Es wird aber im Text erwähnt, „daß wir in unserer augenblicklichen Kriegszeit mit außergewöhnlichen Verhältnissen rechnen müssen", so daß in jedem Fall davon ausgegangen werden kann, daß die die Arbeitsanweisung aus den Jahren 1939 bis 1945 stammt; R 58/ 990, BA S. 13 der Anweisung.

911 R 58/ 990, S. 4 der Anweisung, BA.

von der Gesetzgebung und Rechtsprechung auf das Volksganze ausgehen, daraufhin zu beobachten, ob sie in ihren Wirkungen mit den politischen und weltanschaulichen des Nationalsozialismus" vereinbar seien.[912] Damit war die Aufgabe des SD als Nachrichtendienst zunächst nicht weiter definiert als durch die üblichen Beobachtungen, die Nachrichtendienste ohnehin verrichten.

Diese Beschränkung auf klassische nachrichtendienstliche Tätigkeiten sollte jedoch nicht für den SD gelten. Die Arbeit des Nachrichtendienstes müsse vielmehr für Gesetzgebung und Rechtsprechung fruchtbar werden, damit in der Rechtswirklichkeit auftretende Mängel und Probleme im Interesse des ganzen Volkes beseitigt werden könnten. Der SD müsse in vielen Fällen diese Aufgabe wahrnehmen, weil nur er aufgrund der Größe seines Nachrichtenapparates in der Lage sei, diese Informationen überhaupt zu beschaffen und dann an die entsprechenden Stellen weiterzugeben.[913]

2. Die Wirkung der nachrichtendienstlichen Arbeit

Es wurde zur Kenntnis genommen, daß Meldungen im Reichslagebericht bereits zu entsprechenden Gegenmaßnahmen geführt hätten. Dazu gehörte bezüglich der Auswirkung von gesetzlichen Maßnahmen u.a. die Wiedereinführung der landgerichtlichen Zuständigkeit in Berufssachen. Im Bereich der Rechtsprechung habe man erreicht, daß die Todesstrafe bei geringfügigen Entwendungen aus der Metallsammlung des deutschen Volkes nicht verhängt werden solle. Schließlich sei eine klare Regelung der Pfändung von Überstundenlöhnen erwirkt und die Einführung eines Ehehindernisses wegen zu großen Altersunterschiedes angeregt worden.[914]

Noch erfolgreicher sei die Erstattung von Einzelberichten an das Reichsjustizministerium gewesen. Dabei seien zahlreiche „Fehlurteile" hinfällig gemacht worden.[915]

Als Beispiel wurden die Auslegungsstreitigkeiten bei der Anwendung des § 4 der Volksschädlingsverordnung angeführt. § 4 der VO führte mit der „Ausnutzung des Kriegszustandes" eine Strafschärfung ein. Dabei war jedoch streitig, ob es sich bei dieser Strafschärfung um einen besonderen Tatbestand oder um eine bloße Strafzumessungsregelung handele. Der Entscheidung des Reichsgerichts, die den § 4 als eigenständige Straftat klassifiziere, sei zuzustimmen, wenn dies mit der Begründung geschehe, es sei nicht „mit dem gesunden Volksempfinden" vereinbar, wenn ein Täter, dessen Straftat wegen ihrer besonderen Verwerflichkeit eine Überschreitung des regelmäßigen Strafrahmens begründen könne, nur

912 R 58/ 990, S. 5 der Anweisung, BA.
913 R 58/ 990, S. 6 der Anweisung, BA.
914 R 58/ 990, S. 7 f. der Anweisung, BA.
915 R 58/ 990, S. 8 der Anweisung, BA.

deshalb straffrei ausgehe, weil der Verletzte die Bestrafung des Täters nicht wünsche.[916] Es sei zwar grundsätzlich schwierig, Entscheidungen der Gerichte im nachhinein zu korrigieren, allerdings gebe es die Möglichkeit der Nichtigkeitsbeschwerde zum Reichsgericht, woraufhin diese Urteile nachgeprüft und unter Umständen geändert werden können. Dabei sei es die entscheidende Aufgabe des SD, daß das Reichsjustizministerium zunächst überhaupt Kenntnis von diesen Urteilen erhalte, um dann entsprechend eine Nichtigkeitsbeschwerde zu veranlassen. Grundsätzlich sei es jedoch kein Problem des SD, das Justizministerium zum Eingreifen zu bewegen.[917] Diese für den Bereich der Rechtsprechung erfolgreiche Arbeit müsse sich in Zukunft noch stärker auf die Gesetzgebung auswirken. Zwar habe der SD auch jetzt schon die ihm von Seiten des Reichsjustizministeriums vorgelegten Gesetzentwürfe kommentiert. Jedoch müßten diese Bemühungen in Zukunft noch verstärkt werden. Der SD müsse dem Gesetzgeber Stellungnahmen liefern, die inhaltlich so überzeugend seien, daß sie im Gesetzgebungsverfahren zwingend beachtet werden müßten. Wichtig insgesamt für die Arbeit des RSHA sei es, die Aufgaben nicht vom Standpunkt der Justiz, sondern in ihrer Bedeutung für das Volksganze zu würdigen.[918]

3. Bewertung

Die Arbeitsanweisungen für die Bearbeitung des „Lebensgebietes Recht" im SD bestätigen nicht nur die aufgrund der inhaltlichen Untersuchung der Meldungen aus dem Reich erlangten Erkenntnisse, sondern verdeutlichen das Selbstverständnis des SD, das die Einflußnahme auf die Gesetzgebung und Justiz als Teil der Aufgabenteilung im NS-Staat umfaßte.[919] Das Nebeneinander von staatlichen Institutionen einerseits und Parteieinrichtungen andererseits, die sich in ihren Strukturen verzahnt und miteinander verbunden haben, führte zu einer geplanten und gewollten Einflußnahme der Parteieinrichtungen, in diesem Falle des SD, auf die staatlichen Institutionen wie beispielsweise das Reichsjustizministerium. Gleichzeitig wurde in gewisser Weise, jedenfalls aus der eigenen Selbstwahrnehmung heraus, das Gefühl der Überlegenheit durch die angebliche „Kenntnis der Gesamtlage" und die Überzeugung von einer beliebig einsetzbaren Einflußmöglichkeit auf die „unterlegenen" staatlichen Stellen deutlich. Ohne jedes Zeichen von Unrechtsbewußtsein und mit der für allgemeingültig gehaltenen Rechtfertigung, stets im Sinne des „Volksganzen" zu handeln, also „im Recht zu sein", zeigte sich die Dominanz der SS bzw. des SD und damit auch die Erkenntnis, daß das Rechtssystem durch die SS nicht nur kontrolliert, sondern auch nahezu beliebig manipuliert werden konnte.

---

[916] R 58/ 990, S. 15 der Anweisung, BA.
[917] R 58/ 990, S. 16 der Anweisung, BA.
[918] R 58/ 990, S. 40 der Anweisung, BA.
[919] Vgl. dazu oben Teil 6 der Arbeit.

II. „Zusammenarbeit“ zwischen SD und Justiz

Daß zwischen SD und Justiz eine enge Zusammenarbeit stattfand bzw. stattfinden sollte, war durchaus kein Geheimnis. In einer Ausführungsverordnung des Reichsjustizministeriums wurde die Zusammenarbeit zwischen den Justizbehörden und dem SD thematisiert.[920] Danach habe der SD als Nachrichtenorganisation von Partei und Staat die Führungsstellen des Reiches über die stimmungsmäßigen Auswirkungen behördlicher Maßnahmen in der Bevölkerung zu unterrichten. Dies verlange ein enges und verständnisvolles Zusammenarbeiten zwischen dem SD und den Justizbehörden und könne nur gewährleistet werden, wenn gegenseitig benötigte Auskünfte unproblematisch erteilt würden.

1. Die Anmerkungen des Generalstaatsanwalts in Jena

Die Ausführungsverordnung des Reichsjustizministeriums schien sich jedoch in der Praxis nicht ohne Probleme umsetzen zu lassen. In einem achtseitigen Schreiben des Generalstaatsanwalts in Jena vom 25.11.1943 schilderte dieser auf Wunsch des Reichsjustizministers seine Eindrücke bezüglich des Verhältnisses von SD und Justiz.[921] Danach könne die Zusammenarbeit zwischen Justiz und SD nur als sehr begrenzt angesehen werden. Die Justiz arbeite öffentlich und informiere die Öffentlichkeit ständig im Reichsgesetzblatt, durch Verordnungsblätter, die Deutsche Justiz u.a. über die laufenden Vorgänge. Der SD arbeite dagegen weitgehend im Verborgenen. Zwar sei bekannt, daß es die vordringliche Aufgabe des SD sei, alle Lebensgebiete des Deutschen Volkes zu überwachen. Wie diese Überwachung durchgeführt werde, bleibe jedoch eine interne Angelegenheit des SD.[922]

Daher müsse die Zusammenarbeit zwischen SD und Justiz als so einseitig bezeichnet werden, daß sie „auf eine Bespitzelung der Justiz“ hinauslaufe.[923] Eine gewisse Geheimhaltung sei durchaus Teil der Aufgaben, die der SD zu erfüllen

---

920 AV des RJM über die Zusammenarbeit der Justizbehörden mit dem Sicherheitsdienst des RFSS (SD) vom 3.8.1942, Deutsche Justiz 1942, S. 521.

921 Schreiben des Generalstaatsanwalts Jena vom 25.11.1943, R 3001/ 5030, BA.

922 Schreiben des Generalstaatsanwalts Jena vom 25.11.1943, S. 2, R 3001/ 5030, BA.

923 So lautete auch die Einschätzung eines internen Vermerks im Reichsjustizministerium vom 29.10.1943. Der Minister ziehe gelegentlich Material aus seinem Privatbesitz hervor, aus dem hervorgehe, daß sich der SD eingehend mit Spezialfragen der Rechtspflege befasse. Bei jeder großen Justizbehörde sitze ein Angehöriger des SD, der zur Auskunft und zur Verschwiegenheit verpflichtet sei. Das Verfahren sei geheim und die Auskunftspersonen würden nicht genannt. Zwar sei dies bei unmittelbaren Interessen der Staatssicherheit, insbesondere im Krieg, gerechtfertigt. Von einer Zusammenarbeit zwischen SD und Justiz könne jedoch dann keine Rede sein. Vielmehr werde eine Atmosphäre des Mißtrauens geschaffen, die zum Schnüffeln erzöge und unsachlichen Denunziationen Raum gebe. Vermerk an Ministerialdirektor Dr. Vollmer vom 29.10.1943 (die Unterschrift des Verfassers ist unleserlich), R 3001/ 5030, BA.

habe, jedoch sei nicht einzusehen, wieso der SD zu solchen Methoden greife, wenn er die entsprechenden Informationen auch durch eine offizielle Bitte um Unterstützung von der Justiz erhalten könne.[924] Weiterhin sei es wichtig, daß die Justizangelegenheiten innerhalb der einzelnen SD-Abschnitte von Juristen bearbeitet würden. Es sei nicht nur fachlich wenig hilfreich, einen Nicht-Juristen mit einer derartigen Aufgabe zu betrauen. Vielmehr trage dies auch nicht zur Aufhebung des Mißtrauens bei, das die Justiz nach wie vor gegen die Arbeit des SD hege. Schließlich müßten in den Fällen, in denen die Justizbehörden dem SD tatsächlich, beispielsweise durch die Beschaffung von Akten zu Ermittlungsergebnissen verhülfen, diese Ergebnisse ebenfalls mitgeteilt werden.[925] Neben der gegenseitigen Mitteilungspflicht, wie es die Ausführungsverordnung vorschreibe, müsse entsprechend auch eine ebenfalls auf Gegenseitigkeit beruhende Auskunftspflicht eingeführt werden.[926] Schließlich müßten auch die Justizbehörden dazu angehalten werden, die vom SD erstellten Stimmungsberichte in Rechtsfragen gezielt anzufordern, um sie so für die eigene Arbeit einsetzen zu können. Eine Zusammenarbeit zwischen Justizbehörden und SD liege ohne jeden Zweifel im gegenseitigen Interesse.[927]

2. Bewertung

Die Abhandlung des Generalstaatsanwalts in Jena stellte nur eine Ansicht zum Verhältnis von SD und Justiz dar und kann insoweit nicht als repräsentativ bezeichnet werden. Trotzdem zeigen sich bei der Beurteilung der Zusammenarbeit zwischen Justiz und SD deutliche Unterschiede. Die Justiz fühlte sich offenbar vom SD nicht genügend unterrichtet und verhielt sich gegenüber der Arbeit des SD sehr zurückhaltend. Der Generalstaatsanwalt forderte insoweit eine stärkere Einbindung und eine auf größerer Gegenseitigkeit beruhende Zusammenarbeit. Diese Haltung wirkte angesichts der bereits dargestellten Arbeitsanweisungen des „Lebensgebietes Recht“, in denen die Einflußmöglichkeiten auf die Justiz, beispielsweise bei Urteilen, als völlig selbstverständlich und unproblematisch dargestellt wurden, nahezu naiv. Während die Justiz davon ausging, durch verschiedene Maßnahmen eine gleichberechtigte Zusammenarbeit mit dem SD zu erreichen, war auf Seiten des SD bzw. der SS das Gefühl der deutlichen Überlegenheit gegenüber der Justiz stark ausgeprägt. Die Frage war für den SD nicht, wie eine Zusammenarbeit verbessert werden konnte, sondern vielmehr wie die eigene Arbeitsweise umstrukturiert werden mußte, um in jeder Beziehung erfolgreich auf Gesetzgebung, Rechtsprechung und damit im Ergebnis auf die Jus-

---

[924] Schreiben des Generalstaatsanwalts Jena vom 25.11.1943, S. 3, R 3001/ 5030, BA.
[925] Schreiben des Generalstaatsanwalts Jena vom 25.11.1943, S. 5, R 3001/ 5030, BA.
[926] Schreiben des Generalstaatsanwalts Jena vom 25.11.1943, S. 6, R 3001/ 5030, BA.
[927] Schreiben des Generalstaatsanwalts Jena vom 25.11.1943, S. 7 f, R 3001/ 5030, BA.

tiz einwirken zu können, um den eigenen Maßstäben widersprechende Entscheidungen entsprechend zu korrigieren.

Fraenkel spricht von „Normenstaat“ und „Maßnahmenstaat“ als konkurrierenden Herrschaftssystemen.[928] Jedenfalls mit Fortschreiten des Krieges scheint es, als hätte sich auch für das Verhältnis von Justiz und SD in den letzten Jahren des Dritten Reiches der Maßnahmenstaat durchgesetzt.

III. Himmlers Einfluß

1. Die Kompetenzstreitigkeiten

Die Spannungen um die Verteilung von Kompetenzen zwischen Justizministerium und SS spiegelten sich auch in einer Besprechung zwischen Reichsjustizminister Thierack und dem Reichsführer SS Himmler in dessen Feldquartier am 13.12.1942 wieder.[929]

Neben unbedeutenderen Themen, wie der Besprechung des Entwurfes über das Gemeinschaftsfremdengesetz oder die Behandlung der Prügelstrafe gegen Jugendliche, war insbesondere die Frage, wem die Staatsanwaltschaft in Zukunft unterstellt werden sollte, umstritten.[930]

Gegen den Widerstand des Reichsjustizministers erhob Himmler Anspruch auf die Staatsanwaltschaft. Es sei unzweckmäßig für einen Staatsanwalt, sich einen Fall erst mühsam erarbeiten zu müssen, während der zuständige Polizeibeamte bereits durch die Ermittlungen alle Fakten des Falles kennen würde. Er habe im Ermittlungsverfahren eine bedeutende Rolle gespielt. Diese Rolle werde im Strafverfahren auf die eines Zeugen oder Sachverständigen reduziert. Dies entspreche in keiner Weise den Leistungen, die der Polizeibeamte bereits erbracht habe.[931] Thierack wandte dagegen ein, daß die Lenkung der Strafrechtspflege ohne die Kontrolle über die Staatsanwaltschaft unmöglich sei. Weiterhin müßten die Unterschiede zwischen der Rolle der Staatsanwaltschaft und der Polizei beachtet werden. Im Gegensatz zur Staatsanwaltschaft lasse sich die Polizei bei Strafverfahren überwiegend von Zweckmäßigkeiten leiten. Dies sei jedoch für das Strafverfahren selbst wenig sinnvoll. Ein Auseinanderfallen von Staatsanwaltschaft und Gericht führe zudem zu einer Isolierung des Gerichts von der Staatsanwaltschaft, was im Prozess ständig Probleme verursachen würde. Schließlich sei es der Person des Justizministers selbst nicht zuzumuten, bei eigenen Rechtsproblemen oder in politischen Fragen, die mit Hilfe der Staatsan-

---

928 *Fraenkel*, Der Doppelstaat, S. 75.

929 Protokoll der Besprechung zwischen Himmler und Thierack, angefertigt von Thierack 13.12.1942, R 3001/ 4062, BA.

930 S. 1 f. des Protokolls, R 3001/ 4062, BA.

931 S. 2 des Protokolls, R 3001/ 4062, BA.

waltschaft zu gerichtlichen Entscheidungen gebracht werden sollen, zuerst das Ressort des Polizei- bzw. Innenministers zu kontaktieren.[932]

Schließlich einigte man sich darauf, zunächst untersuchen zu lassen, wie es im deutschen Strafverfahren historisch zur Trennung von Polizei und gerichtlichem Ankläger gekommen sei und vereinbarte danach ein weiteres Treffen.[933] Thierack warf dann noch einige Personalfragen auf, zu denen sich Himmler äußern solle.[934] Dabei stimmte Himmler u.a. zu, daß Reichsgerichtsrat Altstötter zum Kammergerichtsrat und Ministerialrat Joel zum Generalstaatsanwalt in Prag ernannt wurde.

2. Bewertung

Das Verhältnis zwischen Staatsanwaltschaft und Polizei war grundsätzlich seit der Machtübernahme 1933 problematisch.[935] 1942 hatte sich die Situation so weit zugespitzt, daß offen darüber nachgedacht wurde, die Staatsanwaltschaft der Polizei bzw. genauer der Sicherheitspolizei zu unterstellen und sie damit ihrer unabhängigen Stellung zu entheben.[936] Bis dahin konnte die Polizei nur als weisungsgebundenes Hilfsorgan der Staatsanwaltschaft gemäß §§ 161, 163 II StPO tätig werden. Auch in der Rechtswissenschaft wurde die Möglichkeit der Übernahme staatsanwaltschaftlicher Aufgaben durch die Sicherheitspolizei durchaus diskutiert.[937] Obwohl Thierack sich gegenüber dem Chef des RSHA vor seiner Ernennung zum Reichsjustizminister dahingehend geäußert hatte, die Kontrolle über die Staatsanwaltschaft dem Reichsführer SS zu überlassen, wehrte er sich bei persönlichen Besprechungen mit Himmler gegen diesen Kompetenzverlust.[938] Danach stehen weitere Akten nicht zur Verfügung. Es kann aber angesichts des fortschreitenden Krieges und der zunehmenden Auflösung der staatlichen Ordnung davon ausgegangen werden, daß sich die SS und damit auch die Polizei zunehmend über bestehende rechtliche Beschränkungen hin-

---

932 Vgl. unter dem ersten Punkt des Protokolls die Unterpunkte a)- f), R 3001/ 4062, BA.

933 S. 2 des Protokolls, R 3001/ 4062, BA.

934 S. 5 des Protokolls, R 3001/ 4062, BA.

935 Vgl. zu einer inhaltlich ausführlichen Darstellung *Gruchmann*, Justiz im Dritten Reich, S. 597 f., 998 f., 1020 f., 1123; *Majer*, Das Verhältnis von Staatsanwaltschaft und Polizei im Nationalsozialismus, S. 121- 160.

936 *Majer*, Das Verhältnis von Staatsanwaltschaft und Polizei im Nationalsozialismus, S. 144; *Gruchmann*, Justiz im Dritten Reich, S. 598.

937 Vgl. dazu zustimmend u.a. *Becker*, Deutsches Strafrecht 1938, S. 174; *Best*, Die Deutsche Polizei, S. 27 f.

938 Neben der bereits erwähnten Besprechung vom 13.12.1942 gab es zwischen Himmler und Thierack bereits am 18.9.1942 eine erste Besprechung, in der Thierack ebenfalls dagegen war, die Staatsanwaltschaft unter die Kontrolle der Polizei zu stellen, *Majer*, Das Verhältnis von Polizei und Staatsanwaltschaft im Nationalsozialismus, S. 145.

wegsetzte und so faktisch die Unabhängigkeit der Staatsanwaltschaft als Behörde immer mehr in Frage gestellt wurde.[939]

IV. Zusammenfassung

Die dargestellten Beispiele stützen die oben aufgestellte These von der größeren Machtposition der SS seit Beginn des Krieges. Die Arbeitsanweisungen für das Lebensgebiet Recht deuteteten nicht nur vom Selbstverständnis, sondern auch von der tatsächlichen Einwirkung her auf einen größeren Einfluß der SS hin. Dagegen erschienen die Klagen der Justiz über die einseitige Zusammenarbeit mit dem SD fast hilflos und resignierend. Nicht nur strukturell, sondern insbesondere auch durch Himmler selbst, der mit der Forderung der Übernahme der Kontrolle über die Staatsanwaltschaften auch vor traditionellen Justizaufgaben nicht zurückschreckte, verschoben sich im Verhältnis zwischen Justiz und SS bzw. SD mit Fortschreiten des Krieges die Machtverhältnisse zu Gunsten der SS.

D. Zusammenfassende Schlußbetrachtung

Das Verhältnis zwischen SS bzw. SD und Justiz war außerordentlich vielschichtig. Spätestens seit Mitte der 30er Jahre muß jedoch von einer verstärkten Einflußnahme der SS auf die Justiz ausgegangen werden. Insbesondere nachdem sich der SD als Sicherheitsdienst etabliert und in seiner Struktur zu einer gewissen Kontinuität gefunden hatte, begann neben anderen Gebieten auch eine intensivere Überwachung der Justiz. Die Überwachungstätigkeit selbst hatte zwar zunächst keinen direkten Einfluß auf die Angelegenheiten der Justiz. Wie die Auswertung der dargestellten Urteile jedoch zeigte, wurden diese Berichte an das Reichsjustizministerium weitergeleitet, das diese Entscheidungen erneut prüfte und in Einzelfällen auch änderte. Die Justiz wurde so ihrer Unabhängigkeit enthoben und mittelbar durch die Ermittlungsergebnisse des SD, unmittelbar durch die Verantwortlichen im Reichsjustizministerium beeinflußt.

Durch die steigende Bedeutung der SS, insbesondere auch nach Beginn des Krieges, wurde die Einflußnahme auf Justizangelegenheiten bedeutender. Himmler nahm zunehmend eine wichtigere Rolle innerhalb der NS-Hierarchie ein. Die SS, die es vorzog, ohne Beachtung gesetzlicher Vorschriften zu operieren, war der Justiz, die nach wie vor versuchte, an rechtlichen Grundsätzen, wenn auch im nationalsozialistischen Sinne, festzuhalten, zunehmend überlegen. Neben inhaltlichen Korrekturen wurde verstärkt auf personelle Entscheidungen Einfluß genommen. Darüberhinaus versuchte Himmler, beispielsweise durch die

---

[939] So argumentieren im Ergebnis auch *Majer*, Das Verhältnis von Staatsanwaltschaft und Polizei im Nationalsozialismus, S. 145, 149 f.; *Gruchmann*, Justiz im Dritten Reich, S. 598 f.

Übernahme der Staatsanwaltschaft, der Justiz auch strukturell traditionelle Kompetenzen streitig zu machen und damit der SS endgültig zu einem Status als „Staat im Staat" zu verhelfen. Der Krieg mag diese Entwicklungen beschleunigt haben. Aufgrund dieser Ausnahmesituation kann jedenfalls ein Vergleich zu den Anfangsjahren des Dritten Reichs nur bedingt erfolgen.

Insgesamt konnte das Verhältnis von SS und Justiz aufgrund der unterschiedlichen Ansprüche an die eigene Arbeitsweise nur ein konkurrierendes und angespanntes sein. Ohne sich notwendigerweise um die „Rechtmäßigkeit" der eigenen Handlungen zu kümmern, war es für die SS bedeutend einfacher, die Arbeit der Justiz zu beobachten und deshalb in weiten Teilen auch zu beeinflussen.

9. Teil: Schlußbemerkungen

Der Einfluß, den die SS bzw. der SD auf die Rechtsordnung, die Justiz und die Rechtswissenschaft ausgeübt hat, war nicht nur äußerst vielschichtig, sondern im Ergebnis auch bedeutend größer als bisher angenommen. Zwar haben bereits vorliegende Arbeiten über Geschichte und Struktur der SS stets die These vom „Staat im Staat" bestätigt, allerdings war dies in der Regel auf die gesamte Tätigkeit der SS bezogen und spezifizierte nicht das Verhältnis von SS und „Recht".

Trotz der wissenschaftlichen Notwendigkeit, bestimmte Strukturen und Grundsätze zu erkennen und entsprechend zu bewerten, bleibt zunächst festzuhalten, daß für den untersuchten Themenkomplex kein in sich widerspruchfreies, lückenloses Bild existiert. Wie jede wissenschaftliche Untersuchung, die bemüht ist, sich jenseits von politischen Dimensionen und Urteilen zu bewegen, kann das Ergebnis nicht schwarz oder weiß sein, sondern muß im Bereich der dazwischenliegenden Grautöne liegen. Das nationalsozialistische System war unabhängig von der weltanschaulichen Ausrichtung wie jedes andere politische System auch beeinflußt von Machtkämpfen um personelle Fragen, politische Inhalte und deren Durchsetzung. Davon war auch die SS nicht ausgenommen. Somit kann Ziel der Bewertung der Ergebnisse dieser Arbeit nur sein, die Vielzahl der vorhandenen Grauschattierungen möglichst genau zu bestimmen.

Die Beeinflussung des nationalsozialistischen „Rechts" durch die SS vollzog sich auf zwei grundlegenden, jedoch völlig unterschiedlichen Ebenen.

Die erste Ebene der Einflußnahme war indirekt und verlief in sich ebenfalls auf unterschiedliche Art und Weise. Durch die Veröffentlichungen der Zeitung „Das Schwarze Korps" sollte mit rein publizistischen Mitteln eine bestimmte Öffentlichkeit erreicht und u.a. über eine Vielzahl von juristischen Themen und Fragen „informiert" werden. Die extrem populistische Art der Darstellung und die ständig auftretenden Kontroversen um Inhalt und Art der Beiträge führten erfolgreich zu einer großen Öffentlichkeitswirkung, die letztlich auch Druck auf politische Stellen ausübte und diese zu entsprechenden Reaktionen nötigte. Inhaltlich vertrat Das Schwarze Korps strikt und letztlich konsequent die weltanschaulichen Vorgaben des Nationalsozialismus. Die juristischen Fragestellungen behandelten wegen des in der Mehrzahl nicht juristische gebildeten Leserkreises besonders relevante Bereiche des täglichen Lebens wie das Miet- oder Familienrecht. In der Diskussion um Reformen der Rechtsordnung im Sinne der nationalsozialistischen Weltanschauung fungierte Das Schwarze Korps dabei als bedingungslose Vertreterin dieser Doktrin. Mithin führte die durch die Publikation der Beiträge erzeugte Öffentlichkeitswirkung letztlich zu einer tatsächlichen Umsetzung der Reformforderungen des Schwarzen Korps. Die Einflußnahme der SS auf die Rechtsordung bzw. die Justiz erfolgte also durch die Publikation des Schwarzen Korps indirekt.

Im Gegensatz zu der auf die Öffentlichkeit zielenden Herausgabe einer Zeitung war das Zusammentragen nachrichtendienstlicher Erkenntnisse wie in den „Meldungen aus dem Reich“ auf die Partei- und Staatsstellen gerichtet, verfolgte letztlich aber die gleiche indirekte Einflußnahme auf Rechtsordnung und Justiz. Die nahezu lückenlose Überwachung des NS-Staates durch den Sicherheitsdienst der SS führte zur Ansammlung großer Informationsmengen, die die Stimmung in der Bevölkerung zu bestimmten Themen widerspiegelten. Diese Informationen wurden durch die zuständigen Stellen im Reichssicherheitshauptamt zusammengestellt, und entsprechend ausgewertet, als „Meldungen aus dem Reich“ herausgegeben. Die daraus gewonnenen Erkenntnisse flossen, wie diese Untersuchung zeige, in Entscheidungsprozesse um die Reform der Rechtsordnung und die Verbesserung der Justiz mit ein. Damit beeinflußte auch die durch den SD betriebene und für autoritäre Systeme übliche Überwachung des gesamten zivilen Lebens indirekt Rechtsordnung und Justiz. Die indirekte Beeinflussung des „Rechts“ im NS-Staat durch die SS erfolgte mithin gleichzeitig durch die bewußte Öffentlichkeitswirkung des „Schwarzen Korps“ und unter völliger Geheimhaltung durch die Zusammenstellung der Ergebnisse der Überwachungstätigkeit des SD in den „Meldungen aus dem Reich“.

Die zweite große Ebene, auf der das „Recht“ durch die SS beeinflußt wurde, war direkter und unmittelbarer.

Trotz der äußerst schlechten Aktenlage lassen sich anhand des Beispiels K.A. Eckhardt planmäßige Versuche des SD erkennen, die Berufungspolitik an den Hochschulen zu beeinflussen und zu kontrollieren. Durch die bewußte Plazierung von SD-Mitgliedern als Referenten im Reichswissenschaftsministerium wurde nicht nur ein direkter Zugang zu entsprechenden Vorgängen erlangt, sondern auch umgehend darauf reagiert. Allerdings stellten sich der systematischen Einwirkung auf die Hochschulpolitik des Dritten Reiches Hindernisse entgegen. Im Fall von K.A. Eckhardt beendete ein nicht erwünschter Nachruf auf einen jüdischen Kollegen jede weitere Tätigkeit im Reichswissenschaftsministerium, so daß in keinem Fall von einem stets funktionieren System und einer in sich widerspruchslosen Einflußnahme gesprochen werden kann. Die letztlich jedem System immanenten Machtkämpfe um Einfluß und Positionen zeigten sich auch im NS-Staat, wenn auch die äußeren Bedingungen durchaus besonders waren. Diese personelle Diskontinuität darf jedoch nicht darüber hinwegtäuschen, daß die Kontrolle und der Einfluß auf die Hochschulpolitik ein erklärtes Ziel des SD war und dies wie, der Fall von K.A. Eckhardt zeigt, auch grundsätzlich so umgesetzt wurde.

Neben der Wissenschaftspolitik stellte die Kontrolle der Justiz ein weiteres Ziel der SS bzw. des SD dar. Versuchte die Justiz in den ersten Jahren der NS-Zeit noch, sich gegen die Einflußnahme zur Wehr zu setzen, gelang dies spätestens mit Beginn des Krieges und der steigenden Bedeutung der SS und ihres „Reichsführers" Heinrich Himmler immer weniger. Die Einflußnahme auf die Justiz erfolgte hauptsächlich durch Versuche, nicht erwünschte Urteile durch Anmahnung beim Reichsjustizministerium korrigieren zu lassen, aber auch durch Absprachen hinsichtlich personeller Entscheidungen im Justizbereich. Trotz der dabei eindeutig zu erkennenden Beeinflussung der Justiz durch SS und SD muß auch hier davon Abstand genommen werden, von einem in sich widerspruchslosen und funktionsfähigen System zu sprechen. Die Einflußnahme durch SS bzw. SD wurde zwar in den letzten Jahres des NS-Regimes bedingt durch die äußeren Umstände deutlich stärker, allerdings ergab sich in den letzten Kriegsjahren zugleich auch eine Auflösung der Strukturen innerhalb des NS-Regimes, so daß insoweit ein verzerrtes Bild entsteht. Dieses Bild darf jedoch nicht darüber hinwegtäuschen, daß SS bzw. SD, auch von ihrem Selbstverständnis aus, die Justiz in weiten Teilen beeinflußte und kontrollierte. Insgesamt ergibt sich damit ein umfassendes Bild der Einflußnahme der SS bzw. des SD auf das „Recht".

Auf einer mittelbaren Ebene, bedingt durch die eigentliche Ausrichtung des SD als Nachrichtendienst, wurden weite Teile der Gesellschaft überwacht. Die ermittelten und ausgewerteten Ergebnisse dieser Arbeit dienten als Grundlage für Entscheidungen, die die „Reform und Optimierung" der „Rechtsordnung" unterstützen sollten. Zudem erfolgte gleichzeitig die Beeinflussung der Öffentlichkeit über die Herausgabe einer SS-eigenen regelmäßig erscheinenden Zeitung. Durch die Plazierung von hochrangigen SD-Mitgliedern in Ministerien und die zunehmend größere Machtfülle der SS unter ihrem „Reichsführer" Heinrich Himmler wurden Vorgänge im Bereich der Rechtswissenschaft, insbesondere Berufungsvorgänge, und der Justiz, dort überwiegend die Rechtsprechung, maßgeblich kontrolliert. Dadurch wirkte die SS bzw. der SD auf unmittelbarem Wege auf „das Recht" ein. Zusammen mit der festgestellten überdurchschnittlichen hohen Anzahl von Juristen in den Diensten des SD, bleibt damit festzuhalten, daß „das Recht" zwischen 1933 und 1945 ein „Werkzeug" zur Umsetzung und Durchsetzung der nationalsozialistischen Ideologie war und die SS bzw. der SD in diesem Prozess eine bedeutende Rolle spielte.

Wie Justice Robert H. Jackson in seinem Schlußplädoyer vor dem Nürnberger Militärtribunal bemerkte: "Since the law was what the Nazis said it was, every form of opposition was rooted out, and every dissenting voice throttled".[940]

Neben der Tatsache, daß Juristen nicht unwesentlich dazu beigetragen haben, die nationalsozialistische Ideologie zu rechtfertigen und zu verteidigen, bleibt die Erkenntnis, daß „Recht" in Gesetz und Anwendung als „Unrecht" daherkommen kann, für den Juristenstand vielleicht die bitterste Erfahrung der NS-Zeit.

---

[940] *Justice Robert H. Jackson*, Speeches at the close of the case against the individual defendants, p. 7.

Quellen- und Literaturverzeichnis

A. Quellenverzeichnis

I. Unveröffentlichte Quellen

1. Bundesarchiv Berlin (BA)

a. SSO- Akten (ehemals Berlin Document Center)
Werner Best
Gunter d'Alquen
Rolf d'Alquen
Karl August Eckhardt
Reinhard Höhn
Otto Ohlendorf
Walter Schellenberg

b. Akten des Reichssicherheitshauptamtes – R 58
R 58/ 990
R 58/ 994
R 58/ 7345
R 58/ Anh. 14
R 58/ Anh. 51
R 58/ Anh. 52

c. Akten des Reichsjustizministeriums – R 3001
R 3001/ 50
R 3001/ 1462
R 3001/ 4062
R 3001/ 5030

d. Akten des Persönlichen Stabes Reichsführer SS – NS 19
NS 19/ 2241

2. Institut für Zeitgeschichte München (IfZ)
ZS 2, Bd. II
ZS 1871
ZS 1880
ZS 1881

3. Geheimes Staatsarchiv Preußischer Kulturbesitz (GStA) Akten des Preußischen Kultusministeriums – Rep. 76
Va Sekt. 9 Tit. IV Nr. 4, Bde. 7 und 8

4. Landesarchiv Schleswig- Holstein (LA Schleswig)

a. Personalakten – Abt. 47
Nr. 6773 Karl Larenz

b. Entnazifizierungsakten – Abt. 460.
1 Nr. 431 Eugen Wohlhaupter
19 Nr. 75 K 5335 Karl Larenz

II. Veröffentlichte Quellen

Meldungen aus dem Reich, Die geheimen Lageberichte des Sicherheitsdienstes der SS 1938- 1945, Band 1- 17, Hrsg. Heinz Boberach, Hersching 1984

The Trial of German Major War Criminals by The International Military Tribunal Sitting at Nuremberg, Opening Speeches, Parts 1 and 6, London 1946

Akademie für Deutsches Recht 1933-1945, Protokolle der Ausschüsse, Band III, 1, 3, Hrsg. Werner Schubert, Berlin 1988, 1990

Reichsministerialblatt für die innere Verwaltung 1939

III. Zeitungen und Zeitschriften

Das Schwarze Korps, Organ der Reichsführung SS, Berlin 1935-1945

Deutsche Justiz 1937, 1938, 1939, 1941, 1942, 1943

Juristische Wochenschrift 1924, 1937, 1938

Deutsches Recht 1936, 1937, 1939, 1941, 1944

Die Justiz 1936

Deutsches Strafrecht 1939

Haus und Wohnung 1947

Ehe und Familie im privaten und öffentlichen Recht (FamRZ) 1988

Witzenhäuser Allgemeine 1979

B. Literaturverzeichnis

Adami, *Friedrich Wilhelm*, Das Kündigungsrecht wegen eines jüdischen Mieters in: JW 1938, S. 3217- 3220;

Angermund, *Ralph*, Deutsche Richterschaft, 1919- 1945, Frankfurt am Main, 1990;

Aronson, *Shlomo*, Reinhard Heydrich und die Frühgeschichte von Gestapo und SD, Stuttgart 1971;

Banach, *Jens*, Heydrichs Elite, Das Führerkorps der Sicherheitspolizei und des SD 1936-1945, Paderborn 1998;

Baumbach, *Adolf*, Kommentar zur Zivilprozeßordnung, 11. Auflage, Berlin 1936;

Becker, *W.*, Das Verhältnis der Staatsanwaltschaft zur Kriminalpolizei im neuen Strafverfahren in: Deutsches Strafrecht 1938, S. 167- 174;

Behr, *Ludwig*,Die Rechtsstellung der unehelichen Kinder, Kleine Schriften zum bürgerlichen Recht 160, 7, zugleich Diss Erlangen 1934;

Bergen, *Doris L.*, Twisted Cross, The German Christian Movement in The Third Reich, Chapel Hill, 1996;

Best, *Werner*, Zur Frage der gewollten „Tarifunfähigkeit", Dissertation, Heidelberg 1929; Die Deutsche Polizei, Darmstadt 1940; Dänemark in Hitlers Hand, Husum 1988;

Black, *Peter*, Ernst Kaltenbrunner, Vasall Himmlers: Eine SS- Karriere, Paderborn 1991;

Ernst Kaltenbrunner- Der Nachfolger Heydrichs, in: Ronald Smelser/ Enrico Syring (Hrsg), Die SS, Elite unter dem Totenkopf, 30 Lebensläufe, Paderborn 2000, S. 289- 304;

Boehnert, *Gunnar C.*, The Jurists in the SS- Führerkorps, 1925- 1939, in: Hirschfeld/ Lothar Kettenacker, Der "Führerstaat": Mythos und Realität, Studien zur Struktur und Politik des Dritten Reiches, Stuttgart 1981, S. 361- 374;

Böse, *Hildegard*, Die Aufrechterhaltung formnichtiger Verträge bei arglistigem Verhalten einer Partei, Diss, Würzburg 1938;

Brandis, *Ernst*, Mieterschutz im neuen Reiche, Berlin 1936;

Breitling, *Rupert*, Die nationalsozialistische Rassenlehre, Meisenheim 1971;

Brox, *Hans*, BGB- Allgemeiner Teil, 27. Auflage, Köln 2003;

Browder, *George C.*, Hitler's Enforcers, The Gestapo and the SS Security Service in the Nazi Revolution, New York, Oxford 1996;

Buchheim, *Hans*, Anatomie des SS- Staates, Band I , Freiburg im Breisgau 1965;

Combs, *William L.*, The Voice of the SS, A History of the SS Journal "Das Schwarze Korps" New York 1986;

Conway, *John S.*, Die nationalsozialistische Kirchenpolitik 1933- 1945, München 1969;

Creifelds, *Carl*, Rechtswörterbuch, 16. Auflage, München 2000;

D'Alquen, *Gunter*, Die SS, Geschichte, Aufgabe und Organisation der Schutzstaffeln der NSDAP, Schriften zum Staatsaufbau, Neue Folge der Schriften der Hochschule für Politik, Teil II, Heft 33, Berlin 1939;

Deeg, *Peter*, Die Judengesetze Großdeutschlands, Nürnberg 1939;

Deixler- Hübner, *Astrid*, Scheidung, Ehe und Lebensgemeinschaft, Wien 1995;

Deschner, *Günther*, Reinhard Heydrich, Statthalter der totalen Macht, Frankfurt am Main 1987;

Dierker, *Wolfgang*, Himmlers Glaubenskrieger, Der Sicherheitsdienst der SS und seine Religionspolitik 1933- 1941, Paderborn 2003;

Döhring, *Erich*, Geschichte der rechtswissenschaftlichen Fakultät 1665- 1965, Neumünster 1965;

Ebel, *Friedrich*, Rechtsgeschichte, Band II, Neuzeit, Heidelberg 1993;

Ebel, *Friedrich*/ **Thielmann**, *Georg*, Rechtsgeschichte von der Römischen Antike bis zur Neuzeit, 3. Aufl., Heidelberg 2003;

Ebel, *Martin*, Mieterschutzgesetz nebst Verfahrensordnung, 5. Auflage, Berlin 1933;

Eckert, *Jörn*, Was war die Kieler Schule?, in: Franz. J. Säcker (Hrsg.) Recht und Rechtslehre im Nationalsozialismus, Kiel 1992, S. 37- 70;

Die Juristische Fakultät im Nationalsozialismus, in: Hans Werner Prahl (Hrsg.) Uniformierung des Geistes, Kiel 1995, S. 51- 85;

„Hinter den Kulissen". Die Kieler Rechtswissenschaftliche Fakultät im Nationalsozialismus, in: Christiana Albertina Heft 58, Mai 2004, S. 18- 32;

Der Kieler Rechtsgelehrte Max Pappenheim (1860-1934) in: Jörn Eckert/ Kjell Å Modéer (Hrsg.), Geschichte und Perspektiven des Rechts im Ostseeraum, Frankfurt am Main 2002, S. 169-197;

Eckhardt, *Albrecht*, Werksverzeichnis K.A. Eckhardt, Biliotheca rerum historicarum: studia, Band 12, Aalen 1979;

Eisenhardt, *Ulrich*, Deutsche Rechtsgeschichte, 2. Auflage, München 1995;

Eyselein, *Otto*, Deutscher Einheitsmietvertrag, Erlangen 1935;

Fischer, *Helmut Wolfgang*, Rechtsstellung des unehelichen Kindes, Darstellung, Kritik, Reform, Kleine Schriften zum bürgerlichen Recht 168, 10, zugleich Diss Köln 1939;

Folschweiller, *Viktor*, Wann ist die Berufung auf den Formmangel eines Rechtsgeschäftes unmöglich ?, Diss, Köln 1938;

Frank, *Hans*, Nationalsozialistisches Handbuch für Recht- und Gesetzgebung, München 1935;

Frederiksen, *Peter*, Danmark, Besat og Befriet, Gylling 2000;

Freisler, *Roland*, Vom alten zum neuen Ehescheidungsrecht, Berlin 1937;

Gedanken über das Gesetz zur Änderung des Reichsstrafgesetzbuches, in: Deutsche Justiz 1941, S. 929- 938;

Frentzel, *Luise*, Die Ehescheidung wegen Pflichtverletzung (§ 1568 BGB), Marburg 1927;

Fürsich, *Wolfgang*, Der Gläubigerschutz bei Vermögensverschiebungen unter Ehegatten, Diss, Erlangen 1936;

Fuhrmann, *Inken*, Die Diskussion über die Einführung der fakultativen Zivilehe in Deutschland und Österreich seit Mitte des 19. Jahrhunderts, Frankfurt am Main 1998;

Gehrke, *Fritz*, Der Deutsche Einheitsmietvertrag, Kleine Schriften zum bürgerlichen Recht, Bd. 153, 7, zugleich Diss Jena 1935;

Gerd, *Simon*, Germanistik in den Planspielen des Sicherheitsdienstes der SS, Ein Dokument aus der Frühgeschichte der SD- Forschung, Tübingen 1998;

Gerken, *Heinrich*/ **Vogel**, *Hermann*, Die Schuldenbereinigung, Berlin 1939;

Grau, *Fritz*/ **Krug**, *Karl*/ **Rietzsch**, *Otto*, Deutsches Strafrecht, Band 1, 2. Auflage, Berlin 1943;

Gruchmann, *Lothar*, Justiz im Dritten Reich 1933- 1940, 3. Auflage, München 2001;

Hachmeister, *Lutz*, Der Gegnerforscher, Die Karriere des SS- Führers Franz Alfred Six, München 1998;

Hammerstein, *Notker*, Die Deutsche Forschungsgemeinschaft in der Weimarer Republik und im Dritten Reich, München 1999;

Hans, *Heinrich*, Das Mieterschutzgesetz vom 15.12.1942, Münster 1948;

Hasiba, *Gernot*, Euthanasie im Dritten Reich, in: Franz Josef Düwel/ Thomas Vormbaum (Hrsg.), Themen juristischer Zeitgeschichte (1), Baden Baden 1998, S. 135- 151;

Hattenhauer, *Hans*, Rechtswissenschaft im NS- Staat, Der Fall Eugen Wohlhaupter, Heidelberg 1987;

Das NS- Volksgesetzbuch, in: Festschrift für Rudolf Gmür, Bielefeld 1983, S. 255- 279;

Geschichte des deutschen Beamtentums, 2. Auflage, Köln 1993;

Heiber, *Helmut*/ **von Kotze**, *Hildegard*, Facsimile, Querschnitt durch das Schwarze Korps, München 1968;

Heiber, *Helmut*, Universität unterm Hakenkreuz, Teil 1: Der Professor im Dritten Reich, München 1991, Teil 2/ I: Die Kapitulation der Hochschulen, München 1992, Teil 2/ II: Die Kapitulation der Hochschulen, München 1994; Walter Frank und sein Reichsinstitut für die Geschichte des neuen Deutschlands, Stuttgart 1966;

Heinemann *Manfred*, 1945: Universitäten aus britischer Sicht, in: Hochschuloffiziere und Wiederaufbau des Hochschulwesens in Westdeutschland 1945-1952, Teil 1: Die Britische Zone, Hildesheim 1990;

Heinig, *Arnold*, Mietvertrag und Hausgemeinschaft in der Besprechung, in: Deutsches Recht 1939, S. 144- 146;

Hennig, *Franz*/ **Künne**, *Karl*, Die Bereinigung alter Schulden, 3. Auflage, Berlin 1941;

Henle, *Rudolf*, Objektive Zerüttung als Scheidungsgrund?, Kleine Schriften zum Bürgerlichen Recht Bd. 151, 12, 1936;

Herbert, *Ulrich*, Best, Biographische Studien über Radikalismus, Weltanschauung und Vernunft, 1903- 1989, Bonn 1996;

Hertel, *Franz*, Die Änderungen des Reichsmietengesetzes, Mieterschutzgesetzes und des Wohnungsmangelgesetzes und der Notverordnung vom 1.12.1930, Oppeln 1931;

Hitler, *Adolf*, Mein Kampf, 42. Auflage, München 1933;

Hirsch, *Martin*/ **Majer**, *Diemut*/ **Meinck**, *Jürgen*, (Hrsg.) Recht, Verwaltung und Nationalsozialismus: Ausgewählte Schriften, Gesetze und Gerichtsentscheidungen von 1933- 1945, Baden Baden 1997;

Höhne, *Heinz*, Der Orden unter dem Totenkopf, Die Geschichte der SS, Hamburg 1966;

Horn, *Wolfgang*, Der Marsch zur Machtergreifung, Die NSDAP bis 1933, Düsseldorf 1972;

Ibs, *Henning Hermann*, J. Held (1890- 1963), Rechtshistorische Reihe, Band 228, zugleich Diss Kiel 2000;

Irving, *David*, Führer und Reichskanzler: Adolf Hitler 1933- 1945, München 1989;

Jablonsky, *David*, The Nazi party in dissolution, Hitler and the Verbotzeit 1923- 1925, London 1989;

Jakobs, *Horst Heinrich*/ **Schubert**, *Werner*, Die Beratung des Bürgerlichen Gesetzbuches in systematischer Zusammenstellung der unveröffentlichten Quellen, Band 5: Familienrecht, Berlin 1987;

Jonas, *Martin*/ **Pohle**, *Rudolf*, Zwangsvollstreckungsnotrecht - nach dem Stande vom 1. August 1942-, 14. Auflage, Berlin 1942;

Jürgensen, *Kurt*, Die Wiedereröffnung der Christian- Albrechts- Universität zu Kiel am 27.11.1945 in der Elektroacustic (Elac), in: Christiana Albertina, Heft 33, 1991, S. 545- 567;

Kannappel, *Petra*, Die Behandlung von Frauen im nationalsozialistischen Familienrecht, Marburg 1998;

Kater, *Michael H.*, Das „Ahnenerbe" der SS 1935- 1945, Ein Beitrag zur Kulturpolitik des Dritten Reiches, München 1997;

Kitterman, *David*, Otto Ohlendorf- Gralshüter des Nationalsozialismus, in: Ronald Smelser/ Enrico Syring (Hrsg), Die SS, Elite unter dem Totenkopf, 30 Lebensläufe, Paderborn 2000, S. 379- 393;

Knast, *Friedrich*/ **Maßfeller**, *Franz*, Das neue Personenstands- und Familienrecht nebst den Staatsangehörigkeitsvorschriften für die neuen deutschen Gebiete, Berlin 1940;

Koehl, *Robert Lewis*, The Black Corps, The Structure and Power Struggles of the Nazi SS, The University of Wisconsin Press 1983;

Köstler, *Rudolf*, Das österreichische Eherecht, Wien 1923;

Köttgen, *Arnold*, Deutsches Universitätsrecht, Tübingen 1933;

Krach, *Tillmann*, Jüdische Rechtsanwälte in Preußen, München 1990;

Lange, *Heinrich*, Vom Gesetzesstaat zum Rechtsstaat, Tübingen 1934;

Larenz, *Karl*, Deutsche Rechtserneuerung und Rechtsphilosphie, Tübingen 1934;

Grundsätzliches zum Ehescheidungsrecht, in: Deutsches Recht 1937, S. 184-188;

Über Gegenstand und Methode des völkischen Rechtsdenkens, Berlin 1938;

Leaman, *George*/ **Simon**, *Gerd*, Deutsche Philosophen aus der Sicht des Sicherheitsdienstes des Reichsführers SS in: Jahrbuch für Sozialgeschichte 1992, S. 261- 292;

Leibecke, *Victor*, Die arglistige Berufung auf Formmängel in der Entwicklung der Rechtsprechung des Reichsgerichts, Diss, Rostock 1938;

Leppin, *Rudolf*, Der Schutz des deutschen Blutes und der deutschen Ehre, in: JW 1937, S. 3076- 3082;

Lerchenmüller, *Joachim*/ **Simon**, *Gerd*, Im Vorfeld des Massenmordes, Germanistik und Nachbarfächer im 2. Weltkrieg, Tübingen 1997;

Lerchenmüller, *Joachim*, Die Geschichtswissenschaft in den Planungen des Sicherheitsdienstes der SS, Der SD- Historiker Hermann Löffler und seine Denkschrift „Entwicklung und Aufgaben der Geschichtswissenschaft in Deutschland", Bonn 2001;

Lozowick, *Yaacov*, Hitlers Bürokraten, Eichmann, seine willigen Vollstrecker und die Banalität des Bösen, Zürich 2000;

Majer, *Diemut*, „Fremdvölkische" im Dritten Reich, Boppard am Rhein 1981;

Grundlagen des nationalsozialistischen Rechtssystems: Führerprinzip, Sonderrecht, Einheitspartei, Stuttgart 1987;

Nationalsozialismus im Lichte der Juristischen Zeitgeschichte: Ideologie- Staat- Besatzungsregime in Europa 1939-1945, Baden Baden 2002;

Zum Verhältnis von Staatsanwaltschaft und Polizei im Nationalsozialismus in: Reifner, Udo/ Sonnen, Bernd- Rüdeger, Strafjustiz und Polizei im Dritten Reich, Frankfurt am Main 1984, S. 121-160;

Maser, *Werner*, Zwischen Kaiserreich und NS- Regime, Die erste deutsche Republik 1918 bis 1933, Bonn, Berlin 1992;

Die Frühgeschichte der NSDAP, Hitlers Weg bis 1924, Frankfurt am Main 1965;

Maßfeller, *Franz*, Das Personenstandsrecht im Kriege, Zusammenstellung der gesetzlichen Vorschriften und Erläuterungen, Berlin 1943;

Mößmer, *Ferdinand*, Neugestaltung des deutschen Ehescheidungsrechts, Berlin 1935;

Müller, *Christian*, Das Blutschutzgesetz und das Ehegesundheitsgesetz, Berlin 1937;

Müller, *Ingo*, Furchtbare Juristen, München 1987;

Müller- Dietz, *Heinz*, Recht und Nationalsozialismus, Baden Baden 2000;

Nahmmacher, *Kathrin*, Die Rechtsprechung des Reichsgerichts und der Hamburger Gerichte zum Scheidungsgrund des § 55 EheG 1938 in den Jahren 1938 bis 1945, Frankfurt am Main 1998;

Nehlsen, *Hermann*, Karl August Eckhardt, in: Münchener rechtshistorische Studien zum Nationalsozialismus, Rechtshistorische Reihe, Band 156, Frankfurt am Main 1996, S. 181- 223; Karl August Eckhardt, in: ZRG GA 104, S. 497-536;

Niksch, *Dieter*, Die sittliche Rechtfertigung des Widerspruchs gegen die Scheidung der zerrütteten Ehe in den Jahren 1938- 1944; Passau 1990,

Nipperdey, *Hans Carl*; Das System des bürgerlichen Rechts; in: Schriften der Akademie für Deutsches Recht Nr. 7, 1938, S. 95- 114;

Noack, *Erwin*, Kommentar zur Reichs- Rechtsanwaltsordnung in der Fassung vom 21.2.1936, Leipzig 1937;

Noam, *Ernst*/ **Kropat**, *Wolf- Arno*, Juden vor Gericht, 1933- 1945, Wiesbaden 1975;

Nolte, *Ernst*, Der Faschismus in seiner Epoche, München 1979;

von Olshausen, *Julius* , Kommentar zum Strafgesetzbuch für das Deutsche Reich, 12. Auflage, Berlin 1942;

Onstein, *Herbert*, Die Entwicklung der Straftatbestände der Abtreibung in der Weimarer Republik und im Dritten Reich sowie die Diskussionen hierzu innerhalb der Ärzteschaft, der Jurisprudenz und des Reichstags, Veröffentlichung online 1996;

Ostendorf, *Heribert*, Dokumentation des NS- Strafrechts, Baden Baden 2000;

Ostler, *Fritz*, Die deutschen Rechtsanwälte 1871- 1971, Essen 1971;

Pätzold, *Kurt*/ **Weißbecker**, *Manfred*, Geschichte der NSDAP, 1920 bis 1945, Köln 1998;

Pedersen, *Ulf*, Bernhard Rust, Ein nationalsozialistischer Bildungspolitiker vor dem Hintergrund seiner Zeit, Steinhorster Schriften und Materialien zur regionalen Schulgeschichte und Schulentwicklung, Band 6, Braunschweig 1994;

Peren, *Klaus Walter*/ **Schneider**, *Wolfgang*/ **Rietzsch**, *Otto*, Das Strafrecht der Verbrauchsregelung und des Tausch- und Schleichhandels, Kommentar zur Verbrauchsregelungs- Strafverordnung vom 26.11.1941, Berlin 1942;

Petrick, *Fritz*, Werner Best- Ein verhinderter Generalgouverneur, in: Ronald Smelser/ Enrico Syring (Hrsg), Die SS, Elite unter dem Totenkopf, 30 Lebensläufe, Paderborn 2000, S. 60- 76;

Pritsch, *Erich*/ **Rexroth**, *Ernst Ludwig*, Mietrecht der Gegenwart, Berlin 1939;

Przyrembel, *Alexandra*, „Rassenschande“, Reinheitsmythos und Vernichtungslegitimation im Nationalsozialismus, Göttingen 2003;

Rantzau, *Otto*, Das Reichsministerium für Wissenschaft, Erziehung und Volksbildung Berlin 1939;

Rehmann, *Jan*, Die Kirchen im NS- Staat, Untersuchung zur Interaktion ideologischer Mächte, Berlin 1986;

Respondek, *Peter*, Besatzung, Entnazifizierung, Wiederaufbau, Die Universität Münster 1945- 1952, Diss Münster 1995;

Rethmeier, *Andreas*, "Nürnberger Rassegesetze" und Entrechtung der Juden im Zivilrecht Frankfurt am Main 1995;

Richardi, *Hans Günther*, Hitler und seine Hintermänner, München 1991;

Roland, *Paul*, Die Wirkungen der Ehescheidung und der Aufhebung der ehelichen Gemeinschaft nach BGB, Heidelberg 1909;

Roquette, *Hermann*, Das Recht des unehelichen Kindes, Berlin 1943;

Rosengreen, *Bjørn*, Dr. Werner Best og tysk besættelsespolitik i Danmark 1943- 1945, Odense 1982;

Rosenberg, *Leo*, Lehrbuch des Deutschen Zivilprozeßrechts, 3. Auflage, Berlin 1931;

Rüthers, *Bernd*, Entartetes Recht, Rechtslehren und Kronjuristen im Dritten Reich, München 1988;

Reinhard Höhn, Carl Schmitt und andere- Geschichten und Legenden aus der NS- Zeit in: NJW 2000, S. 2866- 2871;

Die unbegrenzte Auslegung, Heidelberg 1997;

Ruth, *, Aus der Praxis des Mietgerichts, in: JW 1924, S. 759- 763;

Schanetzky, *Tim*, Unternehmer: Profiteure des Unrechts, in: Norbert Freita, Karrieren im Zwielicht, Hitlers Eliten nach 1945, Frankfurt 2001, S. 73- 130;

Schellenberg, *Walter*, Memoiren, Köln 1956;

Scheuner, *Ulrich*, Der Gleichheitsgedanke in der völkischen Verfassungsordnung, in: Zeitschrift für die gesamte Staatswissenschaft, Bd. 99, 1939, S. 245 ff.;

Schlempp, *Hans*/ **Lange**, *Otto*, Kommentar mit Erläuterungen zum Reichsleistungsgesetz vom 1.9.1939, Berlin 1940;

Schmidt- Leichner, *, Das Gesetz zur Änderung des Reichsstrafgesetzbuches vom 4. Sept. 1941 und die Durchführungsverordnung vom 24. Sept. 1941, S. 2145- 2151;

Schneider, *Herbert*, Verschuldens- oder Zerrüttungsprinzip?, in: Deutsches Recht 1937, S. 142- 145;

Schönke, *Adolf*, Strafgesetzbuch für das Deutsche Reich, Kommentar, Berlin 1942;

Schröder, *Friedo*, Die anwaltliche Tätigkeit während der nationalsozialistischen Herrschaft, Frankfurt am Main 2001;

Schubert, *Werner*, Die Projekte der Weimarer Republik zur Reform des Nichtehelichen-, des Adoptions- und des Ehescheidungsrechts, Paderborn 1986;

Das Familien- und Erbrecht unter dem Nationalsozialismus, Paderborn 1993;

Schwarz, *Otto*, Strafprozeßordnung, Kommentar, 5. Auflage, Berlin 1938;

Seka, *Friedrich*, Mieterschutzgesetz in der Fassung vom 15.12.1942, Berlin 1943;

Seckendorf, *Martin*, Europa unterm Hakenkreuz, Die Okkupationspolitik des deutschen Faschismus in Jugoslawien, Griechenland, Albanien, Italien und Ungarn, Berlin 1992;

Soergel, *Hs. Th.*, Kommentar zum Bürgerlichen Gesetzbuch, III. Band, Sachenrecht, Familien- und Erbrecht, Stuttgart 1939;

von Staudinger, *J.*, Kommentar zum Bürgerlichen Gesetzbuch, I. Band, Allgemeiner Teil, 10. Auflage, München 1936;

II. Band, Recht der Schuldverhältnisse, 1. Teil: Einl. und §§ 241- 245, 2. Teil: §§ 433- 610, 10. Auflage, München 1937;

IV. Band, Familienrecht, 1. Teil: §§ 1297- 1588, 9. Auflage, Berlin 1926;

Stern, *Carl*, Gesetz über Mieterschutz und Mieteinigungsämter, 10. Auflage, Berlin 1930;

Stockhorst, *Erich*, 5000 Köpfe, Wer war was im 3. Reich, Wiesbaden 1985;

Stolleis, *Michael*, Recht im Unrecht, Studien zur Rechtsgeschichte des Nationalsozialismus Frankfurt am Main, 1994;

Geschichte des öffentlichen Rechts in Deutschland, Dritter Band, Staats- und Verwaltungsrechtswissenschaft in Republik und Diktatur, 1914- 1945, München 1999;

Juristen, München 2001;

Gemeinwohlformeln im nationalsozialistischen Recht, Berlin 1974;

Stolz, *Joachim*, Zur Geschichte der Trennung von Ehegatten, Diss, Kiel 1983;

Stuckart, *Wilhelm*/ **Globke**, *Hans*, Kommentare zur deutschen Rassengesetzgebung, Band 1, München 1936;

Sunnus, *Michael*, Der NS- Rechtswahrerbund (1928- 1945), Frankfurt am Main 1990;

Suppan, *Arnold* (Hrsg.), Deutsche Geschichte im Osten Europas, Zwischen Adria und Karawanken, Berlin 1998;

Sydnor, *Charles*, Reinhard Heydrich- Der ideale Nationalsozialist, in: Ronald Smelser/Enrico Syring (Hrsg.), Die SS, Elite unter dem Totenkopf, 30 Lebensläufe, Paderborn 2000, S. 208- 219;

Taylor, *Telford*, Die Nürnberger Prozesse, Zürich 1951;

Todd, *Allan*, The European Dictatorships, Hitler, Stalin, Mussolini, Cambridge 2002;

Uhlig, *Ralph (Hrsg.)*, Vertriebene Wissenschaftler der Christian- Albrechts- Universität zu Kiel nach 1933, Frankfurt am Main 1991;

Volkmar, *Erich*/ **Antoni**, *Hans*/ **Ficker**, *Hans Georg*/ **Rexroth**, *Ernst Ludwig*/ **Anz**, *Heinrich*, Großdeutsches Eherecht, Kommentar, München 1939;

Vollmer, *Günther*, Reichs- Rechtsanwaltsordnung mit Erläuterungen, Berlin 1936;

Wanner, *Jens*, Die Sittenwidrigkeit der Rechtsgeschäfte im totalitären Staate, Eine rechtshistorische Untersuchung zur Auslegung und Anwendung des § 138 Absatz 1 BGB im Nationalsozialismus und in der DDR, Ebelsbach 1996;

Warneyer, *Otto*, Anfechtungsgesetz, Kommentar, Berlin 1933;

Weber, *Erich*, Die Rechtsstellung des unehelichen Kindes nach geltendem Recht und in der Reform, Kleine Schriften zum bürgerlichen Recht 160, 10, zugleich Diss Marburg 1936;

Weiß, *Jeanette*, Die Entwicklung des Mieterschutzes, Konsequenzen politischen und sozialen Wandels, Berlin 1993;

Werle, *Gerhard*, Justiz- Strafrecht und polizeiliche Verbrechensbekämpfung im Dritten Reich, Berlin 1989;

Werner, *Andreas*, SA und NSDAP, Diss, Erlangen- Nürnberg 1964;

Wessel, *, Die Bereinigung alter Schulden, Kommentar, Berlin 1939;

Wildt, *Michael*, Generation des Unbedingten, Das Führerkorps des Reichssicherheitshauptamtes, Hamburg 2002;

Nachrichtendienst, politische Elite und Mordeinheit, Der Sicherheitsdienst des Reichsführers SS , Hamburg 2003;

Wieacker, *Franz*, Geschichtliche Ausgangspunkte der Ehereform, in: Deutsches Recht 1937, S. 178- 184;

Willoweit, *Dietmar*, Deutsche Verfassungsgeschichte: Vom Frankenreich bis zur Wiedervereinigung, München 2001;

Wistrich, *Robert*, Wer war wer im Dritten Reich, Anhänger, Mitläufer, Gegner aus Politik, Wirtschaft, Militär, Kunst und Wissenschaft, München 1983;

Wolf, *Alfred*, Das Zerrüttungsprinzip im Ehescheidungsrecht und die Nationalsozialisten in: FamRZ 1988, S. 1217- 1229;

Zeck, *Mario*, Das Schwarze Korps, Geschichte und Gestalt des Organs der Reichsführung SS Tübingen 2002;

Ziegler, *Herbert F.*, Nazi Germany's New Aristocracy, The SS- Leadership 1925- 1939, Princeton, New Jersey 1989;

Zipfel, *Friedrich*, Kirchenkampf in Deutschland 1933- 1945, Berlin 1965.

* Der Vorname des Autors ist nicht bekannt.

RECHTSHISTORISCHE REIHE

Band 1 Studien zu den germanischen Volksrechten. Gedächtnisschrift für Wilhelm Ebel. Vorträge gehalten auf dem Fest-Symposion anläßlich des 70. Geburtstages von Wilhelm Ebel am 16. Juni 1978 in Göttingen. Götz Landwehr (Hrsg.) 1982.

Band 2 Hans Poeschel: Die Statuten der Banken, Sparkassen und Kreditgenossenschaften in Hamburg und Altona von 1710 bis 1889. 1978.

Band 3 Thomas Kolbeck: Juristenschwemmen, Untersuchungen über den juristischen Arbeitsmarkt im 19. und 20. Jahrhundert. 1978.

Band 4 Norbert Hempel: Richterleitbilder in der Weimarer Republik. 1978.

Band 5 Rolf Stratmann: Die Scheinbußen im mittelalterlichen Recht. 1978.

Band 6 Martin C. Lockert: Die niedersächsischen Stadtrechte zwischen Aller und Weser. Vorkommen und Verflechtungen. Eine Bestandsaufnahme. 1979.

Band 7 Joachim Rückert/Wolfgang Friedrich: Betriebliche Arbeiterausschüsse in Deutschland, Großbritannien und Frankreich im späten 19. und frühen 20. Jahrhundert. Eine vergleichende Studie zur Entwicklung des kollektiven Arbeitsrechts. 1979.

Band 8 Peter Bender: Die Rezeption des römischen Rechts im Urteil der deutschen Rechtswissenschaft. 1979.

Band 9 Friedrich Karl Alsdorf: Untersuchungen zur Rechtsgestalt und Teilung deutscher Ganerbenburgen. 1980.

Band 10 Dietmar Willoweit/Winfried Schich (Hrsg.): Studien zur Geschichte des sächsisch-magdeburgischen Rechts in Deutschland und Polen (Sammelband). 1980.

Band 11 Brigitte Hempel: Der Entwurf einer Polizeiordnung für das Herzogtum Sachsen-Lauenburg aus dem Jahre 1591. 1980.

Band 12 Klaus-Detlev Godau-Schüttke: Rechtsverwalter des Reiches. Staatssekretär Dr. Curt Joël. 1981.

Band 13 Rainer Polley: Anton Friedrich Justus Thibaut (AD 1772-1840) in seinen Selbstzeugnissen und Briefen. Teil 1: Abhandlung. Teil 2: Briefwechsel. Teil 3: Register zum Briefwechsel. 1982.

Band 14 Michael Wettengel: Der Streit um die Vogtei Kelkheim 1275-1276. Ein kanonischer Prozeß.1981.

Band 15 Otto Wilhelm Krause: Naturrechtler des sechzehnten Jahrhunderts. Ihre Bedeutung für die Entwicklung eines natürlichen Privatrechts. 1982.

Band 16 Helga Spindler: Von der Genossenschaft zur Betriebsgemeinschaft. Kritische Darstellung der Sozialrechtslehre Otto von Gierkes. 1982.

Band 17 Holger Otte: Gustav Radbruchs Kieler Jahre 1919 - 1926. 1982.

Band 18 Rüdiger Teuner: Die fuldische Ritterschaft 1510 - 1656. 1982.

Band 19 Gerhard Dilcher/Rudolf Hoke/Gian Savino Pene Vidari/Hans Winterberg (Hrsg.): Grundrechte im 19. Jahrhundert. 1982.

Band 20 Karl-Hans Schloßstein: Die westfälischen Fabrikengerichtsdeputationen - Vorbilder, Werdegang und Scheitern. 1982.

Band 21 Birger Schulz: Der Republikanische Richterbund (1921-1933). 1982.

Band 22 Engelbert Krause: Die gegenseitigen Unterhaltsansprüche zwischen Eltern und Kindern in der deutschen Privatrechtsgeschichte. 1982.

Band 23 Meent W. Francksen: Staatsrat und Gesetzgebung im Großherzogtum Berg (1806-1813). 1982.

Band 24 Gerd von Sonnleithner: Bearbeitung des Handelsrechts durch Ignaz von Sonnleithner in seinem "Leitfaden über das österreichische Handels- und Wechselrecht". 1982.

Band 25 Rudolf Palme: Rechts-, Wirtschafts- und Sozialgeschichte der inneralpinen Salzwerke bis zu deren Monopolisierung. 1983.

Band 26 Helen Bosshard: Pestalozzis Staats- und Rechtsverständnis und seine Stellung in der Aufklärung. 1983.

Band 27 Jens Jessen: Die Selbstzeugnisse der deutschen Juristen. Erinnerungen, Tagebücher und Briefe. Eine Bibliographie. 1983.

Band 28 Günter Martin Jensen: Das Domanium Waldeck. Die rechtliche Zuordnung eines Fürstenvermögens. 1984.

Band 29 Johann Heinrich Kumpf: Petitionsrecht und öffentliche Meinung im Entstehungsprozeß der Paulskirchenverfassung 1848/49. 1983.

Band 30 Sabine Frey: Rechtsschutz der Juden gegen Ausweisungen im 16. Jahrhundert. 1983.

Band 31 Dietrich Joswig: Die germanische Grundstücksübertragung. 1984.

Band 32 Andreas Baryli: Konzessionssystem contra Gewerbefreiheit. Zur Diskussion der österreichischen Gewerberechtsreform 1835 bis 1860. 1984.

Band 33 Gerhard Oberkofler: Studien zur Geschichte der österreichischen Rechtswissenschaft. 1984.

Band 34 Rudolf Lauda: Kaufmännische Gewohnheit und Burgrecht bei Notker dem Deutschen. Zum Verhältnis von literarischer Tradition und zeitgenössischer Realität in der frühmittelalterlichen Rhetorik. 1984.

Band 35 Jens Jensen: Die Ehescheidung des Bischofs Hans von Lübeck von Prinzessin Julia Felicitas von Württemberg-Weiltingen AD 1648-1653. Ein Beitrag zum protestantischen Ehescheidungsrecht im Zeitalter des beginnenden Absolutismus. 1984.

Band 36 Horst Schröder: Friedrich Karl von Savigny. Geschichte und Rechtsdenken beim Übergang vom Feudalismus zum Kapitalismus in Deutschland. 1984.

Band 37 Andreas Hatzung: Dogmengeschichtliche Grundlagen und Entstehung des zivilrechtlichen Notstands. 1984.

Band 38 Matthias Klasen: Das Billwerder Landrecht. Landrecht und Landgericht in den Hamburger Elbmarschen. 1985.

Band 39 Rainer Jamin: Aufbau, Tätigkeit und Verfahren der Auseinandersetzungsbehörden bei der Durchführung der preußischen Agrarreformen. 1985.

Band 40 Henry Winter: Teilschuld, Gesamtschuld und unechte Gesamtschuld. Zur Konzeption der §§ 420 ff. BGB - Ein Beitrag zur Entstehungsgeschichte des BGB. 1985.

Band 41 Hermann Eichler: Verfassungsbewegung in Amerika und Europa. 1985.

Band 42 Dagmar Bandemer: Heinrich Albert Zachariae. Rechtsdenken zwischen Restauration und Reformation. 1985.

Band 43 Eva-Christine Frentz: Das Hamburgische Admiralitätsgericht (1623-1811). Prozeß und Rechtsprechung. 1985.

Band 44 Karl Lillig: Rechtsetzung im Herzogtum Pfalz-Zweibrücken während des 18. Jahrhunderts. Ein Beitrag zur Geschichte der territorialen Rechtsbildung. 1985.

Band 45 Walter Weber: Die Entwicklung der Sparkassen zu selbständigen Anstalten des öffentlichen Rechts. Ein Beitrag zur Entwicklung des Anstaltsbegriffs im 19. Jahrhundert. 1985.

Band 46 Bärbel Baum: Der Stabreim im Recht. Vorkommen und Bedeutung des Stabreims in Antike und Mittelalter. 1986.

Band 47 Hans Popp: Die nationalsozialistische Sicht einiger Institute des Zivilprozeß- und Gerichtsverfassungsrechts. 1986.

Band 48 John Karl-Heinz Montag: Die Lehrdarstellung des Handelsrechts von Georg Friedrich von Martens bis Meno Pöhls. Die Wissenschaft des Handelsrechts im ersten Drittel des 19. Jahrhunderts. 1986.

Band 49 Volker D. Anhäusser: Das internationale Obligationenrecht in der höchstrichterlichen Rechtsprechung des 19. Jahrhunderts. 1986.

Band 50 Udo Beer: Die Juden, das Recht und die Republik. Verbandswesen und Rechtsschutz 1919-1933. 1986.

Band 51 Herbert Grziwotz: Der moderne Verfassungsbegriff und die "Römische Verfassung" in der deutschen Forschung des 19. und 20. Jahrhunderts. 1986.

Band 52 Ralf Conradi: Karl Friedrich Eichhorn als Staatsrechtslehrer. Seine Göttinger Vorlesung über "Das Staatsrecht der deutschen Bundesstaaten" nach einer Kollegmitschrift aus dem Wintersemester 1821/22. 1987.

Band 53 Dieter Dannreuther: Der Zivilprozeß als Gegenstand der Rechtspolitik im Deutschen Reich 1871 - 1945. Ein Beitrag zur Geschichte des Zivilprozeßrechts in Deutschland. 1987.

Band 54 Stephan Felix Pauly: Organisation, Geschichte und Praxis der Gesetzesauslegung des (Königlich) Preußischen Oberverwaltungsgerichtes 1875 - 1933. 1987.

Band 55 Rüdiger Schulz: Die Entstehung des Seerechts des Allgemeinen Deutschen Handelsgesetzbuches unter besonderer Berücksichtigung der Bestimmungen über die Reederei, den Schiffer und die Schiffsmannschaft. 1987.

Band 56 Reinhold Reis: Deutsches Privatrecht in den Weistümern der Zenten Schriesheim und Kirchheim. 1987.

Band 57 Jürgen Christoph: Die politischen Reichsamnestien 1918 - 1933. 1987.

Band 58 Gerhard Oberkofler/Eduard Rabofsky: Hans Kelsen im Kriegseinsatz der k.u.k.-Wehrmacht. Eine kritische Würdigung seiner militärtheoretischen Angebote. 1988.

Band 59 Arne Wulff: Staatssekretär Prof. Dr. Dr. h.c. Franz Schlegelberger. 1876-1970. 1991.

Band 60 Gerhard Köbler (Hrsg.): Wege europäischer Rechtsgeschichte. Karl Kroeschell zum 60. Geburtstag. 1987.

Band 61 Rüdiger Hütte: Der Gemeinschaftsgedanke in den Erbrechtsreformen des Dritten Reichs. 1988.

Band 62 Markus Göldner: Politische Symbole der europäischen Integration. Fahne, Hymne, Hauptstadt, Paß, Briefmarke, Auszeichnungen. 1988.

Band 63 Wolfgang Kröner: Freiheitsstrafe und Strafvollzug in den Herzogtümern Schleswig, Holstein und Lauenburg von 1700 bis 1864. 1988.

Band 64 Werner Gaile: Die Norder Theelacht. 1988.

Band 65 Karl v. Kempis: Andreas Gaill (1526 - 1587). Zum Leben und Werk eines Juristen der frühen Neuzeit. 1988.

Band 66 Wolf-Rüdiger Osburg: Die Verwaltung Hamburgs in der Franzosenzeit. 1811-1814. 1988.

Band 67 Christian Schudnagies: Hans Frank. Aufstieg und Fall des NS-Juristen und Generalgouverneurs. 1988.

Band 68 Otmar Jung: Senatspräsident Freymuth. Richter, Sozialdemokrat und Pazifist in der Weimarer Republik. Eine politische Biographie. 1989.

Band 69 Joachim Lohner: Das landeshauptmannschaftliche Gericht in Oberösterreich zu Beginn der Neuzeit. Eine Darstellung des oberösterreichischen Prozeßrechts am obersten Territorialgericht des Landes anhand der oberösterreichischen Landtafel.1989.

Band 70 Bernd Klemann: Rudolf von Jhering und die Historische Rechtsschule. 1989.

Band 71 Adalbert Langer: Männer um die österreichische Zivilprozeßordnung 1895. Zusammenspiel / Soziales Ziel. 1990.

Band 72 Robert-Dieter Klee: Die Landessuperintendentur Lauenburg. Ursprung und Entwicklung sowie Ende der Sonderstellung des Kirchenkreises Herzogtum Lauenburg durch die nordelbische Kirchenvereinigung. 1989.

Band 73 Heinrich Herrmann: Die Gehöferschaften im Bezirk Trier. 1989.

Band 74 Wilhelm Brauneder, Franz Baltzarek (Hrsg.): Modell einer neuen Wirtschaftsordnung. Wirtschaftsverwaltung in Österreich 1914 - 1918. 1991.

Band 75 Thomas Dreyer: Die "Assecuranz- und Haverey-Ordnung" der Freien und Hansestadt Hamburg von 1731. 1990.

Band 76 Bernhard Sendler: Die Rechtssprache in den süddeutschen Stadtrechtsreformationen. 1990.

Band 77 Brigitte Lehmann: Ehevereinbarungen im 19. und 20. Jahrhundert. 1990.

Band 78 Michael Sunnus: Der NS-Rechtswahrerbund (1928-1945). Zur Geschichte der nationalsozialistischen Juristenorganisation. 1990.

Band 79 Stefan Schulz: Die historische Entwicklung des Rechts an Bienen. (§§ 961 - 964 BGB). 1990.

Band 80 Gerhard Lingelbach, Heiner Lück (Hrsg.): Deutsches Recht zwischen Sachsenspiegel und Aufklärung. Rolf Lieberwirth zum 70. Geburtstag dargebracht von Schülern, Freunden und Kollegen, herausgegeben von Gerhard Lingelbach und Heiner Lück. 1991.

Band 81 Manfred Krohn: Die deutsche Justiz im Urteil der Nationalsozialisten 1920 - 1933. 1991.

Band 82 Angelika Kühn: Privilegierung nationaler Minderheiten im Wahlrecht der Bundesrepublik Deutschland und Schleswig-Holsteins. 1991.

Band 83 Georg Brun: Leben und Werk des Rechtshistorikers Heinrich Mitteis unter besonderer Berücksichtigung seines Verhältnisses zum Nationalsozialismus. 1991.

Band 84 Wolfgang Simon: Claudius Freiherr von Schwerin. Rechtshistoriker während dreier Epochen deutscher Geschichte. 1991.

Band 85 Friedrich-Carl Wachs: Das Verordnungswerk des Reichsdemobilmachungsamtes. Stabilisierender Faktor zu Beginn der Weimarer Republik. 1991.

Band 86 Jens-Uwe Petersen: Die Vorgeschichte und die Entstehung des Mieterschutzgesetzes von 1923 nebst der Anordnung für das Verfahren vor dem Mieteinigungsamt und der Beschwerdestelle. 1991.

Band 87 Ulrike Haibach: Familienrecht in der Rechtssprache. Die historische Entwicklung zentraler Ausdrücke des geltenden Familienrechts. 1991.

Band 88 Joern Christian Nissen: Die Beratungen des Seeversicherungsausschusses der Akademie für Deutsches Recht zu einem neuen Seeversicherungsgesetz (1934-1939). Ein Beitrag zur Entwicklung der allgemeinen Lehren des Seeversicherungsrechts unter besonderer Berücksichtigung des Handelsgesetzbuchs und der Allgemeinen Deutschen Seeversicherungs-Bedingungen 1919. 1991.

Band 89 Diethard Bühler: Die Entstehung der allgemeinen Vertragsschluß-Vorschriften im Allgemeinen Deutschen Handelsgesetzbuch (ADHGB) von 1861. Ein Beitrag zur Kodifikationsgeschichte des Privatrechts im 19. Jahrhundert. 1991.

Band 90 Gerhard Oberkofler: Die Vertreter des Römischen Rechts mit deutscher Unterrichtssprache an der Karls-Universität in Prag. Vom Vormärz bis 1945. 1991.

Band 91 Ulrich Andermann: Ritterliche Gewalt und bürgerliche Selbstbehauptung. Untersuchungen zur Kriminalisierung und Bekämpfung des spätmittelalterlichen Raubrittertums am Beispiel norddeutscher Hansestädte. 1991.

Band 92 Heinz Marcus Hanke: Luftkrieg und Zivilbevölkerung. Der kriegsvölkerrechtliche Schutz der Zivilbevölkerung gegen Luftbombardements von den Anfängen bis zum Ausbruch des Zweiten Weltkrieges. 1991.

Band 93 Kirsten Kraglund: Familien- und Erbrecht. Materielles Recht und Methoden der Rechtsanwendung in der Rechtsprechung des Oberappellationsgerichts der vier Freien Städte Deutschlands zu Lübeck. 1991.

Band 94 Reinhard Lorenz: Die politische und rechtliche Stellung des Proletariats in Preußen in der Zeit zwischen den Reformen und der Revolution 1848/49. 1991.

Band 95 Eric Hilgendorf: Die Entwicklungsgeschichte der parlamentarischen Redefreiheit in Deutschland. 1991.

Band 96 Hans J. Reiter: Die Handelsgesellschaft Villeroy & Boch von der Gründung 1836 bis zum Jahr 1878. 1992.

Band 97 Martin Johannes Heller: Reform der deutschen Rechtssprache im 18. Jahrhundert. 1992.

Band 98 Michael Kotulla: Die Tragweite der Grundrechte der revidierten preußischen Verfassung vom 31.01.1850. 1992.

Band 99 Michael Siefener: Hexerei im Spiegel der Rechtstheorie. Das crimen magiae in der Literatur von 1574 bis 1608. 1992.

Band 100 Andreas Ebert-Weidenfeller: Hamburgisches Kaufmannsrecht im 17. und 18. Jahrhundert. Die Rechtsprechung des Rates und des Reichskammergerichtes. 1992.

Band 101 Enno Bommel: Die Entstehung der Verwirkungslehre in der Krise des Positivismus. 1992.

Band 102 Ralph Steppacher: Die Berücksichtigung der bäuerlichen Postulate bei der Entstehung des ZGB und der Revision des OR. Ein Beitrag zur schweizerischen Kodifikationsgeschichte (1893 - 1912). 1992.

Band 103 Martin Fleckenstein: Die Todesstrafe im Werk Carl Joseph Anton Mittermaiers (1787 - 1867). Zur Entwicklungsgeschichte eines Werkbereichs und seiner Bedeutung für Theorie- und Methodenbildung. 1992.

Band 104 Jörn Eckert: Der Kampf um die Familienfideikommisse in Deutschland. Studien zum Absterben eines Rechtsinstitutes. 1992.

Band 105 Jörg Grotkopp: Beamtentum und Staatsformwechsel. Die Auswirkungen der Staatsformwechsel von 1918, 1933 und 1945 auf das Beamtenrecht und die personelle Zusammensetzung der deutschen Beamtenschaft. 1992.

Band 106 Andreas Rohde: Die Garantiehaftung des Vermieters und ihr Verhältnis zum Unmöglichkeitsrecht in dogmengeschichtlicher und modernrechtlicher Sicht. 1992.

Band 107 Tjark Siefke Kunstreich: Gesamtvertretung. Eine historisch-systematische Darstellung. 1992.

Band 108 Jürgen Krüger: Blindheit und Königtum. Die Blindheit des Königs Georg V. von Hannover als verfassungsrechtliches Problem. 1992.

Band 109 Wolfgang Putschek: Ständische Verfassung und autoritäre Verfassungspraxis in Österreich 1933-1938 mit Dokumentenanhang. Verfassung und Verfassungswirklichkeit. Mit einem Anhang: Denkschriften von Rechtsanwalt Dr. Erich Führer 1936/37. 1993.

Band 110 Klaus Hofmann: Die Verdrängung der Juden aus öffentlichem Dienst und selbständigen Berufen in Regensburg 1933-1939. 1993.

Band 111 Franz Kilger: Die Entwicklung des Telegraphenrechts im 19. Jahrhundert mit besonderer Berücksichtigung der technischen Entwicklung. Telegraphenrecht im 19. Jahrhundert. 1993.

Band 112 Wilhelm Brauneder (Hrsg.): Heiliges Römisches Reich und moderne Staatlichkeit. 1993.

Band 113 Thomas Heinrich: Das preußische Nichtehelichenrecht: Von der Aufklärung zur Reaktion. 1993.

Band 114 Gerald Kohl: Jagd und Revolution. Das Jagdrecht in den Jahren 1848 und 1849. 1993.

Band 115 Christian Schudnagies: Der Kriegs- oder Belagerungszustand im Deutschen Reich während des Ersten Weltkrieges. Eine Studie zur Entwicklung und Handhabung des deutschen Ausnahmezustandsrechts bis 1918. 1994.

Band 116 Elisabeth Bellmann: Die Internationale Kriminalistische Vereinigung (1889-1933). 1994.

Band 117 Julia Pfannkuch: Volksrichterausbildung in Sachsen 1945-1950. 1993.

Band 118 Jörg Offen: Von der Verwaltungsgemeinschaft des BGB von 1896 zur Zugewinngemeinschaft des Gleichberechtigungsgesetzes von 1957. 1994.

Band 119 Dorothee Kohlhas-Müller: Untersuchungen zur Rechtsstellung Theoderichs des Großen. 1995.

Band 120 Monika Rose: Das Gerichtswesen des Herzogtums Pfalz-Zweibrücken im 18. Jahrhundert. Ein Beitrag zur territorialen Gerichtsbarkeit im Alten Reich. 1994.

Band 121 Jörn Eckert / Hans Hattenhauer (Hrsg.): Bibel und Recht. Rechtshistorisches Kolloquium 9. - 13. Juni 1992 an der Christian-Albrechts-Universität zu Kiel. 1994.

Band 122 Robert Martin Mizia: Der Rechtsbegriff der Autonomie und die Begründung des Privatfürstenrechts in der deutschen Rechtswissenschaft des 19. Jahrhunderts. 1995.

Band 123 Walther Graf von Plettenberg: Das Fortleben des Liber Iudiciorum in Asturien/León (8. - 13. Jh.). 1994.

Band 124 Wolfgang Schulz: Das deutsche Börsengesetz. Die Entstehungsgeschichte und wirtschaftlichen Auswirkungen des Börsengesetzes von 1896. 1994.

Band 125 Frank Hagemann: Der Untersuchungsausschuß Freiheitlicher Juristen. 1949 – 1969. 1994.

Band 126 Andreas Rethmeier: "Nürnberger Rassegesetze" und Entrechtung der Juden im Zivilrecht. 1995.

Band 127 Edith Grether: Die Poesie der Throne. Die Juristen in der Fruchtbringenden Gesellschaft. 1995.

Band 128 Anna Bartels-Ishikawa: Der Lippische Thronfolgestreit. Eine Studie zu verfassungsrechtlichen Problemen des Deutschen Kaiserreiches im Spiegel der zeitgenössischen Staats. 1995.

Band 129 Jörg Schmidt: Otto Koellreutter 1883-1972. Sein Leben, sein Werk, seine Zeit. 1995.

Band 130 Christian Hattenhauer: Wahl und Krönung Franz II. AD 1792. Das Heilige Reich krönt seinen letzten Kaiser - Das Tagebuch des Reichsquartiermeisters Hieronymus Gottfried von Müller und Anlagen. 1995.

Band 131 Jutta v. der Decken: Das Seearbeitsrecht im Hamburger Stadtrecht von 1301 bis 1603. 1995.

Band 132 Detlev Schmidt: Die Reform des Rechts der Handelsvertreter von 1953. 1995.

Band 133 Gabi Roßdeutscher: Privatautonomie im Scheidungsrecht. Scheidungsbezogene Vereinbarungen in den letzten 200 Jahren. 1995.

Band 134 Harald Kahlenberg: Leben und Werk des Rechtshistorikers Walther Merk. Ein Beispiel für das Verhältnis von Rechtsgeschichte und Nationalsozialismus. 1995.

Band 135 Michael Steitz: Adelbert Düringer am Reichsgericht (1902-1915). Seine aktienrechtlichen Entscheidungen und sein Einfluß auf das Aktienrecht in Deutschland. 1995.

Band 136 Christian Becker: Beata Justorum Translatio. Juristen in schleswig-holsteinischen Leichenpredigten. 1996.

Band 137 Christoph Seiler: Vom Allgemeinen Landrecht zum Bürgerlichen Gesetzbuch. Dargestellt am Beispiel der höchstrichterlichen Judikatur zum kaufrechtlichen Sachmängelgewährleistungsrecht. 1996.

Band 138 Bernd Mayer: Die Vertrauensmännerausschüsse auf den preußischen Steinkohlegruben an der Saar. Entstehung und Wirken. Eine rechtshistorische Untersuchung. 1996.

Band 139 Rochus Scholl: Juden und Judenrecht im Herzogtum Pfalz-Zweibrücken. Ein Beitrag zur Rechtsgeschichte eines deutschen Kleinstaates am Ende des alten Reiches. 1996.

Band 140 Meike Bursch: Judentaufe und frühneuzeitliches Strafrecht. Die Verfahren gegen Christian Treu aus Weener/Ostfriesland 1720-1728. 1996.

Band 141 Markus Hillenbrand: Fürstliche Eheverträge. Gottorfer Hausrecht 1544 - 1773. 1996.

Band 142 Ulf Häder: Das gemeinschaftliche Oberappellationsgericht thüringischer Staaten in Jena. Ein Beitrag zur Geschichte des Gerichtswesens im 19. Jahrhundert. 1996.

Band 143 Andreas Bauer: Das Gnadenbitten in der Strafrechtspflege des 15. und 16. Jahrhunderts. Dargestellt unter besonderer Berücksichtigung von Quellen der Vorarlberger Gerichtsbezirke Feldkirch und des Hinteren Bregenzerwaldes. 1996.

Band 144 Christian Wirth: Der Jurist Johann Andreas Georg Friedrich Rebmann zwischen Revolution und Restauration. 1996.

Band 145 Stefanie Müller: Die Rechtsprechung des Hanseatischen Oberlandesgerichts zum persönlichen Eherecht in Hamburgischen Gerichtsfällen von 1879 -1900. 1996.

Band 146 Jean-Nicolas Morisset: Der Frachtvertrag in der *Ordonnance de la marine* von 1681. 1996.

Band 147 Dirk Lentfer: Die Glogauer Landesprivilegien des Andreas Gryphius von 1653. 1996.

Band 148 Wencke Mull: Die Haftung für Einsturzschäden nach den §§ 836-838 BGB in der Rechtsprechung des Reichsgerichts. 1996.

Band 149 Renate Zelger: Teufelsverträge. Märchen, Sage, Schwank, Legende im Spiegel der Rechtsgeschichte. 1996.

Band 150 Guido Kraß: Das Arrestverfahren in Frankfurt am Main im Spätmittelalter. 1996.

Band 151 F. Benedict Heyn: Die Entwicklung des Eisenbahnfrachtrechts von den Anfängen bis zur Einführung des Allgemeinen Deutschen Handelsgesetzbuches (ADHGB). 1996.

Band 152 Thomas Lang: Die Staats- und Verfassungslehre Carl Salomo Zachariaes. 1996.

Band 153 Michael Hebeis: Karl Anton von Martini (1726-1800). Leben und Werk. 1996.

Band 154 Gerald Hubert: Die Diskussion um die rechtliche Natur der Bizone in den Jahren 1947-1949. 1996.

Band 155 Christof Horn: Die Rechtsprechung des Reichsgerichts in Ehescheidungssachen der Jahre 1900 bis 1905. 1996.

Band 156 Hermann Nehlsen / Georg Brun (Hrsg.): Münchener rechtshistorische Studien zum Nationalsozialismus. 1996.

Band 157 Jan Otto Clemens Kehrberg: Die Entwicklung des Elektrizitätsrechts in Deutschland. Der Weg zum Energiewirtschaftsgesetz von 1935. 1997.

Band 158 Johannes Tradt: Der Religionsprozeß gegen den Zopfschulzen (1791-1799). Ein Beitrag zur protestantischen Lehrpflicht und Lehrzucht in Brandenburg-Preußen gegen Ende des 18. Jahrhunderts. 1997.

Band 159 Dietmar Olsen: Das kaufrechtliche Sachmängelgewährleistungsrecht des Code civil in der Rechtsprechung deutscher Gerichte im 19. Jahrhundert. Ein Beitrag zur Ablösung der Partikularrechte durch das BGB. 1997.

Band 160 Ulrich Bernhardt: Die Deutsche Akademie für Staats- und Rechtswissenschaft „Walter Ulbricht" 1948-1971. 1997.

Band 161 Claudia Susan Hoppe: Die Bürgschaft im Rechtsleben Hamburgs von 1600 bis 1900. 1997.

Band 162 Franz-Rudolf Ecker: Die Entwicklung des Bergrechts im Saarbrücker Steinkohlenrevier bis zum Ende des 18. Jahrhunderts. Ein Vergleich mit dem älteren deutschen Bergrecht. 1997.

Band 163 Anne Katrin Rückert: Politik und Privatrecht in der „konservativen Revolution". 1997.

Band 164 Gisbert Laube: Der Reichskunstwart. Geschichte einer Kulturbehörde 1919-1933. 1997.

Band 165 Nicolas Lührig: Die Diskussion über die Reform der Juristenausbildung von 1945 bis 1995. 1997.

Band 166 Regula Gerber Jenni: Die Emanzipation der mehrjährigen Frauenzimmer. Frauen im bernischen Privatrecht des 19. Jahrhunderts. 1997.

Band 167 Mischa A. Färber: Das gemeinschaftliche Testament in der höchstrichterlichen Rechtsprechung zum Allgemeinen Preußischen Landrecht und zum BGB. Ein Beitrag zur Ablösung der Partikularrechte durch das BGB. 1997.

Band 168 Catherine Antoinette Gasser: Philipp Lotmar 1850-1922. Professor der Universität Bern. Sein Engagement für das Schweizerische Arbeitsrecht. 1997.

Band 169 Lars Immisch: Der sozialistische Richter in der DDR und seine Unabhängigkeit. Der Versuch eines Rechtsvergleiches zum Unabhängigkeitsbegriff in der bundesdeutschen Rechtsordnung. 1997.

Band 170 Jessica Jacobi: Besitzschutz vor dem Reichskammergericht. Die friedenssichernde Funktion der Besitzschutzklagen am Reichskammergericht im 16. Jahrhundert, dargestellt anhand von Kameralisten. 1998.

Band 171 Ewald Hügemann: Die Geschichte des öffentlichen und privaten Mietpreisrechts vom Ersten Weltkrieg bis zum Gesetz zur Regelung der Miethöhe von 1974. 1998.

Band 172 Lutz Rentzow: Die Entstehungs- und Wirkungsgeschichte der Vernewerten Landesordnung für das Königreich Böhmen von 1627. 1998.

Band 173 Sabine Stürmer: Mühlenrecht im Herzogtum Pfalz-Zweibrücken während des 18. Jahrhunderts. Ein Beitrag zum Wirtschaftsrecht eines deutschen Kleinstaates im Alten Reich. 1998.

Band 174 Mario Bogisch: *Nemo testis in re sua*. Das Problem der Zeugnisfähigkeit bei der Anwendung der deutschen Zivilprozeßordnung von 1877. 1998.

Band 175 Rainer Oßwald: Pactane sunt servanda? Freiwilligkeit, Zwang und Unverbindlichkeitserklärungen im islamischen Vertragsrecht malikitischer Schule. 1998.

Band 176 Bettina Kern: Der preußische BGB-Entwurf von 1842. 1998.

Band 177 Inken Fuhrmann: Die Diskussion über die Einführung der fakultativen Zivilehe in Deutschland und Österreich seit Mitte des 19. Jahrhunderts. 1998.

Band 178 Annette Rieck: Der Heilige Ivo von Hélory (1247-1303). Advocatus pauperum und Patron der Juristen. 1998.

Band 179 Frank Bottenberg: Die Hamburgische Strafprozeßordnung von 1869. 1998.

Band 180 Matthias Krauß: Das kursächsische Postrecht von seinen Anfängen bis zum Ende des Alten Reichs. 1998.

Band 181 Torsten Schmidt: Die Entmündigung von den Anfängen des BGB bis zu ihrer Ablösung durch das Institut der Betreuung. 1998.

Band 182 Christian Nunn: Rudolf Müller-Erzbach. 1874-1959. Von der realen Methode über die Interessenjurisprudenz zum kausalen Rechtsdenken (Leben und Werk). 1998.

Band 183 Christian Ortloff: Das staatskirchenrechtliche System Wilhelm Traugott Krugs. Glaubens- und Gewissensfreiheit – eine Forderung der Vernunft. 1998.

Band 184 Christian Hattenhauer: Schuldenregulierung nach dem Westfälischen Frieden. Der sog. § *de indaganda* und seine Umsetzung im Jüngsten Reichsabschied (AD 1648 und 1654). 1998.

Band 185 Werner Schubert: Preußen im Vormärz. Die Verhandlungen der Provinziallandtage von Brandenburg, Pommern, Posen, Sachsen und Schlesien sowie – im Anhang – von Ostpreußen, Westfalen und der Rheinprovinz (1841-1845). 1998.

Band 186 Silvia Schumacher: Das Rechtsverhältnis zwischen Eltern und Kindern in der Privatrechtsgeschichte. 1999.

Band 187 Kai Sommer: Die Strafbarkeit der Homosexualität von der Kaiserzeit bis zum Nationalsozialismus. Eine Analyse der Straftatbestände im Strafgesetzbuch und in den Reformentwürfen (1871-1945). 1998.

Band 188 Jan Erik Backhaus: Volksrichterkarrieren in der DDR. 1999.

Band 189 Ralf Ruhnau: Die Fürstlich Thurn und Taxissche Privatgerichtsbarkeit in Regensburg. Ein Kuriosum der deutschen Rechtsgeschichte. 1999.

Band 190 Antonio Grilli: Die französische Justizorganisation am linken Rheinufer 1797-1803. 1999.

Band 191 Stephanie Kammerloher-Lis: Die Entstehung des Gesetzes über die religiöse Kindererziehung vom 15. Juli 1921. 1999.

Band 192 Jan Telp: Ausmerzung und Verrat. Zur Diskussion um Strafzwecke und Verbrechensbegriffe im Dritten Reich. 1999.

Band 193 Kurt von Pannwitz: Die Entstehung der Allgemeinen Deutschen Wechselordnung. Ein Beitrag zur Geschichte der Vereinheitlichung des deutschen Zivilrechts im 19. Jahrhundert. 1999.

Band 194 Sylvia Busch: Die Entstehung der Allgemeinen Gerichtsordnung für die Preussischen Staaten von 1793/95. Ein Beitrag zur Geschichte der Kodifikationsbewegung und der Reform des Zivilprozesses in Preußen im 18. Jahrhundert. 1999.

Band 195 Dirk Bieresborn: Klage und Klageerwiderung im deutschen und englischen Zivilprozeß. Eine rechtshistorische und rechtsvergleichende Untersuchung unter besonderer Berücksichtigung der Beeinflussung durch das römisch-kanonische Verfahren. 1999.

Band 196 Andreas Thier / Guido Pfeifer / Philipp Grzimek (Hrsg.): Kontinuitäten und Zäsuren in der Europäischen Rechtsgeschichte. Europäisches Forum Junger Rechtshistorikerinnen und Rechtshistoriker München 22.-24. Juli 1998. 1999.

Band 197 Franz Smola: Die Fürstlich Liechtenstein'sche Kunstsammlung. Rechtsfragen zur Verbringung der Sammlung von Wien nach Vaduz in den Jahren 1944/45. 1999.

Band 198 Frank Martin Krauss: Das geteilte Eigentum im 19. und 20. Jahrhundert. Eine Untersuchung zum Fortbestand des Teilungsgedankens. 1999.

Band 199 Matthias Frey: Die spanische Aktiengesellschaft im 18. Jahrhundert und unter dem Código de Comercio von 1829. 1999.

Band 200 Alexandra Gilde: Die Stellung der Frau im Reichsstrafgesetzbuch von 1870/71 und in den Reformentwürfen bis 1919 im Urteil der bürgerlichen Frauenbewegung. Eine Analyse ausgewählter Straftatbestände. 1999.

Band 201 Malte Dießelhorst / Arne Duncker: Hans Kohlhase. Die Geschichte einer Fehde in Sachsen und Brandenburg zur Zeit der Reformation. 1999.

Band 202 Jörg Hillmann: Territorialrechtliche Auseinandersetzungen der Herzöge von Sachsen-Lauenburg vor dem Reichskammergericht im 16. Jahrhundert. 1999.

Band 203 Carsten Engler: Die Kommanditgesellschaft (KG) und die stille Gesellschaft im Allgemeinen Deutschen Handelsgesetzbuch (ADHGB) von 1861. 1999.

Band 204 Vesta Hoffmann-Steudner: Die Rechtsprechung des Reichsgerichts zu dem Scheidungsgrund des § 49 EheG (EheG 1938) in den Jahren 1938-1945. 1999.

Band 205 Michaela Thiele: Die Auflösung von Arbeitsverhältnissen aufgrund Anfechtung und außerordentlicher Kündigung nach der Rechtsprechung des Reichsarbeitsgerichts (1927-1945). 2000.

Band 206 Peter Landau / Hermann Nehlsen / Mathias Schmoeckel (Hrsg.): Karl von Amira zum Gedächtnis. 1999.

Band 207 Marcus Flinder: Die Entstehungsgeschichte des Zivilgesetzbuches der DDR. 1999.

Band 208 Boris Franz Leo Bromm: Die Entstehungsgeschichte des Berufs des Handelsvertreters. Unter besonderer Berücksichtigung der Sozialgesetzgebung in den Jahren von 1871-1933. 2000.

Band 209 Winfried C. J. Eberstein: Das Tierschutzrecht in Deutschland bis zum Erlaß des Reichs-Tierschutzgesetzes vom 24. November 1933. Unter Berücksichtigung der Entwicklung in England. 1999.

Band 210 Patrick Deller: Der „nach dem Vertrage" vorausgesetzte Gebrauch (§ 459 Absatz 1 Satz 1 BGB). Eine kaufrechtliche Untersuchung unter Berücksichtigung rechtshistorischer wie rechtsvergleichender Grundlagen. 2000.

Band 211 Eckard Freiherr von Bodenhausen: Haftung des Geschäftsherrn für Verrichtungsgehilfen im Straßen- und Schienenverkehr. Eine Analyse der Entscheidungen des Reichsgerichts zu § 831 BGB (1900-1945). 2000.

Band 212 Birte Gast: Der Allgemeine Teil und das Schuldrecht des Bürgerlichen Gesetzbuchs im Urteil von Raymond Saleilles (1855-1912). 2000.

Band 213 Hansjörg Michael Huber: Koloniale Selbstverwaltung in Deutsch-Südwestafrika. Entstehung, Kodifizierung und Umsetzung. 2000.

Band 214 Ulf Björner: Die Verfassungsgerichtsbarkeit im Norddeutschen Bund und Deutschen Reich (1867-1918). Eine rechtshistorische Untersuchung über Gerichtsbarkeit im Spannungsfeld von Politik und Recht innerhalb der von Bismarck geschaffenen deutschen Bundesstaaten. 2000.

Band 215 Mathias Freiherr von Rosenberg: Friedrich Carl von Savigny (1779-1861) im Urteil seiner Zeit. 2000.

Band 216 Reinhard Binder-Kriegistein: Österreichisches Adelsrecht 1868-1918/19. Von der Ausgestaltung des Adelsrechts der cisleithanischen Reichshälfte bis zum Adelsaufhebungsgesetz der Republik unter besonderer Berücksichtigung des adeligen Namensrechts. 2000.

Band 217 Claudia-Regine Nerius: Johannes Lehmann-Hohenberg (1851-1925). Eine Studie zur völkischen Rechts- und Justizkritik im Deutschen Kaiserreich. 2000.

Band 218 Ludger Meuten: Die Erbfolgeordnung des Sachsenspiegels und des Magdeburger Rechts. Ein Beitrag zur Geschichte des sächsisch-magdeburgischen Rechts. 2000.

Band 219 Christoph Alexander von Wilcken: Die Reformbestrebungen zum Genossenschaftsgesetz in der Frühzeit der Bundesrepublik. Die Beratungen der Sachverständigenkommission zur Überprüfung des Genossenschaftsrechts 1954 bis 1958 und der Referentenentwurf von 1962. 2000.

Band 220 Verein Junger RechtshistorikerInnen Zürich (Hrsg.): ¿Rechtsgeschichte(n)? ¿Histoire(s) du droit? ¿Storia/storie del diritto? ¿Legal Histori(es)? Europäisches Forum Junger Rechtshistorikerinnen und Rechtshistoriker Zürich 28.-30. Mai 1999. 2000.

Band 221 Hans Christian Schüler: Die Entstehungsgeschichte der Bundesnotarordnung vom 24. Februar 1961. 2000.

Band 222 Nils-Eberhard Schramm: Die Vereinigung demokratischer Juristen (1949-1999). 2000.

Band 223 Silke Anke Torp: Das Rechtsverhältnis zwischen den Eltern und ihren Kindern. Dienstleistungspflicht, Aussteuer und Ausstattung. Eine Analyse der Rechtsprechung des Reichsgerichts und des Reichsarbeitsgerichts zu den Vorschriften der §§ 1616 bis 1625 des Bürgerlichen Gesetzbuches in der Zeit von 1900 bis 1945. 2000.

Band 224 Martin Jürgen Maaß: Die Geschichte des Eigentumsvorbehalts, insbesondere im 18. und 19. Jahrhundert. 2000.

Band 225 Stefanie Langer: Rechtswissenschaftliche Itinerarien. Lebenswege namhafter europäischer Juristen vom 11. bis zum 18. Jahrhundert. 2000.

Band 226 Ulrich Schmitz: Der Unterhaltsanspruch des nichtehelichen Kindes gegen seinen Erzeuger. Die rechtsgeschichtliche und dogmatische Entwicklung im deutschen Recht. 2000.

Band 227 Sebastian Günther: Friedrich Carl von Savigny als Grundherr. 2000.

Band 228 Henning Ibs: Hermann J. Held (1890-1963). Ein Kieler Gelehrtenleben in den Fängen der Zeitläufe. 2000.

Band 229 Matthias Rücker: Wirtschaftswerbung unter dem Nationalsozialismus. Rechtliche Ausgestaltung der Werbung und Tätigkeit des Werberats der deutschen Wirtschaft. 2000.

Band 230 Hendrik Sandmann: Die Entwicklung von Begriff und Inhalt des Wirtschaftchsrechts durch die Rechtswissenschaft in der Weimarer Republik. 2000.

Band 231 Sibylle Müller: Gibt es Menschenrechte bei Samuel Pufendorf? 2000.

Band 232 Karin Olechowski-Hrdlicka: Die gemeinsamen Angelegenheiten der Österreichisch-Ungarischen Monarchie. Vorgeschichte – Ausgleich 1867 – Staatsrechtliche Kontroversen. 2001.

Band 233 Johannes Mierau: Die juristischen Abschluß- und Diplomprüfungen in der SBZ/DDR. Ein Einblick in die Juristenausbildung im Sozialismus. 2001.

Band 234 Jörg Wolff (Hrsg.): Stillstand, Erneuerung und Kontinuität. Einsprüche zur Preußenforschung. 2001.

Band 235 Friedo Schröder: Die anwaltliche Tätigkeit während der nationalsozialistischen Herrschaft. Eine Analyse der anwaltlichen Argumentation in Zivilprozessen anhand der vorhandenen Prozeßakten der Landgerichte Frankenthal, Wiesbaden, Limburg und Frankfurt und der Handakten der *jüdischen Konsulenten* des OLG-Bezirks Frankfurt. 2001.

Band 236 Der Code pénal des Königreichs Westphalen von 1813 mit dem Code pénal von 1810 im Original und in deutscher Übersetzung. Herausgegeben und mit einer Einleitung versehen von Werner Schubert. 2001.

Band 237 Klaus Richter: Deutsches Kolonialrecht in Ostafrika 1885-1891. 2001.

Band 238 Kai von Lewinski: Deutschrechtliche Systembildung im 19. Jahrhundert. 2001.

Band 239 Alexander Herzog: Sittenwidrige Rechtsgeschäfte in der höchstrichterlichen Rechtsprechung aus den Jahren 1948-1965. 2001.

Band 240 Claudia Rönnau: Die Beratungen des Wasserrechtsausschusses der Akademie für Deutsches Recht zu einem Reichswassergesetz (1934-1941). Ein Beitrag zur Dogmatik der Begriffe *Gemeingebrauch* und *Sondergebrauch* in der Zeit des Nationalsozialismus. 2001.

Band 241 Momme Rohlack: Kriegsgesellschaften (1914-1918). Arten, Rechtsformen und Funktionen in der Kriegswirtschaft des Ersten Weltkrieges. 2001.

Band 242 Rolf Geyer: Der Gedanke des Verbraucherschutzes im Reichsrecht des Kaiserreichs und der Weimarer Republik (1871-1933). Eine Studie zur Geschichte des Verbraucherrechts in Deutschland. 2001.

Band 243 Felix Lorenz Benjamin Lehmann: Der Rote Adlerorden. Entstehung und rechtliche Grundlagen (1705-1918). 2002.

Band 244 Marc Ludwig: Der Pfändungsschutz für Lohneinkommen. Die Entstehungs- und Entwicklungsgeschichte der Vorschriften zum Schutz vor Lohnpfändung in Deutschland. 2001.

Band 245 Alexander Wachter: Dorfschule zwischen Pastor und Schulmeister. Zur Säkularisierung des niederhessischen Schulwesens im 19. Jahrhundert. 2001.

Band 246 Richard Scholz: Analyse der Entstehungsbedingungen der reichsgerichtlichen Aufwertungsrechtsprechung. Untersuchung unter besonderer Berücksichtigung der konservativen Geldpolitik der Reichsbank und der Inflationspolitik der Reichsregierung. 2001.

Band 247 Judith Laeverenz: Märchen und Recht. Eine Darstellung verschiedener Ansätze zur Erfassung des rechtlichen Gehalts der Märchen. 2001.

Band 248 Christina Schenk: Bestrebungen zur einheitlichen Regelung des Strafvollzugs in Deutschland von 1870 bis 1923. 2001.

Band 249 Nils Werner: Die Prozesse gegen die Landvolkbewegung in Schleswig-Holstein 1929/32. Ein Beitrag zur Justizkritik in der späten Weimarer Republik. 2001.

Band 250 Wolfgang Walter: Das Duell in Bayern. Ein Beitrag zur bayerischen Strafrechtsgeschichte. 2002.

Band 251 Jörn Eckert / Kjell Å. Modéer (Hrsg.): Geschichte und Perspektiven des Rechts im Ostseeraum. Erster Rechtshistorikertag im Ostseeraum 8.–12. März 2000. 2001.

Band 252 Jan Könighaus: Die Inauguration der Christian-Albrechts-Universität zu Kiel 1665. Symbolgehalt und rechtliche Bedeutung des Universitätszeremoniells. 2002.

Band 253 Andreas Görgen: Rechtssprache in der Frühen Neuzeit. Eine vergleichende Untersuchung der Fremdwortverwendung in Gesetzen des 16. und 17. Jahrhunderts. 2002.

Band 254 Ralf Schäfer: Die Rechtsstellung der Haigerlocher Juden im Fürstentum Hohenzollern-Sigmaringen von 1634-1850. Eine rechtsgeschichtliche Untersuchung. 2002.

Band 255 Regine Schmalhorst: Die Tierhalterhaftung im BGB von 1896. Die Entstehung und Änderung des § 833 BGB sowie eine Analyse der Rechtsprechung des Reichsgerichts bis 1908. 2002.

Band 256 Thomas Hense: Konrad Beyerle. Sein Wirken für Wissenschaft und Politik in Kaiserreich und Weimarer Republik. 2002.

Band 257 Christian Mahlmann: Die Strafrechtswissenschaft der DDR. Klassenkampftheorie und Verbrechenslehre. 2002.

Band 258 Henning Kahmann: Die Bankiers von Jacquier & Securius 1933–1945. Eine rechtshistorische Fallstudie zur "Arisierung" eines Berliner Bankhauses. Mit einem Geleitwort von John Kornblum. 2002.

Band 259 Volker Friedrich Drecktrah: Die Gerichtsbarkeit in den Herzogtümern Bremen und Verden und in der preußischen Landdrostei Stade von 1715 bis 1879. 2002.

Band 260 Andreas Klass: Standes- oder Leistungselite? Eine Untersuchung der Karrieren der Wetzlarer Anwälte des Reichskammergerichts (1693-1806). 2002.

Band 261 Wolfgang Eder: Das italienische Tribunale Speciale per la Difesa dello Stato und der deutsche Volksgerichtshof. Ein Vergleich zwischen zwei politischen Gerichtshöfen. 2002.

Band 262 Albrecht Cordes / Bernd Kannowski (Hrsg.): Rechtsbegriffe im Mittelalter. 2002.

Band 263 Thomas Hildebrandt: Die Brandenburgischen Provinziallandtage von 1841, 1843, und 1845 anhand ausgewählter Verhandlungsgegenstände. 2002.

Band 264 Jan Finzel: Georg Adam Struve (1619–1692) als Zivilrechtler. 2003.

Band 265 Björn Carsten Frenzel: Das Selbstverständis der Justiz nach 1945. Analyse der Rolle der Justiz unter Berücksichtigung der Reden zur *Wiedereröffnung* der Bundes- und Oberlandesgerichte. 2003.

Band 266 Nils Reichhelm: Die marxistisch-leninistische Staats- und Rechtstheorie Karl Polaks. 2003.

Band 267 Raik Schneider: Altrechtliche Personenzusammenschlüsse. Ihre Entwicklung unter besonderer Berücksichtigung des Rechts des Großherzogtums Sachsen-Weimar-Eisenach sowie der Herzogtümer Sachsen-Meiningen und Sachsen-Gotha. 2003.

Band 268 Anke Meier: Die Geschichte des deutschen Konkursrechts, insbesondere die Entstehung der Reichskonkursordnung von 1877. 2003.

Band 269 Stefan Jens Jordan: Leben und Werk des Tübinger Rechtsprofessors Wilhelm Gottlieb Tafinger 1760–1813. 2003.

Band 270 Stefanie Hubig: Die historische Entwicklung des § 23 ZPO. Zum Ursprung und Fortleben des Vermögensgerichtsstandes im deutschen Prozeßrecht des 19. Jahrhunderts. 2003.

Band 271 Michael G. Perband: Der Grundsatz der freien Beweiswürdigung im Zivilprozeß (§ 286 ZPO) in der Rechtsprechung des Reichsgerichts. 2003.

Band 272 Mathias Bouveret: Die Stellung des Staatsoberhauptes in der parlamentarischen Diskussion und Staatsrechtslehre von 1848 bis 1918. 2003.

Band 273 Barbara Széchényi: Rechtliche Grundlagen bayerischer Zensur im 19. Jahrhundert. 2003.

Band 274 Sylvia Scharfenberg: Die Entstehungsgeschichte des Beurkundungsgesetzes vom 28. August 1969. 2003.

Band 275 Urte Nesemann: Die schwedische Familiengesetzgebung von 1734 bis zu den Reformgesetzen von 1915 bis 1920 und deren Einfluss auf die Gesetzgebungsprojekte der Weimarer Republik. Unter besonderer Berücksichtigung der Rechtsstellung der Frau und des unehelichen Kindes. 2003.

Band 276 Alexandra Brück: Die Polizeiordnung Herzog Christians von Braunschweig-Lüneburg vom 6. Oktober 1618. 2003.

Band 277 Torsten Landwehr: Das Kommissionsgeschäft in Rechtswissenschaft, Gesetzgebung und Rechtspraxis vom 16. bis zum Ende des 18. Jahrhunderts. 2003.

Band 278 Tassilo Wilhelm Maria Englert: Deutsche und italienische Zivilrechtsgesetzgebung von 1933–1945. Parallelen in der Rechtsetzung und gegenseitige Beeinflussung unter besonderer Berücksichtigung des Familien- und Erbrechts. 2003.

Band 279 Tobias Prang: Der Schutz der Versicherungsnehmer bei der Auslegung von Versicherungsbedingungen durch das Reichsgericht. 2003.

Band 280 Thorsten Lieb: Privileg und Verwaltungsakt. Handlungsformen der öffentlichen Gewalt im 18. und 19. Jahrhundert. 2004.

Band 281 Michael Rühling: Das Ladenschlussgesetz vom 28. November 1956. Vorgeschichte, Entstehung des Gesetzes und weitere Entwicklung. 2004.

Band 282 Kathrin Nawotki: Die schleswigsche Deichstavengerechtigkeit. Vom 17. Jahrundert bis in die Gegenwart. Eine gewohnheitsrechtliche Superfizies an nordfriesischen Deichgrundstücken und ihre Entwicklung. 2004.

Band 283 Erik Nils Voigt: Die Gesetzgebungsgeschichte der militärischen Ehrenstrafen und der Offizierehrengerichtsbarkeit im preußischen und deutschen Heer von 1806 bis 1918. 2004.

Band 284 Dorothea Riedi Hunold: Die Einführung der allgemeinen Wechselfähigkeit in der Schweiz in der zweiten Hälfte des 19. Jahrhunderts. Unter besonderer Berücksichtigung der politischen, wirtschaftlichen und sozialen Verhältnisse. 2004.

Band 285 Thomas Gergen: Pratique juridique de la paix et trêve de Dieu à partir du concile de Charroux (989–1250). Juristische Praxis der Pax und Treuga Dei ausgehend vom Konzil von Charroux (989–1250). 2004.

Band 286 Kathrin Bethkenhagen: Die Entwicklung des Luftrechts bis zum Luftverkehrsgesetz von 1922. 2004.

Band 287 Heiko Lüpkes: Die Verbrechen der Diener des Staats im Allgemeinen Landrecht für die Preußischen Staaten von 1794 und ihre Entwicklung zu den Vergehen und Verbrechen im Amte im Strafgesetzbuch für die Preußischen Staaten von 1851. 2004.

Band 288 Mirco Peter Hirsch: Von der Erbbescheinigung des Preußischen Rechts zum Erbschein des Bürgerlichen Gesetzbuchs. 2004.

Band 289 Bettina Günther: Die Behandlung der Sittlichkeitsdelikte in den Policeyordnungen und der Spruchpraxis der Reichsstädte Frankfurt am Main und Nürnberg im 15. bis 17. Jahrhundert. 2004.

Band 290 Seunghyeon Seong: Der Begriff der *nicht gehörigen Erfüllung* aus dogmengeschichtlicher und rechtsvergleichender Sicht. 2004.

Band 291 Steffen-Werner Meyer: Bemühungen um ein Reichsgesetz gegen den Büchernachdruck. Anläßlich der Wahlkapitulation Leopolds II. aus dem Jahre 1790. 2004.

Band 292 Ulrich Löffler: Instrumentalisierte Vergangenheit? Die nationalsozialistische Vergangenheit als Argumentationsfigur in der Rechtsprechung des Bundesverfassungsgerichts. 2004.

Band 293 Norbert Koch: Die Entwicklung des deutschen privaten Immissionsschutzrechts seit Beginn der Industrialisierung. Unter besonderer Berücksichtigung des Einflusses der höchstrichterlichen Rechtsprechung. 2004.

Band 294 Julius Ludwig Pfeiffer: Das Tierschutzgesetz vom 24. Juli 1972. Die Geschichte des deutschen Tierschutzrechts von 1950 bis 1972. 2004.

Band 295 Bert-Hagen Strodthoff: Die richterliche Frage- und Erörterungspflicht im deutschen Zivilprozeß in historischer Perspektive. 2004.

Band 296 Tim Kannewurf: Die Höfeordnung vom 24. April 1947. Entstehungsgeschichte und Einordnung in die Entwicklung des Anerbenrechts. 2004.

Band 297 Steffi Heine: Die Methodendiskussion nach Inkrafttreten des Bürgerlichen Gesetzbuches und die Gründung des Vereins *Recht und Wirtschaft*. 2004.

Band 298 Anne Marlene Simon-Holtorf: Geschichte des Familienwahlrechts in Frankreich (1871 bis 1945). 2004.

Band 299 Jürgen Busch: Das Germanenbild der deutschen Rechtsgeschichte. Zwischen Wissenschaft und Ideologie. Mit einem Vorwort von Herwig Wolfram. 2004.

Band 300 Jan Kohlmann: Der Marsch zu den Gräbern von Karl und Rosa. Geschichte eines Gedenktages. 2004.

Band 301 Christian Rainer Schlicht: Die kumulative Schuldübernahme in der Rechtsprechung des Reichsgerichts und in der zeitgenössischen Literatur. 2004.

Band 302 Hans Peter Glöckner: Positive Vertragsverletzung. Die Geburt eines Rechtsinstituts. 2004.

Band 303 João Manuel Azevedo Alexandrino Fernandes: Die Theorie der Interpretation des Gesetzes bei Francisco Suárez. 2005.

Band 304 René Funk: Die Wahlprüfung der volksgewählten Abgeordneten der Volksvertretungen im Frühkonstitutionalismus. Eine Untersuchung der Wahlprüfung in den Kammern der Abgeordneten des Großherzogtums Baden, des Königreichs Württemberg und des Großherzogtums Hessen. 2005.

Band 305 Carolin O'Sullivan. Die Ahndung von Rechtsbrüchen der Seeleute im mittelalterlichen hamburgischen und hansischen Seerecht (1301–1482). 2005.

Band 306 Martin Jürgens: Staat und Reich bei Ernst Rudolf Huber. Sein Leben und Werk bis 1945 aus rechtsgeschichtlicher Sicht. 2005.

Band 307 Florian G. Dürselen: Franz Beyerle (1885–1977). Leben, Ära und Werk eines Rechtshistorikers. 2005.

Band 308 Kai Bandilla: Urheberrecht im Kaiserreich. Der Weg zum Gesetz betreffend das Urheberrecht an Werken der Literatur und Tonkunst vom 19. Juni 1901. 2005.

Band 309 Stefan Mieth: Die Entwicklung des Denkmalrechts in Preußen 1701–1947. 2005.

Band 310 Catharina Lodemann: Die Geschichte des französischen *acte de gouvernement*. 2005.

Band 311 Christina Wicke: Kodifikationsbestrebungen und Wissenschaft in Hessen-Darmstadt im vorkonstitutionellen Zeitalter. Zu der Beteiligung der Gießener Rechtsprofessoren an den Gesetzgebungsarbeiten in Hessen-Darmstadt in der Zeit zwischen 1769 und 1820. 2005.

Band 312 Christiane Chlosta: Nur dem Gesetz unterworfen? Eine rechtsgeschichtliche Untersuchung zu Idee und Wirklichkeit richterlicher Gesetzestreue unter besonderer Berücksichtigung der Aufwertungsrechtsprechung und des richterlichen Prüfungsrechts. 2005.

Band 313 Kathrin Dirr: Hoheitsrechtliche Streitigkeiten zwischen den Kölner Erzbischöfen und der Stadt Köln auf Grundlage reichskammergerichtlicher Verfahren des 16. und 17. Jahrhunderts. 2005.

Band 314 Michael Racky: Die Diskussion über Gewaltenteilung und Gewaltentraining im Vormärz. 2005.

Band 315 Petra Thiemrodt: Die Entstehung des Staatshaftungsgesetzes der DDR. Eine Untersuchung auf der Grundlage von Materialien der DDR-Gesetzgebungsorgane mit zeitgeschichtlichen Bezügen. 2005.

Band 316 Julius F. Reiter: Entstehung und staatsrechtliche Theorie der italienischen *Carta del Lavoro*. 2005.

Band 317 André Book: Die Justizreform in der Frühzeit der Bundesrepublik. Die Beratungen der Kommission zur Vorbereitung einer Reform der Zivilgerichtsbarkeit in den Jahren 1955 bis 1961. 2005.

Band 318 Frank Zentz: Das amerikanische Strafverfahren als Element der Besatzungspolitik in Deutschland. Erziehung zur Demokratie durch den *Court of Appeals* 1948–1955. 2005.

Band 319 Friederike Quaisser: Mietrecht im 19. Jahrhundert. Ein Vergleich der mietrechtlichen Konzeptionen im Allgemeinen Landrecht für die Preußischen Staaten von 1794 und dem gemeinen Recht. 2005.

Band 320 Stefan Burghard: Professor Dr. Wilhelm Kahl – Leben zwischen Wissenschaft und Politik. 2005.

Band 321 Günter Baranowski: Die *Russkaja Pravda* – ein mittelalterliches Rechtsdenkmal. 2005.

Band 322 Christina Schneider: Die SS und „das Recht". Eine Untersuchung anhand ausgewählter Beispiele. 2005.

www.peterlang.de

www.ingramcontent.com/pod-product-compliance
Ingram Content Group UK Ltd.
Pitfield, Milton Keynes, MK11 3LW, UK
UKHW021913290926
8980IPUK00015B/1227

9 783631 543498